ABHANDLUNGEN - ANTHROPOGEOGRAPHIE
INSTITUT FÜR GEOGRAPHISCHE WISSENSCHAFTEN
FREIE UNIVERSITÄT BERLIN

BAND 56

SCHRIFTLEITUNG: JÖRG JANZEN

VERANTWORTLICH FÜR DIESEN BAND:

FRED SCHOLZ

ABHANDLUNGEN - ANTHROPOGEOGRAPHIE
INSTITUT FÜR GEOGRAPHISCHE WISSENSCHAFTEN
FREIE UNIVERSITÄT BERLIN

BAND 56

CHRISTINA ALFF

DIE LEBENS- UND ARBEITS-BEDINGUNGEN VON FRAUEN IM LÄNDLICHEN PUNJAB/PAKISTAN

Eine empirische Fallstudie aus der Division Bahawalpur

BERLIN
1997

DIETRICH REIMER VERLAG

HERAUSGEBER : G. BRAUN, U. FREITAG, G. KLUCZKA,
K. LENZ, G. MIELITZ, W. SCHARFE, F. SCHOLZ

Institut für Geographische Wissenschaften - Anthropogeographie, Angewandte Geographie und Kartographie / Abt. für Geographie Nordamerikas im J.F. Kennedy-Institut

Die Deutsche Bibliothek - CIP- Einheitsaufnahme

Alff, Christina:
Die Lebens- und Arbeitsbedingungen von Frauen im ländlichen Punjab, Pakistan; eine empirische Fallstudie aus der Division Bahawalpur / Christina Alff. - Berlin : Reimer, 1997
(Abhandlungen - Anthropogeographie ; Bd. 56)
ISBN 3-496-02624-3 brosch.

NE: GT

ISSN 0940-7685

Printed in Germany
ISBN 3-496-02624-3
D-188

„Was wird ihr bleiben, fragte sich Lena, aber sie gab sich sogleich die Antwort: das gleiche, was auch ich behalten werde, nicht Namen, sondern Bilder, keine Begriffe, sondern Formen, nicht die Abstraktion eines Wortes, sondern die Realität einer lebendigen Erscheinung."
aus: A. Andersch: Wanderungen im Norden

VORWORT

In dieser Arbeit geht es weniger um Zahlen, sondern vielmehr um Verhältnisse. Es geht um Frauen, deren Lebensverhältnisse nicht zu quantifizieren und manchmal nur schwierig in Worte zu fassen sind. Nie werde ich - die Fremde - die Gastfreundschaft vergessen, mit der ich in die Dörfer, Häuser und Familien aufgenommen wurde.

Den Weg zu dieser Arbeit begleiteten viele Menschen, deren Namen dieses Vorwort sprengen würde. Zu großem Dank verpflichtet bin ich:

- Herrn Prof. Dr. F. Scholz, der mir die entscheidenden Anregungen gab, mich mit der Thematik auseinanderzusetzen und mir in zahlreichen konstruktiven Diskussionen im Entstehungsprozeß dieser Arbeit den wissenschaftlichen Weg wies. Zudem geleitete er mich motivierend auch durch schwierige Phasen des gesamten Werdeganges.
- Frau Prof. Dr. R. Rott, die mich bereits während meines Studiums an der Freien Universität Berlin für frauenspezifische Fragen sensibilisierte.
- Dem Deutschen Akademischen Austauschdienst (DAAD) und der Deutschen Forschungsgemeinschaft (DFG), ohne deren finanzielle Unterstützung die Feldforschungen nicht möglich gewesen wären: Dem DAAD verdanke ich ein einjähriges Stipendium für Pakistan, und der DFG die Bereitstellung von Sachmitteln, ohne die die empirischen Forschungen nicht in dieser Form hätten durchgeführt werden können.
- Prof. Dr. Khan Malik aus Bahawalpur, der mein Forschungsanliegen mit Interesse aufnahm und mir die ersten Kontakte zu Ansprechpartnern in den Untersuchungsdörfern vermittelte.
- Frau Mechthild Hoffmann, die mir - neben der Anfertigung von Karten - immer beratend zur Seite stand, und die mir wertvolle Ratschläge bei der Erstellung von Abbildungen und Karten gab.
- Meinen Kollegen Dr. Detlev Müller-Mahn, Dr. Franz-Volker Müller und Dr. Jörg Janzen, die mir durch kritisches Nachfragen immer wieder neue Anregungen gaben, und die stets zu einem Gespräch bereit waren.

- Dem Schriftleiter Herrn Dr. Jörg Janzen und den Herausgebern der Abhandlungen Anthropogeographie für die Aufnahme meiner Arbeit in die Institutsreihe.
- Tossef Khanum, die zuerst als Dolmetscherin und bald als Freundin meine Forschungen begleitete, und ohne die die tiefen Einblicke in das Alltagsleben punjabischer Frauen nicht möglich gewesen wären.
- Meinen Mitstreiterinnen Stefanie Röder, Maria Tekülve und Angela Manderscheid für die praktische und moralische Unterstützung bei allen auftauchenden Fragen und Problemen im Verlauf des Werdens dieser Arbeit.
- Anneliese Bergemann und Anett Szàbo für die gründliche Durchsicht des Manuskripts und ihre konstruktiven sprachlichen Hinweise.
- All meinen Freundinnen und Freunden, die mit Interesse und Anteilnahme meinen Aufenthalt in der Fremde brieflich begleiteten, und die meine Phasen der Abschottung während des Schreibens akzeptierten.
- Meinen Eltern, die mir das Studium an der Universität ermöglichten, die meine Auslandsaufenthalte vorbehaltlos förderten und die zu jeder Zeit hinter mir standen.

Christina Alff

Berlin, im Dezember 1996

INHALTSVERZEICHNIS

Seite

Seite

Seite

GLOSSAR

abadkar	Kolonist
ajar	als Pickles eingelegte Gemüse- und Obstteile
Acre	Flächenmaß (= 0,402 ha)
battha	Ziegelei
bar	alluviale Terrassen
barat	Hochzeitsgesellschaft
batai-System	Form der Naturalpacht
berseem	Futterklee
bhusa	zerkleinerte Strohhalme, die als Rauhfutter in der Viehhaltung Verwendung finden
bibi	respektvolle Bezeichnung/Anrede für die Ehefrau des Haushaltsvorstandes
biraderi	Verwandtschaft der männlichen Linie
burqa	Gewand, das Gesicht und Körper der Frauen vollständig verhüllt
chak	Kanalkoloniedorf
charpoi	traditionelles Bett
chowkidar	„Wachmann"; im dörflichen Kontext leitet der *chowkidar* Informationen über Streitigkeiten an *namabardar* und *potwari* weiter
chula	traditioneller kleiner Lehmofen
dal	Linsen
dai	traditionelle Hebamme
dera	Gästehaus
dhobi	Wäscher
diyat	Gesetz über Blutgeld
doab	Zwischenstromland
drahti	kleines Sichelmesser, das auf einem Holzblock montiert ist
dupatta	Bezeichnung für Schal/längliches Tuch zum Bedecken der Haare und Schultern
fitna	'Chaos'
fakir	Bettler
ghee	Butterfett
gur	unraffinierter Zucker
hakim	traditioneller Heiler/Mediziner
hadd	islamisches Strafmaß für bestimmte Vergehen
haq mehr	Morgengabe
hithar	Flußaue
huqah	Wasserpfeife
id	Opferfest am Ende des Fastenmonats *ramadan*
izzat	Ehre
jaheez	Aussteuer

jamabaandi	Grundbuch
jangli	ehemalige Bewohner der *bar*-Flächen
jowar	Hirseart
kazi	Geistlicher
kammee	Arbeiter
katcha	Lehm
khal	spezielles Viehfutter
kharif	Sommerfrucht
khir	Milchreis
khula	Möglichkeit der Frau, sich von ihrem Ehemann freizukaufen
killa	Acre (= 0, 402 ha)
killabaandi	Steuerberechnungssystem
lassi	Buttermilch
lohar	Schmied
mahal area	Altsiedelland
maiyyum	Teil der Hochtzeitszeremonie
makai	Mais
mandi town	Marktort
masduri	Dorfbediensteter
maulvi	religiöser Lehrer
maund	Gewichtseinheit, 1 Maund entspricht 37,5 Kilogramm
mehndi	wörtlich: Henna; Teil der Hochzeitszeremonie
mehr	Morgengabe
mochi	Schuster
muklawa	Teil der Hochzeitszeremonie, bei der die Tochter das elterliche Haus verläßt
mullah	islamischer Geistlicher
murabah	Flächenmaß (= 25 Acres)
nai	Barbier
nambardar	Verantwortlicher eines Dorfes, der landwirtschaftliche Steuern/Abgaben einsammelt
Nawab	Fürst
nikah	Hochzeitszeremonie
nikahnama	Ehevertrag
nili buffalo	Wasserbüffel
qazf	Prostitution/falsche Anschuldigung
qisas	Gesetz über Vergeltung
qurbani	Schlachtopfer anläßlich der Eid-Feier
pacca	gebrannte Ziegel
paranda	traditioneller Haarschmuck
pokhora	gefüllte Teigtaschen
pora-Methode	spezielle Methode der Weizeneinsaat
potwari	Verantwortlicher für die Grundbücher der Dörfer
prattha	gefülltes, mit ghee bestrichenes Fladenbrot

purdah	wörtlich: Vorhang; allg. Abgeschlossenheit; Bezeichnung für Geschlechtersegregation
rabi	Winterfrucht
ramadan	Fastenmonat
riasti	Bezeichnung für Altsiedler in der Untersuchungsregion
roti	Weizenbrotfladen
rukhasati	Teil der Hochzeitszeremonie
saag	Gericht, das aus Blättern der Rapspflanze zubereitet wird
sahal ghar	traditionelles tonnenförmiges Haus
sarson	Ölsaat
satwainda	Teil der Hochtzeitszeremonie
sawian	Nudeln
shalwar kameez	Kleidung, die von Frauen und Männern getragen wird
seyp	traditionelle Arbeitsbeziehung zwischen *zamindar* und *kammee*
sharia	islamisches Recht
shederapatscha	Originalkarte von Dorfgemarkungen
talaq	Scheidungsformel für Männer im islamischen Recht
tandoor	traditioneller großer Ofen aus Lehm zum Brotbacken
taramira	Ölsaat
tazir	bestimmtes Strafmaß in der islamischen Rechtsprechung
tehsil	Gemeinde
tehsildar	Gemeinderat
tschador	bettlakengroßes Tuch, das Frauen sich umlegen
uplay	Dungkuchen
utar	an die Flußauen anschließende Niederterrassen
valima	Teil der Hochzeitsfeierlichkeiten, bei der die Braut im Haus ihrer Schwiegereltern empfangen wird
vand	spezielles Viehfutter
walwar	Brautpreis
warabandi	Bewässerungsbuch
watta satta	spezielle Form des Heiratsarrangements
yeomen	ausgewählte Landwirte in den Kolonisationsgebieten
zakat	Almosen, das nach islamischem Verständnis jeder Gläubige von seinem Vermögen an Bedürftige abgeben muß
zamindar	Landbesitzer
zat	Kaste
zenana	Frauengemächer
zina	Ehebruch/Unzucht
zina-bil-jabr	Vergewaltigung

VERZEICHNIS DER ABBILDUNGEN

VERZEICHNIS DER KARTEN

VERZEICHNIS DER TABELLEN

VERZEICHNIS DER ÜBERSICHTEN

VERZEICHNIS DER PHOTOS

VERZEICHNIS DER FARBIGEN BEILAGEN

ZUSAMMENFASSUNG

Die Förderung von Frauen im Entwicklungsprozeß wird seit Mitte der 70er Jahre einhellig befürwortet. Dazu sind jedoch - auf regionaler Ebene ansetzende - Studien als Planungsgrundlage erforderlich. Im Mittelpunkt dieser sozial- und wirtschaftsgeographischen Studie stehen die Lebens- und Arbeitsbedingungen von ländlichen Frauen des islamischen Entwicklungslandes Pakistan. Einleitend werden die theoretische Diskussion um Frauen und Entwicklung und die Auswirkungen auf die praktische Entwicklungszusammenarbeit zusammengefaßt.

Das Konzept der Geschlechtersegregation *(purdah)*, das das Zusammenleben von Frauen und Männern im städtischen und ländlichen Raum Pakistans regelt, wird in seiner besonderen Bedeutung für Frauen untersucht. Nach einer allgemeinen Einführung über die auf die Lebensbedingungen von Frauen wirkenden rechtlichen und politischen Rahmenbedingungen folgt die Darstellung ausgewählter Indikatoren (Sexualproportionen, Schulbildung und Erwerbsbeteiligung), um die gesellschaftliche Position von Männern und Frauen vergleichend einzuschätzen. Die Indikatoren weisen auf eine Benachteiligung von Frauen im Bereich der Gesundheitsversorgung und der Schulbildung hin. Im ländlichen Pakistans können weniger als 10 % der weiblichen Bevölkerung lesen und schreiben. Die Mortalitätsraten sind für Mädchen in den risikoreichen Lebensjahren bedeutend höher, und zwischen 80 bis 90 % aller Mütter leiden aufgrund unzureichender antenataler Versorgung unter Anämie.

Schwerpunkt der Arbeit bildet die Darstellung empirischer Fallbeispiele, die die Lebens- und Arbeitsbedingungen von Frauen in einer peripheren ländlichen Region des südlichen Punjab nachvollziehbar aufzeigen. In drei - recht unterschiedlich ausgestatteten - Dörfern der Division Bahawalpur wird zunächst die Teilhabe von Frauen aus landbesitzenden, Pächter-, Kleinbauern- und landlosen Familien an den vielfältigen landwirtschaftlichen Produktionsabläufen untersucht. Die Differenzen in der Arbeitsbelastung hängen unmittelbar vom sozioökonomischen Status der Familien ab: Alle Frauen der landlosen Haushalte beteiligen sich regelmäßig an den meisten Arbeiten in der Pflanzen- und Tierproduktion; Frauen der landbesitzenden Haushalte hingegen übernehmen lediglich drei von insgesamt 37 ausgewiesenen Aufgaben. Ein Problem ergibt sich aus der fortschreitenden Mechanisierung in der Landwirtschaft. So werden Arbeiten wie beispielsweise das manuelle Weizenschneiden überflüssig, so daß insbesondere die Frauen ärmerer Haushalte eine wichtige Einkommensquelle verlieren. Alternative Beschäftigungsmöglichkeiten im landwirtschaftlichen Bereich existieren bisher jedoch kaum.

Der zweite Anschnitt behandelt die - überwiegend im häuslichen Bereich angesiedelten - reproduktiven Arbeiten von Frauen. Exemplarische tägliche Arbeitsabläufe von Frauen unterschiedlichen Alters und aus den verschiedenen sozioökonomischen Schichten werden miteinander verglichen. Verallgemeinernd läßt sich festhalten, daß sich die Aufgaben von Frauen in der häuslichen Ökonomie gleichen. Interessant sind hingegen die Unterschiede in der Arbeitsverteilung zwischen Frauen ein und desselben Haushalts, die sich auf die Stellung der Frauen innerhalb der jeweiligen Familie zurückführen lassen. So delegieren ältere Frauen wohlhabender Haushalte die Aufgaben an ihre Schwiegertöchter und Enkelinnen, während in sozioökonomisch schwächeren Familien die älteren Frauen zwar weiter mithelfen, jedoch nur die als angenehm empfundenen Arbeiten übernehmen (z. B. Speisenzubereitung, Buttern).

Im dritten Abschnitt stehen die Rollenzuschreibungen und die sozialen Funktionen von Frauen im Mittelpunkt. Die gesellschaftlichen Normen und kulturellen Werte erwarten von Frauen, daß sie in erster Linie ihren Verpflichtungen als Ehefrau und Mutter nachkommen. Durch die Geburt von Söhnen festigen sie ihre Position innerhalb der Familie. Ältere Frauen verfügen i. d. R. über größere Autorität und Entscheidungsbefugnis als jüngere Frauen, müssen sich jedoch im strikten patriarchalischen System den familienältesten Männern unterordnen. Dies gilt vor allem bei Entscheidungen über Ehevereinbarungen und finanzielle Angelegenheiten.

Abschließend wird die räumliche Mobilität von Frauen aus den unterschiedlichen Schichten analysiert. Denn das Ausmaß von Bewegungsfreiheit in der Öffentlichkeit beeinflußt die Möglichkeiten von Individuen, an gesellschaftlichen Entwicklungsprozessen teilzunehmen. Dies beginnt bei der Schulbildung und setzt sich bei den möglichen Erwerbstätigkeiten von Frauen fort. Die individuelle Mobilität von Frauen ist eng verknüpft mit der sozioökonomischen Situation des Haushalts, ihrer Stellung innerhalb der Familie, ihrem Alter sowie den Faktoren Bildung und Religiösität. Ältere, verheiratete Frauen verfügen über die größten, junge, unverheiratete Frauen über die geringsten Bewegungsmöglichkeiten in der Öffentlichkeit. Jüngere, unverheiratete Frauen der landlosen und kleinbäuerlichen Haushalte besitzen jedoch weitaus größere Aktionsräume, da sie, um das Überleben ihrer Familien abzusichern, Beschäftigungen außerhalb der Häuser nachgehen müssen. Sie können deshalb die Regeln der Geschlechtersegregation nicht befolgen.

Das Fazit der Arbeit lautet, daß sich die Lebens- und Arbeitsbedingungen von Frauen im ländlichen Punjab zwar partiell durch bessere Ausstattung mit sozialer und technischer Infrastruktur verbessert haben. Davon profitieren aber in erster Linie die Frauen wohlhabenderer Familien, die sich beispielsweise elektrische Geräte, Wasserpumpen und den Schulbesuch ihrer Kinder leisten können.

Der Mangel an Beschäftigungsmöglichkeiten für Frauen und Männer der landlosen und kleinbäuerlichen Haushalte, führt zu wachsenden ökonomischen Disparitäten zwischen den landbesitzenden und landlosen Familien in den Dörfern. Vor allem in den sozioökonomisch schwachen Familien verschlechtern sich dadurch die Chancen von Frauen und Mädchen, Zugang zu Schulbildung und formaler Erwerbstätigkeit zu erhalten.

SUMMARY

The encouragement of women in the process of development has been unanimously advocated since the mid-1970's. However to achieve this basic studies and planning are required at a local level. The focus of this social and economic-geographical study are the living and working conditions of rural women in the Islamic developing country of Pakistan. As an introduction the theoretical discussion on women and development and the effect on practical development cooperation will be summarised.

The concept of separation of the sexes (purdah), which regulates the life of women and men in the urban and rural areas of Pakistan will be investigated, particularly with respect to its meaning for women. After a general introduction on the legal and political framework which effects the life of women, there follows a presentation of selected indicators (sex ratios, education, employment) in order to make comparative judgements of the social position of women and men. The indicators show that, with respect to health care and education, women are considerably disadvantaged. In rural Pakistan less than 10 % of the female population can read and write. Mortality rates for girls, in the life-period of high risk, are notably higher than for boys and between 80 and 90 % of all mothers suffer from anaemia as a result of inadequate antenatal care.

The focus of the work is the presentation of empirical case examples which describe the life and working conditions of women in a peripheral rural region of the Southern Punjab in a comprehensible way. The participation of women of landowning families, tenant-farmers, smallholders and landless peasants from three villages in the Division Bahawalpur (each with different conditions) in the process of agricultural production will be investigated. The differences in the conditions of work directly depend on the socio-economic status of the families. All the women from the landless peasant households regularly participate in most of the work of crop and cattle production. However the women from the families of landowners only take part in three of a total of 37 selected tasks. One problem is produced by the advancing mechanization in agriculture. Thus, for example, the manual winnowing of wheat is unnecessary and women, particularly those from poor households loose an important source of income. And there are still hardly any alternative occupations in the area of agriculture.

The second section deals with the reproductive work of women, which is mostly carried out in the domestic setting. Typical daily routines of women of different ages and from different socio-economic levels will be compared. Generally it can be said that the tasks of women in the domestic economy are the same. It is interesting, however, that within each household there is a division of labour which depends on the position of the woman in the respective family. Women of wealthy households deligate tasks to their daughter-in-laws and grand-daughters, whereas in socio-economically weaker families the older women help but only carry out the more pleasant tasks (e.g. preparing meals, butter making).

In the third section the focus is on the different roles and social functions of women. The social norms and cultural values expect from women that they primarily fullfil their responsibilities as wives and mothers. By producing sons they secure their position within the family. As a rule older women have more authority and rights of decision than younger women, however they must subordinate themselves in the strict patriarchal system to the oldest man of the family. This is primarily in questions of marriage and financial matters.

Finally the geographical mobility of women from different social classes will be analysed. This is important because the degree of freedom of movement in public, influences the opportunities of individuals to take part in social development processes. This starts with education and continues on into the occupational opportunities for women. The individual mobility of women is closely related to the social economic situation of the household, their position within the family, their age as well as factors of education and religion. Older married women have the greatest, while younger unmarried women have the least opportunities for social movement in public. Younger unmarried women from landless and smallholder families, however, have much greater opportunities as they must engage in occupations outside their households in order to secure the existence of their families. Therefore they cannot follow the rules which normally segregate the activities of the sexes.

The conclusion of the study is that the life and the working conditions of women in rural areas of the Punjab has in part been improved by the provision of a better social and technical infrastructure. However it is the women from wealthier families who profit from this because they can afford electrical appliances, water pumps and education for their children. The lack of opportunities for occupation for women and men of landless and smallholder families lead to increasing disparity between the landowning and landless families in the villages. As a result the chances of women and girls to gain access to education and formal occupation are being decreased, particularly for those from socio-economically weak families.

RÉSUMÉ

Depuis la deuxième moitié des années 1970, les projets de soutien aux femmes dans le processus de développement font l'objet d'une approbation unanime. Dans ce but, la réalisation d'études - appliquées au plan régional - servant de base de planification paraissent indispensables. Cette étude socio-géographique et économico-géographique se concentre sur les conditions de vie et de travail des femmes des régions rurales de ce pays musulman en voie de développement qu'est le Pakistan. Un résumé de la discussion théorique sur les femmes et le développement ainsi que sur les conséquences sur la coopération pratique de développement est présenté en introduction.

En analysant le concept de la ségrégation des sexes (*purdah*) qui règle la vie communautaire entre hommes et femmes dans les régions urbaines et rurales du Pakistan, il convient de porter un intérêt particulier sur sa signification particulière pour les femmes. Après une introduction générale sur le cadre juridique et politique ayant un influence sur les conditions de vie des femmes suivra l'exposé de quelques indicateurs choisis (proportions sexuelles, niveau d'éducation et population active) dans le but d'estimer la position sociale des hommes et des femmes de manière comparative. Ces indicateurs montrent que les femmes sont désavantagées dans les domaines de la prévention médicale et de l'éducation scolaire. Dans les régions rurales du Pakistan, moins de 10% de la population féminine sont capables de lire et d'écrire. Les taux de mortalité sont beaucoup plus élevés pour les jeunes filles dans les âges à risques et entre 80% et 90% des mères souffrent d'anémie en raison de prévention prénatale insuffisante.

La présentation d'exemples-types empiriques permettant de percevoir les conditions de vie et de travail des femmes d'une région rurale voisine du Penjab sud forme le noyau de ce travail. On analysera d'abord la participation des femmes venant de familles propriétaires de terres, propriétaires de concessions, de familles fermières et de familles sans terres aux processus de production agricoles les plus variés dans trois villages de la Division Bahawalpur - tous les trois équipés de manière très différente -. La différence dans les charges de travail dépend directement du statut socio-économique des familles : toutes les femmes des foyers sans terres participent régulièrement à la plupart des travaux de production végétale et animale ; par contre, les femmes issues de ménages propriétaires de terres ne prennent en charge que trois des 37 tâches répertoriées au total. Mais la mécanisation permanente de l'agriculture apporte ses problèmes. Par exemple, la moisson manuelle est devenue inutile de sorte qu'en particulier les femmes de familles modestes perdent une source de revenus importante. Jusqu'à présent, il n'y a pourtant presque pas d'alternatives d'emploi.

La deuxième partie porte sur les travaux reproductifs des femmes - surtout établis dans le domaine du foyer -. On comparera des processus-types de travail quotidien reproduits par des femmes d'âges différents et de couches socio-économiques différentes. De manière générale, on peut constater que les tâches des femmes se ressemblent dans le cadre de l'économie ménagère. Par contre, il est intéressant d'observer les différences dans la répartition du travail parmi les femmes d'un même foyer, différences qui s'expliquent par la position des femmes dans les familles concernées. Ainsi, les femmes plus âgées de foyers aisés délèguent les tâches à leurs belles-filles et à leurs petites-filles tandis que, dans les familles socio-économiquement plus modestes, les femmes plus âgées continuent à prêter main forte, tout en n'effectuant cependant que les tâches ressenties comme agréables (p. ex. préparation des repas, barratage)

En troisième partie, nous nous préoccuperons de la répartition des rôles et des fonctions sociales des femmes. Les normes sociales et les valeurs culturelles exigent des femmes qu'elles remplissent en premier lieu leurs obligations de conjointe et de mère. Elles renforcent leur position au sein de la famille en mettant au monde des fils. Les femmes plus agées disposent en règle générale d'une autorité plus importante et de pouvoirs de décision plus larges que les femmes plus jeunes mais doivent quand même se soumettre aux hommes les plus âgés de la famille selon le système strictement patriarcal. Cela concerne surtout les décisions sur les mariages et les affaires financières.

Finalement, nous analyserons la mobilité des femmes issues de différentes couches sociales. Car la mesure de liberté de mouvement en public influence la possibilité pour les individus de pouvoir prendre part aux processus d'évolution sociale. Cela commence avec l'éducation scolaire et continue avec les possibilités d'emplois pour les femmes. La mobilité individuelle des femmes est étroitement liée à la situation socio-économique du foyer, à leur position au sein de la famille, à leur âge de même qu'aux facteurs éducation et religiosité. Les femmes plus âgées et mariées bénéficient de plus de liberté de mouvement que les jeunes femmes non mariées. Cependant, les jeunes femmes non mariées issues de foyers sans terres ou fermiers disposent de beaucoup plus de liberté d'action puisqu'elles doivent occuper un emploi en dehors du foyer pour subvenir aux besoins de la famille. C'est la raison pour laquelle elles peuvent se soustraire aux règles de la ségrégation sexuelle.

Ce travail conclut que les conditions de vie et de travail des femmes du Penjab rural se sont améliorées, bien que partiellement, grâce à un meilleur équipement d'infrastructures sociales et techniques. Mais ce sont en priorité les femmes de familles aisées qui peuvent se permettre d'utiliser cette infrastructure. Le manque de possibilités d'emplois pour les femmes et les hommes issus de foyers sans terres et fermiers fait accroire les disparités entre les familles avec terres et les familles sans terres dans les villages. C'est surtout dans les familles socio-économiquement faibles que les chances des femmes et des jeunes filles d'accéder à une éducation scolaire et d'occuper un emploi formel se dégradent.

„Die meisten Grundideen der Wissenschaft sind an sich einfach und lassen sich in der Regel in einer für jedermann verständlichen Sprache wiedergeben.“ (A. EINSTEIN)

0 EINLEITUNG

Die vorliegende Arbeit stellt Frauen eines sogenannten Dritte-Welt-Landes in den Mittelpunkt der geographischen Forschung, Betrachtung und Analyse. Der Diskurs über Frauenforschung und Feministische Forschung in der Geographie wird seit nunmehr knapp zehn Jahren verstärkt geführt, und mittlerweile sind einige Veröffentlichungen zu diesem Themenkreis erschienen.[1] Dennoch steht diese Forschungsrichtung m. E. eher am Rande der Gesamtdisziplin Geographie, da ihr noch immer der Ruf des ‘Exotischen’ anhängt oder vielmehr angehängt wird.

Die Studie versucht einen fundierten Beitrag zur Geographischen Frauenforschung - mit durchaus feministischem, aber soweit möglich nicht eurozentristisch-feministischem Blick - zu liefern. Aus diesem Grund erfolgt im ersten Kapitel eine, auf die Hauptaussagen reduzierte Analyse der theoretischen Diskussion um Frauen im Entwicklungsprozeß, die in erster Linie von Entwicklungssoziologinnen und Politologinnen getragen wurde und immer noch wird. Daß hierbei nicht alle theoretischen Ansätze berührt werden können, liegt in der Konzeption der Untersuchung begründet, die in erster Linie eine, auf empirischem Material beruhende, sozial- und wirtschaftsgeographische Analyse darstellt. Aufbauend auf der Diskussion folgt die theoretische Einordnung der Arbeit (Kap. 1.1). Dabei wird deutlich, daß auch innerhalb der Geographie Konzepte bestehen, die Optionen für geschlechtsspezifische Forschungen bieten. Der Ansatz der geographischen Aktionsraumforschung bildet, erweitert um das Konzept der Handlungsspielräume, den theoretischen Rahmen, in den die Studie eingebettet ist. Aus der Synthese dieser zwei Konzepte werden dann die erkenntnisleitenden Fragestellungen abgeleitet. Nachfolgend nimmt die Erläuterung der bei der Feldforschung angewandten Methoden einen breiten Raum ein, um die Ergebnisse und die daraus resultierenden Aussagen für die Leser transparenter zu gestalten.

In einem weiteren Abschnitt werden die relevanten politischen, rechtlichen und sozialen Rahmenbedingungen, die die Handlungsspielräume von Individuen und sozialen Gruppen in Pakistan beeinflussen, vorgestellt und in ihrer besonderen Bedeutung für Frauen diskutiert.

---

[1] Zur Entwicklung der Diskussion um Geographische Frauenforschung/Feministische Geographie siehe BOCK et al. (1989). Neuere, in erster Linie empirische Beiträge, liefert die Geographische Rundschau (Heft 4/1995), in der erstmals Wissenschaftlerinnen mit unterschiedlichen geographischen Forschungsansätzen ihre Ergebnisse vorstellen.

Im zweiten Kapitel erfolgt eine kurze physisch-geographische Einführung in die Untersuchungsregion, um darauf aufbauend die Inwertsetzung des Industieflandes zu schildern. Denn nur vor dem Hintergrund einer historischen Perspektive lassen sich die heutigen Verhältnisse, in die Frauen als Arbeitskräfte in vielfältiger Weise eingebunden sind, verständlich darstellen. Die Beschreibung der drei Untersuchungsdörfer sowie deren Genese und Bevölkerungsstruktur geht der Darstellung der Agrarstruktur des Untersuchungsraumes voran. Darauf aufbauend läßt sich dann die Bedeutung von Frauen in der landwirtschaftlichen Produktion (Kap. 3) nachvollziehbar machen. Die Detailstudien über die Lebens- und Arbeitsbedingungen von unterschiedlichen Frauen in drei ausgewählten Dörfern des südlichen Punjabs versuchen, die sich verändernden Rollen von Frauen im Produktions- und Reproduktionsprozeß und die diesen Wandel beeinflussenden Faktoren auf lokaler und regionaler Ebene zu analysieren. Von besonderem Interesse ist darüber hinaus die Identifizierung der Unterschiede in den Lebens- und Arbeitsbedingungen zwischen Frauen der verschiedenen sozioökonomischen Schichten (Kap. 3).

Das letzte Kapitel (Kap. 4) schließlich identifiziert - ausgehend von den empirischen Ergebnissen sowie den auf lokaler Ebene wirkenden, gesellschaftlichen Rahmenbedingungen - die Aktions- und Handlungsspielräume ländlicher Frauen in der Untersuchungsregion.

1 DIE THEORETISCHE DISKUSSION ÜBER FRAUEN IM ENTWICKLUNGSPROZEß UND DIE AUSWIRKUNGEN AUF ENTWICKLUNGSPOLITISCHE KONZEPTE

Der Diskurs über Frauen und Entwicklung[2] ist, gemessen an der Theoriediskussion über Unterentwicklung, relativ jung. Erstmals hat BOSERUP (1970) mit ihrer Studie „Women´s role in economic development in Asia, Africa and Latin America" länder- und kulturübergreifend Frauen im Entwicklungsprozeß sichtbar gemacht und ihre zentrale Rolle in der landwirtschaftlichen Ökonomie deutlich herausgearbeitet. Sie beschreibt und analysiert die wirtschaftlichen Aktivitäten von Frauen in ländlichen Regionen Asiens, Afrikas und Lateinamerikas und die Veränderungen ihrer Erwerbstätigkeiten vor dem Hintergrund historischer Prozesse. Dabei belegt sie, daß die in den ersten Entwicklungsdekaden betriebene Modernisierungsstrategie - unabhängig davon, ob nach sozialistischem oder kapitalistischem Muster - Frauen nicht in eine bessere ökonomische Lage versetzte, sondern im Gegenteil ihren sozialen und ökonomischen Status eher verschlechterte.

Die Autorin rückte so die „invisible women" bei ihren alltäglichen Aktivitäten für die Reproduktion und die Marktökonomie in das Licht der Öffentlichkeit. Der fast zeitgleiche Paradigmenwechsel in der Entwicklungspolitik, maßgeblich durch die Weltbank seit 1973 beeinflußt und in die Grundbedürfnisstrategie mündend, und die 1975 von den Vereinten Nationen eröffnete Weltfrauendekade förderten diesen Prozeß der Sichtbarwerdung von Frauen weiter.[3] Den Durchbruch jedoch brachte erst die Erkenntnis, daß die „trickle-down"-Effekte der Modernisierungsstrategien ausblieben und die Armut in der Dritten Welt[4] während der ersten beiden Entwicklungsdekaden zugenommen hatte. Die nun propagierte Befriedigung der Grundbedürfnisse mit Zielgruppen- und Armutsbezug holte auch die Frauen aus ihrem bisherigen Schattendasein. Studien, Analysen und Dokumentationen zu Lebens- und Arbeitsbedingungen von Frauen in Ländern der Dritten Welt wurden jetzt vermehrt im Auftrag der Entwicklungsinstitutionen angefertigt. In vielen Studien wurde die Schlüsselposition, die Frauen in der Subsistenzwirtschaft und damit für das Überleben ihrer Familien innehaben, herausgestellt. Diese Erkenntnisse schlugen sich in der erstmals auf einer internationalen Plattform im Rahmen der Eröffnung der Weltfrauendekade in Mexiko (1975) erhobenen Forderung nach *„Gewährleistung der vollständigen Integration der Frauen in die gesamten Entwicklungsanstrengungen bei Anerkennung ihrer*

[2] Im englischen Sprachgebrauch als WID = Women in Development bezeichnet.

[3] Auch die amerikanische und europäische Frauenbewegung muß in diesem Zusammenhang genannt werden, da sie strukturelle Gewaltverhältnisse auch in Ländern der Dritten Welt thematisierte (z. B. Apartheid, Rassismus etc.).

[4] Obwohl der Terminus „Dritte Welt" in der wissenschaftlichen Diskussion umstritten ist, verwende ich ihn der Einfachheit halber weiterhin, da es m. E. noch keinen passenderen Begriff gibt.

Verantwortung und bedeutenden Rolle für die ökonomische, soziale und kulturelle Entwicklung" (WICHTERICH 1987:122) nieder.

Damit war auch eine Änderung der strategischen Maßnahmen eingeleitet. Hatten Frauen bislang lediglich als Empfängerinnen karitativer Maßnahmen gegolten, vor allem bei kirchlichen Projekten, die in kolonialen Denkmustern verhaftet einzig die Rolle der Frau als Mutter und Verantwortliche für den Haushalt in den Mittelpunkt ihrer „Hilfe" stellten, so änderte sich die Förderungsstrategie mit dem neuen Konzept merklich. Frauen wurden vor allem als ungenutzte Ressource betrachtet, deren Produktivkraft für den Entwicklungsprozeß nutzbar gemacht werden müsse.

Zunächst versuchten die Entwicklungsplaner, Frauen für das Konzept der Grundbedürfnisbefriedigung zu funktionalisieren, da mittlerweile die wichtige Rolle von Frauen als Versorgerinnen ihrer Familien allgemein akzeptiert wurde. Steigerung der Nahrungsmittelproduktion durch Einführung von Kleintierhaltung, Gemüseanbau und möglichst Vermarktung tierischer und pflanzlicher Produkte sollten die Grundbedürfnisse armer Familien besser absichern helfen. Für Frauen, die weltweit für die Subsistenzproduktion zuständig sind, bedeutete dies eine zusätzliche tägliche Belastung, ohne daß sich ihre Position in der Gesellschaft verbesserte. Dieses Ziel verfolgt noch immer der seit Beginn der 80er Jahre verstärkt diskutierte und implementierte Integrationsansatz, dessen Grundidee darin besteht, die Produktivität von Frauen nicht einzig für ihre Familien, sondern darüber hinaus auch für die Volkswirtschaften der jeweiligen Länder zu erhöhen (vgl. Übersicht 1, S. 10). Das zentrale Element dieser Strategie stellen einkommenschaffende Aktivitäten für Frauen dar. Diese sollten folgende Doppelfunktion erfüllen: Zum einen würde somit die Produktivität der unterentwickelten Volkswirtschaften gesteigert, und die wachsende Armut könnte wirksam bekämpft werden, und zum anderen, so glaubte man, würde die ökonomische Partizipation von Frauen „quasi automatisch" zu ihrer Statusverbesserung und zu mehr Gleichberechtigung führen. Dahinter stand die Annahme der Weltbank, eine nachholende Entwicklung durch wirtschaftliches Wachstum zu erreichen, die zu keinem Zeitpunkt in Frage gestellt wurde und die den entwicklungspolitischen Umgang mit „Dritte-Welt-Frauen" prägte. Die Effizienzsteigerung der Produktivkraft Frau stand im Vordergrund, nicht die Veränderung der Strukturen, um rechtliche, soziale und ökonomische Gleichstellung zu erreichen.[5] Fundamentale Kritik findet der Integrationsansatz bei WICHTERICH. Ihres Erachtens ist er ungeeignet, die

[5] Auf der ersten Weltfrauenkonferenz 1975 wurde zwar die Einrichtung frauenspezifischer Institutionen und unabhängiger Forschungsorganisationen gefordert, doch stellte sich später heraus, daß viele der daraufhin neugegründeten Ministerien oder Institutionen weder über ausreichend finanzielle Mittel noch politische und rechtliche Kompetenzen verfügten (vgl. PREUß/SEYFFERTH 1993).

Benachteiligung und Unterdrückung von Frauen aufzuheben. Ausgeblendet werden sowohl die Ursachen für ungleiche Ressourcenverteilung als auch die patriarchalen Machtverhältnisse und ihre Herrschaftsstrukturen: *„Frauenunterdrückung galt als Korrelat von Unterentwicklung. Das heißt, es wurde eine Strategie verfolgt, die woanders bereits genügend versagt hatte: die Integration von Frauen in die Erwerbstätigkeit und auch in das Bildungs- und Gesundheitssystem mag Lebens- und Arbeitsbedingungen von Frauen zwar graduell verbessert haben, hat jedoch noch in keinem kapitalistischen oder sozialistischen Land die Hierarchie der Geschlechter beseitigt, sondern dem patriarchal bestimmten Geschlechterverhältnis höchstens neue Ausdrucks- und Verlaufsformen gegeben."* (WICHTERICH 1987:127)

Empirische Studien, die die Bielefelder Entwicklungssoziologen/innen[6] Ende der 70er und zu Beginn der 80er Jahre vorlegten, untermauerten und verstärkten die Kritik an der Integrationsstrategie weiter und mündeten in den überwiegend in Deutschland rezipierten theoretischen Diskurs der Hausfrauisierung.[7] Nach BENNHOLDT-THOMSEN (1986:6) ist unter Hausfrauisierung jener Prozeß zu verstehen, bei dem die Geld- und Warenproduktion in eine hauptsächlich auf Subsistenz ausgerichtete Wirtschaft eindringt und sie dadurch in zwei Bereiche teilt: den der Produktion für den Markt, der hauptsächlich von Männern beherrscht wird, und den der Haushaltsökonomie/ Reproduktion in Verantwortung der Frauen.[8] Wesentlich dabei ist der gesellschaftliche Abwertungsprozeß, der der Frauenarbeit widerfuhr, da der Mann als Geldverdiener als Ernährer der Familie definiert wurde. Innerhalb der kolonialen Ökonomien galt die Männerarbeit als die „moderne" und die Frauenarbeit als die traditionelle Form. Die kolonialen Herrscher änderten außerdem Erbrechte zugunsten der Männer oder führten solche überhaupt erst ein (wie beispielsweise in vielen Regionen Afrikas) und vergaben Landbesitztitel nur an Männer, da die Verwalter der Kolonialmächte europäische Verhältnisse übertrugen (vgl. BOSERUP 1970).

---

[6] Als prominenteste Vertreter/innen der Bielefelder Entwicklungssoziologen/innen seien hier ELWERT, EVERS, WERLHOF, MIES, BENNHOLDT-THOMSEN genannt. Vor allem letzteren drei ist es zu verdanken, daß die entwicklungstheoretische Debatte um die geschlechtsspezifische Problematik bereichert wurde.

[7] Die These der Hausfrauisierung baut auf dem - maßgeblich von ELWERT und EVERS entwickelten - Verflechtungsansatz auf (vgl. ELWERT 1979, EVERS 1987).

[8] Bei der Analyse der Subsistenzproduktion/-arbeit in Entwicklungsländern (vorwiegend Studien, die in Lateinamerika und Indien angefertigt wurden) konstatierten die Wissenschaftlerinnen zunächst, daß die autonome, bäuerlich geprägte Selbstversorgungswirtschaft heute weltweit nicht mehr existiert. Die seit dem Kolonialismus sich ausbreitende kapitalistische Wirtschaftsweise in den Peripherien drängte die Subsistenzwirtschaft zugunsten der Marktproduktion in den Hintergrund. Die These lautet weiter, daß sich dadurch auch die Rolle und Position der Frauen in den jeweiligen Gesellschaften veränderte: Männer partizipieren an der Marktproduktion, verdienen Geld (und besitzen damit Macht), während Frauen den Bereich der Subsistenzproduktion übernehmen (detailliert dazu s. BENNHOLDT-THOMSEN 1986).

Der Zugang zu Ressourcen wurde Frauen versperrt.[9] Auch WICHTERICH (1984:13) argumentiert, daß Frauen in vorkolonialen Gesellschaften, deren Ökonomien i. d. R. auf nichtmonetären Austauschbeziehungen beruhten, ein größeres Maß an Unabhängigkeit und Achtung genossen als heute.

Mit dem Vordringen moderner Technologien (z. B. im Rahmen der Grünen Revolution) und dem Ausschluß der Frauen von diesen vertiefte sich die systematische Ungleichheit zwischen Männern und Frauen weiter. Den Verdrängungsprozeß von Frauen aus ihren traditionell produktiven Arbeitsbereichen hatte bereits BOSERUP (1970) beschrieben, doch die Ursachen und strukturellen Auswirkungen, die dieser Prozeß auf die Frauen hatte, wurden m. E. erst von den Bielefelderinnen präzisiert. Wesentlich für den theoretischen Rahmen der vorliegenden Arbeit ist die auch aus der Kritik am Ansatz der Bielefelderinnen resultierende, weitergeführte Diskussion über Frauen und Entwicklung, auf die nachfolgend eingegangen wird.

Am theoretischen Ansatz der Bielefelderinnen wird vor allem deren Gleichsetzung der Frauenarbeit in Industrie- und Entwicklungsländern kritisiert (BENERIA 1982:132f.). Die Hausarbeit von Frauen in Ländern der Dritten Welt umfaßt eine Reihe produktiver Tätigkeiten (Wasser holen, Brennholz sammeln, Lebensmittel herstellen etc.), demgegenüber konzentriert sich die Hausarbeit in Industrieländern überwiegend auf die Transformation des Familieneinkommens in konsumierbare Güter- und Dienstleistungen. Das Einkommen muß diesen Reproduktionsbereich decken, während die meisten Frauen in den Entwicklungsländern zusätzlich zum Einkommen des Mannes Geld oder Naturalien erwirtschaften (müssen). Auch existiert für Frauen aus Entwicklungs- und Industrieländern ein unterschiedlicher Zugang zu Produktionsmitteln, der bei der Hausfrauisierungs-These keine Beachtung fand.

LEVIN (1991:59) sieht in der *„naiven Beschwörung weiblicher Gemeinsamkeiten"* und der daraus abgeleiteten weltweiten Frauensolidarität eine Verharmlosung bestehender Machtverhältnisse. Denn die relativ abgesicherten Lebensbedingungen von Frauen in Industrieländern basieren auch auf der Ausbeutung der Frauenarbeit in der Dritten Welt (vgl. WERLHOF, MIES, BENNHOLDT-THOMSEN 1991, BERNINGHAUSEN/KERSTAN 1984/1994) und dementsprechenden Herrschaftsverhältnissen. Lückenhaft ist der Diskurs auch hinsichtlich der sozioökonomischen Differenzierung von Frauen und des darauf zurückzuführenden unterschiedlichen Zugangs zu Erwerbstätigkeit, Ausbildung, Gesundheitsversorgung usw.

---

[9] Vgl. dazu auch BERNINGHAUSEN/KERSTAN (1984), die mit einer Reihe von Fallstudien aus verschiedenen Ländern die o. a. Prozesse belegen.

In der seit Mitte der 80er Jahre einsetzenden Diskussion über Frauen und Entwicklung werden Frauen nicht mehr nur nach ihrem Geschlecht analysiert, vielmehr finden Termini wie Klasse, Schicht, Ethnie, Kultur und Religion Eingang in den Diskurs. LENZ (1992:78) fordert, das pauschale Bild der „Dritten Welt“, welches regionale Differenzierungen negiert, und ein *„Leitbild“* der Frau in diesen Ländern, das weder Klasse, Ethnizität, kulturelle Einflüsse noch Religion berücksichtigt, endgültig *„in die Rumpelkammer zu stellen“*. Diese Neuorientierung ist auch auf die Zwischen- und Abschlußkonferenz der Weltfrauendekade (1980 in Kopenhagen bzw. 1985 in Nairobi) zurückzuführen. Vertreterinnen aus Ländern des Südens formulierten massive Kritik an den Entwicklungsvorstellungen vieler westlicher Teilnehmerinnen. MOHANTY (1988:150) hat die Kritik mit folgenden Worten auf den Punkt gebracht: *“Die Analyse des ‘geschlechtlichen Unterschiedes’ in Form einer überkulturell einheitlichen Vorstellung vom Patriarchat oder männlicher Dominanz führt zu einer ähnlich verkürzten und homogenen Vorstellung dessen, was ich den ‘Dritte-Welt-Unterschied’ nenne - dieses immergleiche, unhistorische Etwas, das scheinbar die meisten, wenn nicht alle Frauen in diesen Ländern unterdrückt. Und gerade mit der Prägung des Begriffs ‘Dritte-Welt-Unterschied’ vereinnahmen westliche Feministinnen die grundlegende Komplexität und die Konflikte, die Leben der Frauen verschiedener Klassen, Religionen, Kulturen, Rassen und Kasten in diesen Ländern ausmachen und ‘kolonisieren’ sie.“*

Spätestens seit der Abschlußkonferenz der Weltfrauendekade 1985 in Nairobi steht fest, daß die hochgesteckten Ziele - Befriedigung der Grundbedürfnisse durch Integration von Frauen in die Marktökonomie und der Abbau von Benachteiligungen für Frauen - nicht erreicht wurden. Im Gegenteil, Frauen gehören weltweit zu den Verliererinnen von Entwicklungsbemühungen. Haben sich partiell formale Verbesserungen in den Bereichen Bildung und Gesundheitsversorgung eingestellt, so sind dennoch die Frauen als erste von ökonomischen Krisen, z. B. im Rahmen von Strukturanpassungsprogrammen, betroffen. Trotz UN-Frauendekade und der drei internationalen Konferenzen hat sich die Lage für viele Frauen verschlechtert: So erhöhte sich z. B. die absolute Analphabetenzahl[10] bei den Frauen weltweit zwischen 1975 und 1980 um 10 %, während sie bei den Männern lediglich um 1 % stieg (vgl. PREUSS/SEYFFERTH 1993:116). Auch als „Feminisierung der Armut“ wird die wachsende Verschlechterung der Lebensbedingungen bezeichnet, die teilweise mit einer vergrößerten Polarisierung der Geschlechter einhergeht und für

---

[10] Die Analphabetenrate innerhalb einer Gesellschaft gilt als „harter“ Indikator für Gleichheit bzw. Ungleichheit (vgl. ROTT 1992:13).

Frauen einen zunehmenden Statusverlust bringt (vgl. LACHENMANN 1992, ROTT 1992, WICHTERICH 1992).

Im UN-WELTBEVÖLKERUNGSBERICHT (1989:2) ist dieser Tatbestand folgendermaßen zusammengefaßt: *„Unter wachsendem ökonomischen Druck haben in den letzten vier Jahren 37 der ärmsten Länder ihre Ausgaben im Gesundheitswesen um 50 Prozent und im Bildungsbereich um 25 Prozent gekürzt. Die Armen sind davon besonders hart betroffen, arme Frauen jedoch am härtesten.“*

Ausgehend von den ernüchternden Ergebnissen 1985 in Nairobi[11] wurde das Ziel der Feminisierung von Entwicklung gefordert.[12] Einen wichtigen Beitrag lieferte MOSER (1989), die zunächst die dreifache Rolle von Frauen in der Dritten Welt hervorhob (Reproduktion, Produktion, Aufgaben im sozialen bzw. Infrastrukturbereich), und daraus zwei unterschiedliche „Bedürfnisgruppen“ ableitete: Die als *'practical gender needs'* bezeichneten Bedürfnisse, die aus der Lebenssituation von Frauen und aus den an sie gestellten spezifischen Rollenerwartungen resultieren. Dazu zählen u. a. praktische Bedürfnisse wie Zugang zu Trinkwasserversorgung, Gesundheitseinrichtungen, Verbesserung der Verkehrsinfrastruktur etc. *'Strategical gender needs'* umfassen solche Bedürfnisse, die sich aus der Unterdrückung von Frauen ergeben und die feministisch ausgerichtet sind. Darunter fällt die Unterstützung von unabhängigen Frauengruppen im ländlichen Raum ebenso wie die Abschaffung diskriminierender Gesetze auf nationaler Ebene.

Das aus den Diskussionen hervorgegangene neue Konzept wird als 'empowerment approach' (Ermächtigungs-Ansatz) bezeichnet (vgl. Übersicht 1, S. 10).[13] STROMQUIST (1993:259) sieht darin ein soziopolitisches Konzept, das über formelle politische Beteiligung und Bewußtseinssteigerung hinausgehen muß und das letztlich die ungleiche Machtverteilung zwischen Frauen und Männern aufheben soll. Ein politischer Prozeß insofern, weil die Machtverteilung sowohl in zwischenmenschlichen Beziehungen als auch in gesellschaftlichen Institutionen zugunsten von Frauen verändert wird und Frauen befähigt werden (sollen), als Anwältinnen in eigener Sache zu

---

[11] Im offiziellen Abschlußdokument der Konferenz wird unter I, A, Ziffer 44 die ungleiche Stellung der Frauen auf Massenarmut und allgemeine Rückständigkeit, die durch Unterentwicklung entstanden sind, zurückgeführt, wobei Unterentwicklung das Ergebnis von Faktoren wie Imperialismus, Kolonialismus, Neokolonialismus und ungerechten Weltwirtschaftsbeziehungen ist (vgl. BJFFG 1988:25).

[12] Anstoß lieferte das Projekt DAWN (Development Alternatives with Women for a New Era), ein internationaler Zusammenschluß von Frauen und Männern aus Industrie- und Entwicklungsländern, die aus Politik, Wissenschaft und Nichtregierungsorganisationen stammen (vgl. SATZINGER 1987).

[13] Im folgenden wird der englische Terminus beibehalten, da die deutsche Übersetzung „Ermächtigung“ m. E. mißverständlich ist.

agieren. Da der 'empowerment approach' auch für die vorliegende Studie Bedeutung besitzt, sei er im folgenden näher erläutert. STROMQUIST unterscheidet vier Komponenten von 'empowerment':

1. Die kognitive Komponente beinhaltet das Wissen von Frauen, welche gesellschaftlichen Bedingungen für ihre Benachteiligung/Diskriminierung auf der Makro- und Mikroebene verantwortlich sind, sowie den Erwerb neuen Wissens, um ein anderes Verständnis über Geschlechterbeziehungen zu schaffen.
2. Die psychologische Komponente beinhaltet die Entwicklung des Gefühls, daß Frauen auf persönlicher und gesellschaftlicher Ebene zur Verbesserung ihrer Situation aktiv beitragen können, sowie die Bildung der Überzeugung, daß Frauen Veränderungen herbeiführen können.
3. Die ökonomische Komponente steht für die Überzeugung, daß Frauen in die Lage versetzt werden müssen, monetäres Einkommen zu erwirtschaften, da es als erwiesen gilt, daß Frauen, die eigenes Einkommen verdienen, über größere Unabhängigkeit verfügen.
4. Die politische Komponente erfordert die Fähigkeit, die Umwelt in politischen und sozialen Begriffen zu analysieren, sowie die Fähigkeit, für soziale Veränderungen zu mobilisieren und zu organisieren.

Das Heraustreten aus dem Privatleben und die Partizipation an kollektiven Unternehmungen (seien es Alphabetisierungskurse, Kredit- oder Spargruppen, Müttervereine, Gemeinschaftsküchen oder gewerkschaftlich organisierte Gruppen) bilden die Grundvoraussetzungen für 'empowerment'. Die Bildung kleiner geschlossener Gruppen mit hohem Identifizierungsgrad der Mitglieder ist dabei von *„höchster Wichtigkeit."* (STROMQUIST 1993:262)

WICHTERICH hingegen (1994:33ff.) begreift den 'empowerment approach' als Politisierung entwicklungsstrategischen Denkens und differenziert vier kategoriale Ebenen von Machtbildung, die ineinandergreifen müssen bzw. miteinander vernetzt sind:

1. Handlungsspielräume von Frauen müssen durch räumliche Mobilität gesichert bzw. erweitert werden, und durch das Aufbrechen kultureller und religiöser Tabus, Werte und Symbole können Handlungsalternativen geschaffen werden.
2. Die Nutzung oder Inanspruchnahme bestehender sozialer Serviceangebote und Rechte im Bildungs-, Gesundheits-, Gesetzgebungs- und sozialen Bereich ist zu gewährleisten.
3. Frauen müssen Verfügungsrechte über materielle Ressourcen, Informationen, Fertigkeiten und Wissen über ihre Körper, Sexualität und Fortpflanzung gewinnen.
4. Verhandlungs- und Entscheidungsmacht muß in der Familie, Gemeinde und Politik aufgebaut werden.

Übersicht 1: Ansätze in der Frauenförderung von 1950-1995, ihr Ursprung und die damit verfolgten Ziele

	WOHLFAHRT	GLEICHHEIT	ARMUTSBEKÄMPFUNG	INTEGRATION	EMPOWERMENT
Ursprung	Relikt aus der Kolonialzeit	UN-Frauendekade; 1.Welt Feminismus; Erkenntnis, daß Modernisierungsstrategie gescheitert ist	Einsicht, daß Armut in den ersten Entwicklungsdekaden zugenommen hat	Erkenntnis, daß Frauen zu den Ärmsten der Armen gehören und ungenügend in die Marktökonomie eingebunden sind; „Hausfrauisierung"	Kritik von Frauen des Südens an der Übertragbarkeit westlicher Feminismusvorstellungen; Einsicht, daß bisherige Strategien Frauen weder Gleichberechtigung noch ökonomische Besserstellung gebracht haben
Zeitraum	1950-1970 (von einigen Entwicklungsträgern bis heute verfolgt)	1975-1985 (und teilweise bis heute)	Seit Anfang der 70er Jahre bis heute	Seit Beginn der 80er Jahre bis heute	Verstärkt seit Mitte der 80er Jahre
Zweck und Ziele	Förderung von Frauen in ihrer Rolle als Hausfrau und Mutter	Erlangung rechtlicher und sozialer Gleichheit von Frauen im Entwicklungsprozeß durch die Schaffung spezifischer Institutionen auf nationaler Ebene	Produktivitätssteigerung von armen Frauen in der Subsistenzproduktion, damit sie die Grundbedürfnisse ihrer Familien absichern können	Effektivere und effizientere ökonomische Beteiligung von Frauen; Erhoffte Statusverbesserung von Frauen durch ökonomische Partizipation	Ermächtigung/ Befähigung von Frauen, durch Selbstbestimmung und Selbstorganisation ihre eigenen Belange und Interessen wahrzunehmen
Entwicklungspolitische Leitideen dieser Zeit	Modernisierungsstrategie (Nachholende Entwicklung durch Industrialisierung)	Seit 1973 verstärkt Konzept der Befriedigung der Grundbedürfnisse	Grundbedürfniskonzept	Grundbedürfniskonzept und Diskussionen um 'Nachhaltige Entwicklung'	Konzept der 'Nachhaltigen Entwicklung'
Bemerkungen	Frauen werden einzig in ihrer Rolle als Mutter und Hausfrau gesehen; passive Empfängerinnen von karitativen Maßnahmen; insb. bei kirchlichen Organisationen beliebt	Versuchte Gleichstellung von Frauen durch Gesetzesänderungen; nicht sehr populär, da Ursprünge aus der westlichen Frauenbewegung	Frauen sollen durch produktive Arbeiten neben ihren Alltagspflichten die Grundbedürfnisse absichern; häufig in Verbindung mit Selbsthilfeprojekten; begrenzt populär	Frauen sollen durch einkommenschaffende Aktivitäten nicht nur die Leistungsfähigkeit der Volkswirtschaften erhöhen, sondern ein größeres Maß an Gleichheit erreichen. Sehr populär	Stärkung des Selbstbestimmungsrechts von Frauen; radikaler Ansatz, da es letztlich um gesellschaftliche Machtumverteilung geht. Unpopulär

Quelle: Verändert nach MOSER (1989:1808) und TEKÜLVE (1993:311)

Wie bei STROMQUIST wird zur Erreichung dieser Ziele die Bildung von Frauenorganisationen als eine notwendige Voraussetzung betrachtet. Denn hier kann kollektives Bewußtsein in kollektive Aktionen umgesetzt werden. 'Empowerment' bedeutet somit, daß Frauen in ihren jeweiligen Lebensbedingungen die vorhandenen Möglichkeiten zur Verbesserung ihrer Situation ergreifen (lernen) und daß sich durch ihre vermehrte Partizipation an politischen und wirtschaftlichen Entscheidungsprozessen sukzessive auch die gesellschaftlichen Rahmenbedingungen zu ihren Gunsten verändern.

Angesichts der sich teilweise verschärfenden Lebensbedingungen von Frauen in Ländern des Südens scheint der 'empowerment approach', sofern Machtzuwachs für Frauen überhaupt gewollt und dementsprechend gefördert wird, in die richtige Richtung zu weisen. Zudem steht nicht die Ursachenanalyse über die benachteiligte Stellung von Frauen im Vordergrund, sondern der 'empowerment approach' stellt eine Strategie zur Überwindung von Diskriminierung dar. Ein Anliegen der vorliegenden Studie besteht in der Identifizierung der Handlungsspielräume ländlicher Frauen, die für die Initiierung von 'empowerment' eine wichtige Voraussetzung bilden. Aus diesem Grund steht das Konzept der Handlungsspielräume als Teil geographischer Aktionsraumforschung im Mittelpunkt der nachfolgenden Ausführungen.

1.1 Theoretische Einordnung der Arbeit und methodische Vorgehensweise

1.1.1 Geographische Aktionsraumforschung und das Konzept der Handlungsspielräume

Der Begriff des Handlungsspielraumes bildet einen wesentlichen Bestandteil der Aktionsraumforschung, die von der Überlegung ausgeht, daß das Verhalten und Handeln von Individuen oder Gruppen räumlich, zeitlich und gesellschaftlich gebunden ist. Die Aktionsraumforschung thematisiert als Bezugsgrößen menschlichen Verhaltens die Tätigkeitenmuster und die sozialräumliche Situation, in der menschliches Handeln vollzogen wird (vgl. BECK 1982).

Die Grundannahmen des aktionsräumlichen Ansatzes bestehen in:

- der Individualität des Menschen in Zeit und Raum,
- dem allgemeinen Interesse an individuellen Tätigkeitenmustern, Tagesabläufen, dem Ausüben von Tätigkeiten und der Auswahl der speziellen Gelegenheiten für diese Tätigkeiten,

- der Abhängigkeit individueller Aktionsradien von verschiedenen Faktoren (Alter, Bildung, sozioökonomischer Status, Kaste, etc.), die auf unterschiedlichen Ebenen differenziert zum Tragen kommen.

Die in dieser Arbeit benutzte Terminologie der Aktionsraumforschung lehnt sich weitestgehend an TZSCHASCHEL (1986) an, wobei sinnvollerweise und bezogen auf die vorliegende Arbeit mehrere Ebenen unterschieden werden müssen. Der theoretische Handlungsspiel- oder Aktivitätsraum, über den jedes Individuum verfügt, bezeichnet die Bandbreite von Möglichkeiten, Tätigkeiten auszuführen bzw. nicht auszuführen. Den Aktivitätsraum wiederum grenzen verschiedene Rahmenbedingungen ein, die auf verschiedenen Ebenen wirken. Der Handlungs- oder Aktionsraum stellt dann die empirisch ermittelten, tatsächlich genutzten Optionen eines Individuums oder von sozialen Gruppen dar. Die alltäglichen Tätigkeitenmuster können so aus einer Vielzahl von Gelegenheiten identifiziert werden. Dabei werden räumliche Komponenten wie Reichweite, zurückgelegte Wege ebenso erfaßt wie der benötigte Zeitaufwand für bestimmte Tätigkeiten etc.

Von besonderem Interesse dabei ist die Analyse der folgenden handlungsbeschränkenden Rahmenbedingungen innerhalb des Aktivitätsraumes (vgl. Abb. 1, S. 13):

- Die politisch-rechtlichen Bedingungen: Arbeitsgesetze, Familien- und Wahlrecht etc. Die formalen politisch-rechtlichen Rahmenbedingungen wirken auf nationaler, regionaler und lokaler Ebene. So engen bestimmte Arbeitsschutzgesetze den potentiellen Handlungsspielraum für Frauen stärker ein als für Männer (z. B. Nachtarbeitsverbot für Frauen in einigen europäischen Ländern) oder verbieten teilweise Aktivitäten für soziale Gruppen (Fahrverbot für Frauen in Saudi-Arabien).
- Die soziokulturellen Normen und gesellschaftlichen Werte, die auf Tradition und Religion beruhen: Rollenzuschreibungen und Verhaltensregeln beispielsweise für Frauen, die in Pakistan für die reproduktiven Aktivitäten verantwortlich gemacht werden. Soziokulturelle Normen und gesellschaftliche Werte können zwar national determiniert sein (z. B. „Islamische Republik Pakistan"), aber auch regionale Differenzen aufweisen. Beispielsweise leben die Pashtunen in der Nordwestgrenzprovinz nach anderen kulturellen Werten als die Punjabi.[14] Kulturelle Normen und Werte können zudem in unterschiedlichen Bevölkerungsschichten stark differieren. Auch die

[14] Ein Beispiel zur Verdeutlichung ist in Kap. 1.2, S. 29ff. (*purdah*) erläutert.

Unterschiede zwischen ländlichen und städtischen Bewohnern/innen sind in diesem Zusammenhang zu nennen.

- Die ökonomischen Rahmenbedingungen: Unter diesen Punkt fallen sowohl die nationalen wirtschaftlichen Bedingungen als auch diejenigen kleinerer Einheiten (Region, Dorf, Haushalt etc.). Stehen beispielsweise nicht genügend Arbeitsplätze zur Verfügung, grenzt dies den Aktivitätsraum von Individuen ein.
- Das individuelle Zeitbudget: Diese auf der persönlichen Ebene wirksame Rahmenbedingung verhindert beispielsweise außerhäusliche Aktivitäten von Frauen, da die täglichen Pflichten ihr Zeitbudget gänzlich ausschöpfen.
- Der fehlende soziale Zugang: Gesellschaftliche Gruppen oder Individuen verfügen aufgrund mangelnder Bildung oder ungenügender Information nur über einen eingeschränkten Zugang zu Service- oder Dienstleistungen.

Abb. 1: Zur Terminologie der Aktionsraumforschung

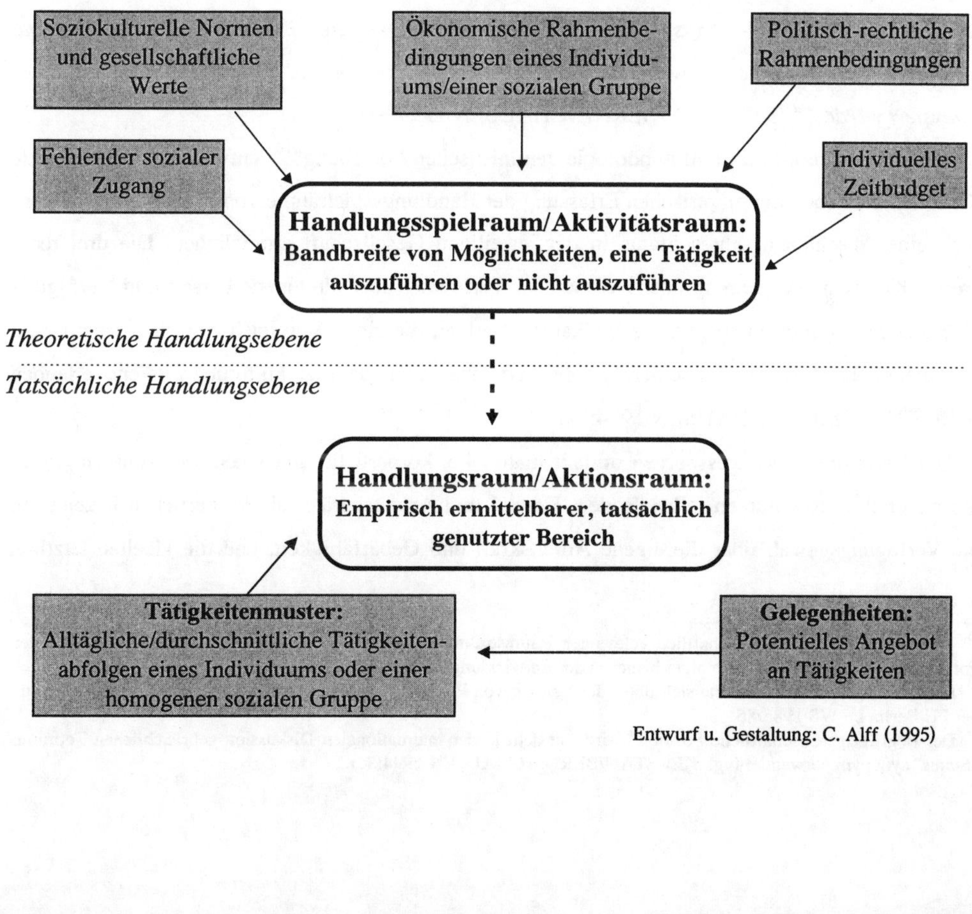

Entwurf u. Gestaltung: C. Alff (1995)

Aktionsräumliche Untersuchungen innerhalb der Geographie beschäftigen sich insbesondere mit drei unterschiedlichen Fragekomplexen:

1. Erfassung raumzeitlicher Tätigkeitenmuster, d. h. Abfolge von Tätigkeiten, ihre Dauer, Häufigkeit und Verortung im Raum.
2. Untersuchungen, die die Handlungsspielräume von Individuen oder sozialen Gruppen beschreiben und erklären. Das besondere Interesse liegt dabei auf der Identifizierung der negativ wirkenden bzw. hemmenden Faktoren ('constraints').
3. Untersuchungen über Form und Ausdehnung von Aktionsräumen, wobei das Ziel die Herausarbeitung gesellschaftlich relevanter Raumeinheiten und -strukturen zu Planungszwecken ist.[15]

In der geographischen Aktionsraumforschung blieb m. E. bislang unberücksichtigt, daß das Konzept der Handlungsspielräume neben seiner Planungsrelevanz auch ein sinnvolles Analyseinstrumentarium zur Abschätzung der gesellschaftlichen Position von Individuen oder sozialen Gruppen bietet. Denn *„wird die Position der Frau als vielschichtiges Produkt und zugleich Baustein eines komplexen Gesellschaftsgefüges begriffen, so müssen die ökonomischen, sozialen und kulturellen Faktoren, die die weibliche Rolle bestimmen, einzeln und in ihrem Zusammenwirken analysiert werden.“* (KERSTAN/BERNINGHAUSEN 1994:33)

Die Arbeitsgruppe „Zur Methodologie feministischer Forschung“[16] entwickelte drei zentrale Kriterien, die neben der empirischen Erfassung der Handlungsspielräume von Frauen und Männern auch eine Abschätzung ihres Status in der jeweiligen Gesellschaft ermöglichen. Die drei recht groben Kriterien - Verfügung über Ressourcen, Verfügung über die eigene Person und Verfügung über andere - werden in spezifische Indikatoren zerlegt, die einen Vergleich zwischen weiblichem und männlichem Status[17] in einer Gesellschaft, aber auch bedingt kulturübergreifend erlauben (KERSTAN/BERNINGHAUSEN 1994:37).

Die Verfügung über Ressourcen umfaßt materielle, körperliche und ideelle Ressourcen. Unter die materiellen Ressourcen fallen Boden, Kapital und Arbeitsgeräte, die körperlichen bezeichnen die Verfügungsgewalt über die eigene Arbeitskraft und Gebärfähigkeit, und die ideellen letztlich

---

[15] Die Identifizierung gesellschaftlich relevanter Raumstrukturen spielt insbesondere in der stadtgeographischen Forschung eine zentrale Rolle, weniger bisher in der Entwicklungsländerforschung.

[16] Die Arbeitsgruppe konstituierte sich unter der Leitung von Prof. Dr. Carol Hagemann-White am Otto-Suhr-Institut der FU Berlin im WS 1985/86.

[17] Der Begriff „gesellschaftliche Position“ wird mit dem in der internationalen Diskussion gebräuchlichen Terminus „Status“ synonym verwendet (vgl. KERSTAN/BERNINGHAUSEN 1994:32).

bedeuten den Zugang zu Bildung, Wissenschaft, Politik, Religion, Philosophie und Kultur. Das zweite Kriterium „Verfügung über die eigene Person“ steht für die Autonomie und Wahlmöglichkeit von Individuen. Zu nennen sind in diesem Zusammenhang die freie Wahl der Lebensform[18], des Lebenspartners, des Wohnortes sowie der Berufstätigkeit. Auch der Umgang mit Sexualität und die Bewegungsmöglichkeiten in der Öffentlichkeit fallen unter diesen Punkt. Das dritte Kriterium bezieht sich auf die Partizipations- und Einflußmöglichkeiten von Individuen im öffentlichen und privaten Bereich. Dazu zählen die Entscheidungsmuster innerhalb der Familie ebenso wie die Partizipationsmöglichkeiten in Politik, Kultur, Wissenschaft und Religion (vgl. Übersicht 2, S. 16).

Der Indikatorenkatalog bildet m. E. ein geeignetes Instrument, um Handlungsspielräume von Individuen oder sozialen Gruppen empirisch zu erfassen. Ohne an dieser Stelle detaillierter auf die einzelnen Indikatoren und ihre empirische "Meßbarkeit" einzugehen, soll exemplarisch die Bedeutung der Wahlmöglichkeiten und der persönlichen Autonomie für die Analyse der Handlungsspielräume und damit für den gesellschaftlichen Status von Frauen erläutert werden, da die Handlungsoptionen eines Individuums eng mit gesellschaftlichen Normensystemen und ökonomischen Rahmenbedingungen verknüpft sind. Frauen aus wohlhabenden Familien, die im ländlichen Raum Pakistans leben, verfügen aufgrund der vorherrschenden soziokulturellen Werte (traditionell geprägte bäuerliche Gesellschaft) und wegen der teilweise ungünstigeren infrastrukturellen Rahmenbedingungen über weniger Handlungsoptionen hinsichtlich einer Erwerbstätigkeit als Frauen vergleichbarer Schichten in einer urbanen Umgebung. Denn städtische Frauen haben einen besseren Zugang zu adäquaten Arbeitsmöglichkeiten (die Palette der angebotenen Arbeitsplätze ist nicht nur vielfältiger, sondern auch größer als in ländlichen Regionen, und die verkehrstechnischen Anbindungen sind günstiger), die ihnen darüber hinaus erlauben, mit den gesellschaftlichen Wertvorstellungen über die Geschlechtersegregation (*purdah*) konform zu gehen, da beispielsweise spezielle Frauenarbeitsplätze in Fabriken eingerichtet werden.[19]

---

[18] Wahl der Lebensform im hier verwendeten Kontext bedeutet, inwieweit Frauen über Heirat oder 'Single-Leben' entscheiden können.

[19] Das Konzept der Geschlechtersegregation (*purdah*) wird in Kap. 1.2, S. 29ff. erläutert.

Übersicht 2: Indikatoren zur Operationalisierung des Konzepts von Handlungsspielräumen

1.	**Verfügung über Ressourcen:** **Verfügungsgewalt von Frauen über materielle, körperliche und ideelle Ressourcen**
1.1	Verfügung über materielle Ressourcen: Land, Kapital und Arbeitsgeräte/-mittel
1.2	Verfügung über die eigene Arbeitskraft und Gebärfähigkeit
1.3	Verfügung über die Produkte und das Äquivalent der eigenen Arbeit
1.4	Verfügung über ideelle Ressourcen: Zugang zu Bildung, Philosophie, Religion, Wissenschaft und Kultur
2.	**Verfügung über die eigene Person:** **Wahlmöglichkeiten und persönliche Autonomie von Frauen**
2.1	Wahl der Lebensform
2.2	Wahl des Lebenspartners
2.3	Umgang mit Sexualität
2.4	Bewegungsmöglichkeiten in der Öffentlichkeit
2.5	Wahl des Wohnortes
2.6	Wahl der Berufstätigkeit
3.	**Verfügung über andere:** **Partizipation und Einflußmöglichkeiten von Frauen im öffentlichen und privaten Bereich**
3.1	Entscheidungsmuster in der Familie
3.2	Partizipationsmöglichkeiten in den Bereichen Politik, Kultur, Wissenschaft und Religion

Quelle: Modifiziert nach KERSTAN/BERNINGHAUSEN 1994:37

Der aktionsräumliche Ansatz, der in der Geographie verfolgt wird, und das von der Arbeitsgruppe „Zur Methodologie feministischer Forschung“ entwickelte Konzept der Handlungsspielräume bilden - miteinander verknüpft - den Untersuchungsrahmen der vorliegenden Arbeit, dem die erkenntnisleitenden Fragestellungen untergeordnet sind. So sollen zunächst die individuellen raumzeitlichen Tätigkeitenmuster, die Aktionsradien, von ländlichen Frauen identifiziert werden. Der darauf aufbauende Schritt besteht in der Frage nach den Differenzen in den Aktionsräumen zwischen Frauen der unterschiedlich positionierten Haushalte (landbesitzende, Pächter-, Klein-, Kleinstbauern und landlose Familien) sowie zwischen Frauen unterschiedlichen Alters. Das Ziel dieser sozial- und wirtschaftsgeographischen empirischen Untersuchung besteht somit in der Darstellung und Dokumentation der Lebenswelten von Frauen, d. h. ihrer Teilhabe am dörflichen und häuslichen Produktionsprozeß, ihrer Einbindung und Position innerhalb der Familie, ihrer Verfügung über Ressourcen. Darüber hinaus sollen die empirischen Ergebnisse jedoch auch in Hinblick auf die in Übersicht 2 vorgestellten Indikatoren überprüft werden, um abschließend zu einer Einschätzung des gesellschaftlichen Status von ländlichen Frauen zu gelangen.

1.1.2 Erkenntnisleitende Fragestellungen der Studie

Die Analyse der unterschiedlichen Lebenswelten von Frauen, deren Aktions- und Handlungsspielräume auf der Mikroebene zu erfassen, umreißt die übergeordnete Problemstellung dieser Arbeit. Es geht also darum, neben den empirisch ermittelbaren Handlungsräumen diejenigen Faktoren zu identifizieren, die die Handlungsmöglichkeiten von Frauen beeinflussen oder beschränken. Denn wenn - im weitesten Sinne - 'empowerment'- Prozesse gefördert bzw. angeregt werden sollen, ist entscheidend, welche Handlungsspielräume tatsächlich existieren.

Die erkenntnisleitenden Fragestellungen leiten sich aus den vorherigen theoretischen Ausführungen über das Konzept der Handlungsspielräume ab. Dabei sollen zunächst für den gewählten Kontext des peripheren ländlichen Raumes die Makrostrukturen, also die politische, ökonomische und kulturelle Organisation der Gesellschaft, in der die betreffenden Frauen leben, erläutert werden. Anschließend folgt eine Analyse der unterschiedlichen Lebenswelten von Frauen sowie ihrer Handlungsspielräume auf der Mikroebene. Die übergeordnete Problemstellung läßt sich in vier Hauptfragen untergliedern:

1. Welche rechtlichen und gesellschaftlichen Rahmenbedingungen beeinflussen die Aktions- und Handlungsspielräume von Frauen in Pakistan und insbesondere im ländlichen Raum des Punjabs? Welche vorläufigen Schlußfolgerungen können daraus für die gesellschaftliche Position von Frauen gezogen werden? (Kap. 1.2)
2. Über welche materiellen, körperlichen und ideellen Ressourcen verfügen Frauen in den Untersuchungsdörfern, und welche Auswirkungen hatten strukturelle Veränderungsprozesse wie Modernisierung der Landwirtschaft, Ausbau der dörflichen Infrastruktur und verbesserter Zugang zu Informationen auf die Lebenswelten von Frauen? (Kap. 3)
3. Welche Handlungsoptionen hinsichtlich der eigenen Lebensgestaltung haben Frauen innerhalb ihrer Familien? Bestehen Differenzen zwischen Frauen aus unterschiedlichen Haushalten (Landbesitzende, Pächter, Landlose und Kleinbauern)? (Kap. 3)
4. Existieren Unterschiede bzw. Gemeinsamkeiten in den Aktions- und Handlungsspielräumen von Frauen der verschiedenen sozioökonomischen Schichten? Und welche Unterschiede bestehen darüber hinaus zwischen Frauen und Männern? (Kap. 4)

„Ein Spagat ist keine bequeme Form, Entferntes zu verbinden. Er ist eine Zerreißprobe. Leben und Arbeiten in einer fremden Kultur ... ist ein Wechselbad von Hochgefühlen und Frustrationen, von Fremdheit und Vertrautheit, von Bereicherung und Enteignung." (WICHTERICH 1990:9)

1.1.3 Methodische Konzeption der Untersuchung

Die Vorgehensweise bei dieser empirischen Untersuchung, die angewandten Methoden und Arbeitstechniken orientierten sich an den Problemstellungen sowie den vor Ort vorgefundenen Bedingungen. Nach einem zweimonatigen Aufenthalt in der Untersuchungsregion und einer Analyse der relevanten Literatur konnten forschungsleitende Fragestellungen „vorläufig" formuliert werden. Da die Forschungsbedingungen nicht umfassend einschätzbar waren, mußte die Vorgehensweise flexibel gehandhabt werden. Die Ausführlichkeit, mit der die methodische Vorgehensweise und die dabei aufgetretenen Schwierigkeiten erörtert werden, beruht auf der Überzeugung, daß Forschungsergebnisse nicht losgelöst von den Instrumenten, mit denen sie erlangt wurden, verständlich, transparent und nachvollziehbar sind. Die ausführliche Behandlung und kritische Reflexion der angewandten Methoden und Arbeitstechniken sollte gleichfalls als Anregung der Methodendiskussion des Faches Geographie dienen (vgl. SCHOLZ 1994:15-33).

Die erste zweimonatige Reise nach Pakistan führte ich im August/September 1990 durch, um das Land kennenzulernen, Kontakte zu knüpfen und eine geeignete Untersuchungsregion auszuwählen. Zudem diente diese Reise auch „der persönlichen Eignungsprüfung", d. h. der Klärung der Frage, ob ich in der Lage sein würde, in einer extrem patriarchalisch organisierten Gesellschaft zu leben und zu arbeiten, denn *"wer über eine Sache Bescheid wissen will, der hat keine andere Möglichkeit, als mit ihr in Kontakt zu kommen, das heißt, in der entsprechenden Umgebung zu leben".* (KANTOWSKY 1970:12)

Die Relevanz solcher vorbereitenden Reisen ist m. E. nicht zu unterschätzen, da erstens nur aus der Kenntnis einer Region und der dort lebenden Menschen konkrete Forschungsprojekte initiiert werden können (objektive Gründe) und zweitens der/die Forschende klären muß, ob er/sie in der Lage ist, einen längeren Zeitraum in einer fremden Lebenswelt zu verbringen (subjektive Gründe). Das Forschungskonzept wurde nach einer umfangreichen Literaturrecherche über Frauen im ländlichen Raum Pakistans und anregenden Diskussionen mit Pakistan-Experten erarbeitet. Der Aufenthalt in Pakistan begann im August 1991 und diente zunächst der Erweiterung meiner Urdu-Sprachkenntnisse. Bei mehreren Überblicksexkursionen war es zudem möglich, einen genaueren

Einblick in die Untersuchungsregion Bahawalpur zu erhalten, der für die Auswahl der Dörfer notwendig war.

1.1.3.1 Auswahl der Untersuchungsdörfer und Einführung in die Dörfer

Die Auswahl der Untersuchungsdörfer, in denen ich längere Zeiträume mit verschiedenen Familien leben wollte, wurde mit Unterstützung des Kooperationspartners Dr. Khan Malik, Head of Department of Geography der Islamia Universität (Bahawalpur) getroffen.[20] Folgende Prämissen waren dabei von Bedeutung:

- Naturräumliche Lage der Dörfer: Es wurde je ein Dorf im Altsiedelland des Sutlej (*mahal area*), im Jungsiedelland des 19. Jhds. und im Jungsiedelland des 20. Jhds. (canal colony area) ausgesucht. Dem lag die Annahme zugrunde, daß in den verschiedenen Naturräumen unterschiedliche Landnutzungsmuster und daraus resultierend unterschiedliche Lebensbedingungen für Frauen zu identifizieren sind. Außerdem sollte damit der Bevölkerungsheterogenität und der historischen Entwicklung der Region in den verschiedenen Naturräumen Rechnung getragen werden. Im Altsiedelland (*mahal area*) entlang des Sutlej leben Seraiki (*riasti*), während in die Kanalkoloniedörfer vor allem punjabische Kolonisten (*abadkar*) aus den nördlichen Regenfeldbaugebieten gezogen sind (Beschreibung der Untersuchungsräume Kap. 2, Vorstellung der Dörfer Kap. 2.3).
- Größe der Dörfer: Die Dörfer sollten aus arbeitstechnischen Gründen die Einwohnerzahl von 1500/1600 Personen nicht überschreiten (das entspricht etwa einer Wohnstättenzahl von 200-250).
- Lage der Dörfer im Bezirk Bahawalpur: Die Dörfer sollten nicht im direkten Einflußbereich eines größeren Zentrums liegen, um zu gewährleisten, daß die Mehrheit der Bevölkerung in der Landwirtschaft beschäftigt ist. Extreme Verflechtungsprozesse, z. B. hohe tägliche Arbeitsmigration der männlichen Bevölkerung in städtische Räume und damit zusammenhängende starke städtische Einflüsse, wurden somit ausgeschlossen.
- Struktur und dörfliche Gemeinschaft: Dörfer mit ausgeprägter Großgrundherrschaft, wie in weiten Teilen Pakistans üblich, wurden nicht in die Untersuchung einbezogen, da dies die Feldforschung möglicherweise erschwert hätte.[21] Die Landbesitzstruktur sollte durch Vielfalt gekennzeichnet sein, um in die Untersuchung verschiedene Landbesitzklassen und damit Haushalte (Landbesitzer, Pächter, Kleinbauern, Landlose) einfließen zu lassen.

---

[20] Prof. Dr. Khan Malik, der mir als 'Head of Department' des Geographischen Instituts viele Kontakte vermittelte, sei an dieser Stelle nochmals herzlich gedankt.

[21] Ich lehnte die Angebote zweier Großgrundbesitzer ab, in ihren Dörfern mit ihrer Unterstützung (was bedeutet hätte, daß ich mit Privilegien wie Fahrer, besonderes Essen und Privatunterkunft versorgt worden wäre) zu leben und zu forschen, da dies m. E. den Vertrauensbildungsprozeß zwischen den Dorffrauen - vor allem den ärmeren - und mir erschwert hätte.

- Politische Situation innerhalb der Dörfer: Dörfer mit bestehenden innerdörflichen Konflikten wie beispielsweise Blutfehden mußten verständlicherweise aus den in Frage kommenden Dörfern ausscheiden, da Schwierigkeiten bei der Arbeit hätten auftreten können. Ein weiteres Kriterium, welches zu Beginn des Aufenthaltes nicht berücksichtigte wurde, betraf die militärisch-strategische Lage potentieller Untersuchungsdörfer. So wären Forschungen in Dörfern im Nordosten der Bahawalpur Division möglich gewesen, doch bedingt durch deren grenznahe Lage zu Indien (20 km) wären spätestens bei der Frage nach Kartenmaterial Probleme aufgetaucht.[22]
- Zugänglichkeit zu den Dorfbewohnern/innen: Ein Kriterium, das schwierig in wissenschaftliche Fachbegriffe zu fassen ist, dennoch aber m. E. eine der wichtigsten Rahmenbedingungen darstellt. Die Akzeptanz meiner Person durch die Dorfbewohner/innen konnte zwar nicht durch einen eintägigen Besuch erfaßt werden, doch wurden nach der Vorauswahl von 16 Dörfern, die den wissenschaftlichen Kriterien genügten, jene ausgewählt, in denen ich mich von Beginn an "wohl gefühlt" habe.[23]

Aus den 16 Dörfern wählte ich schließlich Lal Kamal im Altsiedelland, Siraj Pur im Übergangsbereich zwischen Alt- und Jungsiedelland und Chak 36 im Jungsiedelland für die Untersuchung aus (vgl. Karte 3, S. 78, Abb. 13, S. 64). Die ersten Aufenthalte in den Dörfern Chak 36 und Siraj Pur nutzte ich zu Kartierungsarbeiten und zur Erläuterung des Forschungsvorhabens sowie zur Vorstellung meiner Person. Bei den Kartierungen, die ich mit Unterstützung von zwei Geographiestudenten der Islamia Universität Bahawalpur anfertigte, ergaben sich relativ unproblematisch Gespräche. Dabei versuchte ich, den Dorfbewohnerinnen meine Anwesenheit in "ihrem Dorf", meine Absicht, regelmäßig wiederzukommen, und mein Vorhaben, ein Buch über das Leben in punjabischen Dörfern zu schreiben, zu erklären. In beiden Dörfern war ich zunächst Gast bei sehr angesehenen landbesitzenden Familien, die allen Bewohnern bekannt waren. Dadurch wurde der Zugang zu anderen Familien erleichtert. Diese stufenweise Einführung in die Dörfer durch Besuche, Kartierungen und Gespräche bedeutete auch eine langsame Annäherung an eine mir völlig fremde Kultur und Lebenswelt. Durch wiederholte Aufenthalte in den Dörfern und Besuche in verschiedenen Haushalten, gewann ich nach und nach auch das Vertrauen der ärmeren Familien, die sich zu Beginn eher reserviert verhielten. Viele erzählten mir gegen Ende meines Aufenthaltes, daß sie anfänglich nicht an meine bekundete Wiederkehr geglaubt hatten. Zu den „vertrauensbildenden Maßnahmen“ am Anfang gehörte sicherlich auch die zufällige Einladung zu

[22] Interessierte Nachfragen vom Chef des regionalen Geheimdienstes bezüglich meines Aufenthaltes bekam ich bereits nach einem eintägigen Ausflug in die Cholistan Wüste. Auch wurden alle Bekannten und Freunde von mir aufgesucht und über die Gründen für meine Anwesenheit in der Region Bahawalpur interviewt.

[23] Der Terminus "wohl fühlen" ist vollkommen subjektiv und für den Außenstehenden schwierig nachvollziehbar. Doch soll exemplarisch verdeutlicht werden, was damit gemeint ist: Die Besuche liefen i. d. R. immer nach dem gleichen Schema ab, d. h. wir fuhren in ein Dorf, besuchten dort eine oder auch zwei der wohlhabenderen Familien, um mein Anliegen vorzubringen. Dann wurde Tee im Gästeraum serviert, und ich durfte die Frauensphäre betreten. Dort wurde ich natürlich mit großer Neugier erwartet, begutachtet und 'bequatscht'. Ein gutes Gefühl entstand in den Familien, in denen ich auf offene Gesichter, Lächeln und Bereitschaft zur - zugegebenermaßen anfangs schwierigen - Kommunikation traf (vgl. dazu auch WICHTERICH 1990).

einer Dorfhochzeit, die fast alle Dorfbewohnerinnen besuchten. Da ich zu diesem Zeitpunkt bereits eine Dolmetscherin gefunden hatte, waren Gespräche und Diskussionen mit Frauen möglich. Rückblickend kann die Vorgehensweise als insgesamt positiv bewertet werden. Hervorgehoben sei, daß bei den angewandten Methoden der empirischen Sozialforschung keine starre Trennung zwischen quantitativen und qualitativen Verfahren vorgenommen wurde (vgl. MÜLLER-MAHN 1989:36), wenn auch der Einsatz qualitativer Methoden überwog[24] (vgl. Abb. 2).

Abb. 2: Die angewandten Forschungsmethoden und Arbeitstechniken auf den verschiedenen räumlichen Ebenen

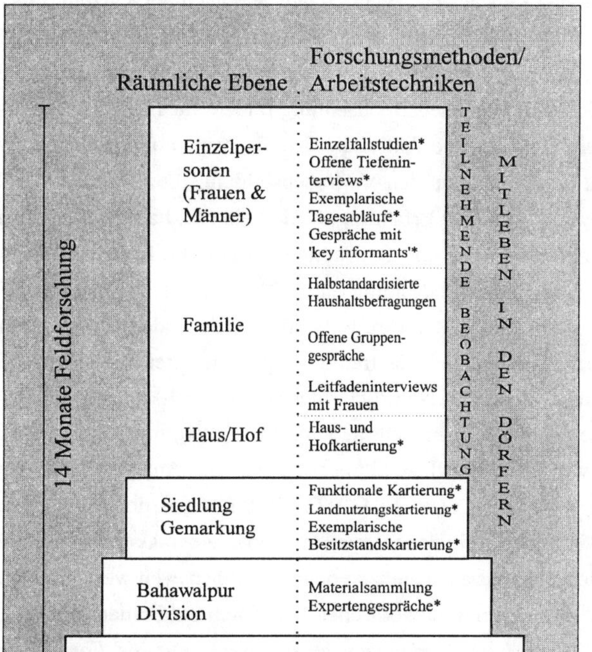

* = Qualitative Forschungsmethoden

Entwurf und Gestaltung: C. Alff (1994)

---

[24] Methoden und Techniken der qualitativen Sozialforschung werden ausführlich von LAMNEK (1987/1989) nachgezeichnet.

1.1.3.2 (Mit)Leben im Dorf und teilnehmende Beobachtung

Das Mitleben in den Dörfern und die teilnehmende Beobachtung standen im Mittelpunkt des gesamten Forschungsprozesses. Bei der von mir angewandten Methode der teilnehmenden Beobachtung handelte es sich i. d. R. um die unstrukturierte teilnehmende Beobachtung (vgl. GIRTLER 1984), die im Gegensatz zur kontrollierten, standardisierten Form der Beobachtung (vgl. FRIEDRICHS/ LÜDTKE 1971) auf der Personalunion von Forscher und Beobachter beruht. Da es kein vorgegebenes Beobachtungsschema gibt, kann der Forscher/Beobachter die Teilnahme zwar zeitlich und inhaltlich flexibel gestalten, inhaltlich jedoch ist sie bestimmt durch das Forschungsziel und die Fragestellung. Einzig die Tagesabläufe von verschiedenen Frauen wurden nach einem vorgegebenen Raster (Tagesstundenpläne) eingetragen.

Die teilnehmende Beobachtung während der ersten Wochen der Forschung diente dem Kennenlernen einer fremden Lebenswelt. Dadurch entstand auch ein Katalog offener Fragen, die zu einem späteren Zeitpunkt gestellt wurden. Darüber hinaus ist die teilnehmende Beobachtung ein sinnvolles Korrektiv zur Einschätzung der mit anderen Methoden gewonnenen Informationen.[25] Zentraler Bestandteil der teilnehmenden Beobachtung bildete für mich die aktive Partizipation am Alltagsleben der Frauen. Gemeinsame Aktivitäten, z. B. Baumwolle pflücken, Weizen schneiden und Brot (*roti*) backen, beschleunigten den Vertrauensbildungsprozeß immens.[26] Direkte Teilhabe am Arbeitsalltag der Frauen, so meine Erfahrung, fördert ein nachhaltiges Verstehen und schärft das Urteilsvermögen über Arbeitsabläufe und Belastungen, denen die Frauen ausgesetzt sind. Die von einigen Autoren diskutierte Gefahr des "going native"[27] oder des Verlustes von Distanz durch zu starke Integration (vgl. MILLER 1972) ist m. E. bei der vorliegenden Untersuchung nicht gegeben. Die vorhandenen Sprachbarrieren und die fremde Kultur machten die Grenzen einer möglichen Integration immer wieder deutlich. Natürlich identifizierte ich mich mit den Frauen, konnte teilweise ihre Probleme nachvollziehen, sah die Ungerechtigkeit, mit der sie oft behandelt wurden. Doch das muß nicht zum Distanzverlust führen oder gar die Analyse der Lebens- und Arbeitsbedingungen in Frage stellen. So ist z. B. GIRTLER (1984:65) der Meinung, daß persönliches Engagement für die Menschen, mit denen man im Laufe einer Untersuchung zu tun und deren Sorgen man kennengelernt hat, zum Verstehen von deren Lebenswelt wesentlich beiträgt.

MIES (1984:12) hat dies in ihren methodischen Postulaten zur Frauenforschung folgendermaßen ausgedrückt: *"Bewußte Parteilichkeit hingegen begreift nicht nur die Forschungsobjekte als Teil eines umfassenden gesellschaftlichen Zusammenhangs, sondern auch die Forschungssubjekte*

---

[25] Zum Beispiel wurde auf Fragen nach der geschlechtsspezifischen Arbeitsteilung die Arbeitsleistung von Frauen vernachlässigt oder gar negiert, bei meinen Gängen auf die Felder traf ich dann oft genau jene Frauen, die vorab gesagt hatten, sie wären nicht in der Landwirtschaft tätig.

[26] Natürlich versagte ich in fast allen weiblichen Arbeitsbereichen und löste dadurch oft Heiterkeit aus. Beispielsweise war ich auch nach einem Jahr nicht in der Lage, das typische Fladenbrot (*roti*) mit den Händen auszuformen oder eine Wasserbüffelkuh in kürzester Zeit zu melken.

[27] Unter 'going native' versteht man die Loslösung von der eigenen Kultur, die schließlich darin mündet, in der jeweiligen zu erforschenden Gruppe/Kultur/Ethnie Mitglied zu werden und nicht in die eigene Kultur zurück zu wollen (vgl. LAMNEK 1989:309).

selbst. Sie ist alles andere als bloßer Subjektivismus oder bloße Einfühlung, sondern schafft auf der Basis einer Teilidentifizierung zwischen Forschern und Erforschten so etwas wie eine kritische und dialektische Distanz."

Für meine Forschungen hatte der Prozeß der „Teilidentifizierung" eine große Bedeutung. So konnte ich z. B. anfangs die Verhaltensweisen der Frauen, ihre Gedanken, Sorgen und Wünsche nicht oder kaum nachvollziehen. Doch allmählich gelang es, die durch die islamischen Wertvorstellungen, gesellschaftlichen Regeln und Traditionen geprägten Verhaltensweisen und Einstellungen sukzessive und partiell zu begreifen. WICHTERICH (1990:15) stellt diesen Sachverhalt folgendermaßen dar: *„Fremde Normen und Verhalten zu verstehen, bedeutet, sie aus ihrem soziokulturellen Kontext heraus erklären und in ihrer immanenten Logik und Funktionalität nachvollziehen zu können. Voraussetzung für eine verstehende Analyse ist, sich in die fremde Kultur hineinzubegeben und sich auf ihre innere Rationalität einzulassen."*

Weniger als eigenständige Methode empirischer Sozialforschung denn als unabdingbare Voraussetzung für das Gelingen von qualitativen sozialgeographischen Arbeiten betrachte ich das Mitleben in den Dörfern und Familien, weil dadurch umfassende und detaillierte Informationen erhalten, individuelle Einsichten gewonnen und persönliche Erfahrungen gemacht werden können. Das Vertrauensverhältnis wird enger, wenn auch die Privatsphären 'quasi' im reziproken Austausch einbezogen werden. So wurde ich, die Forschende, ebenso neugierig betrachtet wie meine Utensilien Kartierbretter, Kosmetik, Zahnpasta etc. Distanz baute sich in dem Maße ab - so trivial das klingen mag - wie die Frauen erkannten, daß ich „nur eine Frau" bin, die in vergleichbarer Weise ißt, schläft und Körperpflege betreibt.[28]

1.1.3.3 Leitfadeninterviews und Einzelfallstudien

In der Beobachtungsphase fanden bereits informelle Gespräche mit den Dorfbewohner/innen statt, aus deren Verlauf die Leitfadeninterviews entwickelt wurden. Im wesentlichen bezogen sich die Fragen der halbstandardisierten Interviews auf die persönlichen Lebenszusammenhänge der Frauen und sollten einen Eindruck von deren Alltag vermitteln. Bereits bei den ersten, eher zufällig getroffenen und gesprächsbereiten Frauen wurden die Schwierigkeiten dieser Erhebungsmethode deutlich. Die Frauen sind es nicht gewohnt, im Mittelpunkt der Betrachtung zu stehen, sich über einen längeren Zeitraum zu konzentrieren und auf Fragen präzise Antworten zu geben. Außerdem ist die Gesprächssituation infolge hinzukommender Nachbarinnen samt Kindern durch Unruhe, Lärm, Ablenkung gekennzeichnet. Als besonders problematisch erwiesen sich die Gespräche, in die sich anwesende Männer einmischten. Des öfteren wurden Interviews abgebrochen, weil die

---

[28] Exemplarisch seien hier die allabendlichen Zusammenkünfte in unserem nur durch einen Vorhang getrennten Zimmer genannt, an denen die Frauen der Familie teilnahmen, die gerade Zeit erübrigen konnten. Wir redeten über alle Geschehnisse des Tages, ich stellte im Verlauf dieser Gespräche Fragen, und so konnten wir nach einigen Monaten auch über sehr persönliche Dinge sprechen.

befragten Frauen nicht mehr zu Worte kamen, und das Gespräch wurde zu einem anderen Zeitpunkt fortgeführt.

Aus den Ergebnissen der Leitfadeninterviews und Beobachtungen wurden Frauen und ihre Familien für die Einzelfallstudien ausgewählt. Dabei handelt es sich nach LAMNEK (1989:5) nicht um eine spezifische und isolierte Technik der empirischen Sozialforschung, sondern vielmehr um einen 'approach', einen Forschungsansatz, *"der die theoretischen Vorgaben der Methodologie in praktische Handlungsanweisungen umsetzt, ohne selbst Erhebungstechnik zu sein."* In der vorliegenden Arbeit wurde versucht, mittels Einzelfallstudien von Frauen und deren Familien aus unterschiedlichen Bevölkerungsgruppen und sozioökonomischen Schichten detaillierte Kenntnisse nicht nur über ihre Arbeitsbelastungen zu gewinnen, sondern auch ihre Einstellungen und Meinungen über diverse Aspekte ihres Lebens zu erfassen. Es gibt m. E. einen weiteren nennenswerten Vorteil der Einzelfallstudie: Durch den intensiven Kontakt mit ausgewählten Personen entsteht i. d. R. auch ein Vertrauensverhältnis, welches der Forscherin ermöglicht, persönliche oder sensible Themen anzusprechen. Außerdem können die Ergebnisse der Einzelfallstudien mit den mehr quantitativ gewonnenen Informationen verglichen werden und dienen damit einer Abrundung und plastischen Illustration der Resultate. Um möglichst alle bedeutsamen Aspekte, Dimensionen, Facetten eines Untersuchungsobjektes im Hinblick auf die erkenntnisleitenden Fragestellungen zu erfassen, ist m. E. der Einsatz verschiedener Methoden notwendig und sinnvoll (vgl. Abb. 2, S. 21).

Der tiefere Kontakt mit unterschiedlichen Familien ermöglichte mir die Erstellung eines Haushaltsfragebogens, durch den Daten zur sozioökonomischen Situation der Familien in den Untersuchungsdörfern ermittelt werden sollten. Die Haushaltsbefragungen zielten darauf ab, Informationen über Landbesitzstatus, Haushaltsgröße, Erwerbstätigkeit etc. im größeren Umfang zu bekommen. Sie wurden während des zweiten Forschungsaufenthaltes als Vollerhebung in Chak 36 und Siraj Pur mit Unterstützung von Geographiestudenten der Islamia Universität Bahawalpur durchgeführt. In Lal Kamal fand bereits im April 1992 die Befragung aller Haushalte statt. Tab. 1 vermittelt einen Überblick über die in den Dörfern durchgeführten Haushaltsbefragungen, Leitfadeninterviews und Einzelfallstudien.

Tab. 1: Anzahl der durchgeführten Haushaltsbefragungen, Leitfadeninterviews und Einzelfallstudien in den Untersuchungsdörfern

Art der Datenerhebung	*Chak 36*	*Siraj Pur*	*Lal Kamal*
Halbstandardisierte Haushaltsbefragungen (mit Frauen und Männern)	**123**	**49**	**62**
Leitfadeninterviews mit Frauen	**79**	**20**	**6**
Einzelfallstudien (Haushalte)	**3**	**3**	**-**
Gespräche mit 'key informants'[a]	**2**	**2**	**1**

[a]= 'Key informants' in den Dörfern waren: *nambadar*[29], *chowkidar*[30], *potwari*[31], Lehrer und alteingesessene Einwohner/innen

[29] Der *nambadar* ist der Dorfverantwortliche, der als Ansprechpartner für den *potwari*, *thesildar* und andere offizielle Personen gilt. Das Amt des *nambadar* wird i. d. R. vom Vater an einen Sohn vererbt. Eine Dorfchronik beispielsweise würde der *nambadar* erstellen.

1.1.3.4 Siedlungs-, Landnutzungs- und Gehöftkartierungen

Die Kartierung ausgewählter Gebiete in Form von Landnutzungs- und funktionalen Kartierungen diente der Erfassung und Darstellung räumlicher Phänomene. Die Aufnahme der Landnutzung erfolgte in zwei Dörfern für die Winter- (*rabi*) und Sommerfrucht (*kharif*). Dadurch ließen sich die saisonalen Unterschiede der ackerbaulichen Nutzung verdeutlichen. Als problematisch erwies sich die Beschaffung von Grundlagenkarten für die Landnutzungskartierungen aus den bereits erwähnten militärischen Sicherheitsgründen. Der "Land - *potwari*", der für alle Vorgänge wie Landerwerb und -verkauf, Steuererfassung, Namensänderungen im Grundbuch etc. zuständig ist, verfügt über eine Grundkarte (*schederapartscha*). Sie ist im Original auf ein Baumwolltuch gezeichnet und zeigt die Dorfgemarkung mit der Numerierung aller Parzellen sowie teilweise Wege, Gehöfte bzw. Siedlungen. Eine solche Karte stand mir, in Form einer Kopie, nur für das Dorf im Kanalkoloniegebiet zur Verfügung. Sie bildete die Grundlage für die Landnutzungskartierungen. In Siraj Pur erstellten der *potwari* und *nambadar* eine grobe Skizze als erste Orientierungshilfe, die im Verlauf der Feldforschung präzisiert wurde. Soweit als möglich kartierte ich Wege, das Bewässerungsnetz sowie Pumpanlagen und teilweise Stromleitungen, um ein möglichst detailliertes Bild der Dörfer wiederzugeben. Informationen über die Landnutzung in Lal Kamal erhielt ich über Befragungen und Notizen während der Dorfbesuche.

Darüber hinaus wurden ausgewählte Häuser und Höfe kartiert, um die realen Lebensumgebungen der Menschen beispielhaft veranschaulichen zu können. Tab. 2 faßt die durchgeführten Kartierungen zusammen.

Tab. 2: Kartierungen in den Untersuchungsdörfern

Art der Kartierung		*Chak 36*	*Siraj Pur*	*Lal Kamal*
Funktionale Kartierung		1	1	1
Kastenzugehörigkeit		1	1	1
Landnutzungs-	*rabi* (Winter)	1	1	-
kartierung[a]	*kharif* (Sommer)	1	1	-
Gehöftkartierungen		3	3	1

[a] = Bei den Landnutzungskartierungen wurden Feldwege, Bewässerungskanäle und Pumpanlagen mit aufgenommen.

---

[30] Als *chowkidar* wird i. d. R. das Wachpersonal bezeichnet, das in den Städten die Häuser bewacht und Gästen das Einfahrtstor öffnet. Im dörflichen Kontext übernimmt ein *chowkidar* die Funktion, Informationen an *nambardar* und *potwari* weiterzuleiten.

[31] Der *potwari* ist der Verantwortliche für Grundbuchein- und -umtragungen, wenn Landverkäufe oder -ankäufe getätigt werden. Gewöhnlicherweise erstreckt sich seine Zuständigkeit auf die Gemarkungen von drei bis zu sieben Dörfern.

1.1.3.5 Über die Arbeit mit Dolmetschern

Da meine Sprachkenntnisse in Urdu nicht ausreichten und die meisten Frauen in den Untersuchungsdörfern entweder nur Seraiki oder Punjabi sprechen[32], war der Einsatz einer Dolmetscherin notwendig. Es erwies sich als sehr problematisch, eine Dolmetscherin zu finden, die einerseits die nötigen Sprachkenntnisse (Englisch, Urdu, Seraiki und Punjabi) aufwies und andererseits die Erlaubnis ihrer Familie bekam, vorübergehend in den Dörfern zu leben. Haupthinderungsgrund für Frauen, in fremden Dörfern zu arbeiten, sind die gesellschaftlich normierten Wertvorstellungen der Geschlechtersegregation. Frauen sollten sich in der öffentlichen Sphäre möglichst wenig aufhalten und Kontakte mit Männern, die nicht zur Familie gehören, vermeiden. Es ist fast undenkbar, daß eine unverheiratete Stadtfrau, die keine Verwandtschaftsbeziehungen zum Dorf hat, dort in einer fremden Familie übernachtet, während ihrer täglichen Arbeit mit Männern in Kontakt kommt und mit ihnen kommuniziert. Tatsächlich erwies sich die Suche nach einer geeigneten Dolmetscherin als schwieriges Unterfangen. Letztlich erklärte sich eine verheiratete Frau und Mutter von drei Kindern bereit, die Aufgabe zu übernehmen.[33]

1.1.3.6 Gedanken über die Nähe und Distanz der Forscherin zu den 'Forschungsobjekten' bei einer sozialgeographischen Studie

> *"Und im Feld, bin ich da Freundin oder Forscherin? Wie gehe ich um mit den ungeheuerlichen Geschichten, den ungeheuerlichen Bildern, in denen Verletzung sich mir entgegenstellt und keine Wahl zwischen wichtig und unwichtig läßt. Für die Vertraute sind das faszinierende Geschenke, für die Forschende Daten, mit denen verantwortungsvoll umzugehen so schwierig ist."* (MEIER 1989:156)

Es ist m. E. wichtig, einige Überlegungen über das Verhältnis der Forscherin zur sozialen Gruppe der Erforschten zu formulieren. Sozialgeographische Forschung stellt in meinen Augen eine Gratwanderung dar.[34] Dies gilt um so mehr in islamischen Kulturen, mit deren Wertvorstellungen und gesellschaftlichen Normen "westlich" sozialisierte Forscherinnen große Verständnisschwierigkeiten haben können. Die eigene kulturelle Sozialisation beeinflußt den Forschungsprozeß bereits in der Vorbereitungs- wie auch in der Durchführungsphase. Die Erkenntnis darüber sollte zu einer sensiblen Herangehensweise der Forscherin an die zu Erforschenden führen, wie auch

---

[32] Urdu, die offizielle Landessprache, wird in den Dörfern nur von denjenigen Personen gesprochen, die mindestens eine Grundschulausbildung haben.

[33] Sie erhielt die Erlaubnis des Ehemannes und ihrer Schwiegereltern. Die Schwiegermutter erklärte sich bereit, während ihrer Abwesenheit auf die Kinder aufzupassen.

[34] Bezogen auf das Zitat am Anfang dieses Kapitels bedeutet Gratwanderung in der sozialgeographischen Forschung für mich den Versuch, Leben und Arbeiten in einer - mir zunächst völlig fremden Kultur und Lebensumwelt - weder eurozentrisch noch kulturrelativierend darzustellen.

WICHTERICH (1990:11) bemerkt: *„Die Forscherin muß in ihrer individuellen Begegnung mit Frauen in der Dritten Welt, ihren Forschungs"objekten", nach neuen Deutungs- und Analysekategorien suchen, denn die von zu Hause mitgebrachten Kriterien sind nicht anwendbar, das Erlernte stimmt einfach nicht.* "

Während des Aufenthaltes in den Dörfern habe ich versucht, die alltäglichen Lebenswelten von Frauen zu erfassen, ihr Verhalten nachzuvollziehen und die dahinterstehenden Beweggründe zu verstehen. Durch die Teilnahme am Alltagsleben der Frauen bestand die Möglichkeit, das ökonomische und soziale Handeln zu beobachten und durch Gespräche weitergehende Informationen zu erhalten. Die Nähe, die sich zwischen einigen Frauen und uns (der Dolmetscherin und mir) entwickelte, kann als positiv für den gesamten Verlauf der Forschung angesehen werden, denn nur durch die verlorengegangene Distanz konnten Fragen zu sensiblen Themenkreisen (z. B. Verheiratung, Schwangerschaft, Geschlechterverhältnis etc.) gestellt werden. Abschließend sei angemerkt, daß trotz intensiver Einsichtnahme in das Leben punjabischer Frauen eine Annäherung an die Realität aufgrund kultureller Tabus und normativer Prägungen der Forscherin unvollständig bleiben wird.

1.2 Die politischen Machtverhältnisse in Pakistan von 1958 bis 1990 in ihrer Bedeutung für Frauen

„If it's not appropriate for women it's not appropriate."
(ASR 1992:o. S.)

Der folgende Überblick über die politischen Verhältnisse in Pakistan zwischen 1958 und 1990 zeigt die ideologischen, sozialen und politischen Rahmenbedingungen in ihrer Bedeutung für Frauen auf der Makroebene auf.[35] In der ersten pakistanischen Verfassung unter der Militärregierung von Ayub Khan (1958-69) wurden Frauen und Männern gleiche Grundrechte garantiert, und Frauen erhielten das allgemeine Wahlrecht.[36] Außerdem verabschiedete die Regierung 1961 die neue Familiengesetzgebung, die signifikante Verbesserungen für die rechtliche Position der Frauen beinhaltete. Zulfikar Ali Bhutto leitete während seiner Regierungszeit (1970-77) Schritte zu

[35] Der Zeitraum 1958-1990 wurde gewählt, da in dieser Zeit für die gesellschaftliche Position von Frauen relevante Gesetze erlassen wurden.

[36] Damals wurden sog. Frauenwahlkreise gegründet, aus denen zusätzlich zu den 300 Abgeordneten zehn Frauen in das Parlament gewählt werden konnten. Diese Wahlkreise wurden bereits 1962 wieder abgeschafft, und die direkt gewählten Parlamentsmitglieder konnten Frauen für die reservierten Sitze bestimmen (vgl. SIEBERT 1981:o. S.).

einer sozialen und gesellschaftlichen Entwicklung ein, die auch Frauen durch Bildungs- und Gesundheitsprogramme zugute kommen sollte. In der Verfassung von 1973 wurde erstmals im Artikel 25 ausdrücklich jegliche Diskriminierung aufgrund des Geschlechts abgelehnt und die volle Teilnahme von Frauen in allen Bereichen des nationalen Lebens gefordert. Artikel 27 sieht vor, daß es keine Diskriminierung aufgrund von Geschlecht, Rasse, Religion oder Kaste bei Einstellungen in den Staatsdienst geben darf (vgl. PATEL 1991, MUMTAZ/SHAHEED 1987:63). Die Zeit der Bhutto-Regierung wird von einigen Autorinnen als Phase der Politisierung von Frauen bezeichnet (vgl. MUMTAZ/SHAHEED 1987, ZAFAR 1991, PATEL 1991), in der nicht nur unabhängige Frauengruppen (z. B. Shirkat Gah, Aurat Foundation) entstanden, sondern in der alle Regierungsämter[37] für Frauen zugänglich wurden. MUMTAZ/SHAHEED (1987:62ff.) sind der Meinung, daß die Bhutto-Ära eine Mobilisierung, Organisierung und Politisierung von Frauen aus verschiedenen Schichten und mit unterschiedlicher Herkunft ermöglichte, die auf eine Partizipation und soziale Entwicklung abzielten.

Dieser Prozeß fand mit der Machtübernahme Zia-ul-Haqs im Jahr 1977 ein „jähes Ende". Unter seiner elf Jahre andauernden Militärherrschaft (1977-88) begann eine Islamisierungspolitik, die mit dem Inkrafttreten der Hudood-Ordinance 1979 (vgl. Punkt 1.2.1.1) ihren ersten Höhepunkt in der staatlichen Diskriminierung von Frauen erreichte.[38] Zunächst startete die Militärregierung eine Pressekampagne für eine Islamisierung der Gesellschaft, in der z. B. Bekleidungsvorschriften für Frauen im Staatsdienst und für Schülerinnen gefordert wurden. Der „islamische Dress", bestehend aus *shalwar kameez* (= weite Pluderhose mit einem knie- oder knöchellangen und langärmeligen Kleid darüber) und einer sog. *dupatta* als Kopfbedeckung, galt als angemessen.[39] MUMTAZ/ SHAHEED (1987:78) bemerken zur Islamisierungskampagne hinsichtlich der Kleidung: *„In the campaign to islamize the dress of the female population, one of the more absurd and ironic attempts made was to try to declare the sari un-islamic. Absurd because there is no Islamic dress, and the*

[37] Beispielsweise berief die Regierung eine Gouverneurin für den Sindh und ernannte erstmals eine Frau als Universitäts-Vizekanzlerin (vgl. MUMTAZ/SHAHEED 1987:63).

[38] Bevor die Sharia mit den vorgesehenen Bestrafungsformen für bestimmte Vergehen wieder eingeführt wurde, galt ein Strafrecht, das auf englischem Recht basierte und nationale Gültigkeit - außer in den Tribal Areas - besaß (vgl. JAHANGIR/JILANI 1990).
Interessanterweise entstand im selben Jahr die Women's Division, die unter der direkten Aufsicht des Staatspräsidenten steht. Die Women's Division vergibt an Wissenschaftlerinnen Forschungsprojekte, initiiert selbst kleinere Projektvorhaben und soll der Regierung bei allen Fragen, die die Situation von Frauen in Pakistan betreffen, beratend zur Seite stehen. Unabhängige Wissenschaftlerinnen sind jedoch der Meinung, daß diese Institution aufgrund der internationalen Frauendekade als Vorzeigeeinrichtung gegründet wurde (vgl. Kap. 1).

[39] Frauen, die nicht im *shalwar kameez* und mit einer *dupatta* zur Arbeit erschienen, drohte die Kündigung bzw. der Ausschluß. Die Kleidervorschriften wurden 1982 auf alle Schülerinnen in höheren Bildungseinrichtungen übertragen, und den Lehrerinnen wurde das Tragen eines *tschador* verordnet.

shalwar qameez is a national, not Muslim, dress. Ironic because between Bangladesh and India, there must be between two or three times as many Muslim women who wear the sari as those who wear the shalwar qameez.“

Einen weiteren Schritt zur Islamisierung leitete der Bildungsminister 1978 mit dem Einverständnis zur Gründung einer separaten Frauenuniversität ein, um die angeblich unislamische Koedukation im Land zu beenden (vgl. MUMTAZ/SHAHEED 1987:73). Hinzu kam 1980 das Verbot für Sportlerinnen, in der Öffentlichkeit aufzutreten. Alle diese Maßnahmen führten sukzessive zu einer gesellschaftlichen Statusverschlechterung von Frauen: *„Three years in which women´s personal liberties were being sacrificed at the supposed altar of Islamization.“* (MUMTAZ/SHAHEED 1987:72)

In diesem Zusammenhang ist auch die Auffassung von TOMFORT (vgl. 1991:19) anzuführen, daß die stark emotional besetzte religiöse Debatte wirkungsvoll gegen Frauen eingesetzt wurde, um von den tatsächlichen Problemen wie Armut, Arbeitslosigkeit, Korruption und Vetternwirtschaft abzulenken. Religiös unterlegte öffentliche Forderungen scheinen besonders wirkungsvoll, da Nation und Religion quasi untrennbar miteinander verbunden sind. Denn letztere bildet die Grundlage ersterer und dadurch wird religiöse „Heuchelei“ geradezu gefördert.

Bevor die relevanten Aspekte der rechtlichen Rahmenbedingungen in ihrer Bedeutung für Frauen näher erläutert werden, folgt eine Darstellung des Konzeptes der Geschlechtersegregation (*purdah*). *Purdah* ist ein wichtiges Element im Zusammenleben der Menschen und kann insbesondere für Frauen handlungsbeschränkend wirken.

Exkurs: *purdah* - oder: Verschleierte Realitäten

Das Verständnis des Konzeptes der Geschlechtersegregation (*purdah*) ist unabdingbar, da es das Regelwerk für Zusammenleben von Frauen und Männern im ländlichen und städtischen Pakistan, in landbesitzenden (*zamindar*), landlosen, Bürokraten- und industriellen Familien gleichermaßen darstellt. *Purdah* ist ein persisches Wort und bedeutet wörtlich „Vorhang“. In vielen islamischen Ländern ist *purdah* ein System komplexer gesellschaftlicher Verhaltensweisen, das auf verschiedenen Ebenen wirksam wird. *Purdah* umfaßt formalisierte Begegnungen zwischen Frauen und Männern in der öffentlichen Sphäre und kann sich bis zur völligen physischen Seklusion von Frauen ausdehnen. Abhängig von Ethnie, Schichtzugehörigkeit, regionaler Herkunft, Bildungsniveau und „Einstellung“ der Familie sind die Formen der Geschlechtersegregation so unterschiedlich wie die Diskussion, die um die Berechtigung der Geschlechtertrennung im Namen des Islam geführt wird. Für Pakistan lassen sich verallgemeinernd drei Ebenen von *purdah* herausstellen:

1. die vollständige physische Abgeschlossenheit von Frauen in der häuslichen Sphäre. Sie verlassen nur in Ausnahmefällen (z. B. Tod eines nahen Verwandten, Besuch einer Hochzeitszeremonie etc.) in einen Ganzkörperschleier (*burqa*)[40] gehüllt das Haus. Kommunikation ist ihnen lediglich mit Männern der eigenen Verwandtschaft (*biraderi*) gestattet;
2. die räumliche Trennung der Geschlechter in der Öffentlichkeit, was sich u. a. in speziellen Frauenabteilen in Zügen, Bussen, separaten Sitzgelegenheiten in Restaurants und getrennten Bildungseinrichtungen manifestiert;
3. der formalisierte Umgang zwischen den Geschlechtern innerhalb der Familie, beispielsweise das Verstummen von Gesprächen der Frauen, wenn ein männlicher Familienangehöriger hinzukommt.

Die Verschleierung, mit welchen Schleiervarianten auch immer (*tschador, burqa, dupatta* etc.), ist neben der Beschneidung von Mädchen[41] eines der am heftigsten diskutierten Phänomene, die die Unterdrückung der Frauen augenfällig 'stofflich' festmacht. War der originäre Gedanke der Verschleierung im arabischen Raum des ausgehenden 7. Jh. und im Osmanischen Reich des 16. Jh., die Frauen der Oberschicht von den Sklavinnen sichtbar zu trennen, so ist der Schleier gegenwärtig in islamischen Ländern vor allem Ausdruck einer angeblich verlorengegangenen Identität. NIJJAR (1972:140) ist der Meinung, daß das *purdah*-Konzept nicht ein von den Muslimen aufgestelltes Regelwerk darstellt, sondern lange vor deren Einfall in den indischen Subkontinent existierte. „*Indian Muslims followed the custom of the country and adopted the prevailing hallmark of gentility.*"

Im Koran sind zur Frage der Verschleierung und des angemessenen Verhaltens von Gläubigen folgende Anweisungen Mohammads wiedergegeben: „*Sage auch den Gläubigen, daß sie ihre*

---

[40] In Pakistan können drei Arten der Verschleierung unterschieden werden: die traditionelle *burqa*, ein zeltartiger Überwurf, der lediglich Sehschlitze hat und die Frau vollständig verhüllt; der sog. *tschador* ist ein bettlakengroßes Tuch, welches sich Frauen umwerfen und durch geschicktes Verknoten am Kopf befestigen. Inwieweit sie ihr Gesicht bedecken, bleibt ihnen überlassen. Die *dupatta* schließlich ist eine Art Schal, der locker um Schultern und Kopf geworfen wird. Von den drei Verschleierungsmöglichkeiten überwiegen im ländlichen Raum des Punjabs eine verkleinerte Form des *tschador,* während in den Städten - abhängig vom Status und Bildungsgrad der Familien - *dupatta*, *tschador* und *burqa* getragen werden.

[41] Die Beschneidung von Mädchen ist kein aus der islamischen Kultur hervorgegangener Brauch, sondern eine aus der Zeit der Pharaonenherrschaft stammende und wiederbelebte Tradition. Sehr häufig führen Autoren/innen diese Tradition jedoch auf islamischen Einfluß zurück, deshalb wird die Beschneidung hier erwähnt.

Augen von Unkeuschem abwenden und sich bewahren sollen, so ist es am schicklichsten für sie...“ (Sure 24, Vers 30). Zunächst wendet Mohammad sich an die Männer, bevor er Verhaltensregeln für Frauen aufstellt: *„Sage auch den gläubigen Frauen, daß sie ihre Augen niederschlagen und sich vor Unkeuschem bewahren sollen und daß sie nicht ihre Zierde (ihren nackten Körper, ihre Reize), außer nur was notwendig sichtbar sein muß, entblößen und daß sie ihren Busen mit dem Schleier verhüllen sollen.“* (Koran: Sure 24, Vers 32)

Im weiteren Verlauf der Sure wird der Personenkreis determiniert, vor denen Frauen ihre Reize zeigen dürfen. Dagegen ist weder von einer vollständigen Verhüllung des Gesichts die Rede noch vom physischen Ausschluß von öffentlichem Leben und Bildungseinrichtungen. Die Gesetze, die Mohammad zu seiner Zeit erließ, können als fortschrittlich für die Frauen betrachtet werden. Er verbot die von vielen Stämmen praktizierte Mädchentötung durch lebendiges Begraben des Säuglings und gestand Frauen Erbrechte zu.

Das *purdah*-Konzept ist untrennbar mit dem Begriff der Ehre (*izzat*) verknüpft. *Izzat* ist ein Komplex aus Werten, die das gesamte Leben gläubiger Muslime beeinflussen und leiten (vgl. MANDELBAUM 1988:20f.). Die Familienehre setzt sich aus mehreren Faktoren zusammen, zu denen Landbesitz, Status und Position in der Verwandtschaft (*biraderi*), aber vor allem das angemessene Verhalten der Frauen einer Familie gehören. *„The honour of her family depends on her behaviour.“* (SHARMA 1980:91)

Das Verhalten einer Person reflektiert ihre Familie und wird nicht als individuelles oder autonomes Verhalten gewertet. *„Hence each woman's observance or nonobservance of her group's standards of purdah affects the izzat of all in her marital family, and not of them only. Should she grossly violate those standards, the izzat of her natal family will be hurt as well.“* (MANDEL-BAUM 1988:21)

Izzat ist darüber hinaus ein Ausdruck von Macht und Einfluß innerhalb einer Gemeinschaft. Die Personen, die ein hohes Prestige innerhalb der Dorfgemeinschaft besitzen, verfügen über Mitspracherechte in sozialen Angelegenheiten und Streitfällen. Das Maß an *izzat* und Einfluß bedingen sich gegenseitig, so daß den Frauen einflußreicher Landbesitzer striktere *purdah*-Vorschriften auferlegt werden als Frauen aus sozial schwächeren Haushalten. Interessant ist, daß für die Einhaltung der *purdah*-Vorschriften im praktischen Leben nur die Frauen verantwortlich gemacht werden, obwohl der Koran, wie oben zitiert, auch den gläubigen Männern zwischenmenschliche Verhaltensregeln vorschreibt (vgl. Sure 24). Bereits PASTNER (1974:408ff.)

bezeichnet *izzat* und *purdah* als Institutionen, die das Zusammenleben von Individuen über die häusliche Ebene hinaus regeln.

Die Vorschriften über *purdah* variieren nach Region, Klasse und sozioökonomischer Schicht. Wenn beispielsweise die Frau eines Paschtunen in der Nordwestgrenzprovinz oder Beluchistan nur Augenkontakt mit einem nicht zur Familie gehörenden Mann hat, kann das den Tod für sie bedeuten (vgl. MUMTAZ/SHAHEED 1987). Demgegenüber sind die *purdah*-Regeln im Punjab weniger restriktiv, doch unterschiedlich für Frauen aus landbesitzenden und landlosen Familien.[42]

Eine These dieser Arbeit lautet, daß das Ausmaß der Beachtung von *purdah* im wesentlichen ökonomisch determiniert ist, d. h., daß Frauen, deren Familien unterhalb einer bestimmten Armutsgrenze leben, gezwungen sind, einer Beschäftigung nachzugehen, um die Existenz der Familie zu sichern.[43] Dabei spielen die Art und der Ort der Beschäftigung so gut wie keine Rolle, so daß die räumliche Trennung der Geschlechter in der Öffentlichkeit nicht aufrecht erhalten werden kann, und Frauen zudem gezwungen sind, Tätigkeiten auszuführen, bei denen sie direkt mit familienfremden Männern zusammen arbeiten müssen. Umgekehrt würde das bedeuten, daß *purdah*-Vorschriften in sozioökonomisch bessergestellten Familien stärker zum Tragen kommen. PASTNER (1971:200) hat den Trend einer mit sozialem Aufstieg zunehmenden Geschlechtersegregation als *„negative modernization"* bezeichnet. Oder wie MANDELBAUM (1988:35) es beschreibt: *„At first the women may withdraw only from certain kinds of work, then with increasing prosperity increase their purdah seclusion. How much outside work a woman may do without damage to her family's image and self-image varies by caste and occupational group. But whatever the local standards may be, strict purdah observances are prestigious, provide an important credit*

---

[42] Unterschiede bei der Respektierung der *purdah*-Regeln lassen sich zwischen städtischen und ländlichen Oberschichtfamilien feststellen, die auf sozialen Wandel, bedingt durch Modernisierungsprozesse, zurückgeführt werden können. Gehört es in städtischen Familien mittlerweile zur Erhöhung des Familienprestiges, den Töchtern eine College- oder auch Universitätslaufbahn zu finanzieren, die einen relativ freien Umgang der Geschlechter ermöglicht, so werden Töchter aus ländlichen Oberschichtfamilien höchstens auf ein Mädchen-College geschickt. Nach ihrer Verheiratung gehen sie - im Gegensatz zu vielen Frauen der städtischen Oberschicht - keiner Erwerbstätigkeit nach. Ausmaß und Bedeutung von *purdah* kann auch durch staatliche Politik beeinflußt werden, wie die Regierungszeit von Bhutto bewiesen hat. Auflösungserscheinungen der strengen *purdah*-Vorschriften lassen sich in der Veränderung wichtiger Zeremonien beobachten, wie beispielsweise bei Hochzeitsfeierlichkeiten in einem der Untersuchungsdörfer, bei denen erstmals in der Dorfhistorie Bräutigam und Braut zusammen auf dem „Podest" saßen. Ein weiteres Anzeichen besteht in der vergleichsweise lockeren/entspannten Atmosphäre am Tag der Hochzeitszeremonie, bei der sich Frauen und Männer der beteiligten Familien gemeinsam im Hof aufhielten und miteinander redeten. Das Essen wurde traditionell getrennt eingenommen, was bei städtischen Hochzeiten der Mittel- und Oberschicht nur noch selten der Fall ist (vgl. Kap. 3.8; eigene Beobachtungen 1991/92/93).

[43] Die Armutsgrenze kann nur bedingt monetär quantifiziert werden, da der monatliche oder tägliche Verdienst nicht den einzigen Indikator darstellt. Insbesondere in ländlichen Regionen spielen weitere Faktoren wie Land- und Viehbesitz, die die Subsistenz absichern (können), eine Rolle bei der Definition einer Armutsgrenze, unterhalb derer Frauen gezwungen sind, zum Familieneinkommen beizutragen.

to family izzat, are at once a signal of family fortune, and, for the upwardly mobile, a sign of realized aspiration. "

Auf die Frage nach der Bedeutung von *purdah* für die Frauen in den Untersuchungsdörfern wird in den empirischen Ausführungen näher eingegangen (Kap. 3, S. 97ff.).

1.2.1 Relevante Aspekte der rechtlichen Rahmenbedingungen in ihrer Bedeutung für die gesellschaftliche Position von Frauen in Pakistan

Als Grundlage zum Verständnis der gesellschaftlichen Rahmenbedingungen, die die Lebensbedingungen von Frauen direkt und indirekt beeinflussen, erfolgt die Darstellung des pakistanischen Rechtssystems in seiner Bedeutung für Frauen. Die Vielzahl der Veröffentlichungen über Frauen in islamischen Gesellschaften[44] ist mittlerweile unüberschaubar geworden, so daß lediglich die für Pakistan relevanten Studien für die Analyse herangezogen werden. Die rechtliche Stellung von Frauen in Pakistan wird im wesentlichen durch die beiden Faktoren staatliche Gesetzgebung und traditionelles Recht determiniert. *„Another factor that must be kept in mind is that there is no uniformity in the legal status of women in the country. The diversity of cultures, the rural urban divide, the prevalence of feudal and tribal systems and the class divisions, result in a diversity of socio-cultural and socio-economic groups, among which there exists a great disparity in the legal status of women.* " (ZIA 1991:30)

1.2.1.1 Die Hudood Ordinances und ihre Auswirkungen auf Frauen

Die Hudood Ordinances, die 1979 in Kraft traten, umfassen im Rahmen des Strafrechts Vergehen wie Ehebruch und Unzucht (*zina*), Vergewaltigung (*zina-bil-jabr*), Prostitution und falsche Anschuldigung (*qazf*) von z. B. Ehebruch. Bei *zina* ist die Höchststrafe (*hadd*) für verheiratete Muslime Tod durch Steinigung[45], während unverheiratete und Nicht-Muslime 100 Schläge mit einem Rohrstock erhalten sollen. Verbrechen wie Ehebruch, Unzucht und auch Vergewaltigung müssen vier Männer muslimischen Glaubens mit guter Reputation bezeugen.

---

[44] Als umfassende Werke sind zu nennen: BECK/KEDDIE (Hg.) 1978: Women in the Muslim World. Cambridge. SAADAWI, N. (ed.) 1988: Women of the Arab World. London. SAADAWI, N. 1980: Tschador. Frauen im Islam. Bremen. MINAI, N. 1989: Schwestern unterm Halbmond. München.

[45] *„Stoning to death, however, is not meant in the literal sense. The law says that such of the witnesses who deposed against the convict as may be available shall start stoning him and, while stoning is being carried on, he may be shot dead, whereupon stoning and shooting shall be stopped.* " (JAHANGIR/JILANI 1990:50)

Frauen hingegen sind als Zeuginnen im Fall von *hadd*-Vergehen nicht zugelassen. Bei Vergewaltigungen, deren Opfer zumeist Frauen sind, gibt es i. d. R. kaum vier Augenzeugen, so daß eine Anzeige fast unmöglich ist. Denn Frauen, die trotzdem die Vergewaltigung anzeigen und nicht vier Männer als Zeugen vorweisen können, laufen Gefahr, der Unzucht - bzw. wenn sie verheiratet sind des Ehebruchs - angeklagt zu werden. Zahlreiche Beispiele dieser Form der Gesetzesverdrehung sind in dem von JAHANGIR/JILANI (1990) veröffentlichten Buch: „The Hudood Ordinances. A Divine Sanction?" dokumentiert. Obwohl alle Urteile, die die Höchststrafe *„hadd"* vorsahen, in *„tazir"*-Strafen (= Auspeitschen, Gefängnis und Bußgelder) umgewandelt wurden, ist der psychologische Effekt auf die Menschen nicht zu unterschätzen.[46] So berichten JAHANGIR/ JILANI (1990:68) z. B. von einem Fall der Selbstjustiz in der Nordwestgrenzprovinz: *„Taking the law as a moral sanction, a crowd of people in the frontier province took the law into their own hand and literally stoned a man to death."*

Die Studie belegt zudem, daß in vielen Fällen sozial schwächer Gestellte die Opfer der Hudood-Gesetze werden. Zumeist trifft es Analphabeten, die die Gesetze in ihrer Kompliziertheit nicht kennen und die darüber hinaus aus finanziellen Gründen nicht in der Lage sind, einen Verteidiger zu nehmen. Frauen werden in diesen Gesetzen benachteiligt, da sie bei bestimmten Verfahren nicht als Zeuginnen zugelassen werden bzw. die Aussage eines männlichen Zeugen soviel wie zwei weibliche gilt. Frauen gehen ein hohes Risiko ein, wenn sie Vergewaltigungen zur Anzeige bringen, wie es der Fall der blinden Safia Bibi exemplarisch deutlich macht. Als Dienstmädchen in einem landbesitzenden Haushalt vergewaltigten sie der Grundbesitzer wie auch sein Sohn mehrfach. Sie erzählte zwar ihrer Mutter von dem Verbrechen, aus Scham aber nicht dem Vater. Erst als sie eine Schwangerschaft nicht länger verbergen konnte, erfuhr ihr Vater, der ebenfalls in Diensten des Landbesitzers stand, von den Vergewaltigungen. Die Eltern erstatteten daraufhin Anzeige bei der lokalen Polizei. Vor Gericht entschieden die Verantwortlichen auf Freispruch für den Landbesitzer und seinen Sohn aus Mangel an Beweisen, während die blinde Safia der Unzucht angeklagt und - mittlerweile hochschwanger - in das zuständige Gefängnis eingeliefert wurde. Nur dem landesweiten Protest von Menschenrechtsaktivisten und Frauenorganisationen ist es zu verdanken, daß eine erneute Gerichtsverhandlung schließlich den Freispruch für Safia brachte (vgl. RAPE 1990:75, JAHANGIR/ JILANI 1990, NEWSLETTER HUMAN RIGHTS ASSOCIATION 1992).

---

[46] Daß die *„hadd"*-Strafen nicht ausgeführt wurden, liegt weniger an der Regierung, sondern an den Ärzten, die sich bisher weigerten, Amputationen von Händen und Füßen bei schuldig gesprochenen Dieben durchzuführen. Zur Frage, wer Steinigungen ausführen sollte, gibt es keine Hinweise (vgl. JAHANGIR/JILANI 1990).

Im Januar 1991 verabschiedete die Regierung von Nawaz Sharif die Gesetze zu Vergeltung (*qisas*) und Blutgeld (*diyat*), die noch unter Zia-ul-Haq auf den Weg gebracht worden waren: Bei Körperverletzung oder Mord führen diese Gesetze die islamischen Regelungen für Vergeltung und Blutgeld ein, d. h. der Tod eines Menschen kann von der Familie des Täters bei Einverständnis mit den Geschädigten finanziell abgegolten werden. Ist eine Frau das Opfer, beträgt die Entschädigung nur halb soviel wie bei einem männlichen Opfer. Abgesehen davon, daß dieses Gesetz nochmals die „Minderwertigkeit“ von Frauen bestätigt, verstößt es grundsätzlich gegen die Würde des Menschen[47] (vgl. ZIMMERMANN 1992, JAHANGIR/JILANI 1991).

Erstaunlicherweise schafften weder Benazir Bhutto mit dem Regierungswechsel 1988 noch die sie ablösende Regierung von Nawaz Sharif (1990) die Hudood Ordinances ab, wie auch PATEL (1991:40) resigniert bemerkt: *„Having a woman Prime Minister did not result in legal reforms in the interests of women.“* JAHANGIR/JILANI (1990:21) begründen dies mit der politischen Brisanz des gesamten Islamisierungsprozesses: *„Nevertheless, once the label of religion is attached to a law, regardless of its merit, it becomes an extremely sensitive issue and criticism against it almost amounts to heresy.“* Am Schluß ihres Buches kommen die Autorinnen zu folgender pessimistischer Einschätzung: *„It is quite clear that despite serious allegations against the Ordinances, it seems they cannot be totally removed. The Parliament is divided towards its policy of 'Islamisation'“.* (1990:168)

1.2.1.2 Ausgewählte Aspekte der Familiengesetzgebung

Haben die Strafrechtgesetze negative Auswirkungen auf Frauen und sind in ihrer gesamten Konstellation und Ausführung zweifelhaft, so muß die Analyse der Zivilgesetzgebung erheblich differenzierter ausfallen. Auch dies geschieht hier unter besonderer Berücksichtigung frauenspezifischer Sachverhalte. Die wesentlichen Inhalte des Muslim Personal Law von 1937 und des modifizierten Muslim Family Law von 1961 beziehen sich auf Heiratsbestimmungen, Angaben zu Aussteuer, Scheidung und Erbrecht.[48]

---

[47] In vielen ländlichen Regionen Pakistans und vor allem in den Stammesgebieten werden Blutgeld und Vergeltung nach dem Motto „wie Du mir, so ich Dir“ als geltendes Recht anerkannt und angewendet (d. h. wird ein Mitglied eines Clans ermordet, dürfen die Geschädigten ebenfalls ein Mitglied der Täter-Familie umbringen, wenn sie sich nicht mit einer finanziellen Abfindung zufriedengeben).

[48] PATEL (1991:96) bezeichnet das Gesetz als eine Mischform aus „customary laws“, englischem kolonialen Einfluß und islamischen Elementen.

1.2.1.2.1 Heirat (*nikah*)

Der Ehe kommt im Islam eine große Bedeutung zu, denn sie legalisiert Sexualität und ist für eine Familiengründung unumgänglich (vgl. auch Kap. 3.8). Muslimische Frauen dürfen nur muslimische Männer heiraten, während Männern die Eheschließung mit Frauen anderer Konfessionszugehörigkeit erlaubt ist (vgl. PATEL 1991:133f.). Das Mindestheiratsalter beträgt 16 Jahre für Mädchen und 18 Jahre für Jungen, sieht aber im Fall der Nichteinhaltung dieser Altersvorschrift keine Bestrafungen für die Verantwortlichen vor. Im ländlichen Raum arrangieren die Eltern i. d. R. Hochzeiten ihrer Töchter vor dem 16. Lebensjahr, da das traditionelle Recht sowie die kulturellen Wertvorstellungen Mädchen bei Eintritt in die Pubertät als „verheiratungsfähig" betrachten.[49] In Pakistan waren den Daten des Labor Force Survey 1974/75 zufolge knapp 28 % der unter 19jährigen Frauen verheiratet (vgl. PATEL 1991:149). PATEL begründet die ihres Erachtens relativ niedrige Zahl mit dem sozialen Wandel, der besseren Schulbildung von Frauen und dem Gesetz über das Heiratsalter. Das durchschnittliche Heiratsalter der Mädchen ist in den vergangenen 90 Jahren von 12,5 auf 19 Jahre angestiegen und betrug 1988 in ländlichen Gebieten 19 und in urbanen Räumen 22 Jahre (vgl. Abb. 3 und 4).

Abb. 3: Durchschnittliches Heiratsalter von Frauen und Männern in Pakistan von 1901-1988

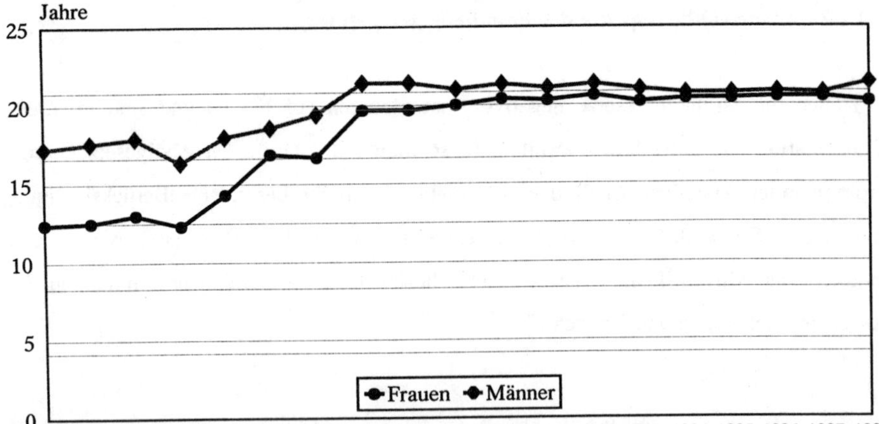

Daten aus verschiedenen Quellen, Entwurf: C. Alff (1994)

---

[49] Dies bedeutet, daß Mädchen mit der ersten Menstruation als reif für die Eheschließung gelten. Dies leitet sich aus der Überzeugung ab, daß die Verantwortung für die Mädchen und daher für die Ehre (*izzat*) der gesamten Familie zu groß wird und mit einer Eheschließung das Risiko eines drohenden Ehrverlustes abgewendet wird (vgl. Kap. 3.8).

Das Heiratsalter der Männer lag 1901 bei knapp 17 Jahren und stieg bis 1988 auf 22 Jahre. Abb. 4 zeigt jedoch eine „Fast"-Stagnation des Heiratsalters von Frauen von 1972 bis 1988, wobei 1985 sogar niedrigere Werte als 1981 belegt sind.[50] In der Literatur werden keine stichhaltigen Gründe hierfür genannt. Sie könnten m. E. aber in der Islamisierungspolitik von Zia-ul-Haq liegen.

Da das Heiratsalter einen bedeutenden Einfluß auf die Gesundheit von Frauen und die Zahl der Kinder hat, ist die geschilderte Entwicklung positiv zu bewerten. Dabei ist einschränkend zu bedenken, daß das Alter von den Befragten bei statistischen Erhebungen häufig nicht präzise genannt werden kann und wegen des bestehenden Gesetzes über das Heiratsmindestalter die Altersangaben teilweise 'beschönigt' werden. Auch die Fallstudien dieser Arbeit zeigen, daß ärmere Haushalte ihre Töchter relativ früh verheiraten und nur wohlhabendere Familien mit dem Hochzeitsarrangement für ihre Töchter warten.

Abb. 4: Durchschnittliches Heiratsalter von Frauen in urbanen und ruralen Regionen Pakistans

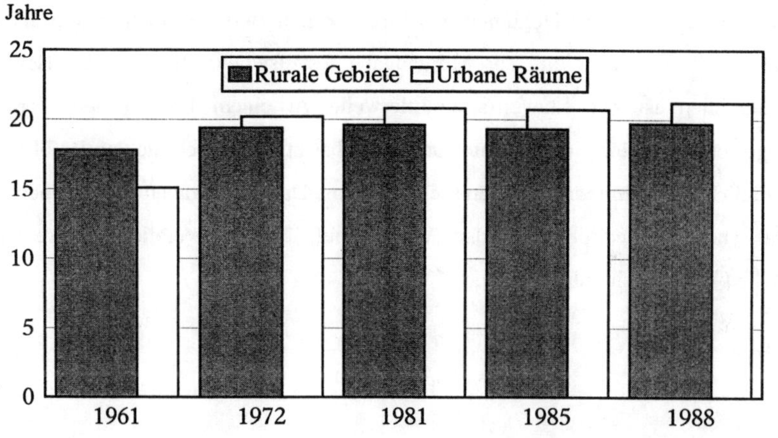

Quelle: Mumtaz/Shaheed 1991:o. S., Gestaltung: C. Alff (1993)

[50] An dieser Stelle ist eine Anmerkung zu den in dieser Arbeit verwendeten statistischen Informationen notwendig. Die von der Regierung herausgegebenen Daten sind teilweise lückenhaft, nicht aktuell und in einigen Fällen sogar widersprüchlich. Aus diesem Grund wurde versucht, möglichst viele verschiedene Quellen bei der Bearbeitung zu berücksichtigen, um grobe Fehler auszuschließen. Dennoch sollte das hier dargestellte Zahlenmaterial kritisch und unter Vorbehalt betrachtet werden.

Eine bedeutende Neuerung stellt der seit 1961 schriftlich aufzusetzende Heiratsvertrag (*nikahnama*) zwischen den Familien dar. Im amtlichen Formular müssen bestimmte Angaben zur Braut (Familienstatus), zur Aussteuerhöhe, Morgengabe (*mehr*)[51] und zu den Formalitäten (Datum, Ort der Eheschließung etc.) gemacht werden. Darüber hinaus ist es den zukünftigen Eheleuten vorbehalten, Klauseln über Scheidungsbedingungen und Polygamie im Vertrag festzuhalten. Die Braut kann beispielsweise die schriftliche Erlaubnis zur Scheidung im Falle, daß der Mann eine zweite Ehe eingeht, einfügen. Dennoch bemerkt PATEL (1991:144) kritisch, (daß) *„too much sentimentality is attached to marriage, besides its arrangements are usually entirely the parents premises. There are so many traditional rituals being performed that the bride and the women of the family have little awareness of the contractual nature of the marriage and possible rights and obligations which can be included in the nikahnama"*.

Neu in der Familiengesetzgebung von 1961 war auch die Maßgabe, alle Eheschließungen mit der Vertragskopie beim zuständigen Union Council[52] zu melden. Dasselbe gilt für Scheidungen, die innerhalb einer bestimmten Frist vom Union Council schriftlich zu bestätigen sind. Im Falle einer Anschuldigung wegen Ehebruchs oder Unzucht können so Personen ihren Familienstand nachweisen. Außerdem gilt das Dokument bei Streitigkeiten zwischen Ehepartnern als wichtiges Beweismittel (z. B. um die Höhe der Morgengabe festzustellen). In den Mittelschichts- und Oberschichtsfamilien ist der Ehevertrag mittlerweile zu einem bedeutenden Verhandlungsgegenstand geworden. Meine eigenen Untersuchungen bestätigen jedoch die von PATEL geäußerte Skepsis bezüglich des *nikahnama* im ländlichen Raum. Da viele Frauen Analphabetinnen sind, setzen männliche Familienmitglieder den Vertrag auf, so daß weibliche Interessen nur in Ausnahmefällen Berücksichtigung finden.

---

[51] Die Morgengabe ist eine zwischen den die Eheschließung verhandelnden Parteien vereinbarte Geldsumme, die der Bräutigam der Braut auszuzahlen hat. I. d. R. wird die Hälfte der Morgengabe bei der Hochzeit übergeben und die andere Hälfte im Falle einer Trennung oder Scheidung. Ursprünglich war die Morgengabe eine mehr symbolische Gabe, heute werden bis zu Hunderttausende von Rupies gezahlt. Die Verfügungsgewalt über das Geld obliegt der Frau.

[52] Union Councils (UC) wurden in der Regierungszeit von Ayub Khan gegründet und sollten als basisdemokratische Vertretungen auf lokaler Ebene arbeiten. Eine bestimmte Anzahl von Dörfern wurde zu einem UC zusammengeschlossen (abhängig von der Zahl der Wähler), deren Einwohner in den „local body elections" den Vorsitzenden ('chairman') wählen. Der 'chairman' ist auch Vertreter in der übergeordneten administrativen Einheit, dem sog. *tehsil* Council, und soll die Funktion des Politikmittlers zwischen Dorf und Gemeinde (*tehsil*) übernehmen (vgl. RAZA 1969:33).

1.2.1.2.2 Polygamie und Scheidung

Männer dürfen in Pakistan bis zu vier Frauen heiraten, es sei denn, sie sind durch Klauseln im Ehevertrag daran gehindert. Polygynie ist nur dann gestattet, wenn der Mann nachweislich die Frauen wirtschaftlich und emotional gleich behandeln kann.[53] Daß dies kaum möglich ist, hat bisher lediglich die tunesische Regierung anerkannt, die Familiengesetzgebung geändert und Polygynie verboten. In Pakistan wurden Vorschläge zur Abschaffung der Vielehe bisher nicht akzeptiert.[54] Auch wenn aus ökonomischen Gründen die Polygynie eingeschränkt ist, bedeutet die Möglichkeit, eine Zweitfrau zu heiraten, für viele Frauen eine psychische Belastung. Um eine Zweitehe ihres Mannes zu verhindern, bemühen sie sich, den ersehnten Sohn zu gebären und im Hause der Schwiegereltern akzeptiert zu werden. Das Recht auf Scheidung haben beide Ehepartner, doch kann der Mann durch dreimaliges Aussprechen des Wortes *talaq* seine Frau ohne Angabe von Gründen verstoßen und ist ihr gegenüber nicht, den gemeinsamen Kindern bedingt unterhaltspflichtig.[55] Er muß lediglich die im Ehevertrag verhandelte Morgengabe (*mehr*) zahlen und laut Gesetz die Aussteuer (*jaheez*) den Eltern seiner Ehefrau zurückgeben.[56] Die Möglichkeit der problemlosen Scheidung durch dreimaliges Aussprechen eines Wortes wird den Frauen nicht zugestanden. Sie müssen sich entweder freikaufen (*khula*) oder können durch Beweis bestimmter Vorkommnisse, wie beispielsweise Impotenz des Mannes, Mißhandlung durch den Ehemann, längere Abwesenheit ohne Unterhalt zu zahlen, eine Scheidung vor Gericht einreichen.

Ist die Scheidung ausgesprochen, muß eine Frist von 90 Tagen abgewartet werden, um festzustellen, ob die Ehefrau schwanger ist. Die Scheidung wird im Falle einer Schwangerschaft nach der Geburt eines Kindes gültig. Während des Zeitraums von 90 Tagen kann der Mann die Verstoßung zurücknehmen. Auch bei Scheidungsangelegenheiten muß der *chairman* schriftlich informiert werden, denn *„the mere pronouncement of 'talaq' without notice to the Chairman does not make it effective divorce under the law of Pakistan“* (PATEL 1990:192).

Diese ebenfalls 1961 eingeführte Vorschrift sollte das Verstoßen der Ehefrau erschweren, und der 'chairman' sollte mit je einem Beauftragten beider Parteien in der 90-Tage-Frist Vermittlungs-

---

[53] Die Entstehung der Polygamie ist nur aus einem bestimmten historischen Kontext verständlich: Als Mohammad gegen die Ungläubigen Krieg führte, starben viele seiner Soldaten. Um die Witwen und Waisen nicht unversorgt zu lassen, empfahl er den Gläubigen, sich der Witwen anzunehmen, also sie zu ehelichen (vgl. PATEL 1991, KAZI 1991).

[54] Leider liegen keine veläßlichen aktuellen Angaben über die Zahl der in Pakistan registrierten Mehrfrauenehen vor.

[55] Sofern die Kinder bei der Mutter verbleiben, muß der Vater für ihren Lebensunterhalt aufkommen.

[56] Inwieweit diese Gesetze beachtet und eingehalten werden, ist schwierig abzuschätzen, da meines Wissens keine empirischen Untersuchungen zu dieser Thematik vorliegen.

versuche unternehmen. Trotz der Unkompliziertheit einer Verstoßung/Scheidung sind die Scheidungsraten den offiziellen Quellen zufolge niedrig: Angaben des Pakistan Fertility Survey sprechen von 2,1 % geschiedenen Ehen, und 1,7 % aller Paare leben in Trennung (vgl. PATEL 1991:185).

PATEL (1991:185f.) begründet die niedrige Scheidungsrate folgendermaßen: *„Husband wife cohesion, subservient status of the wife, traditions, customs, social norms and pressures, religion, economic circumstances, obligation for payment of deferred dower on divorce, dependence of the children on their mother and the attachment of the father to the children, the deterrents for the wife to seek legal redress, and at times the economic dependence of the wife with little alternative but to submit to the will of her husband, all combine to limit divorce."* Insbesondere die ökonomische Abhängigkeit und die sozialen und gesellschaftlichen Normen, die im empirischen Teil eingehender begründet werden, tragen m. E. zu den niedrigen Scheidungsraten bei.

1.2.1.2.3 Erbrecht

Das Erbrecht wird direkt aus dem Koran abgeleitet und erfährt bei den beiden großen Glaubensrichtungen, der sunnitischen und shiitischen, unterschiedliche Auslegungen. Das Erbrecht, das Mohammad festlegte, kann als sehr fortschrittlich bezeichnet werden, da erstmals Frauen bei Erbangelegenheiten Berücksichtigung fanden. Für das mehrheitlich sunnitische Pakistan sind die nachfolgend aufgeführten Erbregelungen gültig. Dabei werden die für Frauen relevanten Regelungen hier zusammenfassend und übersichtartig wiedergegeben, da die vielen komplizierten Sonderbestimmungen für die vorliegende Arbeit nicht von Bedeutung sind.

Ehefrauen haben Anspruch auf 1/8 des Besitzes ihrer Ehemänner. Hat ein Mann zwei Ehefrauen, erben die beiden Frauen jeweils 1/16 seiner Besitztümer. Töchter erhalten die Hälfte dessen, was ihre Brüder bekommen. Gibt es keine männlichen Nachkommen[57], dann hat die Tochter Anrecht auf die Hälfte des Gesamtbesitzes ihres Vaters. Mehrere Töchter müssen sich 2/3 des Erbes teilen. Mütter erben 1/6 des Besitzes von ihren Söhnen wie Töchtern (PATEL 1991:226ff.). Einige pakistanische Autorinnen (ZIA 1991, PATEL 1991, ALI 1986) zweifeln die Einhaltung der Gesetze jedoch an, und sie sind der Meinung, daß die traditionelle Gewohnheit, den männlichen Nachkommen den Besitz zu vermachen, nach wie vor größeres Gewicht hat. Vor allem mit dem

---

[57] Darunter fallen Söhne und Enkel der Brüder des Vaters sowie der Großvater väterlicherseits.

Argument, Frauen erhielten ihren Anteil am Erbe mit der Aussteuer, bleiben Männer häufig die alleinigen Nutznießer des Besitzes.

Obwohl Frauen zumeist die sie betreffenden Erbrechte kennen, äußern sie selten Interesse an der Inanspruchnahme ihres Erbteiles. Grund hiefür ist ihre Stellung innerhalb der Familie: Beansprucht eine Tochter ihren Erbteil, so entzieht sie den Anteil ihren Brüdern. Ihre Brüder sind aber nach dem Tod der Eltern die einzige Verbindung zu ihrem Heimatdorf, und darüber hinaus ist der brüderliche Haushalt im Falle des Todes ihres Ehemannes oder einer Scheidung der einzige Zufluchtsort.[58] Ausschlaggebend ist letztlich die ökonomische und soziale Abhängigkeit von den Brüdern, die sie nicht mit Erbschaftsforderungen gegen sich aufbringen möchte. Oder, wie PATEL (1991) formuliert: Frauen wollen sich die soziale Absicherung durch Erbforderungen nicht „verderben" (vgl. dazu auch MUMTAZ/SHAHEED 1987, MARTIUS - v. HARDER 1978, ALBRECHT 1971).

1.2.1.2.4 Aussteuer (*jaheez*)

Zu einer Hochzeit im Punjab gehört die Aussteuer, *jaheez*, die von der Familie der Braut den Ehepartnern übergeben wird.[59] Ursprünglich erhielten Braut und Bräutigam mit der Aussteuer notwendige Haushalts- und Gebrauchsgegenstände sowie Kleidung, um ihnen den Start in das gemeinsame Leben zu erleichtern. Nach PATEL (1991:116) ist die Institution „Aussteuer" zu einem *„social evil"* avanciert, das in einer islamischen Gesellschaft keine Unterstützung finden sollte. Für ALI (1986:212) ist die Aussteuer zu einem Statussymbol geworden, das Familien in eine Konkurrenz zwingt, um ihre Töchter möglichst angemessen zu verheiraten. Von November 1967 bis 1976 galt ein Gesetz, daß die Zurschaustellung der Aussteuer verbot und daß sicherstellen sollte, daß die Aussteuer selbst in den Händen der Braut verbleibt. Bei Zuwiderhandlungen waren Geldstrafen bis zu 5000 Rupies vorgesehen (PATEL 1991:117). In der Einsicht jedoch, daß viele Familien Schulden machen, um die Aussteuer ihrer Töchter zu finanzieren, wurde 1976 das Gesetz zur Aussteuerbeschränkung (Dowry and Bridal Gifts [Restriction] Act) in Kraft gesetzt. Es sieht vor, daß die Aussteuer von den Brauteltern den Wert von 5000 Rupies nicht überschreiten darf. Dasselbe gilt auch für Geschenke der Bräutigamfamilie. Im Gegensatz zum Gesetz von 1967 wird jedoch die Zurschaustellung der Mitgift zwingend vorgeschrieben, damit der finanzielle Wert

---

[58] Unabhängiges 'Single'-Leben ist in Pakistan aufgrund der vorherrschenden kulturellen Normen fast ausgeschlossen. Selbst in Großstädten wie Karachi oder Lahore gibt es nur sehr wenige Frauen, die aus dieser Norm ausbrechen und einen eigenen Haushalt gründen.

[59] In Beluchistan und der NWFP zahlen der Bräutigam oder seine Eltern teilweise noch den Brautpreis (*walwar*), der den Eltern den Verlust der Arbeitskraft ihrer Tochter kompensieren soll (vgl. TOMFORT 1991).

abschätzbar ist. Eine Beschränkung erfahren auch die Ausgaben für die Hochzeitsfeierlichkeiten (*mehndi, barat, valima*[60]), die zusammen nicht mehr als 2500 Rupies ausmachen dürfen. Bei Verstoß gegen diese Verordnungen drohen Geldbußen (vgl. PATEL 1991:115ff.). Die angeführten Gesetze zeigen PATEL zufolge keine Auswirkungen auf Praxis und Kosten der Aussteuer und Hochzeitszeremonien. Ihrer Meinung nach liegt dies am *„slow process of social change"* (1991:117) und den Schwierigkeiten, Geldstrafen bei tief verwurzelten sozialen Bräuchen, die die Familie betreffen, durchzusetzen.

1.2.1.3 Fazit

In den vorangegangenen Abschnitten wurden zunächst ausgewählte staatliche Rahmenbedingungen, die auf das Geschlechterverhältnis sowie die individuellen Handlungsspielräume Einfluß nehmen, erläutert. Die staatliche Rechtsprechung in Pakistan hat in vielen unmittelbar Frauen betreffenden Bereichen diskriminierende Gesetze und Verordnungen erlassen, die die Handlungsoptionen von Individuen beeinflussen. Als Teil des Strafrechts wirken sich insbesondere die Hudood Ordinances negativ auf den Status von Frauen aus, da vor allem Frauen - wie in einer Vielzahl von Fällen nachgewiesen (vgl. JAHANGIR/JILANI 1990) - kriminalisiert und zu Unrecht verurteilt werden. Diese Form der institutionalisierten Diskriminierung setzt auf der staatlichen Ebene Rahmenbedingungen, deren psychologische Wirkungen auf die Menschen kaum abzuschätzen sind. Auch die Familiengesetzgebung beinhaltet m. E. Erlasse, die die Handlungsspielräume von Frauen stärker einschränken als die der Männer. Bei Scheidungs- und Erbschaftsangelegenheiten und im Fall der Polygynie beispielsweise verfügen Männer über weitaus größere, rechtlich zementierte Handlungsspielräume, während bei den Heiratsbestimmungen und der Aussteuer keine direkten Benachteiligungen von Frauen rechtlich verankert sind. Hier wurden im Rahmen von Gesetzesüberarbeitungen oder neu erlassenen Gesetzen Verbesserungen für Frauen angestrebt, die jedoch faktisch (noch) nicht erreicht wurden.

Frauen verfügen - wie auch die empirischen Fallbeispiele belegen - über geringere Handlungsspielräume als Männer: bei den Fragen der Partnerwahl, dem Zeitpunkt der Eheschließung und bei Scheidungsangelegenheiten. Sogar Gesetze wie der „Dowry and Bridal Gifts (Restriction) Act" oder das Gesetz über das Mindestheiratsalter zeigen keine oder nur geringe positive Wirkungen für Frauen. Die Gründe hierfür liegen in den kulturellen Wertvorstellungen, Traditionen und

[60] Die Erläuterung der verschiedenen Feierlichkeiten einer Hochzeit ist Gegenstand von Kap. 3.8.1.4.

gesellschaftlichen Normen, die in Kap. 3.8 näher erläutert werden. Zunächst wird am Beispiel ausgewählter Indikatoren der Frage nach der gesellschaftlichen Position von Frauen weiter nachgegangen.

1.2.2 Ausgewählte Indikatoren zur Einschätzung der gegenwärtigen gesellschaftlichen Position von Frauen in Pakistan

Als Indikatoren für den gesellschaftlichen Status von Frauen auf der nationalen Ebene werden Sexualproportionen, Alphabetisierungsraten und Erwerbstätigkeit herangezogen, die ein vorläufiges Bild der Lebenssituation von Frauen in Pakistan vermitteln.[61] Soweit möglich werden die für Pakistan zur Verfügung stehenden Zahlen mit Daten anderer asiatischer Länder verglichen.

1.2.2.1 Sexualproportionen

Die Sexualproportionen drücken das quantitative Verhältnis der Geschlechter zueinander aus und können - wie noch erläutert wird - Diskriminierungen anzeigen. Pakistan ist neben Indien und Bangladesh das einzige Land, in dem im Durchschnitt aller Altersgruppen mehr als 105 Männer auf 100 Frauen gezählt werden, obwohl in diesen Ländern in der Altersgruppe 0-1 Jahr mehr Mädchen als Jungen statistisch erfaßt sind. Auf Landesebene entwickelten sich die Sexualproportionen zwischen 1901 und 1991 deutlich positiv für Frauen. Kamen - rein statistisch betrachtet - 1901 nur 84,8 Frauen auf 100 Männer, so verringerte sich die Kluft auf 92 Frauen zu 100 Männern im Jahr 1991 (vgl. Tab. 3).

Tab. 3: Sexualproportionen in Pakistan

Jahr	Männer	Frauen
1901[a]	100	84,8
1921[a]	100	81,7
1941[a]	100	83,4
1951[a]	100	85,9
1961[a]	100	86,7
1972[a]	100	87,5
1981[a]	100	90,4
1985[b]	100	91
1991[c]	100	92

[a]Daten aus SATHAR, Z. A. 1987:557, [b]Daten aus WORLD BANK COUNTRY STUDY 1989:xiv; [c]Daten aus BÄHR 1992:174

[61] Natürlich existieren eine Reihe anderer Indikatoren für die Einschätzung des gesellschaftlichen Status von Frauen, doch können hier nur die mit aktuelleren statistischen Daten belegbaren zur Analyse herangezogen werden.

Das offensichtliche Mißverhältnis in den Sexualproportionen kann Ausdruck der Benachteiligung von Frauen sein[62], denn Mädchen sind, wie PATEL (1991:54) erläutert, biologisch stärker, und dementsprechend ist ihre Sterblichkeitsrate niedriger als die von Jungen: „*...the risk of death at almost all ages is usually higher for males than females, as all women have a pair of XX chromosomes, which make the female genetically stronger.*“

DAS GUPTA (1987) spricht von selektiver Diskriminierung, wenn durch bestehende gesellschaftliche Werte und Normen weibliche Säuglinge und Mädchen insbesondere in den ersten risikoreicheren Lebensjahren bei der Gesundheitsversorgung und Ernährung vernachlässigt werden. In Pakistan scheint eine solche selektive Diskriminierung vorzuliegen, wie folgende Zahlen belegen: Auf 100 Todesfälle bei Jungen unter einem Jahr kommen nur 86 bei den weiblichen Säuglingen, was für deren biologische Stärke spricht. In der Altersgruppe der 1-4jährigen stehen 126 Todesfälle bei Mädchen 100 bei Jungen gegenüber.[63] Diese sehr auffällige Diskrepanz in den geschlechtsspezifischen Mortalitätsraten bedarf näherer Erläuterung.

Einige Autoren sind der Meinung, daß die statistischen Ungleichgewichte zwischen den Geschlechtern vor allem mit der „Nichtangabe“ der weiblichen Familienmitglieder bei den Erhebungen zusammenhängen. Dies mag bei Bevölkerungszählungen bedingt zutreffen, bei der Angabe von Todesfällen spielt es dagegen keine Rolle. Beispielsweise hat AHMED (1990) aufgrund der Einweisungen in das Kinderkrankenhaus Islamabad und das Chakwal Distrikt Krankenhaus nachgewiesen, daß mit der Schwere der Erkrankung die geschlechtsspezifischen Unterschiede in der Gesundheitsversorgung bei Kindern zunehmen. Während an Impfungen, die von Rural Health Workers unentgeltlich in den jeweiligen Dörfern bzw. Stadtvierteln regelmäßig durchgeführt werden, Jungen wie Mädchen teilnehmen, belegen die Einweisungsraten in Krankenhäuser, daß Eltern vorzugsweise Jungen einliefern. Sobald operative Eingriffe notwendig sind, werden vor allem Jungen für diese kostspieligen Behandlungen eingewiesen. HAFEEZ (1993:42) vermutet, daß dies mit den höheren Kosten und dem größeren Zeitaufwand, der für die Pflege des Kindes erforderlich ist, zusammenhängt.[64] Eine aktuelle UNICEF Situationsanalyse über Kinder und Frauen in Pakistan schätzt, daß 55 % der gesamten und lediglich 35 % der ländlichen

---

[62] Ein Ungleichgewicht in den Sexualproportionen kann auch Ursachen in Migrationsbewegungen haben, z. B. die hohen Anteile männlicher ausländischer Arbeitskräfte in Saudi-Arabien. Dies läßt sich dann aus der Altersgruppenverteilung ersehen (vgl. BÄHR 1994:174).

[63] In Indien sterben dreimal soviele Mädchen wie Jungen bei den 1-4jährigen. In dieser Altersgruppe werden in Bangladesh 112 und in Ägypten 122 Todesfälle bei Mädchen (pro 100 Jungen) gezählt (vgl. SEAGER/OLSON 1986).

[64] In den meisten pakistanischen Krankenhäusern sind die Angehörigen für die Versorgung der Kranken mit Essen verantwortlich.

Bevölkerung einen angemessenen Zugang zu einer medizinischen Einrichtung haben (im Verständnis von UNICEF bedeutet angemessen, daß die Einrichtung durch einen halbstündigen Fußmarsch erreicht werden könnte oder sie sich in einem Radius von fünf Kilometern befindet). Aber *„the burden of daily chores leaves few Pakistani women a spare hour for travelling to a health facility...“* (MUMTAZ 1994:27).

MANDELBAUM (1988:66) geht von der Annahme aus, daß *„preference for sons rather than deliberate neglect of daughters seems to be the primary reason for discrimination in medical care and food.“* Dies ist m. E. jedoch nur eine äußerst euphemistische Formulierung einer als negativ zu wertenden kulturellen Sachlage. Die jüngsten Berichte über Infantizid in Indien und China, entweder durch Ermordung Neugeborener oder mittels Abtreibung weiblicher Föten nach vorheriger Geschlechtsbestimmung, bestätigen die selektive Diskriminierung von Mädchen.[65]

In diesem Zusammenhang müssen auch die Mütter- und Säuglingssterblichkeit erwähnt werden, die auf eine prekäre Gesundheitsversorgung hinweisen, aber auch die systematische Benachteiligung von Frauen indizieren können. Bei 100.000 Lebendgeburten sterben in Pakistan 70 Frauen an den Folgen der Geburt aufgrund mangelnder medizinischer Fürsorge.[66] 1988 konnten lediglich 60 % aller gebärenden Frauen die Hilfe einer Hebamme (*dai*) beanspruchen, wobei es sich bei den Geburtshelferinnen teilweise um traditionelle *dais* handelt, die keine spezielle Ausbildung besitzen, sondern das Handwerk von ihren Müttern erlernt haben (vgl. SEAGER/OLSON 1986, PATEL 1991:51f.). Der Pakistan Demographic and Health Survey von 1990/91 ermittelte, daß 70 % aller Frauen keine antenatale Versorgung in Anspruch nehmen, wobei der Prozentsatz für Frauen mit Sekundarschulbildung 14,6 und für ländliche Frauen 83 % beträgt (MUMTAZ 1994:28). Die durchschnittliche Kinderzahl von 6,1/Frau und die schnelle Abfolge der Geburten führen zu einem allgemein schlechteren Gesundheitszustand der Frauen. Durch den Blutverlust bei Geburten und die unzureichende Ernährung während und nach der Schwangerschaft leiden 85-90 % aller pakistanischen Frauen unter Anämie (Blutarmut und Eisenmangel) (vgl. SHAH 1995:26).

Ein weiterer Indikator für den Stand der allgemeinen Gesundheitsversorgung ist die Säuglingssterblichkeit.[67] In Pakistan sind vor allem die Stadt-Land-Disparitäten bei der Säuglingssterblichkeit auffällig: Der Demographic Survey (1987) gibt Mortalitätsraten von 11,35 ‰ in

[65] 97,5 % der Abtreibungen in China werden an weiblichen Föten vorgenommen (FAR EASTERN ECONOMIC REVIEW 2/1995:13). Auch für Indien sind ähnlich erschreckende Zahlen dokumentiert (vgl. UNICEF Pressemitteilung vom 20. Sept. 1994; Kölner Stadtanzeiger 21.6.94).

[66] SHAHEED/MUMTAZ (1990:6) geben folgende Daten an: „...result in an estimated 4/1000 to 17,2/1000 childbirth related deaths of mother every year.“

[67] Mortalität von Kindern < 1 Jahr/1.000 Lebendgeburten.

ruralen Gebieten und 7,9 ‰ in urbanen Räumen an. Ein wesentlicher Faktor für die schlechte Gesundheitsversorgung ist die unzureichende Ausstattung mit basisnahen und erreichbaren Gesundheitszentren. Die geschlechtsspezifischen Mortalitätsraten nach Altersgruppen (vgl. Abb. 5) verdeutlichen die bereits unter dem Punkt Sexualproportionen dargestellten Fakten. Bei den Säuglingen (< 1 Jahr) sterben 165 von 1000 männlichen Babies, aber nur 145 von 1000 weiblichen Säuglingen. Diese Zahlen bestätigen nochmals das Argument der biologischen Stärke von Mädchen. In den Altersgruppen 1-4 und 25-29 Jahre kehrt sich das Verhältnis jedoch drastisch um, und die Mortalitätsraten für Mädchen/Frauen liegen signifikant höher als die der Jungen. In der Altersgruppe 1-4 Jahre, in der 19 von 100 Mädchen und 13,7 von 100 Jungen sterben, ist die Vernachlässigung der Mädchen bei der Nahrungsmittelversorgung und im Krankheitsfall ein wesentlicher Grund für die höheren Mortalitätsraten. In der Altersgruppe der 25-29jährigen müssen die unzureichende medizinische Versorgung während und nach Schwangerschaften und Geburten für die mehr als doppelt so hohen Sterblichkeitsraten von Frauen verantwortlich gemacht werden (vgl. AHMED 1990).

Abb. 5: Geschlechtsspezifische Mortalitätsraten nach Altersgruppen in Pakistan

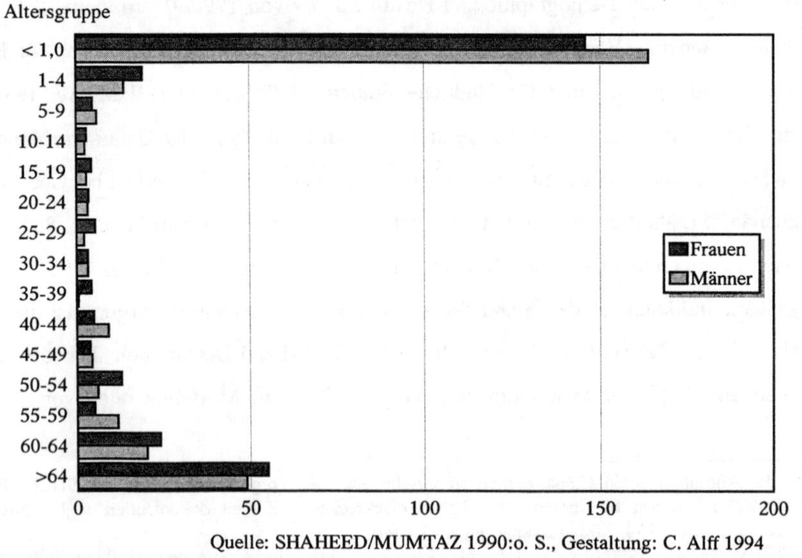

Quelle: SHAHEED/MUMTAZ 1990:o. S., Gestaltung: C. Alff 1994

1.2.2.2 Schulbildung

Die Schul- und Berufsausbildung gilt als Schlüsselfaktor, um die Benachteiligung von Frauen abzubauen und ihre Lebenschancen zu verbessern, denn Bildung „... *also widens their cognitive map and enables them to compare their position in society vis-a-vis men.*" (MENON 1981:107) Hohe Alphabetisierungsraten sind jedoch keinesfalls mit hohem gesellschaftlichen Status gleichzusetzen, dennoch wird Bildung als eine wichtige Voraussetzung für Veränderungsprozesse angesehen. „...- *it is accepted that education is by no means sufficient to ensure autonomy or power in Pakistan, nevertheless it seems an important factor highly correlated with autonomy and power at least within the household.*" (KAZI/SATHAR 1991:43)

Bildung beeinflußt nicht nur die Stellung und Entscheidungskompetenzen innerhalb der Familien, sondern befähigt Menschen zum Erkennen und Einschätzen ihrer Situation und zur Wahrnehmung ihrer Rechte (z. B. beim Aufsetzen eines Heiratsvertrages oder im Falle einer Anklage). Fraglich ist, ob Bildung, wie in der Weltbankländerstudie von 1989 behauptet, zu größerer Produktivität und damit zu höherem Einkommen führt. Positive Effekte von Bildung können aber in bezug auf Kindererziehung, Gesundheit und Fertilität festgestellt werden (vgl. WBCS 1989:39). Pakistan gehört neben Bhutan, Yemen und sieben afrikanischen Staaten (WBCS 1989:xv) zu den zehn Ländern der Welt, die eine der niedrigsten Einschulungsraten für Mädchen aufweisen. Vergleicht man das Verhältnis zwischen Jungen und Mädchen mit abgeschlossener Grundschulbildung (Klasse 1-5), dann liegen Sri Lanka und Indonesien mit über 93 Mädchen pro 100 Jungen weit vor Bhutan und Pakistan, die mit 59 bzw. 49 Mädchen pro 100 Jungen deutlich niedrigere Werte aufweisen. Auch in Bangladesh, das ökonomisch schlechter gestellt ist als Pakistan, beenden immerhin 77 Mädchen pro 100 Jungen die Grundschule (vgl. Abb. 6).[68]

---

[68] Das Bruttosozialprodukt in Bangladesh belief sich 1991 auf 220 US-$ und in Pakistan immerhin auf 400 US-$ pro Kopf (Deutsche Gesellschaft für die Vereinten Nationen 1994:161).

Abb. 6: Frauen (pro 100 Männer) mit Grundschulbildung in ausgewählten Ländern Südasiens (1990)

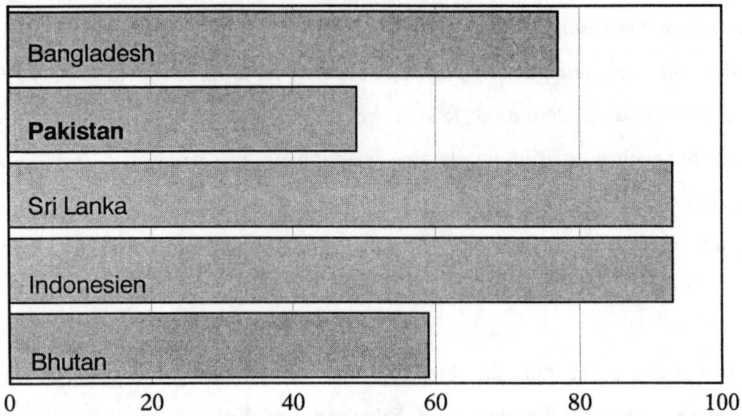

Quellen: World Bank Development Report 1994, Bericht über menschliche Entwicklung 1994, Human Development Report 1992, Gestaltung: C. Alff 1994

In Pakistan sind die Einschulungsraten für Jungen im Zeitraum von 1960 bis 1980 kontinuierlich von 47 % auf 73 % angestiegen, verzeichneten 1985 aber einen Rückgang um 12 %. Im Sekundarschulbereich stieg die Zahl der Anmeldungen von 19 % (1960) auf 24 % (1985). Die Zahl der Einschulungen der Mädchen im Primarschulbereich bewegt sich insgesamt auf einem niedrigeren Niveau, ist aber gleichfalls ansteigend. Wurden 1960 nur 13 % aller potentiellen Kandidatinnen zur Grundschule geschickt, erhöhte sich die Rate bis 1985 auf 32 %. Interessanterweise gingen die Einschulungsraten 1988 um 4 % auf 28 % zurück und stiegen 1991 wieder auf 30 % an (vgl. Abb. 7). Eine mögliche Erklärung für den Rückgang könnte die in dieser Zeit verstärkt durchgesetzte Islamisierungspolitik Zia-ul-Haqs mit dem Verbot der Koedukation sein. Der Anteil von Mädchen, die höhere Bildungseinrichtungen besuchen, stieg von 3 % im Jahre 1960 auf 9 % (1985) und ist somit um 50 % niedriger als bei Jungen. Die Angaben für 1988 und 1991 lassen einen weiteren Anstieg in der höheren Mädchenschulbildung erkennen. Tabelle 4 läßt jedoch die Stadt-Land-Disparitäten und die Abbrecherraten unberücksichtigt, so daß bei genauerer Analyse der positive Trend, den Abb. 7 induziert, kritisch zu betrachten ist.

Abb. 7: Einschulungsraten für Jungen und Mädchen (Primarschule und Sekundarschule/1960-1991)

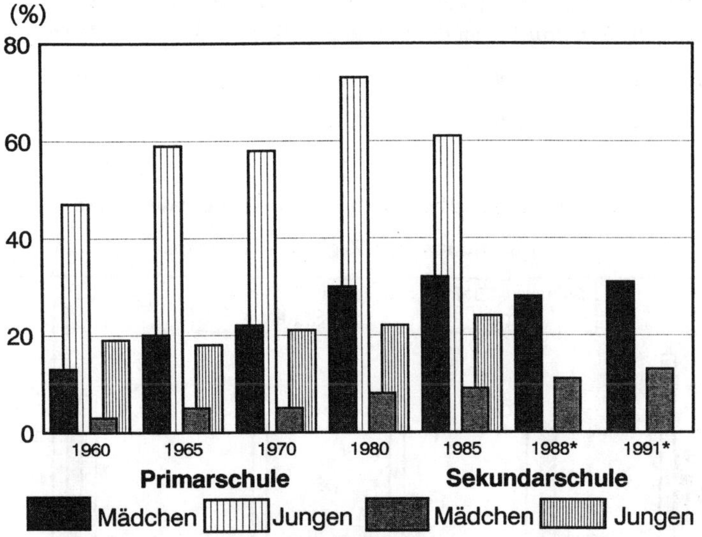

Quelle: SHAHEED/MUMTAZ 1990: o. S.; World Development Report 1992/1994; Gestaltung: C. Alff 1994

Interessant erscheint ein geschlechtsspezifischer Vergleich der Alphabetisierungsraten auf Provinzebene, der signifikante Unterschiede erkennen läßt (vgl. Tab. 4). Die geschlechtsspezifischen Differenzen sind in Beluchistan und in der Nordwestgrenzprovinz (NWFP) am stärksten ausgeprägt. Aber auch insgesamt betrachtet sind in diesen Provinzen die Alphabetisierungsraten am geringsten.

Tab. 4: Alphabetisierungsrate (%) der Bevölkerung (> 10 Jahre) 1972 und 1981 in den Provinzen Pakistans

PROVINZ	PAKISTAN		NWFP		PUNJAB		SINDH		BELUCHISTAN	
Jahr	*1972*	*1981*	*1972*	*1981*	***1972***	***1981***	*1972*	*1981*	*1972*	*1981*
Bevölkerung	21.7	23.3	14.5	14.3	**20.7**	**24.5**	30.2	28.2	10.1	8.1
Männer	30.2	31.8	23.1	22.7	**29.1**	**35.5**	39.1	36.0	14.8	12.5
Frauen	11.6	13.7	4.7	4.9	**10.7**	**14.4**	19.2	19.1	4.2	2.9

Quelle: KLEIN/NESTVOGEL 1984:32

Zurückzuführen ist dies auf traditionelle und als konservativ zu bezeichnende Verhaltensmuster der vornehmlich in diesen Provinzen lebenden Paschtunen und Beluchen, die die Geschlechtersegregation (*purdah*) strikter einhalten als die Bevölkerungsgruppen im Punjab und Sindh, und dem hohen Anteil nomadischer Gruppen an der Gesamtbevölkerung. In diesen Provinzen ist zudem das Stadt-Land-Gefälle stärker ausgeprägt, wobei insbesondere die niedrige Alphabetisierungsrate für Mädchen in ländlichen Räumen auffällt (vgl. Abb. 8).

Abb. 8: Geschlechtsspezifische Alphabetisierungsraten in ländlichen und städtischen Regionen Pakistans

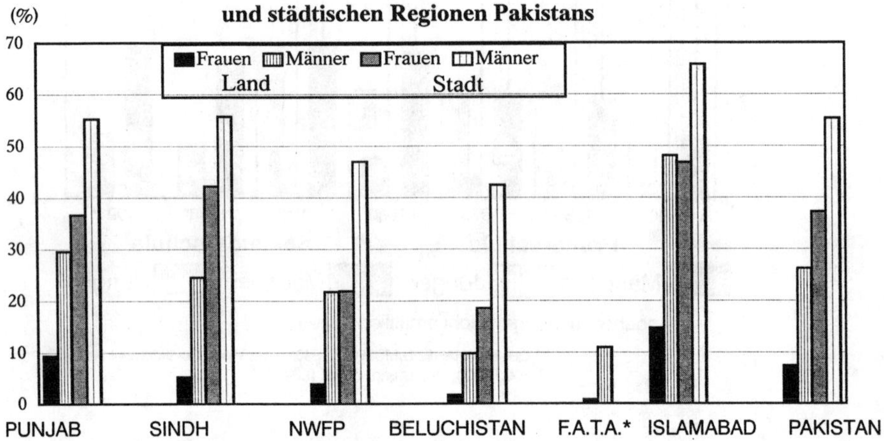

* F. A. T. A.=Federal Administrated Tribal Areas

Quelle: Population Census Pakistan 1981:o. J., Gestaltung: C. Alff 1994

Dies bestärkt die Annahme und bestätigt die Empirie, daß vorzugsweise Jungen zur Schule geschickt werden, da sie als spätere Ernährer der Familien gelten. Im Sindh sind die geringeren Alphabetisierungsraten im ländlichen Raum mit der dort in weiten Teilen noch vorherrschenden feudalen Struktur zu erklären. Die Abhängigkeit vieler Landarbeiter, Pächter und Kleinbauern von den Großgrundbesitzern zwingt viele Familien, ihre Kinder arbeiten zu lassen, statt sie zur Schule zu schicken. Positiver stellt sich das Bild in den Städten dar. Die infrastrukturelle Ausstattung mit Schulen ist besser und die Erreichbarkeit durch geringere Entfernungen einfacher. Im ländlichen Raum müssen Kinder oft größere Distanzen zurücklegen, um die nächstgelegene Schule zu erreichen.[69] Darin liegt eine weitere Ursache für den geringen Schulbesuch von Mädchen. Als

[69] Im 7. Fünfjahresplan (1988-93) wurde von der pakistanischen Regierung das Ziel anvisiert, die Alphabetisierungsrate auf 40 % zu erhöhen und darüber hinaus allen Kindern in der Altersgruppe von 5-9 Jahren eine Schule in maximal 1,5 Kilometern Reichweite zur Verfügung zu stellen (vgl. PATEL 1991:62). Daß zumindest das erstgenannte Ziel nicht erreicht wurde, belegen die Zahlen des Länderberichts Pakistan (1995:42), in dem die Analphabetenrate für 1993 mit 65 % angegeben wird.

größtes Hindernis für Mädchenbildung im ländlichen Raum wird der Mangel an weiblichen Lehrkräften und separaten Schulen betrachtet. Außerdem verfügen nur 10 % aller Primarschulen über sanitäre Einrichtungen, was ein weiteres Argument der Eltern gegen den Schulbesuch von Mädchen darstellt (vgl. WBCS 1989).

Der niedrige Stand der Alphabetisierung wird durch die hohen Abbrecherraten zusätzlich verschlechtert. Gemäß der zitierten Weltbankländerstudie besuchen in ländlichen Regionen nur noch 3 % der 12- und weniger als 1 % der 14jährigen Mädchen die Schule. Für die Jungen betragen die Werte 18 % bzw. 7 % (vgl. WBCS 1989:40). Die Abbrecherraten für Mädchen in ländlichen Regionen der Provinzen Beluchistan, Sindh und NWFP sind landesweit am höchsten. Erschreckend ist die Tatsache, daß im ländlichen Beluchistan 90 %, im Sindh knapp 90 % und in der NWFP fast 80 % der Mädchen die Schulausbildung abbrechen (vgl. Abb. 9). Teilweise werden damit die in Abb. 8 angezeigten niedrigen Alphabetisierungsraten für Mädchen erklärt. Gründe für den vorzeitigen Abbruch der Ausbildung sind ökonomische Zwänge und gesellschaftliche Wertvorstellungen, die den Schulbesuch insbesondere für Mädchen nicht zulassen (Jungen müssen ihre Ausbildung ebenfalls vorzeitig beenden, aber in einem deutlich geringeren Umfang). Die gesellschaftlichen Wertvorstellungen kommen zum Tragen, wenn Mädchen die Pubertät erreichen und aus der Schule genommen werden, um die Ehre der Familie nicht zu gefährden.

Abb. 9: Abbrecherraten (Grundschule) für Mädchen und Jungen in vier Provinzen Pakistans (1983/1984)

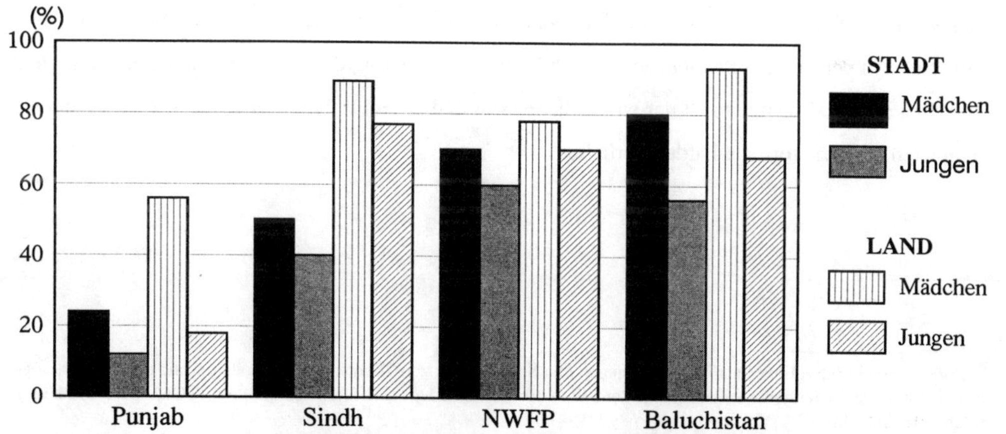

Quelle: SHAHEED/MUMTAZ 1990: o. S.; Entwurf: C. Alff (1994)

Vor allem Mädchen aus wohlhabenderen Haushalten müssen die Regeln der Geschlechtersegregation vermehrt einhalten. Viele Eltern empfinden den Schulweg als Risiko, da Mädchen allein in der Öffentlichkeit unterwegs sind und angesprochen werden könnten.[70] Da die *purdah*-Vorschriften nicht für Jungen gelten, können sie weiterhin die Schule besuchen. Jungen brechen ihre Ausbildung nur dann vorzeitig ab, wenn sie arbeiten müssen, um zum Einkommen der Familie beizutragen, oder kein Interesse an einer weiteren Ausbildung haben.

Ökonomische Zwänge in Landarbeiter- und Kleinbauernfamilien veranlassen viele Familien, nur Söhne einzuschulen, da Textbücher, Stifte und andere Materialien sowie die Schuluniform nach Berechnungen der Weltbank bis zu 20 % des Einkommens ausmachen können (vgl. WBCS 1989:43). Töchter sind außerdem notwendige Helferinnen im täglichen Arbeitsablauf, sie sorgen für die Geschwister, helfen bei den Hausarbeiten und werden selbst bei landwirtschaftlichen Tätigkeiten eingesetzt. Mithilfe bei der Baumwollernte, dem Unkrautjäten und Weiden der Tiere macht vielen Mädchen den Schulbesuch unmöglich: „*... Secondly, the perception of education being a non-productive exercise is reinforced by the early age at which girls are pressed into helping in household chores and in agricultural tasks as well.*" (SHAHEED/ MUMTAZ 1990:47)

Im Economic Survey 1993/94 der pakistanischen Regierung sind die bei der Grundschulausbildung erreichten Ziele aufgelistet, und Maßnahmen, die zu einer Verbesserung der als negativ eingeschätzten Situation führen sollen, werden benannt. Neben der Änderung des Mindest- und Höchstalters für Lehrerinnen bei Ersteinstellung auf 16 bzw. 45 Jahre erhält weibliches Lehrpersonal eine sogenannte „hardship"-Zulage von 500 Rupies monatlich.[71] Als dritte Maßnahme, die die Einschulung von Mädchen in ländlichen Gebieten fördern soll, wirbt die Regierung in den Provinzen für Koedukation. So sinnvoll die genannten Maßnahmen auf dem Papier und in der Praxis scheinen, so fraglich ist m. E. der Erfolg dieser Politik, da sie nicht an den Ursachen ansetzt. Solange nicht der wesentliche Grund, die Armut, beseitigt wird, werden Mädchen die letzten sein, die formale Bildung erhalten.

---

[70] Zum Beispiel führen Eltern als Argument gegen den Schulbesuch von Töchtern häufiger an, daß sie dann in der Lage wären, Kontakte zu Jungen - entweder auf dem Weg zur Schule oder schriftlich - zu knüpfen (TOMFORT 1991 und eigene Erhebungen).

[71] Das Gehalt für eine Grundschullehrerin betrug 1992/93 zwischen 1400 und 1700 Rupies monatlich, abhängig von Alter und Position innerhalb der Schule. Das entsprach zum Zeitpunkt der Untersuchung einem Monatslohn zwischen knapp 110 und 140 DM.

1.2.2.3 Erwerbsbeteiligung von Frauen

Ausgehend von den niedrigen Alphabetisierungsraten der weiblichen Bevölkerung reduzieren sich auch die Möglichkeiten und Chancen für Frauen, eine formale Beschäftigung zu finden.[72] Den offiziellen pakistanischen Statistiken zufolge beträgt die Erwerbstätigkeit von Frauen zwischen 3,5 % und 40 % an der Gesamterwerbsbevölkerung. Abhängig vom Zensus, der herangezogen wird, ergeben sich diese eklatanten Differenzen. Es besteht Konsens darüber, daß die Statistiken zur Erwerbstätigkeit von Frauen mit Vorbehalt zu betrachten sind, da ihnen verschiedene Definitionen von Arbeit zugrundeliegen und die Erhebungsmethoden, wie noch ausgeführt wird, nicht frauengerecht sind. Dennoch erfolgt hier eine komprimierte Darstellung der offiziellen Datenquellen, da sich in ihnen m. E. die Einschätzung von Frauenarbeit allgemein und darüber hinaus die Wahrnehmung von Frauen als Individuen der Gesellschaft widerspiegelt.[73] Die wichtigsten Quellen über die Erwerbstätigkeit sind der alle zehn Jahre erhobene Bevölkerungszensus und der jährlich veröffentlichte Labor Force Survey (LFS). Für die ländliche Bevölkerung (und das sind immerhin knapp 70 % der Menschen in Pakistan) ist der ebenfalls alle zehn Jahre durchgeführte Agricultural Census (AC) von Bedeutung, obwohl in dieser Zählung lediglich die landwirtschaftlichen Haushalte erfaßt werden, so daß die wachsende Zahl landloser Familien ausgeschlossen ist. Da aber in den landlosen Familien Frauen verstärkt arbeiten (müssen), ist davon auszugehen, daß der Prozentsatz der erwerbstätigen Frauen höher ist als offiziell im Agricultural Census angegeben.

Im Vergleich mit anderen asiatischen Ländern zeigt Pakistan eine der niedrigsten weiblichen Erwerbsquoten. Der prozentuale Anteil von Frauen, die als Erwerbstätige gelten, ist in Thailand mit 46 % am höchsten und in Bangladesh mit 6 % am niedrigsten. Länder mit muslimischer Bevölkerungsmehrheit wie beispielsweise Indonesien und Malaysia weisen mit 40 % bzw. 31 % eine deutlich höhere Erwerbsbeteiligung von Frauen auf als Pakistan mit 11 % (vgl. Abb. 10).[74]

---

[72] Als erwerbstätig gelten Personen (> 10 Jahre), die selbständig bzw. in abhängiger Stellung oder als mithelfende Familienangehörige (mit bestimmter Stundenzahl) beschäftigt sind.

[73] Die für die vorliegende Arbeit relevanten Ergebnisse der seit den 70er Jahren durchgeführten Mikro- und Detailstudien im ländlichen Raum sind im empirischen Teil der vorliegenden Arbeit analytisch eingearbeitet.

[74] In der Bundesrepublik Deutschland betrug die Erwerbsquote von Frauen (15- < 65 Jahre) 1991 immerhin 62,1 %, die der Männer 82,9 % (Stat. Bundesamt 1993:20f.).

Abb. 10: Anteil (%) der erwerbstätigen Frauen in ausgewählten Ländern Südasiens (1988-1990)

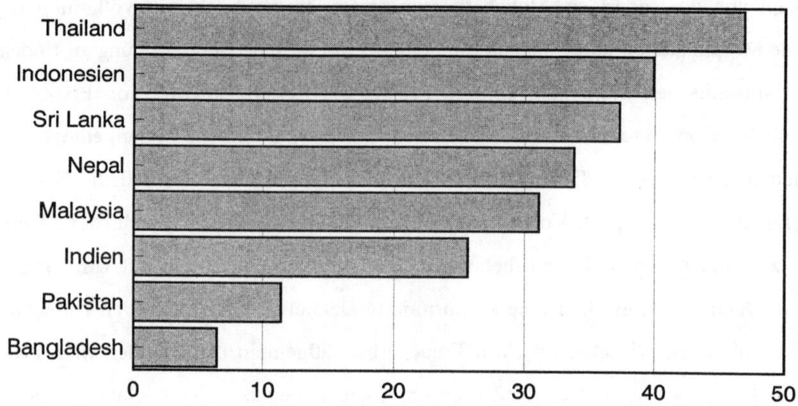

Quelle: Human Development Report (1992: 158f.); Gestaltung: C. Alff (1994)

Vorläufige Erklärungen für diese signifikanten Differenzen könnten lauten:

- Die Erhebungsmethoden in den südostasiatischen Ländern sind bezüglich geschlechtsspezifischer Merkmale ausgereifter.
- Frauen, vor allem in Thailand, Indonesien und Sri Lanka, sind durch die liberale Politik und die gleichzeitig besseren Erwerbschancen verstärkt in statistisch erfaßte Arbeitsprozesse integriert worden.
- Die Angaben für Pakistan und Bangladesh entsprechen nicht der Realität, was auf die Erhebungsmethoden und auf kulturelle Werte zurückzuführen ist.

Da die Erwerbstätigkeit von Frauen in ländlichen Räumen im Rahmen dieser Arbeit von besonderem Interesse ist, werden in Abb. 11 die unterschiedlichen offiziellen Zahlen für das ländliche Pakistan gegenübergestellt. Die Abbildung gibt einen Überblick über die statistisch erfaßte Erwerbstätigkeit von Frauen und Männern im ländlichen Raum aus verschiedenen pakistanischen Quellen. Die Statistiken - mit Ausnahme des Landwirtschaftszensus von 1980 - umfassen für Frauen eine Spanne der Erwerbsrate zwischen 3 % (Bevölkerungszählung 1981) und 30 % (Landwirtschaftszensus 1972). Acht Jahre später (1980) gelten dem Landwirtschaftszensus zufolge bereits 73 % der Frauen aus landwirtschaftlichen Haushalten in Form von Voll- und Teilzeitarbeit als erwerbstätig. Deutlich niedriger wird die Erwerbsrate in den speziellen Erhebungen eingestuft, wie die Zahlen des National Impact, des Fertility und des Contraception Prevalence Survey zeigen. Für die drei zuletztgenannten Statistiken wurden nur Frauen aus ländlichen Haushalten befragt. Die geschlechtsspezifischen Gegensätze und die Angaben der Statistiken sind frappierend.

Abb. 11: Erwerbstätigkeit von Frauen im ländlichen Pakistan
Offizielle Datenquellen im Vergleich

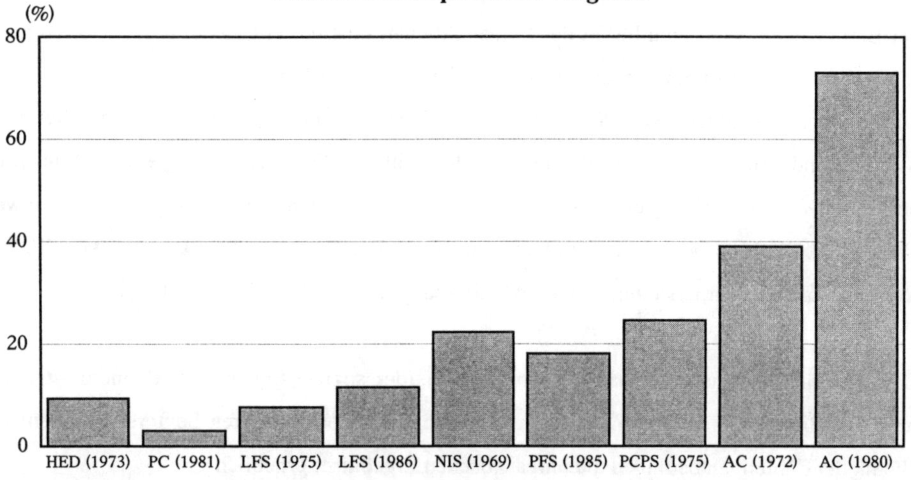

HED = Housing, Economic & Demographic Survey; PC = Population Census;
LFS = Labor Force Survey; NIS = National Impact Survey
PFS = Pakistan Fertility Survey; PCPS = Pakistan Contraceptive
AC = Agricultural Census; Prevalence Survey

Quelle: WBCS 1989:64; Entwurf: C. Alff (1994)

Wie läßt sich dieses heterogene und widersprüchlich anmutende Bild erklären? Aus diesen Zahlen spricht, abgesehen vom Landwirtschaftszensus 1980, die „Unsichtbarkeit" von Frauen (oder die „Blindheit" der Erhebenden) im ländlichen Raum. Liegt das tatsächlich an der häufig diskutierten Geschlechtersegregation, oder sind nicht vielmehr die unzureichenden Kenntnisse über die Aktivitäten von Frauen und die falschen oder ungenügenden Erhebungsmethoden für die statistische Unterbewertung weiblicher Erwerbstätigkeit verantwortlich? Detailstudien haben gezeigt, daß Frauen einen größeren Anteil an der landwirtschaftlichen Produktion haben als allgemein angenommen. Die Gründe für die Unterbewertung weiblicher Arbeit sind auf drei Ebenen zu finden:

1. Die Methodik von statistischen Zählungen und Erhebungen ist ungenügend konzipiert, was sich u. a. im Zeitpunkt der Zählung und Geschlecht des Interviewers wie Probanden äußern kann. Findet eine Datenerhebung beispielsweise in den landwirtschaftlich arbeitsextensiven Monaten

(Juni bis September) statt, werden die Angaben zur Erwerbstätigkeit von Frauen entsprechend niedriger ausfallen. In einer die Geschlechtersegregation praktizierenden Gesellschaft ist zudem der Einsatz männlicher Interviewer zweifelhaft, da sie i. d. R. nur mit Männern kommunizieren können.

2. Aus Gründen des Sozialprestiges verschweigen Männer die Aktivitäten der Frauen wissentlich bei Befragungen. Eine Familie, in der Frauen arbeiten müssen, gilt als arm. Treten Fremde als Interviewer auf, wird Frauenarbeit meist aus Scham nicht erwähnt.
3. Die Weiterverarbeitung landwirtschaftlicher Produkte zu Nahrungsmitteln zählt beispielsweise nicht zu landwirtschaftlichen Tätigkeiten, sondern gilt als Hausarbeit. Der gesamte Bereich der aufwendigen Nahrungsmittelherstellung wird dem Subsistenzbereich zugerechnet, obwohl Frauen eine Reihe produktiver Tätigkeiten ausführen (z. B. manuelles Dreschen von Weizen, Reis und Raps, Butterherstellung, Weiterverarbeitung der Chillis zu Pickles etc.).[75]

Die Kombination aus gesellschaftlichen Normen (der soziale Status von Männern ist höher, wenn die Frauen des Haushalts nicht in der Landwirtschaft oder anderen Sektoren arbeiten) und Methodik der Zählungen bedingen die unrealistischen Ergebnisse erheblich.

1.2.3 Vorläufiges Resümee über die gesellschaftliche Position von Frauen in Pakistan

Aufgrund der dargestellten Indikatoren läßt sich zusammenfassend feststellen, daß der gesellschaftliche Status von Frauen in Pakistan, insbesondere in ländlichen Regionen, niedrig ist. Dabei sind vor allem die niedrige Alphabetisierungsrate für Mädchen in ländlichen Regionen und das Ungleichgewicht in den Sexualproportionen ein Ausdruck des schlechteren Zugangs zu Bildungs- und Gesundheitseinrichtungen. Die gesellschaftlich normativen Wertvorstellungen, die die Rolle von Frauen auf die der Ehefrau und Mutter reduziert und Söhnen eine starke Präferenz einräumt, führen zur zahlenmäßigen Dominanz und zu besseren Ausbildungsmöglichkeiten von Jungen. Die niedrigen Alphabetisierungsraten von Mädchen schränken - langfristig betrachtet - auch ihren Zugang zu Erwerbstätigkeiten sowie zu gesellschaftlichen Einrichtungen ein. Ökonomische Unabhängigkeit durch formale Beschäftigung erreichen Frauen nur selten. Ausnahmen dieses

[75] Die Nichtbeachtung dieser Arbeiten ist kein singuläres Problem in Entwicklungsländern. Auch in Industrieländern findet beispielsweise die Erziehung und Pflege von Kindern weder angemessene statistische noch finanzielle Anerkennung.

Stereotyps stellen Frauen der intellektuellen städtischen Oberschicht dar, die über die ökonomischen Möglichkeiten verfügen, Familie und Berufstätigkeit „unter einen Hut zu bringen“.

Frauen sind nicht nur benachteiligt, wenn es um den Zugang zu Bildung, Gesundheitsversorgung und Arbeit geht, sondern werden durch die herrschende Rechtsprechung massiv diskriminiert: „*Women's unequal and subordinate status is reinforced by the current legal provisions.*“ (MUMTAZ 1994:27)

Trotz demokratisch gewählter Regierungen sind weder Hudood Ordinances noch die Gesetze über Vergeltung und Blutgeld (*qisas* und *diyat*) zurückgenommen worden. Solange jedoch die staatliche Gesetzgebung Frauen als Menschen zweiter Klasse beurteilt und durch Rechtsprechung Frauen eine institutionalisierte Diskriminierung erfahren, sind auch innerhalb der Gesellschaft keine Einstellungs- und Verhaltensänderungen zu erwarten.

Die NATIONAL MANPOWER COMMISSION (NMC) konstatiert in ihrem veröffentlichten Bericht zur Situation des Arbeitskräftemarktes in Pakistan, daß Frauen zu den am meisten vernachlässigten „Ressourcen“ gehören. „*Women are Pakistan's most neglected human resource. The country has paid a high price for this neglect. Low literacy levels and restrictions on economic activity have been a major contributary factor to high population growth and a high dependency ratio limiting savings and investments.*“ (1989:173)

Im Human Development Report, der von der UN jährlich veröffentlicht wird und der den Human Development Index (HDI) auf Grundlage verschiedener Indikatoren errechnet, schneidet Pakistan schlecht ab.[76] Von 160 erfaßten Ländern wird Pakistan 1992 mit einem Index von 0.305 auf Rang 120 gesetzt, Indien und Bangladesh rangieren auf dem 121. bzw. 135. Platz (UNDP 1992:128).[77]

Der gesellschaftliche Status von Frauen ist jedoch nicht für alle Frauen de facto gleich und wird neben den bereits dargestellten Indikatoren auch durch Alter, Stellung innerhalb der Familie etc. determiniert. Zudem sind die regionalen, ethnischen und klassenspezifischen Differenzen zwischen Frauen vielfältig, so daß eine Analyse nur im Kontext der die jeweiligen Lebenswelten bestimmenden Faktoren vorgenommen werden kann. Ziel der vorangegangenen Kapitel war die Dokumentation der gesetzlichen Rahmenbedingungen, denen die Frauen in Pakistan unterliegen,

---

[76] Der Human Development Index (HDI) setzt sich aus ökonomischen, soziokulturellen und politischen Indikatoren zusammen und versucht eine Bewertung von Entwicklung, die nicht nur die Höhe des Bruttosozialproduktes berücksichtigt, sondern Elemente wie Partizipation der Bevölkerung, politische Mitbestimmung, Gleichheit vor dem Gesetz etc. miteinbezieht (vgl. UNDP 1992).

[77] Aufgrund der mangelnden Datenlage ist es bisher nicht möglich, für alle Länder zusätzlich einen geschlechtsspezifischen Index der menschlichen Entwicklung zu errechnen. Der Human Development Report konstatiert aber, daß viele Länder in der Rangskala nach unten abfielen, sobald Indikatoren geschlechtsspezifisch betrachtet würden.

sowie die Darstellung des Ist-Zustandes bei relevanten Indikatoren, die auf den gesellschaftlichen Status von Frauen hinweisen. Der nun folgenden Darstellung der empirischen Feldstudien und der Analyse der Lebensbedingungen von Frauen geht eine Beschreibung des Untersuchungsraumes, die Einführung in die Agrarstruktur, die Landnutzungssysteme und die Untersuchungsdörfer voraus, da sie die Elemente der Lebensumwelt der untersuchten Frauen im südlichen Punjab und damit den Erfahrungsraum definieren, in dem sich das Dasein und Handeln von Dorffrauen bewegt.

2 EINFÜHRUNG IN DAS UNTERSUCHUNGSGEBIET UND DIE UNTERSUCHUNGS-DÖRFER

Die folgenden Ausführungen zur physiogeographischen Ausstattung der Untersuchungsregion dienen in erster Linie der Veranschaulichung der naturräumlichen Bedingungen. Die unterschiedlichen Naturräume (Alt- und Jungsiedelland) spielen eine besondere Rolle, da sie die Auswahl der Untersuchungsdörfer entscheidend bestimmten (vgl. Kap. 1.1.3.1). Zudem wurde anfangs von der Annahme ausgegangen, daß sich in den verschiedenen naturräumlichen Einheiten auch Unterschiede in den Arbeits- und Lebensbedingungen von Frauen ausprägen. Die daran anschließende, grob skizzierte Darstellung der britischen Agrarkolonisation im Industiefland bildet die Grundlage zur Beschreibung der Untersuchungsdörfer. Die Inwertsetzung großer Teile der ehemaligen Halbwüste, die Entwicklung der sogenannten Kanalkolonien und die dadurch einsetzende Binnenwanderung landarmer Kolonisten aus den nördlichen Regenfeldgebieten prägt die Agrarstruktur der Untersuchungsregion bis heute. Von besonderer Bedeutung sind daher die Rahmenbedingungen der Agrarkolonisation, da nur dadurch die gegenwärtige Agrarsozialstruktur nachvollziehbar gemacht werden kann.

Die Identifizierung der Lebens- und Arbeitsbedingungen und der unterschiedlichen Aktionsräume von Frauen setzt die genaue Kenntnis der sie umgebenden Lebenswelten voraus. Deshalb bildet die Beschreibung der Untersuchungsdörfer sowie die Erläuterung der Landbesitzverhältnisse und Landnutzung den Abschluß dieses Kapitels.

2.1 Die physiogeographischen Grundlagen der Untersuchungsregion Bahawalpur

Die Division Bahawalpur liegt im südöstlichen Punjab[1] (vgl. Karte 1, S. 60) und umfaßt eine Fläche von 45.590 qkm. In den heutigen Grenzen entspricht der Kreis dem ehemaligen Fürstenstaat Bahawalpur, der sich nach der Teilung des indischen Subkontinents 1947 an den neugegründeten Staat Pakistan anschloß. Bahawalpur gehört administrativ zu der Provinz Punjab, muß aber physiogeographisch als Übergangsraum zwischen diesem und der Wüste Thar (heute Indien) betrachtet werden. Der Kreis Bahawalpur wird von insgesamt 10.400 qkm (= 22,8 %) Wüstenflächen im Südosten nach Indien zu eingenommen, im Süden schließt die Provinz Sindh an, und westlich

[1] Der Name Punjab leitet sich aus den Wörtern panj = fünf und ab = Wasser ab, also Land der fünf Wasser/Ströme Indus, Jhelum, Chenab, Ravi, und Sutlej.

grenzen die Bezirke Rajanpur, Muzaffargarh, Multan, Vehari, Sahiwal und Okara an. Eine natürliche Grenze bildet der Verlauf des Sutlej, der seinen Ursprung in Tibet (30° 20'N/81° 25'O) hat und die Division Bahawalpur im nordwestlichen und nördlichen Bereich begrenzt. Der Sutlej fließt bei Uchh Sharif in den Panjnad (vgl. Karte 3, S. 78).

Die Industiefebene stellt einen gleichmäßig von Nordost nach Südwest geneigten, riesigen pleistozänen Schwemmfächer dar, der in einer synklinalen Depression aus alluvialem Material eingeschüttet wurde. WADIA (1953:389) schätzt, daß die Sedimentablagerungen in der Industiefebene zwischen 1000 bis über 2000 Metern betragen. Die Neigung der Ebene ist weniger als *„one foot per mile"* (SPATE 1967:516). Die Indusebene wird im Westen vom größten der fünf Ströme, dem Indus, und im Osten von der Wüste Thar begrenzt.[2] Im Norden bilden die Vorgebirge des Himalayas, die Salt Range, eine natürliche Grenze.

Karte 1: Lage des Untersuchungsgebietes

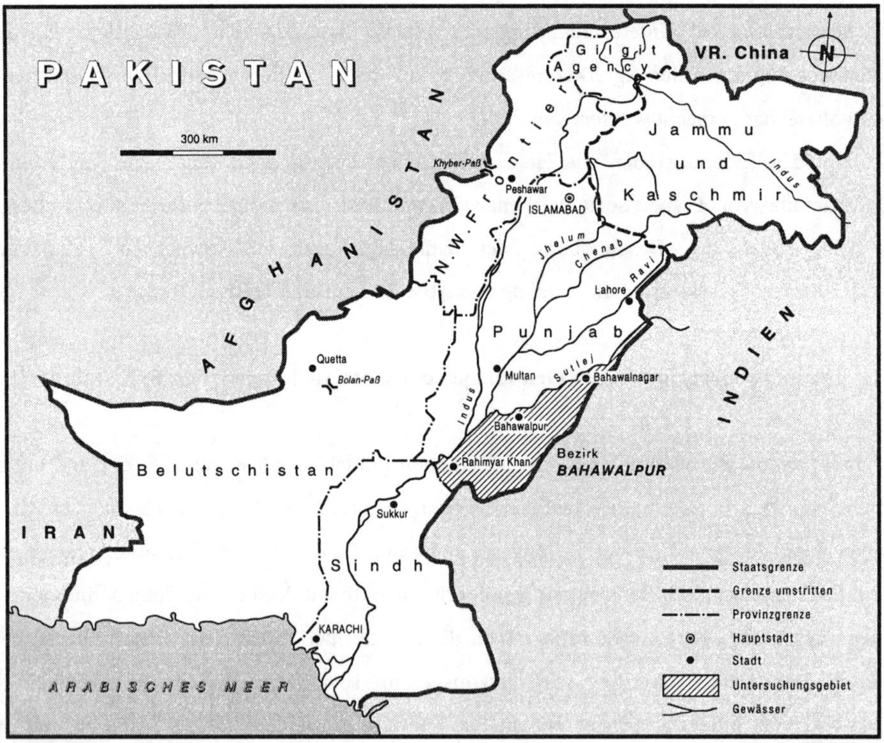

Entwurf: Ch. Alff (1993) Kartographie und EDV: M. Hoffmann

[2] Die Gesamtfläche von 181.300 qkm wird lediglich an drei Örtlichkeiten von anstehendem Material aus dem Tertiär durchbrochen: *„The only breaks in the alluvial monotony of the plains are the little groups of arid broken hills near Sangla and Kirana, on either side of the Chenab."* (SPATE 1967:516)

Die Industiefebene läßt sich in sechs naturräumliche Einheiten gliedern: die Piedmont Flächen, die im Westen zu den Gebirgsketten überleiten, die alluvialen Terrassen (*bar*), die Flußauen des Indus und seiner Nebenflüsse (*hithar*), die an die Flußauen anschließenden Niederterrassen (*utar*), die Wüsten Thal im Westen und Cholistan/Thar im Osten sowie das Indus-Delta. Für die Untersuchungsregion Bahawalpur, die, wie bereits erläutert, den östlichen Randbereich des Industieflandes einnimmt, haben die naturräumliche Einheiten *bar-*, *hithar-* und *utar*-Flächen sowie die Wüste Thar eine Bedeutung. Bevor die physiogeographischen Charakteristika dieser Naturräume und ihre Bedeutung für den wirtschaftenden Menschen näher vorgestellt werden, erfolgt eine kurze Beschreibung der klimatischen Gegebenheiten der Untersuchungsregion.

2.1.1 Klimatische Bedingungen im Industiefland

Nach der Klimaklassifikation von Köppen ist der größte Bereich des Industieflandes dem Bwh-Klima zuzuordnen.[3] Das trockene Klima verbietet agrarische Nutzung ohne künstliche Bewässerung. Eine Ausnahme bilden die nördlichen Regionen. Während die vorgelagerten Bereiche des Himalayas Niederschläge von über 400 mm pro Jahr erhalten können und Regenfeldbau möglich ist, werden in den sich südlich bis zum Arabischen Meer hinziehenden Aufschüttungsebenen nur Niederschläge unterhalb der agronomischen Trockengrenze gemessen. Größter Regenbringer ist der sommerliche SO-Monsun in den Monaten Juli, August, September, in denen zwischen 50 und 80 % der jährlichen Gesamtniederschläge fallen können (vgl. JOHNSON 1979:53). Die Zugbahnen des Monsuns unterliegen Schwankungen, so daß große Niederschlagsvariabilitäten möglich sind (vgl. SPATE 1954). Während der Monate Oktober bis Juni liegt Pakistan in einer Tiefdruckrinne, deren Strömungen zwischen Januar und April im Norden und Nordwesten des Landes für Regen und Schnee sorgen. Der Untersuchungsraum wird davon jedoch nicht beeinflußt.

Bahawalpur liegt zwischen der 125- und 250 mm-Isohyete, kann aber durchaus mehrere Jahre Niederschläge unter 125 mm als auch Niederschläge über 300 mm erhalten. Niederschläge über 400 mm, die Regenfeldbau ermöglichen würden, fallen nur in Ausnahmejahren (vgl. Tab. 5).

---

[3] Bwh bedeutet, daß die Verdunstung zweimal höher als die potentiellen Niederschläge ist und heiße Sommer im Wechsel mit milden Wintern stehen.

Tab. 5: Durchschnittliche jährliche Niederschläge in Bahawalpur (verfügbare Daten)

JAHR	1888[a]	1889[a]	1890[a]	1891[a]	1892[a]	1893[a]	1894[a]	1895[a]	1896[a]	1897[a]	1898[a]
mm	**101.6**	**147.3**	**45.7**	**111.8**	**330.2**	**94.0**	**101.6**	**155**	**55.9**	**409**	**147.3**
JAHR	1899[a]	1900[a]	1901[a]	1902[a]		1956[b]	1957[b]	1958[b]	1959[b]	1960[b]	
mm	**28.0**	**48.3**	**104.1**	**57.2**		**207.5**	**89.2**	**45.5**	**134.9**	**175**	
JAHR	1981[b]	1982[b]	1983[b]	1984[b]	1985[b]	1986[b]	1987[b]				
mm	**o.A.**	**383.1**	**326.5**	**91.5**	**89.8**	**202.4**	**123.5**				

[a]Quelle: Daten umgerechnet nach: BAHAWALPUR GAZETTEER (1904:20)
[b] Quelle: Agricultural Statistics of Pakistan (1987/88:102ff.)

Für die Landwirtschaft von größerer Bedeutung ist jedoch die monatliche Verteilung der Niederschläge (vgl. Tab. 6). Der November ist der trockenste Monat im Jahresverlauf, in dem die Kapseln der Baumwolle aufspringen und die Ernte beginnt. Kommt es in diesem Monat zu Niederschlägen, besteht das Risiko eines Ertragsverlustes oder gar einer Mißernte. Ähnliches gilt für den Weizen, der im April ausreift und geschnitten wird.

Tab. 6: Monatliche Niederschläge (mm) in der Division Bahawalpur

Monat / Jahr	Jan	Feb	März	April	Mai	Juni	Juli	Aug	Sep	Okt	Nov	Dez
1981	-	-	-	-	-	-	-	0.0	6.8	6.8	-	0.0
1982	0.0	0.0	125.3	13.6	10.1	6.7	0.0	0.0	154.2	0.0	10.8	62.4
1983	6.9	13.1	-	31.7	10.3	0.0	71.3	76.1	117.1	0.0	0.0	0.0
1984	0.0	8.0	0.0	5.3	0.0	0.0	15.0	41.4	19.0	0.0	0.0	2.8
1985	0.0	0.0	1.5	0.0	0.0	0.0	39.3	36.0	0.0	13.0	0.0	0.0
1986	0.0	8.7	13.0	0.3	1.7	14.4	30.8	133.5	0.0	0.0	0.0	0.0
1987	6.0	29.2	15.7	6.2	6.3	33.5	24.6	2.0	0.0	0.0	0.0	0.0

Quelle: Agricultural Statistics of Pakistan (1987/88:102ff.)

Ein weiteres klimatisches Kennzeichen der Industiefebene sind die Temperaturen, die im Sommer Maxima von 50 Grad Celsius erreichen können und im Winter durchschnittlich auf Tagestemperaturen zwischen 10 und 20 Grad sinken. Das Klimadiagramm für Bahawalpur zeigt eindrucksvoll die vorherrschenden Bedingungen (vgl. Abb. 12). Die kühleren Wintermonate Dezember, Januar und Februar weisen Durchschnittstemperaturen unter 20 °C auf, erreichen aber keine Werte unter 10 °C. Die Niederschläge in dieser Zeit sind gering. Als gemäßigt heiße Monate sind März, April, Oktober und November zu bezeichnen, in denen durchschnittliche Temperaturen zwischen 20 °C und knapp 30 °C gemessen werden. Auch in diesen vier Monaten fallen selten Niederschläge über 20 Millimeter monatlich. Von Mai bis September steigen die Temperaturen auf über 30 °C im Monatsmittel und erreichen Höchstwerte von 35,9 °C im Juni. Juli bis September stellen, bedingt durch die Monsunwinde, gewöhnlich auch die niederschlagreichere Zeit dar, in der Durchschnittswerte zwischen 20 und 60 Millimetern Regen erzielt werden. Die mittlere Jahresdurchschnittstemperatur von 25,1 °C und die sehr geringen durchschnittlichen Jahresniederschläge von 144 mm kennzeichnen die ariden Bedingungen in der Division Bahawalpur (vgl. Abb. 12).

Abb. 12: Klimadiagramm Bahawalpur

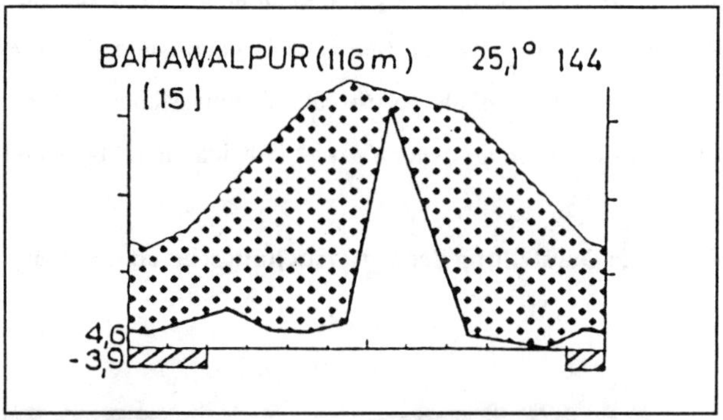

Quelle: WALTER/LIETH 1964:23

Aufgrund der räumlichen Nähe Bahawalpurs zur angrenzenden Cholistan Wüste kommt es während der Sommermonate häufig zu Staub- und Sandstürmen, die bereits in den Gazetteers der englischen Kolonialherren Erwähnung fanden: *„Jadán ái Baháwalpur di wári: há minh te thi-gai andhári"*, was ungefähr bedeutet: Wenn Regenwolken in Bahawalpur erscheinen, werden sie zu Sandstürmen (GAZETTEER 1904:20). Obwohl die Stürme keinen Regen bringen, verschaffen sie den Menschen durch einen kurzfristigen Temperaturabfall von bis zu 10 °C eine Erleichterung.

2.1.2 Die Zwischenstromländer (*doabs*)

Die *doabs*[4], auch als Zwischenstromländer (vgl. DETTMANN 1978) bezeichnete Terrassen, entstanden durch das Wirken des Indus und seiner fünf Nebenflüsse Jhelum, Chenab, Ravi, Beas und Sutlej. Aus quartären Ablagerungen aufgebaut, können die *doabs* in drei Untereinheiten differenziert werden. Die unmittelbar an die Flußbetten angrenzenden Flächen (*hithar*) wurden vor

[4] *Doab* leitet sich ab von do=zwei und ab=Wasser, also „das Land zwischen zwei Wassern". Nach NIJJAR (1972:5) erfolgte die Einteilung des Industieflandes in namentlich gekennzeichnete *doabs* bereits unter der Moghulherrschaft: *"The Great Mughals had divided the plains of the Panjáb into Doabs, i.e. the tracts of land covered by two rivers."*

Ausbau des Kanalsystems durch die während der monsunalen Regenfälle ansteigenden Flüsse regelmäßig überschwemmt. Das fruchtbare Material, das die Flüsse zurückließen, eignete sich für den Anbau der Winterfrucht (*rabi*). Parallel zu den *hithar*-Flächen, ca. 2-4 Meter höher liegend, schließen sich die *utar*-Flächen an, die in vorbritischer Zeit durch Überschwemmungskanäle teilweise landwirtschaftlich nutzbar gemacht wurden.

Der Übergang von den *hithar-* zu den *utar*-Flächen vollzieht sich stellenweise für das menschliche Auge kaum sichtbar langsam ansteigend, kann aber auch abrupt in Form einer steilen Terrassenkante ausgebildet sein. Diese Flächen bildeten die bevorzugten Siedlungsräume, weil sie aufgrund ihrer Höhe über den Flüssen als relativ überflutungssicher galten. Die *utar*-Flächen werden in der Region Bahawalpur auch als „*mahal area*" (Altsiedelland) bezeichnet (vgl. Abb. 13).

Abb. 13: Schematische Darstellung der Untersuchungsregion und Lage der Dörfer

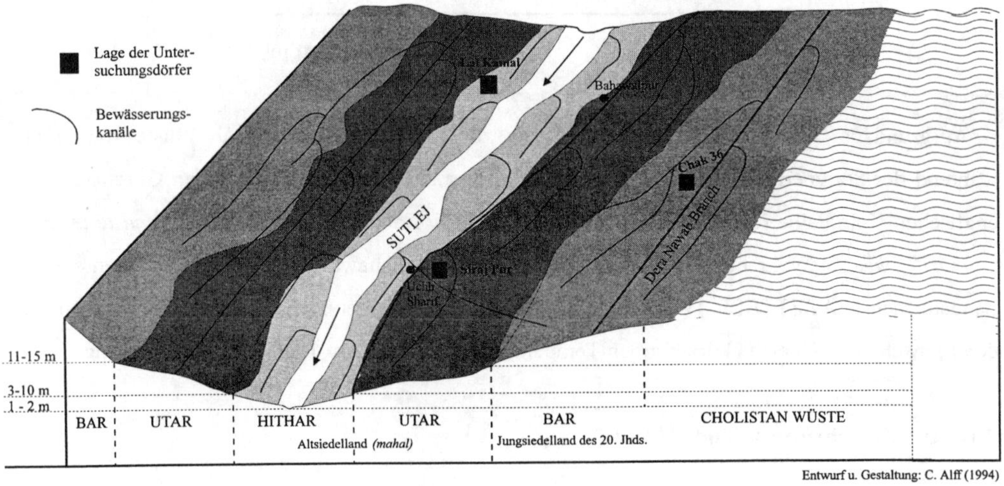

Entwurf u. Gestaltung: C. Alff (1994)

Höchstes Niveau erreichen die zentralen *bar*-Flächen, die zwischen 10 und 15 Metern über den eigentlichen Strombetten liegen (vgl. Abb. 13). Diese *bar*-Flächen waren bis zur britischen Agrarkolonisation semiaride bis aride Steppen, die von Nomaden (*jangli*) als Lebensraum genutzt wurden. Lediglich in kleinen Depressionen konnte sich in niederschlagsreicheren Jahren das

Regenwasser sammeln, und ackerbauliche Nutzung war in eingeschränktem Maße möglich (vgl. DETTMANN 1978:382).

Eine anschauliche Beschreibung der ehemals weiten Ödlandflächen (*bar*) gibt LINDLEY (zitiert in SPATE 1967:520): *„A typical Bar of the western Punjab was a desolate place; the surface mostly bare, in places hard and smooth and almost impervious to water when rain fell, in places powdery with salpetre, and in places growing some grass after rain. Belts of such open ground alternated with belts dotted with small hardy trees or shrubs, which tended to collect the moving sand and dust to form sandhills that in places form a miniature Sahara....Animal life is represented by snakes, lizards and a few gazelles....a few pastoral and nomad tribes lived a free but hard life, living precariously by their camels which could eat anything, and their cattle that seem able to exist on the smell of grass roots, finding sport and occupation in stealing cattle from each other and from riverain neighbours. "*

Die ungünstigen klimatischen Voraussetzungen in der Region Bahawalpur, insbesondere die geringen Niederschläge und deren Variabilität, verhindern intensive landwirtschaftliche Nutzung ohne künstliche Bewässerung. Die hohen Jahresdurchschnittstemperaturen ermöglichen jedoch eine ganzjährige Vegetationsperiode. Erst die Erweiterung alter Bewässerungsanlagen und die Konstruktion eines großangelegten Kanalnetzes seit Mitte des 19. Jh. durch die britische Kolonialmacht ließen den Anbau einer Sommer- (*kharif*) und einer Winterfrucht (*rabi*) in weiten Teilen des Steppenlandes zu. Dieser Inwertsetzungsprozeß sowie der damit einhergehende Siedlungsausbau, der im Untersuchungsgebiet bis in die Wüste Cholistan hineinreicht, werden im folgenden erläutert.

2.2 Die britische Agrarkolonisation im Punjab

Der Ausbau der Kanalbewässerungsanlagen und die damit einhergehende Neugründung von Dörfern, den sogenannten 'chak', stellen die Grundlage für das Verständnis der gegenwärtigen soziokulturellen, ökonomischen und agrarstrukturellen Bedingungen im Industiefland dar. Die Inwertsetzung der *doabs* im Industiefland durch die britische Kolonialmacht dauerte rund 50 Jahre (1886-1939) und verfolgte vier Ziele:

1. Entlastung des übervölkerten Altsiedellandes im Gebirgsvorland,
2. Produktion von „cash crops" (insbesondere Baumwolle) für den Bedarf im Mutterland und Nahrungsmitteln für Dürregebiete inner- und außerhalb des Punjab,

3. Erschließung neuer, ertragreicher Steuerquellen durch Landverkauf, -verpachtung, Besteuerung der Produktion und Einnahmen aus dem Wasserverkauf und
4. die Aufzucht von Reittieren für die britische und indische Armee (vgl. DETTMANN 1978:383).

2.2.1 Inwertsetzung der *bar*-Flächen im Industiefland

Der Teil der Untersuchungsregion, der heute als Kanalkoloniegebiet gilt (vgl. Karte 2), war in keines der ab Mitte des 19. Jh. von den Briten initiierten Projekte der Binnenkolonisation integriert[5]. Bis 1920 nutzten Bauern in der Bahawalpur Division lediglich Flächen auf der linken und rechten Uferseite des Sutlej, die durch Überschwemmungskanäle bewässert wurden. Viele dieser nur saisonal nutzbaren Kanäle entstanden ab Mitte des 18. Jh. unter der Herrschaft der Daudpotras (Imperial Gazetteer of India 1908:187f.). Erst mit der Realisierung des Sutlej Valley Projektes ab 1924 konnten auch die höher gelegenen *bar*-Flächen inwertgesetzt werden (vgl. Karte 2).

Bei der Urbarmachung der Ödlandflächen gingen die Briten und später die Pakistanis nach einem bewährten Schema vor: Eine Geländevermessung gab zunächst Aufschluß über Richtung und Grad der Neigung. Daraufhin wurden die Hauptkanäle und -verteiler, die das Wasser bis an die Dorfgemarkung heranführen sollten, vom Staat ausgehoben. In den jüngeren Kanalkolonien erfolgte die Einteilung des Landes in quadratische Großparzellen à 25 Acres (= 10,1 ha), die als kleinbäuerliche Betriebseinheit vorgesehen waren.[6] Noch vor dem Zuzug der Siedler unterteilte die zuständige Behörde das Land in 25 gleichgroße blockförmige Parzellen à 0,4 ha (= 1 Acre [*killa*]), die als Steuerberechnungsgrundlage dienen sollten (DETTMANN 1978:391ff.). Dieses als *killabandi* bezeichnete System wurde aufgrund der Vorteile bei der Berechnung der Abgaben auch in den altbesiedelten Regionen entlang der Strombetten durchgesetzt, wie die Landnutzungskartierung von Siraj Pur zeigt (vgl. Beilage 1, 1a). Die Unterscheidung zwischen alt- und jungbesiedeltem Land ist jedoch nach wie vor anhand der Dorfformen möglich. Gewachsene Dörfer stehen im krassen optischen Gegensatz zu den geplanten, regelmäßigen *chak* (vgl. Karten 3, 4, 5, S. 80ff.).

---

[5] An dieser Stelle erfolgt lediglich eine allgemeine Darstellung des Inwertsetzungsprozesses der Zwischenstromländer. Zeitlicher Verlauf und Ausmaß der Binnenkolonisation werden bei DETTMANN (1978, 1981) ausführlich nachgezeichnet.

[6] In den ersten Kanalkolonien wurde die Kleinparzellierung noch mit anderen Maßen, die nicht genau einem Acre entsprachen, vorgenommen. Dadurch war die Berechnung der Abgaben komplizierter, und man entschloß sich, von den quadratischen Blocks mit mehr als 25 Acres Flächeninhalt zugunsten der rechtwinklig angelegten Großparzellen abzugehen (vgl. DETTMANN 1978:393).

Karte 2: Kanalsysteme aus vorbritischer und britischer Zeit

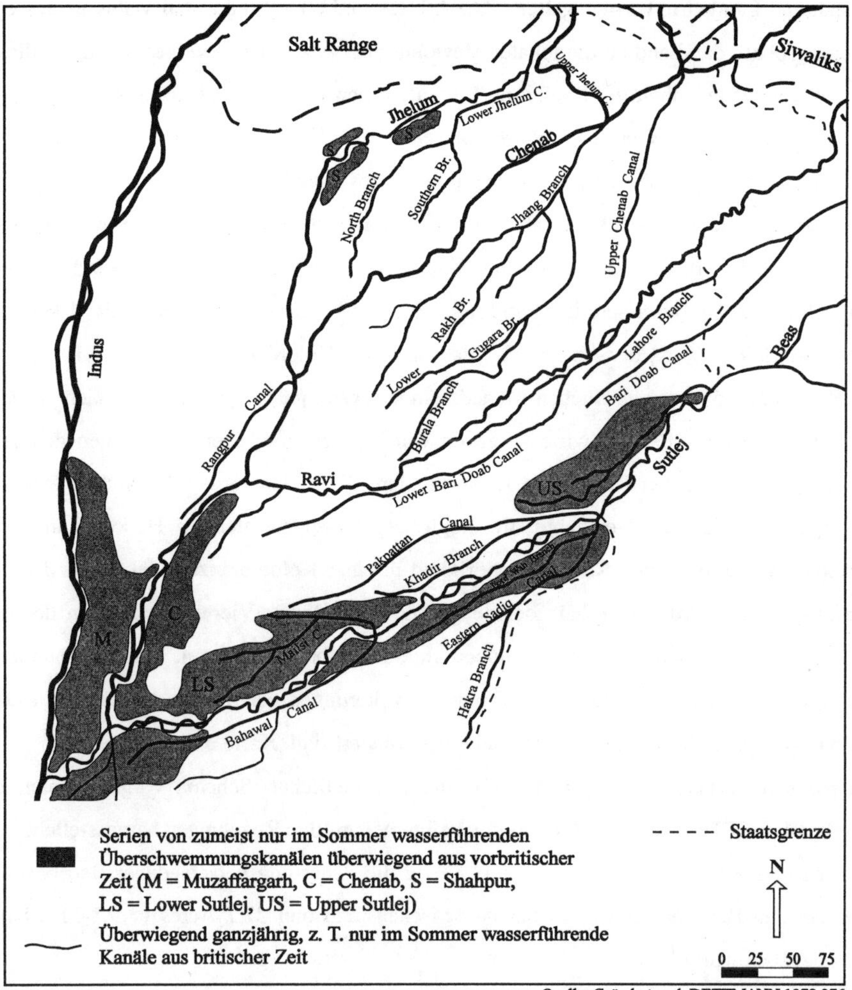

Quelle: Geändert nach DETTMANN 1978:376

Die Landvergabe in den neu erschlossenen Regionen erfolgte zu bestimmten Konditionen, was die Agrarstruktur des gesamten Punjab nachhaltig beeinflußt hat. Bewohner der *bar*-Flächen, gewöhnlich nomadische Viehhalter (*jangli*), die nur geringfügig Ackerbau betrieben, mußten nachweisen, daß sie tatsächlich „der Gegend" entstammten. Altsiedler der Region sollten den 'agricultural tribes'[7] angehören, die nachweislich seit Generationen in der Landwirtschaft tätig sind.

[7] Zu den Landwirtschaft betreibenden Gruppen gehören z. B. Arain, Biloch, Awan, Gujar, Jat, Kamboh, Quereshi, Moghul, Pathan und Syed (Zur weiteren Abgrenzung und Bedeutung von Kasten vgl. S. 77).

Kolonisten aus den altbesiedelten Gebirgsvorländern wurden bei der Landverteilung bevorzugt, da sie als erfahrene Landwirte/Farmer galten. ZAFAR (1985:334) schreibt, daß während der ersten Kolonisierungsphase das Land an die lokalen Bewohner der *bar*-Flächen vergeben wurde, diese es jedoch nicht zur Zufriedenheit der Regierung/Verwaltung entwickelten. *„During the second phase of colonisation which began in 1887, it was therefore decided to allot land to well-chosen and industrious agriculturists of the adjacent over-populated districts."*

Die Nomaden erhielten zwar Land, aber entweder waren die Flächen als Betriebseinheiten zu klein (2 Acres = 0,81 ha), was sie dazu zwang, zusätzlich als Landarbeiter tätig zu werden, oder sie erhielten schwierig zu bewässerndes Land am Ende der Kanäle (vgl. ZAFAR 1985:334f.). DETTMANN (1978:399) ist der Auffassung, daß bei allen Kolonisierungsvorhaben das Gros der Siedler aus den übervölkerten nördlichen Altsiedelländern kam, jedoch ein Teil der Flächen auch an alteingesessene, vermögende Landwirte vergeben wurde. Um Streitigkeiten zwischen den alteingesessenen Siedlern und den Kolonisten zu vermeiden, die zudem unterschiedlichen Religionsgruppen angehören konnten, versuchte die Regierung, Gruppen gleicher Herkunft und wenn möglich gleicher Stammes- und Kastenzugehörigkeit in einer Kolonie anzusiedeln.[8] Da dies nicht immer möglich war, wurden innerhalb der neugegründeten Dörfer Viertel gebildet, in denen die verschiedenen sozialen und religiösen Gruppen ihre Höfe bauen konnten. Durch Erbteilungen, Verkleinerung der Hofflächen oder Verkauf bzw. Erweiterungen der Siedlungsfläche hat sich der Grundriß vieler Kanalkoloniedörfer seit Entstehung verändert (vgl. Karte 6, S. 87).

Die Landzuweisungen wurden nicht nach einem einheitlichen Schema vorgenommen, doch lassen sich nach DETTMANN (1978:400) einige allgemeingültige Regelungen herausstellen:

- In den meisten Kanalkolonien sah die Verwaltung die Schaffung verschiedener Betriebsgrößen vor, wobei den Betrieben mit einer Fläche zwischen 22,5 und 27,7 Acres (= 9,1-11,2 ha) der Vorzug gegeben wurde[9].
- Das Zwei- bis Zwanzigfache einer solchen kleinbäuerlichen Betriebseinheit erhielten ausgewählte Landwirte (*yeomen*), ehemalige Soldaten und/oder verdiente Beamte (*capitalists*), die in ihrer Heimat über ein hohes Ansehen/Sozialprestige und Vermögen verfügten.

[8] Mit der Teilung des indischen Subkontinents 1947 wanderten die meisten Hindus und Sikhs in die indischen Bundesstaaten zurück, und muslimische Flüchtlinge kamen in den pakistanischen Punjab.

[9] 22,5 Acres entsprachen dem Umfang eines „square" und 27,8 Acres dem eines „rectangles" der später gegründeten Kanalkolonien.

Die Regierung erhoffte sich von den größeren Landeignern, daß sie bei der Entwicklung der Kolonien eine Vorbild- und Führungsfunktion für die Kleinbauern einnehmen würden. ZAFAR (1985) und DETTMANN (1978, 1981) gelangen allerdings zu der Einschätzung, daß die Großgrundbesitzer eher an Abschöpfung der Erträge durch Weiterverpachtung als an Investitionen in ihren Betrieben interessiert waren (Rentenkapitalismus). Zudem ließen sich viele der Landbesitzer nicht in den Dörfern nieder, sondern beauftragten Pächter/Landarbeiter mit der Kultivierung.[10] Der 'absentee landlordism', der seinen Ursprung bereits in der Zeit der Moghuldynastie hat, wurde dadurch verstärkt[11].

Die Kolonisten konnten nach einer vorgegebenen Zeit (zwischen fünf und fünfzehn Jahren) und der Erfüllung bestimmter Konditionen das kanalbewässerte Staatsland ('crown waste') käuflich erwerben. Für den Zeitraum vor dem Erwerb waren sie entweder Pächter mit sogenannten „guten Besitzrechten" ('occupancy-tenant'), denen nur gekündigt werden konnte, wenn sie ihren Pflichten nicht nachkamen, oder Pächter ohne Rechte ('tenant-at-will'), die jederzeit und ohne Angabe von Gründen kündbar waren. Solange die Landbewirtschafter keine Eigentumstitel hatten, durfte das Land weder im Erbgang geteilt noch veräußert werden[12], was sich zunächst als vorteilhaft für die Betriebsgrößenstruktur erwies. Für Eigentümer galt die Regelung nicht, so daß durch Erbteilung ein verhängnisvoller Zersplitterungsprozeß begann und die als bäuerliche Familienbetriebe geplanten Einheiten sukzessive verkleinert wurden (DETTMANN 1978:400ff.). Damit wurde auch die Marktfähigkeit der Betriebe eingeschränkt. Die britische Kolonialverwaltung hatte in den Kanalkolonien Marktorte (*mandi towns*) eingerichtet, in denen die landwirtschaftlichen Überschüsse verkauft werden sollten. Man ging davon aus, daß 25 Acres nicht nur für die Ernährung der Familie ausreichten, sondern Überschüsse produziert und das daraus erwirtschaftete Kapital in die Betriebe reinvestiert werden könnte. Die ständige Verkleinerung der landwirtschaftlichen Nutzfläche machte es vielen Landwirten unmöglich, ihre Betriebe zu modernisieren, da sie das Kapital aus dem Verkauf von 'cash crops' zur direkten Ernährungssicherung benötigten.

---

[10] Obwohl die Nachteile der Großbetriebe offenkundig waren, hielt die Regierung an der Vergabe von großen Ländereien fest, um auf diesem Wege verdiente Beamte und Soldaten zu belohnen (vgl. DETTMANN 1978:404).

[11] Interessant ist die Beschreibung von SELIER über die Entstehung der Feudalherrschaft im indischen Subkontinent: *„Absentee-landlordism originates from the Moghul empire which can be seen as a centralist state which did not recognise private ownership of any land. Peasants had to pay tribute (50 % of the crop) to zamindars, who possessed the hereditary right to keep from 10 up to 25 % of it. Army men called jagirdars did not possess hereditary rights, but they were allowed to appropriate the full tribute of the territories granted to them because of their military merits. Zamindars increasingly developed characteristics of patrons towards the peasants and the Moghul administrators, which laid basis for feudal relationships. "* (SELIER 1988:33ff.)

[12] 1890 wurde die gesetzliche Möglichkeit des Landerwerbs für Kleinbauern außer Kraft gesetzt und lediglich die Möglichkeit von Pachtverträgen offengehalten. *Yeomen* und 'capitalists' waren hiervon ausgenommen (vgl. DETTMANN 1978:405).

Im Bezirk Bahawalpur wurden die Ödlandflächen, wie bereits erwähnt, erst ab 1924 durch das Sutlej Valley Projekt in Wert gesetzt und besiedelt. Der damalige Fürst (*Nawab*), dessen Vorfahren sich bereits beim Ausbau des Kanalsystems innovativ zeigten, bot das neuerschlossene Land in Zeitungsannoncen potentiellen Kolonisten an. Auch die Regierung des kleinen Fürstenstaats war daran interessiert, fähige Landwirte anzuwerben. Ab 1920 kamen vor allem Siedler aus den übervölkerten Regenfeldbaugebieten bei Ambala, Ferozepur, Ludhiana, Patiala und Sialkot, aber auch aus der Region Faisalabad in das Gebiet entlang des Dera Nawab Branch, um Landwirtschaft zu betreiben. Dabei darf jedoch nicht davon ausgegangen werden, daß das Land „fertig" zur Kultivierung war. Die Kolonisten hatten mit den Schwierigkeiten zu kämpfen, die eine 60jährige Einwohnerin aus Chak 36, deren Familie als eine der ersten kam, eindrucksvoll wiedergibt.

„I came here in 1930 with my family from Ludhiana when I was four years old. Seraikis with cattle lived in this area but the government offered land on cheap rates for cultivation (250,- Rupies installments for one murabah [= 25 Acres]). First we lived on a dera and cultivated the land around but later we had to construct a house in the village. There were a lot of snakes in the sanddunes and if somebody was bit we burnt the wound. If we wanted to eat something we had to stand because otherwise the food would have been sanded. The water was carried with donkeys and camels from other places and the animals were brought to the toba (waterpond) for drinking. For ploughing we used oxen and buffaloes. All women helped with this work and the first years were compared to nowadays very hard. "

Schilderungen einer ca. 60 Jahre alten Bewohnerin aus Chak 36; Feldbuchnotizen 1992

Interessant an dieser Schilderung ist, daß Frauen an der gesamten Arbeit, die unter schwersten klimatischen Bedingungen und damit körperlichen Anstrengungen durchgeführt werden mußte, teilnahmen. Ältere Frauen nennen auf die Frage nach ihren damaligen Aufgabenbereichen das Planieren der Sanddünen mit Ochsengespannen, das Wasserholen aus einem kilometerweit entfernten Brunnen mit Eseln und natürlich die landwirtschaftliche Arbeit.

Auch SPATE (1967:523) schildert die damaligen Bedingungen als schwierig und eher unattraktiv: *"Early conditions were hard enough to weed out incompetents: scrub had to be cleared, fields banked and levelled; marketing was difficult, and the lack at first of accustomed village social amenities was not compensated by the attitude of the local janglis, who saw in the settlers' bullocks an admirable supplement to their own herds."*

2.2.2 Ausbau der Kanalkoloniedörfer (*chak*)

Planmäßig wie die Aufteilung der Flur in den neuerschlossenen Regionen verlief auch die Gestaltung der dazugehörigen Siedlungen (*chak*). In den Gemarkungsflächen wurde ein „square" oder „rectangle" ausgespart, auf dem die Dorfanlage entstehen sollte. Denn es gehörte zu den

Verpflichtungen der Kolonisten, sich innerhalb einer vorgegebenen Frist (zwischen sechs Monaten und drei Jahren, abhängig von der Kolonie) im Dorf niederzulassen. Dazu wiesen ihnen die zuständigen Behörden Grundstücke zu, die die Kolonisten ebenfalls erwerben konnten. 'Capitalists' waren zwar zum Hausbau verpflichtet, mußten sich aber nicht dauerhaft im Dorf ansiedeln (vgl. DETTMANN 1979:407). Die *chak* der Untersuchungsregion weisen einen quadratischen Grundriß auf, in dessen Zentrum sich eine Platzanlage befindet. Um diesen Platz sind gewöhnlich öffentliche Gebäude (Moschee, Gästehaus, Läden, Post) gruppiert. Auch der Dorfbrunnen für die Trinkwasserversorgung wurde an diesem Platz errichtet. Die rechtwinklig angelegten Straßen unterteilen das Dorf in Blocks (vgl. Karte 6, S. 87).

Eine soziale Differenzierung ist durch die Grundstückgrößen und deren räumliche Lage vorgegeben. Die landbewirtschaftenden Familien erhielten Flächen um den Platz zugewiesen, während die „Dorfbediensteten" (*kamee/masduri*) am Rand der Dorfbegrenzung kleinere Grundstücke pachten konnten. Die Bevölkerungszunahme führte schließlich dazu, daß viele Kanalkoloniedörfer über ihre ursprünglichen Grenzen erweitert und teilweise sogar die angrenzenden Felder für die Errichtung von Höfen genutzt wurden. Die Regelhaftigkeit der Kanalkolonien veranlaßte SPATE (1967) zur Bemerkung, daß die Landschaft von oben einem Schachbrett gleiche.

Die Dörfer des Altsiedellandes (*mahal area)* weisen keine einheitlichen Siedlungscharakteristika auf: Haufendörfer wechseln mit Streusiedlungen oder weilerartigen Gehöftgruppen. Abhängig von den naturräumlichen Bedingungen haben sich unterschiedliche Siedlungsformen herausgebildet. In überflutungsgefährdeten Bereichen des Sutlej - so auch in Lal Kamal - wurden die Gehöfte auf ca. ein bis zwei Meter hohen Warften errichtet, in den flutsicheren Regionen sind kleinere Weiler und Haufendörfer entstanden.

2.2.3 Die Agrarsozialstruktur im Untersuchungsgebiet und ihre Veränderungen seit den 1970er Jahren

Die gegenwärtige Agrarstruktur ist Ergebnis der zuvor erläuterten historischen Inwertsetzungsprozesse sowie der seit den 60er Jahren ablaufenden Grünen Revolution.[13] Zum Verständnis der Landbesitzstruktur im Untersuchungsgebiet werden einige Begriffsklärungen der unterschiedlichen

[13] Im Rahmen der Grünen Revolution wurden vor allem die Mechanisierung und der Einsatz von Hochertragssorten in Verbindung mit verbesserter Bewässerung propagiert und gefördert. Die Vereinfachung der landwirtschaftlichen Produktion und die erwarteten Gewinne veranlaßten viele Landbesitzer, ihre Flächen von Pächtern zurückzufordern und eigenständig zu bewirtschaften (vgl. dazu S. 74f.).

landbesitzenden oder Landwirtschaft betreibenden Haushaltstypen vorgenommen. Da es für bestimmte punjabische oder englische Termini keine „griffigen" Übersetzungen gibt, werden einige lokale Bezeichnungen beibehalten. Generell ist zwischen landbesitzenden und den lediglich in der Landwirtschaft tätigen Gruppen zu unterscheiden: In der Untersuchungsregion erhalten alle landbesitzenden Personen, die mehr als 25 Acres besitzen, die englische Bezeichnung „Landlord" bzw. den im Punjabi verwendeten Begriff *zamindar*[14]. *Zamindar*-Haushalte gelten als wohlhabend, da sie aufgrund der Größe ihres Grundbesitzes in der Lage sind, für den Markt zu produzieren und Landarbeiter einzustellen bzw. Teilflächen ihres Landes an sogenannte 'sharecropper' zu vergeben. In der vorliegenden Arbeit wird der Terminus ***zamindar*** für Haushalte mit einer Eigentumsfläche von mehr als 25 Acres verwendet. Eigentümer mit einer Fläche unter 25 Acres heißen im englischen Sprachgebrauch 'property-peasants', ein Wort in Punjabi ist nicht bekannt. Da der Begriff 'property-peasant' zu kompliziert erscheint, werden in der vorliegenden Arbeit Haushalte mit einer Eigentumsfläche zwischen 12,5 und weniger als 25 Acres einfach als **Bauern** bezeichnet. Haushalte, die weniger als 12,5 Acres besitzen, können in zwei Untergruppen geteilt werden: **Kleinbauern**, deren Besitz zwischen 5 und 12,5 Acres liegt, und **Kleinstbauern**, denen eine Fläche unter fünf Acres zur Verfügung steht. Im Bezirk Bahawalpur beläuft sich der Anteil dieser Betriebsgrößen immerhin auf 38 %. Kleinbauernbetriebe machen mit 20164 Betrieben 34 % der insgesamt 88249 Betriebe aus (vgl. Tab. 7). Damit gehören 72 %, also fast drei Viertel aller Betriebe im Bezirk Bahawalpur zum Subsistenzbereich, dessen obere Grenze laut KHAN (1991:131) bei 12,5 Acres liegt. Die marktfähigen Betriebe ab 12,5 Acres nehmen lediglich 28 % der Gesamtbetriebe ein, davon gelten knapp 10 % als *zamindar*-Haushalte (insg. 7595). Die Relationen entsprechen in etwa den Angaben über die Landbesitzstruktur auf Landesebene (vgl. STATISTISCHES BUNDESAMT 1987:35).

Bei den Pächtern wird zwischen Vertragspächtern, die für eine bestimmte Zeit Flächen gegen Geld pachten, und den sogenannten sharecropping-Verträgen unterschieden. Abmachungen für die beiden Pachtformen erfolgen i. d. R. mündlich und sind jährlich beiderseits kündbar. Die Geldpacht ist, verglichen mit dem sharecropping-System, relativ jung. Im traditionellen sharecropping-System werden Flächen an Bauern/Landarbeiter vergeben, die das Land nach Maßgabe des Landeigentümers bebauen.

[14] Neben den Landlords (*zamindar*) gibt es in Pakistan Feudalherren, die im Unterschied zu den Landlords über Ländereien mit mehreren 1000 bis Hunderttausend Acres verfügen. Da es in den Untersuchungsdörfern keine Großgrundbesitzer gibt, wird auch die damit verbundene Problematik nicht erörtert.

Tab. 7: Betriebsgrößenstruktur in der Division Bahawalpur

Betriebs-größen-klasse (Acres)	**Anzahl**	**(%)**	**Durch-schnittliche Fläche**	**Eigen-tümer**	**(%)**	**Eigentü-mer/Päch-ter**	**(%)**	**Pächter**	**(%)**
> 1	5284	6	0,5	4413	84	100	2	772	15
1-2,5	12750	14	1,6	9229	72	985	8	2536	20
2,5-5	15447	18	3,4	9448	61	2956	19	3043	20
5-7,5	15361	17	5,9	7998	52	3675	24	3689	24
7,5-12,5	14803	17	9,6	6323	43	4220	29	4259	29
12,5-25	17009	19	15,6	7454	44	4062	24	5491	32
25-50	6048	7	30,8	2519	42	1844	30	1687	28
50-150	1424	2	71,5	836	59	423	30	166	12
>150	123		233,3	59	48	62	50	2	2
Insgesamt	**88249**			**48279**	**54,7**	**18327**	**20,8**	**21645**	**24,5**

Quelle: Agricultural Census of Punjab (1980:21ff.)

Sie erhalten anteilig Saatgut, Düngemittel und teilweise Maschinen zur Bearbeitung. Abhängig vom Input des Landbesitzers müssen die sharecropper zwischen 40 und 60 % der Ernteerträge an ihn abliefern. Bis vor 15-20 Jahren war die 50:50-Regelung landesweit üblich, d. h. der Landeigentümer übernahm zu 50 % die anfallenden Kosten für Saatgut, Düngemittel, Pflugstunden und erhielt die Hälfte der Ernte. Noch heute ist diese unter dem Namen *batai*-System[15] bekannte Pachtform anzutreffen, allerdings in modifizierten Formen, wie am Beispiel der Untersuchungsregion dargestellt wird. Die Nachteile des *batai*-Systems liegen auf der Hand: Die Landbewirtschafter sind einseitig abhängig von den Eigentümern des Landes, die Fruchtfolge, Zeitpunkt der Saat und Ernte sowie zu leistende Inputs seitens der Bearbeiter bestimmen. Sie können ihren 'sharecroppern' kündigen, wann immer es ihnen beliebt. Die negativen Auswirkungen dieses rentenkapitalistischen Ausbeutungsverhältnisses fanden bereits bei DARLING (1947) Aufmerksamkeit. Auch ALBRECHT (1971:26f.), der die Lebensverhältnisse von Familien in der Nordwestgrenzprovinz (NWFP) untersuchte, kam zu dem Ergebnis, daß bei der Teilpacht Interessensgegensätze zwischen Pächter und Verpächter auftreten können, die meistens zuungunsten des Pächters entschieden werden.

Ein ähnliches System, doch ohne negative Auswirkungen für die Pächter, existiert auch für die Viehhaltung: Wasserbüffel oder Ziegen werden in die Obhut einer Person gegeben, die für deren

[15] Das beschriebene *batai*-System existierte bereits zu Zeiten der Moghulherrschaft, in der Landlords ihren Anteil von den Landbewirtschaftern einforderten und dem jeweiligen Moghulkaiser tributpflichtig waren.

Pflege und Aufzucht verantwortlich ist. Die Milch von Wasserbüffelkühen kann zur Verwendung bei den „Pflegern“ verbleiben, ist aber zunächst Eigentum des Besitzers. Wird ein Kalb geboren, dann kann der „Pfleger“ entweder das Tier zur Hälfte des Marktpreises kaufen, oder er erhält im Falle eines späteren Verkaufs die Hälfte des Erlöses. Im Falle des Verlustes eines Kalbes/Tieres ist der „Pfleger“ in den meisten Fällen nicht verantwortlich, d. h. er muß den Verlust finanziell nicht entschädigen.

Das *batai*-System wird von der Geldpacht schrittweise zurückgedrängt, worauf noch näher eingegangen wird (vgl. KHAN 1981:69ff.). Als Zwischenform sind die sogenannten 'owner-cum-tenant'-Betriebe zu bezeichnen, d. h. Landeigentümer, die zusätzlich zu den eigenen Flächen Land hinzupachten. Im punjabischen Landwirtschaftszensus von 1980 sind immerhin 20,8 % (18327) von 88249 Betrieben in der Bahawalpur Division in der 'owner-cum-tenant' Kategorie erfaßt.

Neben den landbesitzenden und den landpachtenden Haushalten arbeiten Landarbeiter (*kamee*) gegen ein Monatsgehalt sowie eine jährlich festgesetzte Menge Weizen bei landbebauenden oder -besitzenden Familien. Die Frauen der Landarbeiter sind häufig im Haushalt der Landbesitzenden tätig, um die unzureichenden Löhne ihrer Ehemänner aufzubessern.

Entwickelt hat sich dieses Arbeitsverhältnis aus dem *seyp*-System, das eine ökonomische und soziale Beziehung zwischen Landbesitzenden und landlosen Arbeitern bzw. Handwerkern darstellt. *Zamindars* gehen mit Vertretern der unterschiedlichen Berufsgruppen (Tischler, Schmied, Barbier, Schuster) und einigen Landarbeiterfamilien quasi Austauschverhältnisse ein, die - zumindest früher - über Generationen vererbt wurden. Für die Arbeitsleistungen erhalten die Landarbeiter (*kamee*) festgesetzte Löhne, die in Naturalien ausbezahlt werden. Zusätzlich bekommen die Familien bei religiösen Festlichkeiten (z. B. *Id-al-ahra*) und Hochzeitsfeiern Kleidung oder Schuhe. Der Landbesitzer ist zudem moralisch verpflichtet, die Landarbeiter bei der Verheiratung ihrer Söhne und Töchter finanziell zu unterstützen. KHAN (1981:177) bezeichnet das System als eine auf gegenseitiger Abhängigkeit beruhende Patron-Klientel-Beziehung. Das *seyp*-System ist durch Monetarisierung der ländlichen Gemeinschaften und sozialen Wandel im Rückgang begriffen, und die heutigen Arbeitsverhältnisse zwischen Landbesitzenden und *kamees* stellen m. E. eine Übergangsform zu rein monetär entlohnten Verhältnissen dar. KHAN (1981:177ff.) führt als einen weiteren Grund für die Abnahme des *seyp*-Systems die hohe Zahl von Landarbeitern an, deren Arbeitskräfte nicht mehr allein von der Landwirtschaft absorbiert werden können. Dies kann anhand eines Beispiels aus den Untersuchungsdörfern veranschaulicht werden: In Chak 36 gibt es drei Barbiere (*nai*), deren Väter und Großväter bereits im Dorf tätig waren und mit verschiedenen *zamindar seyp*-Beziehungen pflegten. Alle drei Barbiere haben mehrere Söhne, die ebenfalls das Handwerk ihres Vaters lernen, wobei sie aber nicht alle in die Dienste der Landlords übernommen werden können. Die Landbesitzer entziehen sich den sozialen und wirtschaftlichen Verpflichtungen und ziehen es vor, Landarbeiter/Handwerker gegen feste Monatsgehälter oder bei Bedarf anzustellen.

Landesweit sind seit Anfang der 70er Jahre Änderungen in der Agrarstruktur bemerkbar: Bei den Flächenanteilen, die die unterschiedlichen Gruppen bewirtschaften, ging der Anteil der Vertragspächter bis 1980 von 29,6 % auf 21,5 % und der der Besitzer/Pächter von 30,9 % auf 26,4 % zurück, während der Anteil der Eigentumsbetriebe von 39,5 % auf 52,1 % deutlich anstieg (vgl. Tab. 8). Gleichzeitig erhöhte sich der Anteil der landlosen Haushalte im ländlichen Raum von 27,6 auf 31,8 % (MUMTAZ/SHAHEED 1988:o.S.).

Tab. 8: Flächenanteile an der LN (%) nach Besitzerstatus in Pakistan (1972 und 1980)

Status	*1972*	*1980*
Besitzer	**39.5**	**52.1**
Besitzer/Pächter	**30.9**	**26.4**
Pächter	**29.6**	**21.5**

Quelle: SHAHEED/MUMTAZ 1988:o. S.

Ein weiteres Indiz für die Veränderungen im Agrarsektor sind die Beschäftigungszahlen in der Landwirtschaft. Die Zahl der permanent beschäftigten Arbeitskräfte ging zwischen 1972 und 1980 von 512000 um immerhin 125000 auf 387000 zurück, während die Zahl der Familienarbeitskräfte im gleichen Zeitraum um fast vier Millionen anstieg (vgl. Tab. 9).

Tab. 9: Status der Beschäftigten in der Landwirtschaft 1972 und 1980 im Vergleich

Beschäftigtenstatus	*1972*	*1980*
Permanente Arbeiter	**512.000**	**378.000**
Familienarbeitskräfte	**12.854.000**	**16.465.000**
Saisonarbeiter	**1.101.000**	**1.753.000**

Quelle: SHAHEED/MUMTAZ 1988: o. S.

Der Rückgang der permanent beschäftigten Arbeitskräfte ist eine Auswirkung der Mechanisierung. Bis zu Beginn der 70er Jahre wurde in Pakistan überwiegend mit tierischer Zugkraft gepflügt, geeggt und gedroschen, was einen höheren Arbeitskräfteaufwand erforderte. Die Arbeitsproduktivität in der Landwirtschaft ist mit dem Einsatz von Traktoren und Geräten wie Dreschmaschinen, Mehrscharpflügen, Sä- und Setzmaschinen signifikant gestiegen. Im Zeitraum zwischen 1970 und 1986 verachtfachte sich der Bestand an Schleppern (von 21000 auf 164000), und die Anzahl der Mähdrescher nahm von 200 auf 680 zu (vgl. StBA 1990:42). In diesem Zusammenhang ist die Zunahme der von Eigentümern bebauten Flächen zu betrachten. KHAN (1991:130ff.) begründet dies mit der leichteren Bewirtschaftung durch Mechanisierung und die dadurch zu erzielenden Mehrerträge in der Pflanzenproduktion. Vor Einführung arbeitserleichternder Methoden durch Mechanisierung zogen Landbesitzer es vor, ihre Flächen zu verpachten oder an sharecropper zu vergeben, da ihnen eine eigene Bewirtschaftung zu mühsam erschien. Der Anstieg um knapp vier Millionen Familienarbeitskräfte innerhalb von acht Jahren ist, zumindest teilweise, mit dem Wechsel zur Eigenbewirtschaftung zu erklären. Für die Zunahme der landlosen Haushalte lassen sich zwei Gründe anführen: Durch das Auflösen von sharecropping-Verträgen verloren viele Familien ihre - wenn auch magere - Existenzgrundlage. Weiterhin trägt auch das zwischen 1981-1987 mit 3,3 % angegebene Bevölkerungswachstum (StBA 1990:20) zum Anstieg landloser Haushalte bei.[16]

Vorbemerkung: Bevor die Beschreibung der Untersuchungsdörfer erfolgt, sei an dieser Stelle kurz der Begriff 'Kaste' erläutert, da er in den nachfolgenden Abschnitten häufiger Verwendung findet. Die Institution 'Kaste' ist ein Bestandteil des Hinduismus, findet keine Erwähnung im Koran, und doch gehört die Mehrheit der im Punjab lebenden Menschen einer Kaste an. Eine der ersten Fragen bei der gegenseitigen Vorstellung ist die nach der Kaste (*zat*). Dabei werden allerdings nicht die vier streng hierarchischen, aus dem Hinduismus übernommenen Unterteilungen in Brahmane (Priester), Kashatraya (Soldat, Befehlshaber), Vasiya (Händler, Bauer) und Dakshnat (Arbeiter), deren Zugehörigkeit erblich und unveränderbar ist, genannt. Vielmehr handelt es sich bei den pakistanischen Kastenbegriffen um ein Konglomerat verschiedener Bedeutungen, deren Ursprung aber im Hinduismus liegt. ALAVI (vgl. 1971) ist der Auffassung, daß das islamische Kastenwesen eher einer sozialen Institution entspricht, da im Gegensatz zum hinduistischen keine sozialvertikale Gliederung aufgrund der Geburt geltend gemacht wird (vgl. WIENOLD 1994). Im Punjab können Kastenbezeichnungen mit Berufsgruppen identisch sein (z. B. *lohar* = Schmied, *nai*

---

[16] Leider stehen weder regionalspezifische Daten über die Wachstumsrate der Bevölkerung zur Verfügung noch Kennzahlen für städtische und ländliche Räume. Es muß aber vermutet werden, daß das Bevölkerungswachstum in ruralen Regionen höher ist als in den urbanen Ballungsräumen. Eine empirische Untersuchung zur Ernährungslage von Kindern im Distrikt Mardan (NWFP) mit einer Haushaltsbefragung ergab Wachstumsraten von 4,7 % (vgl. ALFF 1991; Frontier Post 1992).

= Barbier, *mochi* = Schuster, *fakir* = Bettler), eine Differenzierung innerhalb tribaler Strukturen benennen oder als Bezeichnung einer „lineage" Verwendung finden. Die Kastenzugehörigkeit ist relevant für Eheschließungen, die - mit Ausnahmen in der städtischen Oberschicht - endogam, also innerhalb der Verwandtschaft und damit derselben Kaste stattfinden.[17] *„The caste system becomes evident extraordinarily in the family relational system, especially marriage."* (KANWAR 1989:93). Die Tochter eines Schusters wird also i. d. R. den Sohn eines verwandten Schusters heiraten, da sie bereits in ihrer Familie auf die Pflichten der Ehefrau eines Schusters vorbereitet wurde (vgl. EGLAR 1960:28ff., ASCHENBRENNER 1967).

Ein weiteres Merkmal ist die Gewährung von Schutz und Hilfe für Mitglieder der eigenen Kaste (vgl. KUHNEN 1968, ASCHENBRENNER 1967, ECKER 1978). Daß der Kastenzugehörigkeit im Untersuchungsgebiet Bedeutung beigemessen wird, ließ sich daran erkennen, daß Frauen und Männer bei den Befragungen auch nach der Kastenzugehörigkeit der Dolmetscherin fragten.[18] In der vorliegenden Arbeit wird der Überbegriff Kaste verwendet und im Sinne von Berufsgruppenbezeichnungen verstanden. *„Caste in the Punjab is based primarily upon occupation, and given that the occupation is that most respectable of all occupations, the owning and cultivation of land, upon political position."* (ALI 1916:10)

2.3 Beschreibung der Untersuchungsdörfer

Um die Lebens- und Arbeitsbedingungen von Frauen nachvollziehbar zu dokumentieren, erfolgt zunächst eine Darstellung der drei Untersuchungsdörfer. Nach einer allgemeinen Beschreibung der räumlichen Lage und Physiognomie werden die Bevölkerungsstruktur und Ausstattung der Dörfer mit sozialer und technischer Infrastruktur erläutert. Des weiteren wurden Informationen der Dorfbewohner/innen oder schriftliche Aufzeichnungen zur Siedlungsgenese in die Beschreibung der Dörfer eingearbeitet. Ausgehend von den in Kap. 1.1.3.1 formulierten wissenschaftlichen Auswahlkriterien liegen die Dörfer in den drei unterschiedlichen naturräumlichen Einheiten Altsiedelland (*mahal area*), im Bereich der ehemaligen Überschwemmungskanalbewässerung (*utar*) und im Kanalkoloniegebiet (*bar*) (vgl. Karte 3, S. 78).

---

[17] Im Hinduismus sind endogame Hochzeiten nicht gestattet.

[18] Verwundert waren die Menschen, daß ich keine Kastenzugehörigkeit habe, und erstaunt bis fassungslos, daß die Dolmetscherin, eine Sayed, mit mir in der Öffentlichkeit arbeitete.

Karte 3: Lage der Untersuchungsdörfer in den verschiedenen Naturräumen

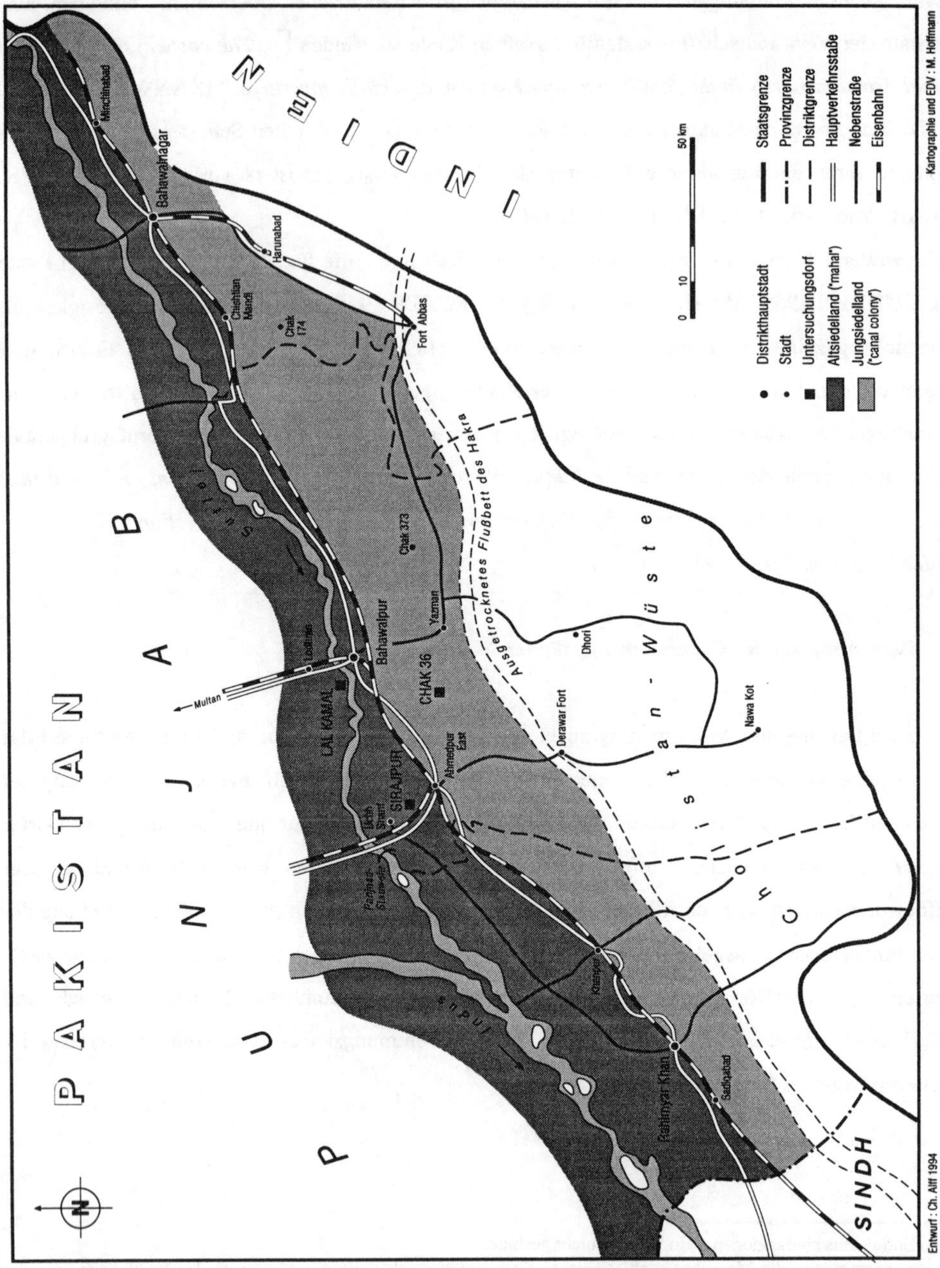

Im Anschluß daran werden Landbesitzverhältnisse und Landnutzung näher erläutert. Dem liegt die Annahme zugrunde, daß die Besitzverhältnisse als auch die Landnutzungsmuster Auswirkungen auf die Arbeitsbelastung von Frauen haben.

2.3.1 LAL KAMAL: Beschreibung des Dorfes und Entwicklung der Siedlungsstruktur

Lal Kamal, das auf der nördlichen Sutlejseite liegt, gehört administrativ zum Bezirk Multan und ist dem Tehsil Lodhran zugeordnet. Vom Dorf bis zur Hauptstraße nach Bahawalpur bzw. Lodhran führt eine fünf Kilometer lange Sandpiste, die zum Zeitpunkt der Untersuchung nicht durch öffentlichen Personenverkehr erschlossen war. Von der Hauptstraße beträgt die Entfernung nach Bahawalpur und Lodhran ca. zehn Kilometer. Die Siedlungsanlage, ein gewachsenes Dorf, liegt ca. 700-800 Meter vom Flußbett entfernt. Charakteristisch für die unmittelbare Lage am Fluß sind die - aus Gründen der Absicherung gegen Überschwemmungen - auf leicht erhöhten Hügeln gebauten Häuser.

Die Hofanlagen sind durch 1,50-2,50 Meter hohe Lehmmauern voneinander und zur Straße abgegrenzt, so daß die Geschlechtersegregation zwischen nicht verwandten Familien eingehalten werden kann. Auch bei verwandtschaftlich verbundenen Familien sind die verschiedenen Höfe i. d. R. durch Mauern getrennt, die dann jedoch nur auf Sichthöhe gebaut oder mittels Durchgängen miteinander verbunden sind. Die Gehöfte umfassen Wohnräume, Viehställe und oft Vorrats- und Lagerräume (typische Beispiele für solche Gehöfte stellen die kartierten Grundrisse in den Karten 7-11 dar).

Im Gegensatz zu den zwei anderen Untersuchungsdörfern ragen in Lal Kamal keine zweistöckigen, farbig dekorierten Häuser aus gebrannten Ziegeln (*pacca*), die ein Zeichen für Wohlstand darstellen, aus der Ansammlung beige-brauner Lehmhäuser (*katcha*) hervor. Für den Bereich des Altsiedellandes ist ein weiteres Merkmal kennzeichnend: die *sahal*-Häuser, die traditionellen Behausungen in der Region. Die tonnenförmigen Häuser aus Lehm mit Dächern aus Reet (vgl. Photo 1, S. 230) prägten bis vor 25 Jahren die Dörfer der *mahal*-Regionen, werden aber sukzessive durch Ziegelhäuser mit Flachdächern ersetzt. Die Verbesserung der Lebensbedingungen ist ein wesentlicher Grund für den veränderten Baustil, da es als Statussymbol gilt, in einem *pacca*-

Haus zu wohnen. In Lal Kamal dominierten nach Auskunft des *nambardar*[19] bis vor 15-20 Jahren die *sahal*-Häuser das Dorfbild.

Eine Besonderheit ist die Wohnanlage der Webergroßfamilie, deren insgesamt 30 Familien im westlichen Dorfteil zusammen leben. Die wenigen Familien, die nicht der Kaste der Kuliár[20] angehören, leben verstreut vorwiegend im östlichen Dorfteil (vgl. Karte 4).

2.3.1.1 Bevölkerungsstruktur

Die Gründung des Dorfes erfolgte nach Aussagen der Bewohner Anfang des 19. Jh. Die Siedlung befand sich ursprünglich im nördlichen Bereich des heutigen Dorfes, wurde aber durch Überflutungen zerstört. Die neuen Häuser entstanden Anfang des 20. Jh. (vgl. Karte 4). Die meisten der bis 1947 im Dorf lebenden Hindus wanderten nach der Teilung des Subkontinents nach Indien ab, und Angehörige des Stammes der Kuliár aus dem Kreis Lodhran siedelten sich im Dorf an. 1981 lebten in Lal Kamal laut Bevölkerungszählung 809 Menschen, von denen zwischen 85 und 90 % der Kaste der Kuliár angehörten. Die Einwohner des Dorfes sind ausschließlich Seraiki.[21] Neben den Kuliár-Familien leben Pakhiár- und Batthi-Familien in Lal Kamal (vgl. Karte 4).

2.3.1.2 Ausstattung mit Infrastruktur

Seit 1987 ist das Dorf elektrifiziert, und alle Gehöfte verfügen über einen Stromanschluß. Die Infrastruktureinrichtungen des Dorfes werden von den Einwohnerinnen Lal Kamals als ausreichend bezeichnet: Neben vier Läden für den täglichen Bedarf bieten je ein Schneider, Schmied, Zimmermann und Tischler sowie mehrere Weber ihre Dienste an. Als unzulänglich sind die Bildungseinrichtungen zu bewerten: Seit 1989 existiert ein Gebäude, das als Mädchenschule geplant ist, doch aufgrund der peripheren Lage Lal Kamals konnte in den drei Jahren des Bestehens keine Lehrerin gefunden werden. Witterungsbedingt und weil das Gebäude eher als Spielplatz von den

---

[19] Der *nambardar* (von einigen Autoren auch Lambardar geschrieben) entspricht in etwa der Position eines „Dorfältesten", dessen Amt vom Vater an einen Sohn vererbt wird. Der *nambardar* ist in den meisten Fällen ein größerer Landbesitzer, der Ansehen und Status im Dorf hat. Eine wichtige Aufgabe des *nambardar* ist das Einsammeln der Landwirtschaftssteuern, die er an den zuständigen *thesil*-Vertreter weiterleiten muß. Dafür erhält er 5 % der erhobenen Steuern (*panjotra*) (vgl. RAZI 1969:32).

[20] IBETTSON (1911:562) bezeichnet die Kuliár als eine Ját-"Untergruppe" im Tehsil Lodhran, die seit Generationen Landwirtschaft betreibt.

[21] Das Verbreitungsgebiet der Seraiki beschränkt sich nicht auf den alten Fürstenstaat Bahawalpur, obwohl er die Kernregion ist, sondern reicht im Westen bis an die Grenze nach Beluchistan und im Süden bis in den Sindh hinein.

Karte 4: Infrastrukturausstattung und Kastenverteilung in Lal Kamal

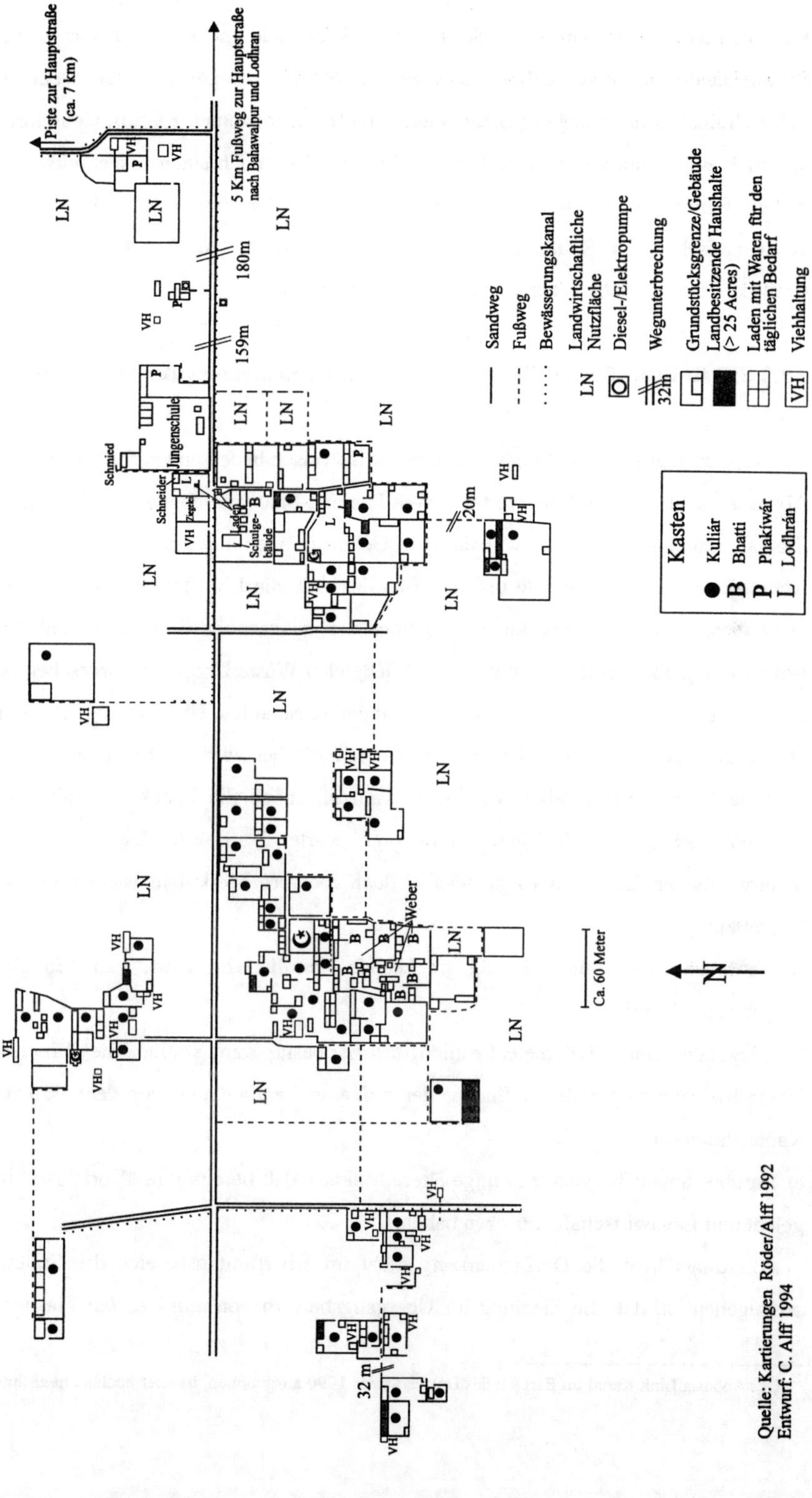

Quelle: Kartierungen Röder/Alff 1992
Entwurf: C. Alff 1994

Kindern genutzt wird, sind erste Schäden an der Fassade und im Innenraum zu verzeichnen. Das Schulgebäude für Jungen befindet sich auf der gegenüberliegenden Straßenseite (vgl. Karte 4, S. 81). Religiöse Grunderziehung bieten vier Koranlehrer (davon eine Frau), die in ihren Höfen Kinder unterrichten. Es gibt weder einen lokalen Heiler (*hakim*) noch einen ausgebildeten Arzt im Dorf, so daß die Einwohner im Krankheitsfall entweder nach Bahawalpur oder Lodhran fahren müssen. Als problematisch ist die Straßenanbindung einzustufen, da bis zur fünf Kilometer entfernten Hauptstraße keine öffentlichen Busse oder Pick-ups verkehren.

2.3.2 SIRAJ PUR: Beschreibung des Dorfes und Entwicklung der Siedlungsstruktur

Siraj Pur liegt sieben Kilometer südlich der historisch bedeutenden Stadt Uchh Sharif, östlich des Abbasia Kanals, der als Hauptverteiler vom Panjnad-Stauwehr abgeleitet wird (vgl. Karte 3, S. 78). Das als Streusiedlung mit weilerartigen Gehöftgruppen ausgeprägte Dorf gehört zum Tehsil Achmedpur East und umfaßte bis zum Bau des Abbasia Link Kanals (ab 1982) eine Fläche von 1714 Acres. Die Dorfgemarkung wird vom neu ausgehobenen Abbasia Link Kanal[22], der zur Bewässerung eines Teils der südlich anschließenden Wüste Cholistan vorgesehen ist, in zwei Teile zerschnitten. Es führen lediglich zwei aus Sand aufgeschüttete Überführungen und eine Stahlbrücke über diesen ca. 50 Meter breiten Kanal. Problematischer wird die Situation, wenn Wasser in den Abbasia Link Kanal geleitet wird, weil dann nur noch die Brücke im nördlichen Bereich als Verbindungsweg zur Verfügung steht (vgl. Karte 5, S. 83). Die Zuordnung in eine der naturräumlichen Einheiten ist schwierig, doch mehrere Merkmale weisen auf ein altbesiedeltes Gebiet hin:

a) Es leben mehrheitlich Seraiki sprechende Familien im Dorf, von 126 sind lediglich 21 punjabische Familien.

b) Ungefähr einen Kilometer östlich des Abbasia Kanals sind die Überreste eines alten Überschwemmungskanals zu finden, der auf eine Landnutzung vor dem Bau der ganzjährigen Kanäle hinweist.

c) Darüber hinaus berichteten einige ältere Männer, daß bereits ihre "Vorfahren" in dieser Region gelebt und Landwirtschaft betrieben haben.

Allerdings liegt die Dorfgemarkung nicht im Überflutungsbereich des Sutlej, so daß davon auszugehen ist, daß die Siedlung im Übergangsbereich von *utar*- zu *bar*-Flächen entstanden ist.

---

22 Der Abbasia Link Kanal im Bereich des Dorfes wurde 1990 ausgehoben, ist aber noch nicht geflutet.

Karte 5: Infrastrukturausstattung und Kastenverteilung in Siraj Pur

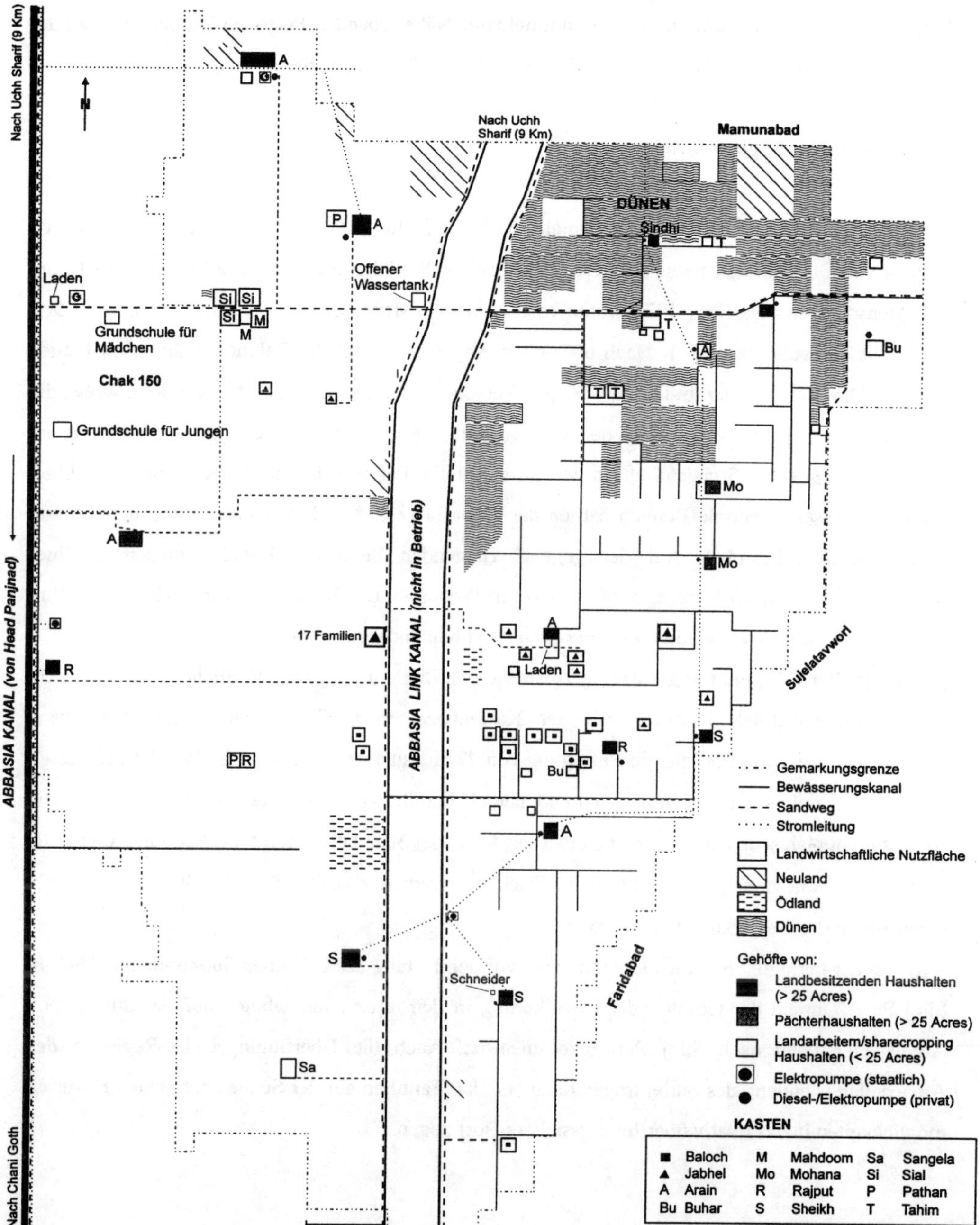

Quelle: Eigene Erhebungen 1991/92; Kartographie: C. Alff 1994

Noch zum Zeitpunkt der Untersuchung gab es ca. fünf Squares, also ungefähr 125 Acres unbewirtschaftete Fläche im Norden der Gemarkung. In diesem Bereich ragen teilweise bis zu zehn Meter hohe Sanddünen auf, und die in unmittelbarer Nähe lebenden Personen berichteten, daß der Großteil der Gemarkung bis 1950/51 ähnlich aussah (vgl. Karte 5, S. 83).

2.3.2.1 Bevölkerungsstruktur

Siraj Pur hat durch den Zuzug von Punjabis nach der Teilung 1947 und nach der weiteren Inwertsetzung von Ödlandflächen eine Differenzierung seiner Bevölkerungsstruktur erfahren. 1961 lebten 312 Menschen in Siraj Pur, 1972 waren es bereits 610 Menschen in 108 Haushalten, und 1981 betrug die Einwohnerzahl 831. Nach offiziellen Angaben beträgt die Relation Männer zu Frauen 443:388. Die Mehrheit der im Dorf ansässigen Personen sind Seraiki (insg. 97 Familien), wobei die Kaste der Baloch mit 32 Familien den größten Anteil einnimmt. Die heterogene Bevölkerungsstruktur wird in Karte 5 ersichtlich, in der die räumliche Differenzierung der Kastenzugehörigkeit abgebildet ist. Der zentrale Bereich östlich des Abbasia Link Kanals wird fast ausschließlich von Baloch-Familien bewohnt. Auf der gegenüberliegenden Seite des Kanals wohnen in einer zusammengehörigen Hofanlage, ähnlich der der Weber in Lal Kamal, 12 Jabhel-Familien. Ihre Wohnhäuser sind teilweise durch kleinere Mauern voneinander getrennt.

Eine ähnliche Anlage mit geringeren Ausmaßen ist die Hofanlage im nördlichen Dünenbereich, in dem ausschließlich Familien mit der Kastenbezeichnung Tahim leben. Die heterogene Kastenstruktur in Siraj Pur, die die Befragung von 47 Haushalten ergab, wird in Tab. 10 aufgezeigt. Neben den Seraiki sprechenden Haushalten leben elf Familien der Kaste der Arain in Siraj Pur. Die Arain sind punjabische Kolonisten, die etwa seit Mitte der 50er Jahre nach Siraj Pur kamen, weil sie zu guten Konditionen landwirtschaftliche Flächen erwerben konnten. Ihre Gehöfte liegen relativ vereinzelt in der Gemarkung (vgl. Karte 5).

Sechs der befragten Familien lebten bereits vor der Teilung des indischen Subkontinents 1947 in Siraj Pur, während der Großteil der Bevölkerung in den letzten Jahrzehnten auf der Suche nach Arbeit oder Land nach Siraj Pur gekommen ist. Auch die Überflutungen in Regionen des Altsiedellands entlang des Sutlej trugen dazu bei, daß Familien auf der Suche nach neuen Erwerbsmöglichkeiten in das relativ überflutungssichere Dorf zogen.

Tab. 10: Kastenzugehörigkeit der Haushalte in Siraj Pur

Kaste	Anzahl der im Dorf lebenden Familien	**Kaste**	Anzahl der im Dorf lebenden Familien
Baloch	32	Bohar	6
Jabhel	17	Nigiana	6
Tahim	14	Bachwan	3
Malak	12	Sheikh	2
Arain (P)	11	Rajput	2
Mahdum (P)	10	Sonstige	3
Insgesamt		**126 Familien**	

(P)=Punjabische Familien

Quelle: Eigene Erhebungen 1991/92

2.3.2.2 Ausstattung mit Infrastruktur

Die Anbindung an öffentliche Verkehrsmittel ist erst an der vier Kilometer nördlich gelegenen Asphaltstraße (Chani Goth - Uchh Sharif) gegeben. Das Dorf ist durch Pisten erschlossen, die aufgrund ihrer sandigen Beschaffenheit nur mit Traktoren oder Jeeps zu befahren sind. Im Dorf gibt es zwei Läden mit Waren für den täglichen Bedarf und einen Schneider. Die Jungen und Mädchen, die die Schule besuchen, müssen bis Chak 150 zwischen einem und drei Kilometer zurücklegen, da im Dorf, außer einer Koranschule, keine Bildungseinrichtung existiert. Im Krankheitsfall müssen die nächstgelegenen Gesundheitseinrichtungen in Chani Goth (ca. 8 Kilometer) oder Uchh Sharif (9 Kilometer) aufgesucht werden, da im Dorf weder eine traditionalle Hebamme (*dai*) noch ein Heiler (*hakim*) leben. Die Lebensbedingungen in Siraj Pur werden von den Dorfbewohnerinnen aufgrund der unzureichenden Ausstattung mit Infrastruktur und der schlechten Verkehrsanbindung als schwierig bezeichnet.

2.3.3 CHAK 36: Beschreibung des Dorfes und Entwicklung der Infrastruktur

Das Kanalkoloniedorf liegt drei Kilometer westlich des Marktortes (*mandi-town*) Head Rajka am Hauptverteiler Dera Nawab Branch, der die Dorfgemarkung (insg. 1271 Acres) nach Süden begrenzt. Chak 36 wird vom Tehsil Yazman verwaltet.

In Chak 36 dominieren Häuser aus gebrannten Ziegeln (*pacca*), die auf bescheidenen Wohlstand der Bewohner schließen lassen. Zwei der größten *zamindar* des Dorfes haben sogar zweistöckige *pacca*-Häuser errichtet. Verstreut in der Gemarkung befinden sich *dera*, die eine Art Außenstellen der Landbesitzer sind.[23] *Dera* erfüllen mehrere Funktionen: Sie dienen als Lager für landwirtschaftliche Maschinen, eilweise wurden sogar separate Vorratsräume für Saatgut, Düngemittel, geerntete Früchte gebaut. Darüber hinaus leben auf den *dera* meistens die Arbeiter der Landbesitzer oder die unter Vertrag genommenen sharecropper. Letztlich werden auf den *dera* die Nutztiere gehalten, da der Platz in den Höfen der Landbesitzenden für andere Dinge genutzt wird (vgl. Karte 6). Viehhaltung innerhalb der Höfe im Dorf wird von den sozioökonomisch schwächeren Haushalten betrieben, die oft in sehr beengten Verhältnissen mit Ziegen, Kühen und Hühnern leben müssen (vgl. Karte 10 und 11, S. 152f.).

Für das Dorf Chak 36 soll zunächst ein Abriß der Geschichte, wie sie im Grundbuch (*jamabaandi*) verzeichnet ist, wiedergegeben werden:

The origin of this village and reason for its name: Initially this area was known as an area of Cholistan. The old settlers - riasti - used to rear their cattle in this area. With the inception of canal irrigation system this region was measured on modern lines and divided into Chaks and as a result of order it is known as Chak 36 DNB (Dera Nawab Branch). The ex-ruler of Bahawalpur state, Sir Sadiq Mohamad Khan Abbasi, ordered for the development of this areas and as a result in 1930, the muslim owners/tenants cultivators came to this area from narrow districts of Punjab. The order of caste wise arrival is as under:
Arayn from Ludhiana, Arayn from Ambala, Arayn from Sialkot, Arayn from Nabbha.
They were settled here and according to their capacity they obtained the land ranging from 25 - 50 acres from the government at the rate of 250,- Rupies per 25 acres (1 murabah). The conditions were following:
Total cost for 1 murabah: 2250,- Rupies; Advance Rupies 250,-; Remaining: 2000,- Rupies were to be paid in installments; there will be no rent on the first two crops; donation holders must develop their entire area. They must settle in a walled house. This will be checked by officials.
The means of communication were limited and settlers used to walk from the station of Dera Nawab and Sama Satta. Thus the courageous people developed the desert and became owners.

Übersetzung aus dem Grundbuch (*jamabaandi*)

Chak 36 wurde ab 1930 von Kolonisten aus dem nördlichen Punjab gegründet. Sie kamen wegen der günstigen Möglichkeiten des Landkaufes. Zunächst bauten die Siedler einfache Unterkünfte in der Nähe ihrer zukünftigen Betriebsflächen, die sie planierten, rodeten und mit kleinen Verteilerkanälen versahen. Die Planier- und Rodungsarbeiten wurden mit Kamelen oder Ochsengespannen verrichtet, die Kanäle mußten (wie weitgehend heute noch) manuell ausgehoben werden. Mitte der 40er Jahre errichteten die Kolonisten die ersten Lehmhäuser auf dem dafür vorgesehenen Square. Mittlerweile sind fast alle Grundstücke mindestens einmal im Zuge von Vererbungen geteilt

[23] Als *dera* wurde ursprünglich das Gästehaus bezeichnet.

Karte 6: Infrastrukturausstattung und Kastenverteilung in Chak 36

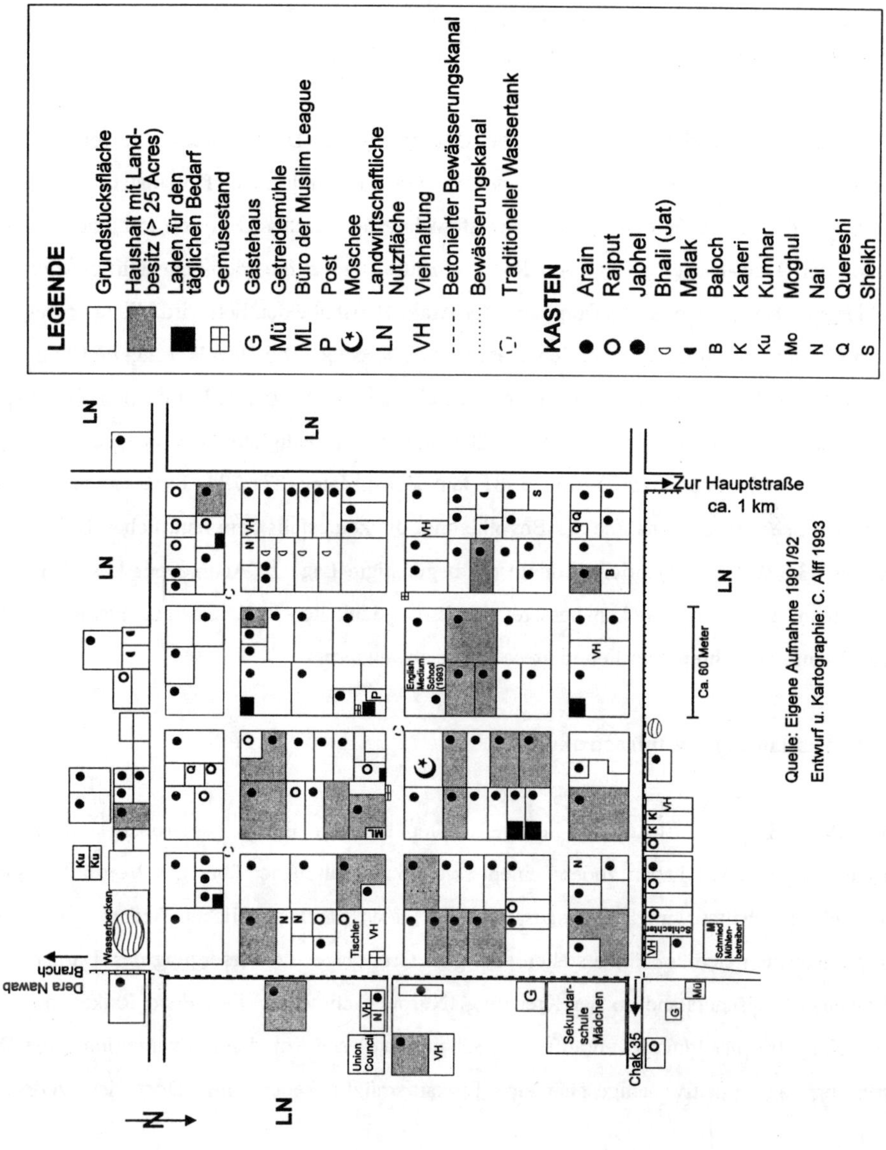

worden, und auch die ursprünglich sehr großen Grundstücke um den zentralen Platz erfuhren eine Halbierung oder gar Viertelung (vgl. Karte 6).

2.3.3.1 Bevölkerungsstruktur

Wie aus den Aufzeichnungen über die Geschichte des Dorfes bereits hervorgeht, ist die Bevölkerungsstruktur des Kanalkoloniedorfes von punjabischen Kolonisten geprägt, die gegenwärtig mit ca. 90 % den Großteil der Bewohner ausmachen. Bei den Punjabis dominieren Familien der Arain-Kaste, gefolgt von Rajputs. Karte 6 zeigt die räumliche Differenzierung der verschiedenen Kasten, wobei die Dominanz der Arain-Haushalte deutlich wird, die überwiegend die größten Grundstücke um den zentralen Platz herum besetzen. Die Bevölkerungszahl betrug 1525 Personen im Jahr 1961 und verzeichnete bis 1972 einen Zuwachs von 96 Einwohnern (auf 1621). In den darauffolgenden zehn Jahren wuchs die Bevölkerung um lediglich 34 Einwohner (1981:1655). Das Männer-Frauen-Verhältnis betrug 1981 laut Zensusdaten 871:784. Eine Erklärung für die vergleichsweise geringe Zunahme der Bevölkerung, die keinesfalls dem natürlichen Bevölkerungswachstum (3,3 %/Jahr) entspricht, könnte die begünstigte Lage zu Achmedpur East, Bahawalpur und Yazman sein. Dort bestehen bessere Arbeitsmöglichkeiten im Dienstleistungssektor, so daß jüngere Männer mit ihren Familien in diese Städte abwandern.

2.3.3.2 Ausstattung mit Infrastruktur

Seit 1987/88 gibt es Elektrizität in nahezu allen Häusern. Einige der großen landbesitzenden Haushalte (>50 Acres) haben zudem einen Telephonanschluß, der über das Vermittlungsamt in Head Rajka geschaltet wird. Die insgesamt neun Läden für den täglichen Bedarf sowie die vier nicht-permanenten Gemüsestände stellen eine gute Grundlage zur Versorgung dar. Darüber hinaus gibt es einen Fleischerstand an der Kreuzung (Nurpur-Achmedpur East-Head Rajka), der täglich außer freitags frisches Fleisch verkauft. Abgesehen von diesen, von den Einwohnerinnen des Dorfes einstimmig als positiv eingeschätzten Einkaufsmöglichkeiten im Dorf ist zudem die

Verkehrsverbindung nach Head Rajka (ca. drei Kilometer) ausgezeichnet, so daß auch Bedürfnisse, die über den täglichen Bedarf hinausgehen, ohne große Probleme befriedigt werden können.[24] Auf den am Kanal entlangführenden Straßen fahren Busse nach Head Rajka und Shahiwala. Im nördlichen Teil der Gemarkung quert eine asphaltierte Straße, auf der öffentliche Verkehrsmittel nach Nurpur, Achmedpur East und Yazman verkehren. Von beiden Straßen liegt die Siedlung ungefähr einen Kilometer entfernt. Die wichtigsten Handwerksberufe wie Schmied, Tischler, Schneider, Schuster und Barbier sind mehrfach vertreten. Außerdem gibt es im Dorf zwei Mühlen, die zum Mahlen kleiner Mengen Getreide zur Verfügung stehen. Zwei Hebammen (*dais*) können bei Bedarf Geburtshilfe leisten. Die gute Infrastruktur sticht besonders bei den Bildungseinrichtungen hervor: Es gibt jeweils eine Sekundarschule für Jungen und Mädchen und die Ende 1993 eröffnete private "English School", in der Koedukation bis zur vierten Klasse angeboten wird. Bis 1990 existierte eine Handarbeitsschule auf dem Gelände der "English School", die aber wegen Baufälligkeit geschlossen wurde (vgl. Karte 6).

Die wesentlichen Charakteristika und Unterschiede in der Ausstattung der drei Untersuchungsdörfer faßt Übersicht 3 zusammen. Hervorzuheben sind die Unterschiede in der Ausstattung mit Bildungseinrichtungen, Einkaufsmöglichkeiten und die Verkehrsanbindung zu den zentralen Orten. Das Kanalkoloniedorf zeichnet sich durch die - verglichen mit den zwei anderen Untersuchungsdörfern - positive Bildungssituation aus. Neben Grundschulen für Jungen und Mädchen existieren - nach Geschlechtern getrennte - Sekundarschulen im Dorf. In Siraj Pur müssen Jungen und Mädchen, abhängig von der Lage der elterlichen Gehöfte, bis zu mehrere Kilometer zu Fuß zurücklegen, um zumindest die Grundschule besuchen zu können. In Lal Kamal stellt sich die Ausbildungssituation für Jungen mit einer Primarschule deutlich besser dar als für Mädchen. Es wurde zwar ein Schulgebäude errichtet, aber bisher konnte keine geeignete Lehrerin eingestellt werden.

Ähnlich verhält sich die Situation im Bereich der Einkaufsmöglichkeiten. Das Kanalkoloniedorf bietet den Einwohner/innen neben mehreren Läden für den täglichen Bedarf auch vier Gemüsestände und einen, zu Fuß zu erreichenden, Fleischerverkaufsstand. In Lal Kamal und Siraj Pur gibt es lediglich vier bzw. zwei Läden zur Versorgung mit Waren für den kurzfristigen Bedarf. Ungünstig sieht es auch bei der Versorgung mit medizinischen Dienstleistungen aus: Weder in Lal

[24] In Head Rajka gibt es neben einer Krankenstation mit einer ausgebildeten Hebamme Läden für den landwirtschaftlichen Bedarf, eine Tankstelle, Banken, Apotheken, Juweliere sowie diverse Stoff- und Haushaltswarenläden.

Kamal noch in Siraj Pur können die Dorfbewohner/innen auf die Kenntnisse einer Hebamme (*dai*) oder eines lokalen Heilers zurückgreifen.

Übersicht 3: Die wesentlichen Merkmale und Unterschiede der Untersuchungsdörfer

Kennzeichen	**Lal Kamal**		**Siraj Pur**		**Chak 36**	
NATURRÄUMLICHE LAGE	Altsiedelland (*mahal area*) im Überschwemmungsbereich des Sutlej		Übergangsbereich zwischen *utar-* & *bar-* Flächen		Jungsiedelland des 20. Jh. (canal colony)	
DORFGRÜNDUNG	ca. 1800		ca. 1850		1930	
DORFFORM	Haufendorf		Streusiedlung		geplante Anlage	
BEVÖLKERUNGSSTRUKTUR	Seraiki (*riasti*)		Seraiki (*riasti*) und Punjabi		überwiegend Punjabi; wenige Seraiki	
BEVÖLKERUNGSENTWICKLUNG	1961	1981	1961	1981	1961	1981
MÄNNER	K. A.	420	174	443	828	871
FRAUEN	K. A.	389	138	388	697	784
INSGESAMT	K. A.	809	312	831	1525	1655
ELEKTRIZITÄT	seit 1989		9 Höfe haben Stromanschluß		seit 1987/88 Teilweise Telephonanschluß	
BILDUNGSEINRICHTUNGEN	Primarschule für Jungen, Gebäude für Mädchenschule vorhanden, aber seit 3 Jahren keine Lehrerin		Weder Primarschule für Jungen noch für Mädchen		Je eine Sekundarschule für Jungen und Mädchen, Primarschule mit Koedukation	
DIENSTLEISTUNGEN & HANDEL	Läden für den täglichen Bedarf Imam		Läden für den täglichen Bedarf Imam		Läden für den täglichen Bedarf, Gemüseläden, Post, Hebamme, *hakim* Barbier, Imam	
HANDWERK	Schneider, Schmied, Zimmermann		Schneider, Schuster		Schneider, Schmied Tischler, Müller, Schuster, Verleih-Station für landwirtschaftliche Geräte	
VERKEHRSANBINDUNG	5 km Piste zur Hauptstraße (Lodhran-Bahawalpur		5 km Piste zur Hauptstraße (Uchh Sharif - Chani Goth)		1 km Weg zur Hauptstraße (Nurpur-Head Rajka & Achmedpur East - Head Rajka)	
BEWÄSSERUNG	Ganzjährige Kanalbewässerung, Diesel- und Elektropumpen		Teilweise Kanalbewässerung (Abbasia Kanal), Diesel- und Elektropumpen		Ganzjährige Kanalbewässerung (Dera Nawab Branch)	

K. A. = Keine Angaben

Quelle: Eigene Erhebungen 1991/92/93 und Daten aus District Population Census 1972/1980

Für die Dorffrauen bedeutet das Fehlen einer Geburtshelferin erhöhtes Risiko bei Schwangerschaften und Geburten. Als zusätzlicher negativer Faktor kommt die schlechte Straßenanbindung der zwei Dörfer hinzu, die dazu führt, daß medizinische Einrichtungen nur unter größerem Zeitaufwand erreichbar sind. In Chak 36 stehen drei Hebammen und ein lokaler Heiler zur Verfügung. Im Gegensatz zu Siraj Pur und Lal Kamal sind auch die öffentlichen Verkehrsverbindungen so günstig, daß innerhalb einer halben Stunde ein Krankenhaus aufgesucht werden kann. Auf weitere Auswirkungen, die die unterschiedliche Ausstattung mit sozialer und technischer Infrastruktur auf die Lebens- und Arbeitsbedingungen von Frauen hat, wird in Kap. 3.8 näher eingegangen.

2.3.4 Die Landbesitzverhältnisse und Landnutzung in den Untersuchungsdörfern

Bei der Aufnahme der Landbesitzverhältnisse ging es in erster Linie darum, einen Überblick über die Agrarsozialstruktur auf Dorfebene zu erhalten, um geeignete Haushalte für die Einzelfallstudien auswählen zu können. In Anlehnung an die Kategorienbildung von KHAN (1991) wurden bei der Auswertung der halbstandardisierten Fragebögen sechs unterschiedliche Betriebsgrößenklassen gebildet. Aus Gründen der Vereinfachung wurden die drei kleinsten Klassen (vgl. Kap. 2.2.3) zu einer Kategorie (< 1-5 Acres) und die zwei darauffolgenden zur Kategorie 5,0-12,5 Acres zusammengefaßt. Gerechtfertigt ist dies m. E. durch die von KHAN (1991:131) angegebene Subsistenzgröße von 12,5 Acres, unterhalb derer Familienmitglieder weiteren Tätigkeiten zur Existenzsicherung nachgehen müssen. Der Bildung der kleinsten Kategorie von < 1-5 Acres lag die Annahme zugrunde, daß Frauen aus Haushalten dieser Betriebsgrößenklasse vermehrt im familiären Betrieb mitarbeiten oder sogar außerlandwirtschaftlichen Tätigkeiten nachgehen, um die Subsistenz zu sichern.

Auch die Landnutzung, die anhand exemplarischer Landnutzungskartierungen vorgestellt wird, kann Auswirkungen auf die Arbeitsbedingungen von Frauen haben. Um die in Kap. 3 dokumentierten Ergebnisse nachvollziehbar zu gestalten, bildet die Beschreibung der Landnutzungsmuster in den Untersuchungsdörfern den Abschluß dieses Kapitels.

Die Auswertung der Fragen zu den Landbesitzverhältnissen ergab folgendes Bild (vgl. Abb. 14):

- Lal Kamal ist durch eine relativ homogene Besitzstruktur charakterisiert, d. h. von insgesamt 69 Haushalten verfügen 47 über Ackerflächen, und lediglich 22 Haushalte sind landlos. Drei

Haushalte besitzen mehr als 50 Acres, und der größte Landbesitzer hat 112,5 Acres. Alle Landbesitzer bis auf fünf gehören zur Kaste der Kuliár.

- In Siraj Pur hingegen sind von 126 Familien 102 landlos. Dies entspricht einem Anteil von rund 80 %. Von den 24 landbesitzenden Haushalten verfügen fünf über mehr als 25 Acres, der Großteil (9 Haushalte) besitzt zwischen < 1 und 5 Acres. Verschärft wird die Situation dadurch, daß sechs der Kleinstbauern weniger als 2,5 Acres bewirtschaften und darüber hinaus sieben Landwirte das Land nicht allein bebauen, sondern mit ihren Brüdern teilen. Von den fünf größeren Landbesitzern gehören zwei der Arain-, zwei der Sheikh- und einer der Rajputkaste an.
- Im Kanalkoloniedorf Chak 36 ist die Landbesitzstruktur mit 71 landlosen zu 52 landbesitzenden Haushalten ausgeglichener als in Siraj Pur (vgl. Abb. 14). Hier korreliert der Landbesitz mit der Kastenzugehörigkeit. Alle 52 landbesitzenden Haushalte sind Arain-Familien, die als Kolonisten aus dem nördlichen Punjab kamen.

Abb. 14: Landbesitzstruktur in den Untersuchungsdörfern

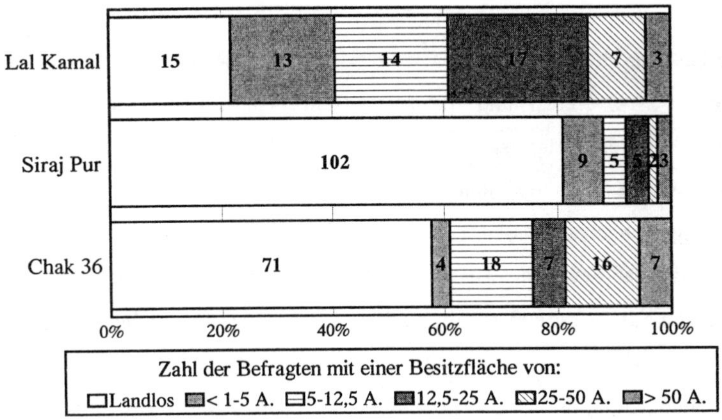

A=Acres
Quelle: Eigene Erhebungen 1991/92, Entwurf u.Gestaltung: C. Alff 1994

Auch die vier Pächterhaushalte, die größere Flächen (6; 8; 12,5; 15 Acres) gepachtet haben, gehören Arain-Familien an, während alle übrigen im Dorf vertretenen Kasten kein Land besitzen. Sie sind entweder als sharecropper, Landarbeiter oder in außerlandwirtschaftlichen Bereichen tätig. Von den 52 landbesitzenden Haushalten in Chak 36 verpachten zwölf ihre gesamte Fläche, elf haben für ihre Flächen Verträge mit sharecroppern geschlossen, und elf bewirtschaften ihre landwirtschaftliche Nutzfläche selbst. Die übrigen 18 verpachten lediglich Teile ihrer Ackerflächen. Insbesondere die größeren Landbesitzer bevorzugen die Verpachtung ihrer Flächen oder die Einstellung von sharecropper-Familien. Nur drei der insgesamt 23 größeren Landeigner (25 - <50 Acres) bewirtschaften ihre gesamte Fläche selbst (vgl. Tab. 11).

Tab. 11: Bewirtschaftung der landwirtschaftlichen Nutzfläche in Chak 36

Betriebsgröße	*<1-5 Acres*	*5-12,5 Acres*	*12,5-25 Acres*	*25-50 Acres*	*>50 Acres*
Anzahl der Landbesitzer (insgesamt)	**4**	**18**	**7**	**16**	**7**
Gesamte Fläche selbstbewirtschaftet		8		3	
Gesamte Fläche verpachtet	4	6	2		
Gesamte Fläche an sharecropper		1	3	4	3
Teilfläche selbstbewirtschaftet; Teilfläche an sharecropper				5	2
Teilfläche selbstbewirtschaftet; Teilfläche verpachtet		3	2	4	2

Quelle: Eigene Erhebungen 1991/1992

Die Landbesitzstruktur in Chak 36 bestätigt die Annahmen von ZAFAR (1985) und DETTMANN (1978/1981, vgl. S. 65ff.), die davon ausgehen, daß die lokalen Einwohner bei der Landvergabe in den neu erschlossenen Regionen benachteiligt wurden. Dies ist auch in der räumlichen Ausprägung der Wohnverhältnisse im Kanalkoloniedorf erkennbar: Die landbesitzenden Arain-Familien erhielten die größeren Grundstücke im zentralen Bereich, während die Handwerker- und Landarbeiterfamilien in den Randbereichen des *chak* angesiedelt wurden. Dementsprechend unterschiedlich ist die Qualität und Größe der Wohnhäuser und ihre materielle Ausstattung (vgl. Karten 7-11, S. 148ff.).

Der hohe Anteil landloser Haushalte in Siraj Pur läßt sich auf den vermehrten Zuzug von Familien aus dem Bereich des Altsiedellandes zurückführen. Auch in Siraj Pur scheint der Prozeß der Landverteilung zur heutigen Struktur geführt zu haben: Ehemalige Clanchefs der damals nicht landwirtschaftlich genutzten Bereiche wurden mit großzügigen Landzuweisungen der neuen Entwicklung gegenüber positiv gestimmt, und den Rest des Landes erhielten die aus dem nördlichen Punjab kommenden Kolonisten *(abadkar)*.[25]

[25] Viele der vorwiegend von der Viehhaltung lebenden Gruppen in den unwirtlichen Gebieten waren gefürchtete Viehdiebe, so daß der Regierung daran gelegen war, diese Gruppen zu befrieden und sie positiv gegenüber der neuen Entwicklung zu stimmen. Deshalb wurden die Stammesführer mit Landzuweisungen bedacht (vgl. BAHAWALPUR GAZETTEER 1904).

Die Frage nach der Größe des Landbesitzes beinhaltete natürlich auch die geschlechtsspezifische Komponente; es stellte sich heraus, daß - abgesehen von einer Ausnahme - Frauen in keinem der Untersuchungsdörfer als Landeignerinnen in den Grundbüchern eingetragen sind.

Von den acht Pächtern in Siraj Pur haben vier zwischen einem und vier *murabah* (= 25-100 Acres) Land gepachtet, vier Pächter haben Flächen von weniger als zehn Acres dazugepachtet. Die Pachtpreise liegen zwischen 50.000 (östlich des Abbasia Link Kanals) und 100.000 Rupies (westlich des Abbasia Link Kanals) für einen *murabah* (25 Acres) pro Jahr, da die Bewässerungsmöglichkeiten auf der östlichen und westlichen Gemarkungsseite stark differieren.

Da in Siraj Pur viele landlose Landarbeiter befragt wurden, sollen an dieser Stelle kurz deren Arbeitsbedingungen geschildert werden. Die Löhne der permanent angestellten Landarbeiter variieren zwischen 450 Rupies und 900 Rupies monatlich. Arbeiter mit einem Verdienst bis zu 550 Rupies pro Monat erhalten zusätzlich 12 Maunds Weizen im Jahr. Permanent angestellte Arbeiter sind i. d. R. für alle landwirtschaftlichen Tätigkeiten mit Ausnahme spezialisierter Arbeiten - wie z. B. Pflügen, Eggen - verantwortlich. Ein Traktorfahrer verdient zwischen 2500 und 5000 Rupies jährlich, bekommt aber keine Naturalien extra. Tagelöhner, die in der Landwirtschaft aushelfen, erhalten zwischen 30 und 50 Rupies pro Tag. Zu ihren Aufgaben zählen vor allem das Ausgraben und Reinigen der Bewässerungskanäle, die Hilfe bei der Zuckerrohrernte und den diversen Transporttätigkeiten sowie das Abhacken abgeernteter Baumwollsträucher.

Frauen waren in keinem der Untersuchungsdörfer als permanente Arbeiterinnen mit festen monatlichem Einkommen angestellt. Die Zahlen über die Löhne sind als Annäherungswerte zu verstehen, da bei anderen *zamindar* durchaus höhere oder niedrigere Beträge gezahlt werden können.

2.3.4.1 Die Agrarstruktur des Untersuchungsraumes

BYERLEE et al. (1992:31f.) bezeichnet die landwirtschaftliche Produktionszone südlich Multans bis in den Sindh als Baumwolle-Weizen-System, welches das wichtigste Landnutzungssystem innerhalb Pakistans darstellt. Baumwolle als bedeutende 'cash-crop', die als Rohstoff und in Form weiterverarbeiteter Produkte (Garne, Textilien) ca. 60 % der Exporterlöse erwirtschaftet, und Weizen als das Hauptnahrungsmittel im Doppelfruchtanbau stellen die hochproduktive Fruchtfolge. Erst die Errungenschaften der Grünen Revolution (besseres Saatgut mit einer kürzeren Reifezeit, anorganische Düngemittel etc.) machten den aufeinanderfolgenden Anbau von *kharif-* und *rabi-*Kulturen möglich. Zuvor wurden Baumwolle und Weizen als separate Feldfrüchte, auf die jeweils eine Brache folgte, angebaut. Baumwolle wird im Mai/Juni gesät und braucht ca. fünf Monate, um erntereif zu werden (vgl. Abb. 15).

Abb. 15: Landnutzungsmuster im Untersuchungsgebiet

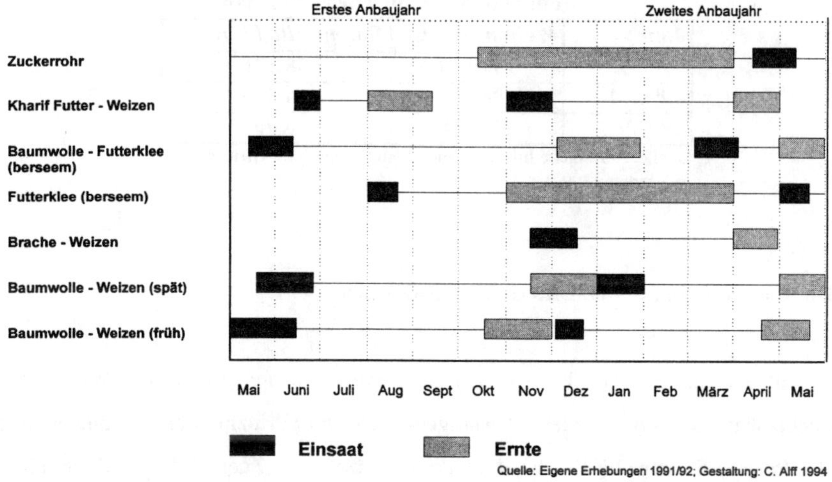

Der optimale Aussaattermin für Weizen sind die ersten beiden Novemberwochen, wobei es sehr häufig zu Überschneidungen mit der noch nicht vollständig gepflückten Baumwolle kommt. In den Untersuchungsdörfern wurde Weizen im Dezember und teilweise sogar erst in den ersten Januarwochen ausgesät, was zu Ernteverlusten von bis zu 50 % führen kann. Neben den beiden Hauptkulturen ist der Anteil von Futterklee (*berseem*) und Zuckerrohr an der Gesamtfläche von untergeordneter Bedeutung (vgl. Beilagen 1-1c). *Berseem* ist die wichtigste Futterpflanze und kann innerhalb eines Anbauzyklus bis zu dreimal geschnitten werden. Die Ernte des Zuckerrohrs beginnt in der zweiten Oktoberhälfte und dauert bis Ende März an (vgl. Abb. 15).

Die Landnutzung hat darüber hinaus entscheidenden Einfluß auf die Arbeitsmöglichkeiten von Frauen, wie in Kap. 3 erläutert wird. Interessant im Hinblick auf die Arbeiten von Frauen in der Pflanzenproduktion ist das Überlappen von Erntezeiten verschiedener Kulturen, die zu Arbeitsspitzen in den Monaten November bis März führen (vgl. Abb. 15).

Daten für den Tehsil Yazman, in dem das Dorf Chak 36 liegt, bestätigen die Priorität von Weizen im Untersuchungsgebiet, wobei in den letzten drei Jahren ein deutlicher Anstieg der Baumwollproduktion zu verzeichnen ist. So erhöhte sich die mit Baumwolle bestellte Ackerfläche von rund 58.000 im Jahr 1989/90 auf 70.000 Acres im Jahr 1991/92, während der Anbau von Weizen von rund 109.000 Acres 1989/90 um 4500 Acres auf 104.800 im Jahr 1990/91 zurückging (vgl. Tab. 12).

Tab. 12: Entwicklung der Weizen- und Baumwollproduktion im Thesil Yazman

Jahr	***Weizen (Acres)***	***Baumwolle (Acres)***
1989/90	**109.339**	**58.571**
1990/91	**104.800**	**66.399**
1991/92	**105.000**	**70.000**

Quelle: Mündliche Informationen vom Agricultural Officer in Yazman (1992)

2.3.4.2 Die Landnutzung in den Untersuchungsdörfern

Für die Untersuchungsdörfer Chak 36 und Siraj Pur, in denen jeweils der Winter- und der Sommerfruchtanbau kartiert wurden, bestätigen sich im Prinzip die Landnutzungsmuster Baumwolle-Weizen, Baumwolle-Brache, Futterklee-Weizen und Zuckerrohr in Monokultur (vgl. Beilagen 1-1c). Dennoch weist die Landnutzung in den Dörfern geringfügige Unterschiede auf, die einer näheren Erläuterung bedürfen.

In beiden Dörfern ist die dominierende Frucht im Winteranbau (*rabi*) Weizen. Nach der Ernte des Weizens beginnt sofort die Vorbereitung der Felder für die Aussaat der Baumwolle. Als cashcrop nimmt sie im Sommerfruchtanbau (*kharif*) den Großteil der landwirtschaftlichen Nutzfläche in Chak 36 und Siraj Pur ein (vgl. Beilagen 1-1c). Die Karten zeigen jedoch einen deutlichen Unterschied in der Anbauintensität: In Chak 36 wurden in der Anbausaison 1991/92 fast 75 % der Felder mit zwei Kulturen bestellt, während in Siraj Pur rd. 50 % der landwirtschaftlichen Nutzflächen für den *rabi*-Anbau brach lagen. In diesem Fall ist dafür der verspätete Erntetermin der Baumwolle verantwortlich, die erst im Dezember ausgereift war und bis in den Februar hinein gepflückt wurde.

Die Befragungen in Chak 36 ergaben, daß in normalen Jahren alle Landwirte nach Baumwolle Weizen säen, aber durch die 1991/92 aufgetretenen Niederschläge die Ernte der Baumwolle erst verspätet stattfinden konnte, so daß einige von der Weizeneinsaat Abstand nahmen.[26] BYERLEE (1992:36) schätzt die durchschnittlichen Ertragseinbußen für Weizen auf 30 Kilogramm/Tag für jeden Saattermin nach dem 10. November, so daß die Entscheidung der Bauern, keinen Weizen zu pflanzen, ökonomisch sinnvoll ist. Im östlichen Teil der Gemarkung von Siraj Pur stellt die unzureichende Wasserversorgung einen limitierenden Faktor bei der Landnutzung dar: Das Dorf liegt am Ende des Bahawal Distributary, der - wenn überhaupt - nur in der Sommersaison von April bis Oktober Wasser führt.[27] So ist zwar die Wasserversorgung der Baumwolle gesichert, für den lohnenden Weizenanbau jedoch bedarf es der Wasserbeschaffung durch Elektro- oder Dieselpumpen. Acht Landbesitzer, die östlich des Abbasia Link Kanal ihr Land bewirtschaften, haben nach eigenen Aussagen Wasserpumpen installieren lassen, um zwei Kulturen im Jahr anbauen zu können.

Im Kanalkoloniedorf spielt neben den Weizen- und Baumwollkulturen der Anbau von Zuckerrohr eine wichtige Rolle. Der, verglichen mit Siraj Pur, vermehrte Anbau von Zuckerrohr in Chak 36 ist auf die günstige Verkehrsanbindung,[28] damit auf die gute Transportsituation und auf die ganzjährig gesicherte Wasserversorgung zurückzuführen. Letztere ist wichtig für die Qualitätsentwicklung des Zuckerrohrs, da der Zuckergehalt für die Entlohnung der Bauern entscheidend ist. Bevor das Zuckerrohr geerntet werden darf, entnimmt ein Mitarbeiter der Fabrik Proben und läßt sie im Labor der Ashraf Sugar Mill auf den Zuckergehalt testen. Ist dieser zufriedenstellend, müssen Ernte und Transport innerhalb der nächsten Tage erfolgen. In Siraj Pur verhindern die unzureichende Straßenanbindung und die unsichere Wasserversorgung den großflächigen Zuckerrohranbau. Lediglich ein Landbesitzer (100 Acres) im nördlichen Teil der Gemarkung hat die

---

[26] BYERLEE (1992:38) beschreibt diesen Konflikt als typisch für den südlichen Punjab und führt dies auf die vergleichsweise höheren Preise für Baumwolle zurück. Sie lassen es den Farmern rentabler erscheinen, drei Pflücktermine einzuhalten und Weizen entweder verspätet oder gar nicht zu säen.

[27] Engpässe in der Wasserversorgung können sogar während der Sommermonate auftreten, wenn das Wasser zuvor von den Oberliegern am Bahawal-Verteilerkanal verbraucht wurde.

[28] Die Ashraf Sugar Mill befindet sich ca. 20 km vor Bahawalpur an der Hauptstraße Achmedpur East - Bahawalpur.

technischen Möglichkeiten für den profitablen Anbau, da er eine Wasserpumpe installiert hat und drei Trolleys für den Transport besitzt. Seine Arbeiter fahren mit den Traktoren bis nach Chani Goth zur Hauptstraße (ca. acht Kilometer), an der das Zuckerrohr auf Trucks umgeladen wird. Die restlichen Zuckerrohrfelder in der Gemarkung dienen der Eigenproduktion von Rohzucker (*gur*).

Ein gemeinsames Charakteristikum in der Landnutzung der Untersuchungsdörfer sind die Futterpflanzenfelder, die meistens in unmittelbarer Nähe der Höfe liegen. Dadurch können Frauen quasi in Ruf- und Sehweite von den Höfen entfernt arbeiten. Auch die Gemüsefelder bzw. -beete sind an die Gehöfte angegliedert, da Gemüse eine regelmäßigere Pflege benötigt, z. B. Bewässerung und Düngung. Zur Erntezeit wird der tägliche Bedarf ohne größeren Zeitaufwand von Frauen oder Kindern geholt. Hausgärten, die direkt an die Höfe und Häuser angrenzen, wurden wider Erwarten nur selten kartiert. Nur größere landbesitzende Haushalte bauen auf separaten Gemüsefeldern vorzugsweise Zwiebeln, Chilli, Blumenkohl, Karotten und Rettich an. Als Argumente gegen die Anlage von Gemüsebeeten werden die Gefahr des Diebstahls und die erhöhten Kosten für Düngemittel genannt.

Eine weitere Nutzungsart liegt in der Anlage von Obstbaumgärten. In Chak 36 und Siraj Pur besitzen mehrere Landbesitzer (> 25 Acres) eine Vielzahl von Mango-, Orangen- und Limonenbäumen, deren Früchte sie auf den regionalen Märkten absetzen. Die Obstbaumgärten unterliegen i. d. R. einer Doppelnutzung, d. h. auf der übrigen Fläche wird entweder *berseem* oder Weizen als Unterkultur angebaut.

Für Lal Kamal konnte aufgrund der unzureichenden Kartengrundlagen lediglich die Landnutzung im näheren Umkreis der Siedlung erfaßt werden. Dennoch lassen sich einige allgemeine Aussagen aufgrund von Begehungen in der Gemarkung und zahlreicher Gespräche vornehmen. Der wesentliche Unterschied zu Siraj Pur und Chak 36 besteht darin, daß mehrere Landwirte in Lal Kamal Gemüse (Karotten, Zwiebeln, Chilli, Knoblauch und Rettich) für den täglich stattfindenden Großmarkt in Bahawalpur anbauen. In den gefährdeten Uferbereichen wurden in der Saison 1991/92 vor allem Erbsen für den Eigenbedarf gepflanzt. Sie können hier angebaut werden, da sie eine ungenügende Wasserversorgung ebenso vertragen wie zuviel Wasser im Falle von Überflutungen. Darüber hinaus sind - wie in Chak 36 - die Fruchtfolgen Baumwolle-Weizen und *berseem*-Weizen sowie der Zuckerrohranbau dominierend.

Wie gezeigt wurde, sind die Dörfer hinsichtlich ihrer Bevölkerungsstruktur, der Ausstattung mit Infrastruktur und ihrer Lage im Raum unterschiedlich. Die dokumentierte Landnutzung variiert in

Abhängigkeit von der Wasserversorgung und Verkehrsanbindung geringfügig zwischen den Dörfern. Sie kann jedoch als typisch für den südlichen Punjab bezeichnet werden.

Auf Grundlage dieser Ausführungen zu den lokalen und wirtschaftlichen Rahmenbedingungen lassen sich die Lebens- und Arbeitsbedingungen von Frauen nachvollziehen und analysieren. Dabei gehört das Augenmerk zuerst den Tätigkeiten, die Frauen in der landwirtschaftlichen und häuslichen Produktion ausüben. Danach wird auf Veränderungsprozesse, die sich infolge der Modernisierung im ländlichen Raum vollzogen haben und noch immer vollziehen, eingegangen.

3 DETAILSTUDIEN ZU DEN LEBENS- UND ARBEITSBEDINGUNGEN VON FRAUEN IM LÄNDLICHEN PUNJAB

3.1 Die Rolle von Frauen in der landwirtschaftlichen Produktion

Den offiziellen Statistiken über die Erwerbsbeteiligung von Frauen in der Landwirtschaft im Distrikt Bahawalpur zufolge arbeiten knapp 120.000 Frauen und knapp 170.000 Männer als Familienarbeitskräfte - Voll- oder Teilzeit - in ihren landwirtschaftlichen Betrieben. Bei den Vollzeitbeschäftigten dominieren erwartungsgemäß die Männer, die in Betrieben ab 12,5 Acres mehr als 90 % der Vollzeitarbeitskräfte stellen. Betriebe mit mehr als 150 Acres Fläche beschäftigen keine weiblichen Vollzeitarbeitskräfte und mit 21,7 % auch nur eine geringe Rate weiblicher Teilzeitarbeiterinnen. In allen anderen Betriebsgrößenklassen stellen jedoch Frauen den größten Anteil an den Teilzeitarbeitskräften (zwischen 85 und 94 %, vgl. Tab. 13).

Tab. 13: Vollzeit- und Teilzeitfamilienarbeitskräfte in den verschiedenen Betriebsgrößenklassen (Division Bahawalpur 1980)

Betriebsgrössen-klassen (Acres)	FAMILIENARBEITSKRÄFTE Vollzeitarbeitskräfte[1] Männer	**Frauen**	%*	Teilzeitarbeitskräfte[2] Männer	**Frauen**	%*
Insgesamt	**156864**	**15287**		**12536**	**104053**	
< 1,0	4773	**667**	12,3	660	**3991**	85,8
1,0 - 2,5	14235	**1809**	11,3	1031	**9897**	90,6
2,5 - 5,0	22073	**2395**	9,8	1385	**15262**	91,7
5,0 - 7,5	24577	**2896**	10,5	1301	**16683**	94,3
7,5 - 12,5	27600	**2753**	9,1	2957	**17592**	85,6
12,5 - 25	39349	**3359**	7,9	3185	**26249**	89,2
25 - 50	18938	**1295**	6,4	1479	**11873**	88,9
50 - 150	4877	**113**	2,3	401	**2468**	86
> 150	442	**-**	-	137	**38**	21,7

Quelle: Pakistan Census of Agriculture Punjab 1980:521 und eigene Berechnungen

* Anteilig an den Gesamtarbeitskräften

1 - „Family workers of 10 years and above who do any kind of agricultural work on their holding. These also include old household members who may not be doing any physical work but take interest in the planning and operation of farm." (Agricultural Census 1980: xxxv)

2 - „Members of the household who in addition to the agricultural work of the holding also do some other work such as service, business, etc." (Agricultural Census 1980:xxxv)

Diese Daten sind, wie bereits an anderer Stelle (Fußnote 50, S. 37) erläutert, mit großem Vorbehalt zu betrachten. So machen Definitionen für Voll- und Teilzeitarbeitskräfte beispielsweise deutlich, wie ungenau die Klassifizierung ist: Angaben über die Anzahl der geleisteten Arbeitsstunden fehlen völlig. Bemerkenswert ist auch die Definition für Vollzeitarbeitskräfte, die diejenigen als volle Arbeitskräfte zählt, die lediglich Entscheidungen über Arbeitsabläufe treffen, aber nicht unbedingt selbst mitarbeiten (vgl. Tab. 13). Das bedeutet, daß Männer, die Entscheidungen vornehmen, aber nicht am Arbeitsprozeß teilnehmen, statistisch eher als Vollzeitarbeitskräfte aufgeführt werden als beispielsweise Frauen, die die Arbeiten tatsächlich erledigen. Diese kurzen Ausführungen veranschaulichen die Problematik von statistischen Erhebungen, die ein nur unvollständiges Bild der Realität geben. Denn welche sind die Hauptaufgaben der Frauen in der landwirtschaftlichen Produktion? Gibt es „typisch“ männliche und weibliche Aktivitäten in der Pflanzen- und Tierproduktion, und was ist damit für die Frauen verbunden? Wie sehen die Arbeitsabläufe aus? Welche Veränderungen fanden in der Arbeitsbelastung/-verteilung durch Modernisierungsprozesse statt? Die Beantwortung dieser Fragen steht im Mittelpunkt der folgenden Ausführungen.

3.1.1 Geschlechts- und schichtspezifische Arbeitsteilung in der Pflanzenproduktion

Als eines der wesentlichen Organisationsmerkmale in der landwirtschaftlichen Produktion gilt ganz allgemein die geschlechtsspezifische Arbeitsteilung. Sie ist auch in der Untersuchungsregion für Teilbereiche der Agrarwirtschaft ausgeprägt. Anhand des die *rabi-* und *kharif*-Saison umfassenden Anbaukalenders (vgl. Abb. 15, S. 95) sollen die Kulturen in ihrer Bedeutung für die Frauen dargestellt werden.

Frauen leisten in der Pflanzenproduktion vielfältige Aufgaben. Teilweise sind diese unsichtbar, weil sie in den „vier Wänden“ (*chardewari*) der Gehöfte stattfinden, und teilweise spielen sie sich sichtbar im „Außenraum“ ab. Doch zunächst sei das Augenmerk auf die unterschiedlichen Tätigkeiten von Frauen und Männern bei den wichtigsten Kulturen gerichtet. Grundlage dafür bilden die in den Einzelfallstudien erfaßten Haushalte und die Auswertung der 105 durchgeführten Leitfadeninterviews mit Frauen aus den unterschiedlichen Haushaltstypen. Dabei handelt es sich (A) um einen landbesitzenden Haushalt mit einer Eigentumsfläche von 50 Acres aus Chak 36, (B) einen Pächterhaushalt mit 75 Acres aus Siraj Pur, (C) einen armen Kleinstbauernhaushalt mit 4 Acres aus Siraj Pur und (D) einen landlosen Haushalt aus Chak 36. Neben der Beschreibung der von Frauen und Männern ausgeführten Tätigkeiten wird außerdem versucht, eine vom Landbesitzstatus abhängige Kategorisierung der weiblichen Arbeitsfelder vorzunehmen. Dabei dienen die in Kap. 2.3.4.1 eingeführten Kategorien als Grundlage:

- *zamindar*-Haushalte (> 25 Acres),
- Haushalte mit einer Eigentumsfläche zwischen 12,5 und 25 Acres,
- Haushalte mit einer Eigentumsfläche zwischen 5 und 12,5 Acres und
- landlose Haushalte, deren Mitglieder den Lebensunterhalt vorwiegend mit Arbeiten in der Landwirtschaft verdienen, und solche mit weniger als 5 Acres Eigentumsfläche.

Die zwei letzteren Haushaltstypen mit eigener landwirtschaftlicher Fläche werden, wie bereits in Kap. 2.2.3 erläutert, als Klein- und Kleinstbauern bezeichnet.

3.1.1.1 Baumwolle

Eine der sichtbaren und auch im ökonomischen Sinn bedeutenden Aufgaben von Frauen ist die von Ende November bis Ende Januar andauernde Baumwollernte.

a) Feldvorbereitung, Einsaat und Wachstumsperiode

Die Einsaat der Baumwolle erfolgt spätestens im Mai, nachdem die Weizenernte abgeschlossen ist. Vorbereitende Arbeitsgänge wie Pflügen, Bewässern und Planieren der Felder übernehmen Männer. Spätestens drei bis vier Wochen nach der Aussaat muß in den Feldern regelmäßig Unkraut gejätet werden, damit die Baumwollpflanzen nicht in ihrem Wachstum gehindert werden. Diese Arbeit führen ausnahmslos Frauen aus landlosen, Klein- und Kleinstbauernhaushalten aus. Die so gesammelten Unkräuter dienen als Grünfutter für die Tiere. Insgesamt 35 von 39 befragten Frauen aus Kleinstbauern- bzw landlosen Haushalten) ergänzen so das Viehfutter, bis die Baumwollsträucher eine Höhe von 80 Zentimetern erreicht haben und Unkrautjäten nicht mehr möglich ist (vgl. Tab. 14, S. 106).

Die in vierzehntägigen Abständen notwendige Bewässerung der Felder bis ca. November wird ausschließlich von Männern vorgenommen. Dazu müssen die Dämme der Verteilerkanäle, die die Felder begrenzen, an bestimmten Stellen aufgegraben werden. Abhängig vom Wasserverteilungsplan (*warabandi*) muß dies unter Umständen auch nachts geschehen. Frauen wird diese Arbeit nicht zugetraut, wie auch nachfolgendes Zitat eines Landwirts aus Chak 36 deutlich macht: *"Women are not allowed to do this work and moreover it is too hard for ladies. How can they dig the dams in the fields? Women can do light work only."* (Persönliches Gespräch 12/1991)

b) Ernte

Die Unterschiede in der Arbeitsbelastung bei der Baumwollernte, die ab Ende November beginnt, sind vor allem abhängig von der Größe des Landbesitzes. Frauen aus *zamindar*-Haushalten übernehmen die Aufgabe, morgens zwischen 8 und 9 Uhr Arbeiterinnen aus den jeweiligen Dörfern zusammenzurufen, um mit ihnen in die Felder zu gehen.[1] Dort haben sie die Funktion einer zwar mithelfenden, aber in erster Linie die anderen Arbeiterinnen observierenden Pflückerin, um so Diebstähle zu verhindern,.[2] Nach der Zahl der zu erntenden Felder werden Gruppen zwischen 10 und 30 Frauen zusammengestellt. Erfahrene Frauen, die jedes Jahr als Pflückerinnen arbeiten, ernten täglich zwischen 40 bis 60 Kilogramm Baumwolle. Der Arbeitstag endet zwischen 16 und 17 Uhr und die Frauen tragen die in einem Sacktuch gesammelte Baumwolle zum Hof oder *dera* des Landbesitzers. Dort wird sie von Männern der *zamindar*-Familie abgewogen.

Für Frauen der kleineren Betriebe (< 25 Acres) und landlosen Haushalte ist die Baumwollerntesaison die arbeitsintensivste Zeit des Jahres, da sie täglich bis zu zehn Stunden in den Feldern tätig sind. Frauen, deren Familien selbst Baumwolle anbauen, pflücken zuerst auf den eigenen Feldern, bevor sie, sofern noch Bedarf besteht, bei anderen Landbesitzern helfen. Von insgesamt 105 befragten Frauen in den drei Untersuchungsdörfern gaben 73 (69,5 %) an, daß sie als Lohnpflückerinnen tätig sind. 82 von 86 befragten Frauen aus den drei unteren Besitzgrößenklassen helfen zunächst bei der Baumwollernte auf den eigenen Feldern (vgl. Tab. 14, S. 106).

c) Arbeiten nach der Ernte

Nach Beendigung der Baumwollernte werden Ziegen, Kühe und Wasserbüffel (*nili* buffalo) in die Felder zur Weide getrieben. Währenddessen beginnen Männer mit dem Abhacken der Baumwollsträucher, die den größten Teil des Feuerholzbedarfs im südlichen Punjab decken. Das Aufschichten der Sträucher für den Abtransport geschieht nur in Pächter- und Kleinbauernfamilien mit Hilfe von Frauen. Die darauffolgenden, mittlerweile fast zu 100 Prozent durchmechanisierten Arbeiten wie Pflügen und Eggen, um die Felder für die nachfolgenden Kulturen zu präparieren, liegen in der Verantwortung von Männern (vgl. Übersicht 4, S. 122).

---

[1] Normalerweise entscheiden die Männer der jeweiligen Haushalte, ob am darauffolgenden Tag Baumwolle gepflückt werden soll.

[2] Die Befürchtung, daß Erntearbeiterinnen Baumwolle stehlen könnten, wurde von sehr vielen Landbesitzern geäußert.

3.1.1.2 Weizen

a) Feldvorbereitung, Einsaat und Wachstumsperiode

Die Nachfolgekultur von Baumwolle ist, wie bereits in Kap. 2.3.4 erläutert, in den meisten Fällen Weizen. Die Feldvorbereitungen werden auch hierbei ausschließlich von Männern erledigt. Der Weizen wird von Männern danach noch überwiegend mit der Hand eingesät. Die Saatkörner befinden sich in einem Tragetuch vor dem Bauch und werden mit der Hand ausgestreut (broadcast-Methode). Einige größere Landbesitzer säen Weizen mit der sog. *pora*-Methode ein: Durch ein mit Löchern versehenes Eisenrohr, das auf den Pflug montiert ist, werden die Saatkörner in gleichem Abstand in Reihe ausgesät. Wenn der Weizen nach 2-3 Wochen keimt, sind es wiederum Frauen aus landlosen und Kleinbauernhaushalten, die das Unkraut für ihre Tiere jäten.

b) Ernte

Mit dem manuellen Schneiden des Weizens (vgl. Photo 2) ab ca. Mitte April beginnt die zweite Arbeitsspitze innerhalb eines Anbaujahres (vgl. Abb. 15, S. 92). Charakteristisch für die Weizenernte ist, daß die eine Haushaltsgemeinschaft bildenden Frauen und Männer zusammen arbeiten, da der Lohn in Naturalien ausgezahlt wird und somit keine Schwierigkeiten bei der Aufteilung entstehen. Bei der Weizenernte auf selbstbewirtschafteten Feldern helfen in den unteren zwei Besitzgrößenklassen i. d. R. alle befragten Frauen. In der Kategorie 12,5 - 25 Acres liegt der Anteil deutlich niedriger (8 von 27 Frauen). Dafür sind nach Aussagen der befragten Frauen die erschwerten Arbeitsbedingungen verantwortlich, da die Erntesaison in die heiße Jahreszeit fällt und das mühsame manuelle Schneiden in stark gebückter Haltung vorgenommen wird. Die Frauen aus *zamindar*-Haushalten beteiligen sich nicht an dieser Arbeit (vgl. Tab. 14, S. 106).

c) Arbeiten nach der Ernte

Für das anschließende Dreschen nutzen die Landwirte in den Untersuchungsdörfern seit ungefähr 15 Jahren Dreschmaschinen, die die traditionellen Methoden ersetzt haben. Die dabei anfallenden Arbeiten (Zusammentragen der Garben, ihr Einführen in die Dreschmaschine und das anschließende Einfüllen des Getreides in Säcke) erledigen ausschließlich Männer (vgl. Übersicht 4, S. 122). Die ausgeworfenen, zerkleinerten Strohhalme (Streu; *bhusa*) schichten wiederum meist Männer in einer Ecke des Feldes auf. Danach ummanteln Frauen diese Streuhaufen, die später als Rauhfutter für Tiere verwendet werden, mit einem Lehm-Ton-Gemisch als Schutz vor Feuchtigkeit und Tierfraß. Nachdem die Felder völlig abgeerntet sind, nutzen Frauen der armen Haushalte - mit Erlaubnis der

Landbesitzer - die Möglichkeit, die zurückgebliebenen Weizenähren aufzulesen. Diese dreschen sie manuell zu Hause (vgl. Photo 3).

3.1.1.3 Futterklee (*berseem*) und andere Futterpflanzen

a) Feldvorbereitung, Einsaat und Wachstumsperiode

Die dritte nennenswerte Kultur ist *berseem*, ein Alexandrienklee, der zwischen August und September gesät wird und ab November zum ersten Schnitt ausgereift ist. *Berseem* wird in den Untersuchungsdörfern wie die anderen Futterpflanzen Hirse (*jowar* {Sorghum vulgare}) und Mais (*makai*) lediglich für den Eigenbedarf angebaut und dient zur Versorgung der Wasserbüffel, Kühe und Ziegen mit Grünfutter. Auch hierbei sind Männer für die Feldvorbereitung und die Einsaat zuständig. Unkrautjäten entfällt bei diesen Kulturen.

b) Ernte

Das Schneiden des Futters geschieht mit einem kleinen sichelförmig gebogenen Messer (*drahti)*. Es wird jeweils nur die Menge geschnitten, die den täglichen Futterbedarf der Tiere deckt. Die Ernte ist sowohl Frauen- als auch Männerarbeit. Eine eindeutige Zuordnung dieser Tätigkeit zu den verschiedenen Besitzgrößenklassen ist schwierig: Frauen aus *zamindar*-Familien sind gänzlich von dieser Aufgabe entbunden. Für diese Haushalte schneiden die angestellten Landarbeiter das Futter. In den anderen untersuchten Haushalten variiert die Arbeitsteilung: So gaben 32 von 39 Frauen der kleinsten Besitzkategorie und 22 von 24 Frauen der Kleinbauernhaushalte an, daß sie regelmäßig, d. h. täglich ein- bis zweimal Futter schneiden (vgl. Tab. 14). Abhängig von anderen Belastungen schneiden während der Baumwollernte eher die Männer *berseem*, da die Frauen meistens den ganzen Tag ausgelastet sind.

c) Arbeiten nach der Ernte

Das Häckseln des geschnittenen Futters erfolgt i. d. R. sofort nach dem Transport in die Gehöfte. Dies ist notwendig, damit die Tiere es fressen und richtig verdauen können. In Betrieben unter 12,5 Acres übernehmen überwiegend Frauen diese Aufgabe. Die meisten Haushalte in den Untersuchungsdörfern besitzen dafür eine manuelle Häckselmaschine. In der mittleren Betriebsgrößenklasse und in den *zamindar*-Haushalten sind angestellte Landarbeiter - Frauen und Männer - für das Häckseln verantwortlich.

Tab. 14: Tätigkeiten von Frauen in der Pflanzenproduktion in den verschiedenen Betriebsgrößenklassen (n=105)

TÄTIGKEITEN	< 5 Acres/ Landlose (n = 39)	5 - 12,5 Acres (n = 24)	12,5 - 25 Acres (n = 27)	> 25 Acres (n = 15)	Insgesamt (105)
Baumwolle pflücken auf fremden Feldern	38	22	13	-	73
Baumwolle pflücken auf eigenen Feldern	38	24	24	2	88
Baumwollpflückerinnen beaufsichtigen	-	-	3	15	18
Weizen schneiden auf eigenen Feldern	38	24	8	-	70
Weizen schneiden auf fremden Feldern	38	7	2	-	47
Futter schneiden	32	22	19	-	73
Futter häckseln	34	22	13	2	71
Zuckerrohr setzen	14	12	-	-	26
Zuckerrohr schälen	18	20	-	-	38
Unkrautjäten	35	16	3	-	54
Gemüseanbau	-	8	12	4	24

Quelle: Eigene Erhebungen 1991/92/93

3.1.1.4 Zuckerrohr

Der Zuckerrohranbau hat in Chak 36 und Lal Kamal aufgrund der positiven Preisentwicklung seit einigen Jahren zugenommen. Der Anbau ist, vor allem in verkehrsgünstiger Lage, rentabel. Der Verdienst beträgt ca. 10.000 Rupies pro Acre).[3]

a) Feldvorbereitung, Einsaat und Wachstumsphase

Zuckerrohr wird ebenfalls in der Wintersaison geerntet und ab Februar/März neu gepflanzt (vgl. Abb. 15, S. 95). Dafür lassen die Farmer einen Teil des reifen Zuckerrohrs auf dem Feld stehen, um aus diesem die Setzlinge für die Neueinsaat zu gewinnen. Frauen aus landlosen, Kleinst- und Kleinbauernfamilien helfen beim Stecken des Zuckerrohrs. Auch übernehmen sie in der Wachstumsphase das Unkrautjäten.

b) Ernte

Das Schlagen des reifen Zuckerrohrs ist Aufgabe der angestellten Landarbeiter. Frauen helfen ihren Männern teilweise bei der Ernte, indem sie das Rohr schälen. Diese Blattreste werden dann

[3] Diese Auskunft erhielt ich von mehreren Landbesitzern aus Chak 36 sowie dem einzigen *zamindar*, der in Siraj Pur marktorientierten Zuckerrohranbau betreibt.

entweder gehäckselt als Rauhfutter oder für die Befeuerung bei der Herstellung von Rohzucker (*gur*) verwendet. Männer beladen die Hänger für den Transport zur Zuckerfabrik. Die Hauptarbeitslast beim Zuckerrohranbau tragen demnach die Männer der landlosen, Klein- und Kleinstbauernhaushalte (vgl. Tab. 14, Übersicht 4, S. 122).

c) Arbeiten nach der Ernte

Nur das Zuckerrohr, das für die Produktion von *gur* benötigt wird, behält der Landbesitzer zurück. Diese Form der Weiterverarbeitung zu Rohzucker geschieht in der unmittelbaren Nähe der Gehöfte und obliegt ebenfalls den angestellten Landarbeitern. Die abschließende Trocknung und Lagerung des Zuckers übernehmen dann wieder die Frauen.

3.1.1.5 Sonstige Kulturen

Alle anderen Kulturen haben in den Untersuchungsdörfern flächenmäßig und als Beschäftigungsmöglichkeit für Frauen eine untergeordnete Bedeutung, werden aber - da sie in anderen Regionen durchaus relevant sind - kurz erläutert. Ölsaaten (*taramira/sarson*) und Raps bauen lediglich einige *zamindar*-Familien in den Dörfern für die Subsistenz an. *Taramira* und *sarson* dienen in erster Linie der Herstellung von Öl für den persönlichen Bedarf (Körper- und Haaröl). Neben der Ölgewinnung dienen die Blätter der Rapspflanzen als Wintergemüse (*saag*). Da der Raps meistens in die Futterkleefelder (*berseem*) gepflanzt wird, lohnt sich der maschinelle Drusch nicht. Frauen erledigen diese Arbeit manuell.

Reis bildet in einigen Regionen des Sindh und im nördlichen Punjab die Hauptanbaukultur. Dabei fallen den Frauen fast die gesamten Setz- und Erntearbeiten zu. Im Untersuchungsgebiet bauen lediglich drei *zamindars* Reis für den Eigenbedarf an. Für die Tätigkeiten im Zusammenhang mit dem Reisanbau stellen sie Landarbeiterinnen ein.

3.1.1.6 Gemüse- und Obstanbau

Vorangestellt sei, daß der Gemüseanbau von fast allen Haushalten der Eigenversorgung dient. Gewöhnlich nutzen die Bauern Teile von Ackerflächen, die in unmittelbarer Nähe der Gehöfte oder *dera* liegen. Einerseits ist es dadurch möglich, das Risiko von Diebstählen zu verringern. Andererseits werden die Transportwege möglichst kurz gehalten. Am jahreszeitlichen Anbau der verschiedenen Gemüse- und Obstsorten beteiligen sich Frauen recht unterschiedlich. In der *rabi-*

Saison ist das Gemüseangebot deutlich größer, und Frauen übernehmen vor allem das Unkrautjäten und Ernten. Zum Wintergemüse zählen Karotten, Kürbis, Rettich, Blumenkohl, Auberginen und Linsen (*dal*), zum Sommergemüse Zwiebeln, Knoblauch, Chilli und Okraschoten (vgl. Abb. 16).

Abb. 16: Der jahreszeitliche Gemüseanbau

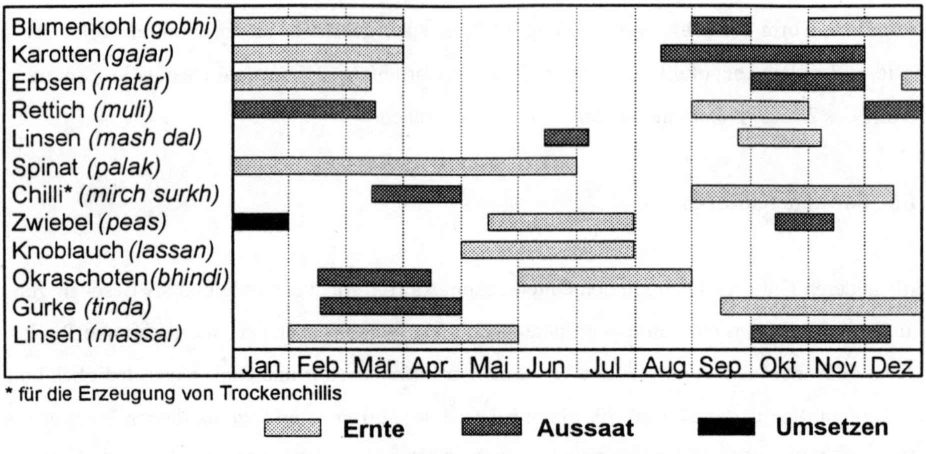

Quelle: Eigene Erhebungen 1991/92/93; Entwurf u. Gestaltung: C. Alff 1995

In *zamindar*-Haushalten übernehmen gewöhnlich Frauen der angestellten Landarbeiter die Einsaat sowie das Unkrautjäten während der Wachstumsperiode und teilweise die Erntearbeiten. Sofern in Pächter- und Kleinbauernhaushalten Gemüse angebaut wird, teilen sich Frauen und Männer die Aufgaben. Unkrautjäten, Düngung und Ernte fallen in den Verantwortungsbereich der Frauen, während Männer die Saatbeetvorbereitung, Aussaat und Bewässerung erledigen.

Der Obstanbau, vor allem von Mangos, Orangen und Limonen, stellt eine den Männern vorbehaltene Tätigkeit dar. Von der Bewässerung bis zur Ernte der Früchte erledigen gewöhnlich männliche Lohnarbeitskräfte die erforderlichen Aufgaben.

3.1.2 Vergleichende Ergebnisse neuerer empirischer Studien

Um zu verdeutlichen, daß die hier vorgestellten frauenrelevanten Tätigkeiten keine lokalen Besonderheiten darstellen, sei an dieser Stelle auf eine neuere empirische Studie hingewiesen, in der

FREEDMAN/WAI (1988) die geschlechtliche Arbeitsorganisation im ländlichen Pakistan untersuchen. Trotz der eingeschränkten Übertragbarkeit der Ergebnisse aufgrund anderer naturräumlicher Voraussetzungen (die Dörfer liegen im Regenfeldbaugebiet des nördlichen Punjab [Potwar Plateau] und der Nordwestgrenzprovinz) und einer anderen Landnutzungsstruktur, lassen sich dennoch gewisse Gemeinsamkeiten in der Arbeitsverteilung von Frauen und Männern feststellen. Weizen, Mais und Futterklee stellen die Hauptanbaukulturen in den Dörfern. Maschinell auszuführende Arbeitsgänge obliegen den Männern. Sie vermarkten auch die Erzeugnisse (98,1 %) und tragen die Verantwortung für den Einsatz von Pestiziden (96,5 %). Als typisch weibliche Arbeiten gelten hingegen die Saatgutvorbereitung (93,5 %), das Sammeln von Dung (88,9 %), die Errichtung von Vorratsbehältern aus Lehm (73 %) und das Einlagern von Getreide (66,2 %). Zu den Tätigkeiten, die beide Geschlechter gleichermaßen ausführen, zählen - wie auch in den Untersuchungsdörfern des südlichen Punjab - das Futterschneiden, Unkrautjäten, Ernten von Weizen, das Binden der Garben, Dreschen, Trocknen der Feldfrüchte und Auftragen von Dünger (vgl. Tab. 15).

Tab.15: Arbeitsteilung innerhalb der Haushalte bei Aktivitäten in der Pflanzenproduktion
(In Prozent der befragten Frauen auf die Frage: Wer führt die Aufgabe durch?)

AKTIVITÄTEN	Familienmitglied (männlich)	Familienmitglied (weiblich)	Lohnarbeiter (männlich)	Lohnarbeiter (weiblich)	Austausch
Saatgutvorbereitung	**6,0**	**93,5**	---	---	**0,5**
Saatbeetvorbereitung	**76,6**	**0,1**	23,3	---	---
Säen	**80,2**	**1,0**	**18,0**	**0,2**	**0,5**
Planieren	**85.8**	**0,1**	**13,5**	-	**0,5**
Dünger sammeln	**9,7**	**88,9**	**1,4**	-	-
Dünger verteilen	**58,2**	**38,7**	**2,8**	-	**0,4**
Pestizide spritzen	**96,5**	**0,6**	**2,4**	-	**0,6**
Futterschneiden	**49,0**	**50,0**	**0,5**	-	**0,5**
Unkrautjäten	**47,8**	**46,9**	**3,4**	-	**2,0**
Ernten	**53,9**	**32,5**	**4,4**	**2,2**	**7,0**
Weizen binden	**67,1**	**20,1**	**3,8**	**0,4**	**8,6**
Mais enthülsen	**55,4**	**30,4**	**5,9**	**3,6**	**4,5**
Dreschplatz vorbereiten	**88,1**	**9,0**	**1,9**	-	**1,1**
Dreschen	**50,1**	**23,5**	**22,2**	**0,4**	**3,9**
Trocknen	**45,4**	**51,5**	**2,5**	-	**0,5**
Transport zur Farm	**80,7**	**13,0**	**5,1**	-	**1,3**
Transport zum Markt	**93,4**	**5,2**	**1,0**	-	**0,4**
Vermarktung an Händler	**98,1**	**1,9**	-	-	-
Vorratsbehälter bauen	**26,7**	**73,0**	**0,3**	-	-
Nahrungsmittel einlagern	**32,5**	**66,2**	**1,0**	**0,2**	**0,2**
Futter lagern[a]	**76,1**	**19,9**	**2,5**	-	**1,5**

[a] = Aufstapeln des getrockneten Strohs, das zwischen Februar und April als Trockenfutter genutzt wird, auf den abgeernteten Weizenfeldern.

Quelle: FREEDMAN/WAI (1988:28)
Übersetzung: C. Alff

Die Tatsache, daß Frauen zu 23,5 % am Dreschen beteiligt sind, könnte darauf zurückzuführen sein, daß in exponierten Hanglagen des Potwar Plateaus noch häufiger manuell gedroschen wird. Dies bestätigt auch die Aussage von Frauen im Kanalbewässerungsgebiet, die darauf hinwiesen, daß sie bis zur Einführung von Maschinen am Dreschen des Weizens beteiligt waren. Ein signifikanter Unterschied besteht im Einsatz von Lohnarbeitskräften, die aufgrund der geringeren Flächenproduktivität (i. d. R. eine Ernte im Jahr) seltener eingestellt werden als in Regionen der Bewässerungslandwirtschaft. Lediglich bei der Saatbeetvorbereitung, dem Säen, Planieren und Dreschen helfen männliche Lohnarbeitskräfte überdurchschnittlich häufig.

3.2 Die Rolle von Frauen in der Tierproduktion

3.2.1 Allgemeines zur Tierproduktion in den Untersuchungsdörfern

Neben der Pflanzenproduktion ist die Viehhaltung in jedem Haushalt, unabhängig vom Landbesitz, ein wichtiger Bestandteil der Überlebenssicherung. Der ausschlaggebende Grund für die Tierhaltung liegt in ihrer Multifunktionalität:

- Transport: Vor allem in kleinbäuerlichen Haushalten dienen Ochsen, Kamele und Esel als Zug- und Transporttiere. Mit ihnen betreibt man die Zuckerrohrmühlen zur Herstellung von Rohzucker (*gur*) und die Göpelwerke (vgl. Photo 4). In landbesitzenden Haushalten mit mehr als 25 Acres ersetzt jedoch die zunehmende Mechanisierung allmählich den Einsatz von Tieren für Zug- und Transportdienste.
- Dung- und Brennstoffproduktion: Der Dung von Büffeln und Kühen findet in Form der getrockneten Dungkuchen (*uplay*) als Brennstoff Verwendung. Dieser wird insbesondere für das Homogenisieren der Milch genutzt. Sofern Haushalte Gemüseanbau betreiben, werden die Dungkuchen auch als organischer Dünger eingesetzt.
- Nahrungsmittelproduktion: Die tierischen Produkte Milch und Fleisch erweitern das Nahrungsmittelangebot vieler Familien. In Haushalten, in denen überschüssige Milch erzeugt wird, verkaufen Frauen entweder die Milch oder das daraus hergestellte Butterfett (*ghee*).
- „Wertanlage“: Wasserbüffel und Ziegen stellen eine Form der finanziellen Absicherung dar, da sie ohne größere Schwierigkeiten veräußerbar sind. So ist die Beschaffung von Bargeld innerhalb kurzer Zeit möglich (vgl. Abb. 17).

In den verschiedenen Betriebsgrößenklassen sind Art und Anzahl der gehaltenen Tiere unterschiedlich und dementsprechend die anfallende Arbeitsbelastung. Auch die Funktion von Tieren ist entscheidend vom sozioökonomischen Stand der Haushalte abhängig. So werden in Betrieben mit mehr als 12,5 Acres vorzugsweise Wasserbüffelkühe (*nili* Büffel) gehalten, deren fett- und proteinhaltige Milch (7,5 % und 3,8 %/Liter) besonders als Zusatz zur Ernährung und zur Butterherstellung geschätzt wird: *„The Nili-Ravi buffalo is the most important and preferred animal of the farmer. The breed has the potential of about 3000 kg of milk per lactation with an average of 6 % fat.“*[4] (PAK GERMAN o.J.:o.S.)

Abb. 17: Geschlechtsspezifische Arbeitsteilung in der Tierhaltung und Zusammenhänge zwischen Tier- und Pflanzenproduktion

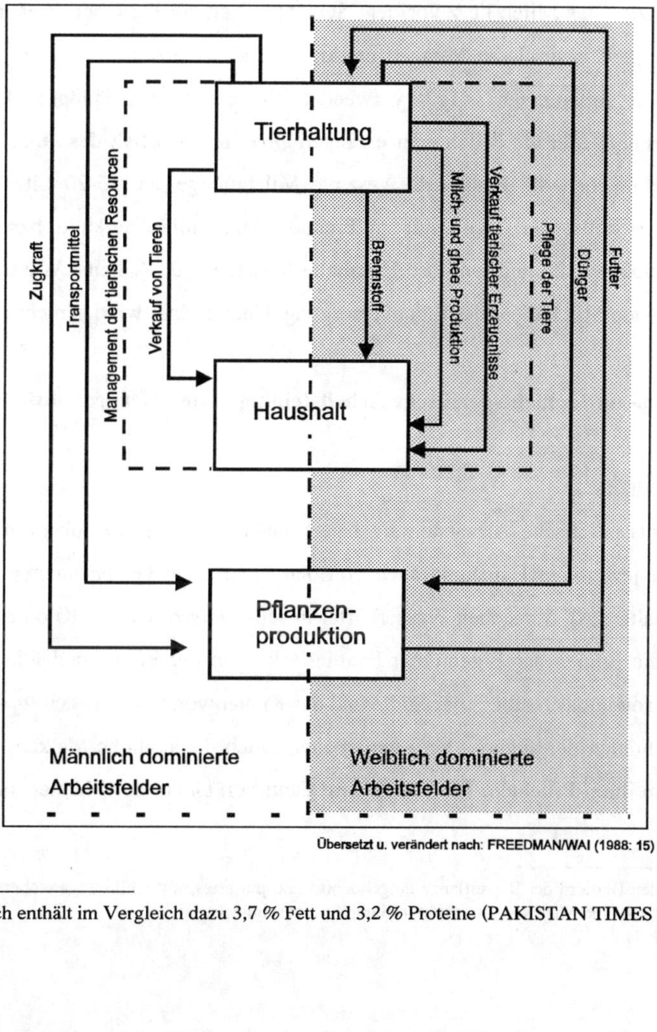

Übersetzt u. verändert nach: FREEDMAN/WAI (1988: 15)

[4] Ein Liter Kuhmilch enthält im Vergleich dazu 3,7 % Fett und 3,2 % Proteine (PAKISTAN TIMES vom 2.8.1991).

Klein-, Kleinstbauern (< 12,5 Acres) und landlose Haushalte können sich Wasserbüffelkühe selten leisten, da diese höhere Ansprüche an Fütterung und Pflege stellen als Kühe und Ziegen. Wasserbüffel müssen beispielsweise in den Sommermonaten regelmäßig baden, da so Krankheiten vorgebeugt wird. Zudem benötigen sie aufgrund ihres höheren Gewichtes mehr Grün- und Rauhfutter. Wenn sie trächtig sind, ist die Zufütterung von Kraftfutter notwendig. Kühe und Ziegen hingegen sind vergleichsweise anspruchslose Tiere, die zwar weniger Milch geben, aber auch weniger hochwertiges Futter und einen geringeren Pflegeaufwand benötigen. Die aus der Pflanzenproduktion anfallenden Unkräuter und Überreste beim Weizendrusch (*bhusa*) und aus dem Zuckerrohr- und Maisanbau reichen als Futtermittel aus.

Der Unterschied zwischen wohlhabenden und armen Haushalten ist auch an der Art, Menge und Verwendung der erzeugten Milchprodukte zu erkennen. In landbesitzenden Haushalten gehört das gesüßte und erhitzte Glas Milch kurz vor dem Schlafengehen zur täglichen Ernährung. In solchen Haushalten wird *ghee* in größeren Mengen produziert und als Speisezutat (z. B. auf dem in den Wintermonaten oft zubereiteten *saag*[5]) verwendet. Bei einer Überschußproduktion von Milch verkaufen Frauen entweder die Milch oder erzeugen *ghee*. Im Haushalt des *zamindar* (A) und des Pächters (B) verbrauchen die Frauen die gesamte Milchmenge, ca. 15-20 Liter täglich, für die Familie. Das hergestellte *ghee* wird nur an Freunde der Familie verkauft bzw. an Verwandte verschenkt. Kleinbäuerliche und landlose Haushalte besitzen i. d. R. keine Wasserbüffel, sondern Kühe. Die anfallende Milch dient der Eigenversorgung, Überschüsse werden nicht produziert.

3.2.2 Geschlechts- und schichtspezifische Arbeitsteilung in der Tierproduktion

a) *zamindar*-Haushalte

Die geschlechtsspezifische Arbeitsteilung hängt außer von den sozioökonomischen Rahmenbedingungen der jeweiligen Haushalte auch von den räumlichen Gegebenheiten ab. Im Fall des *zamindar*-Haushaltes (A), der sieben Wasserbüffel in seinem *dera* (ca. 2-3 Kilometer entfernt) hält, beteiligen sich die Frauen der Eigentümer-Familie selten an der Pflege und Fütterung der Tiere. Diese Aufgaben sowie das Säubern der Ställe und das Kneten von Dungkuchen (*uplay*) übernehmen gewöhnlich die Frauen der angestellten Landarbeiter. Auch das tägliche Melken, am Morgen und Abend, gehört zu ihren Pflichten. Die Milch wird dann von einem der Männer mit dem Motorrad

---

[5] *Saag* ist ein aus den Blättern der Rapspflanze eingekochtes und püriertes, mit Chilli angereichertes Gericht, das wie Spinat aussieht und wie eine Mischung aus Grünkohl und Spinat schmeckt.

oder Fahrrad zum Hof in Chak 36 transportiert. Dort sind dann die Frauen für die Weiterverarbeitung zuständig. Lediglich bei Arbeitsengpässen muß eine der Schwiegertöchter die anfallenden Aufgaben auf dem *dera* erledigen. Auch in anderen *zamindar*-Haushalten, sofern die Tiere nicht in unmittelbarer Nähe des Wohnhauses untergebracht sind, scheint dies die typische Arbeitsorganisation zu sein. Bei drei der insgesamt 15 befragten landbesitzenden Haushalte, die ihre Tiere direkt am Haus halten, übernehmen Frauen der Familie das Melken.

Das Homogenisieren der Milch, die Weiterverarbeitung zu Butter und *ghee* liegt vollständig in der Verantwortung der Frauen. Auf Nachfrage verkaufen Frauen auch tierische Erzeugnisse an Nachbarinnen oder verschenken sie an Verwandte. Da Frauen der *zamindar*-Haushalte jedoch nicht finanziell auf die Vermarktung angewiesen sind, verkaufen sie nur, wenn Dorfbewohnerinnen Produkte direkt nachfragen.

b) Landlose, Bauern-, Klein- und Kleinstbauernhaushalte (bis 25 Acres)

Ganz anders stellt sich die Situation für Frauen der kleineren Besitzgrößenklassen dar: Sie sind für alle Tätigkeiten fast vollständig alleinverantwortlich. Vor allem das Ställeausmisten und Dungkuchen kneten - Arbeiten, die mit wenig Prestige besetzt sind - fallen in ihren Aufgabenbereich. Von den 39 Frauen der Kategorie < 5 Acres und aus den landlosen Haushalten besitzen 33 Familien Wasserbüffel, Kühe oder Ziegen. Ausnahmslos alle Frauen sind für das Ausmisten der Ställe und dem Kneten der Dungkuchen verantwortlich. Die Fütterung und das Melken der Muttertiere ist - überraschenderweise - keine geschlechtsspezifische Tätigkeit. Frauen und Männer teilen sich, abhängig von anderen Arbeitsbelastungen, diese Aufgaben (vgl. Tab. 16). Auch in diesen Besitzgrößenklassen liegt die Weiterverarbeitung der Milch alleinig in den Händen der Frauen. Da gewöhnlich keine Überschüsse produziert werden, vermarkten die Frauen nur in sechs von insgesamt 90 Fällen Milch, Butter, *ghee* und Eier (vgl. Tab. 16).

Tab. 16 : Tätigkeiten von Frauen in der Tierproduktion in den verschiedenen Betriebsgrößenklassen (n=105)

TÄTIGKEITEN	< 5 Acres/ Landlose (n = 39)[1]	5 - 12,5 Acres (n = 24)	12,5 - 25 Acres (n = 27)	> 25 Acres (n = 15)	Insgesamt (105)
Melken	18	16	7	3	44
Homogenisieren und Buttern der Milch	25	24	27	15	91
Ställe ausmisten	33	24	19	1	77
Tiere füttern	27	14	13	1	55
Dungkuchen kneten	33	24	15	-	72
Verkauf von Milch, Eiern, *ghee*	-	2	4	3	9

[1] 33 der 39 Haushalte besitzen Wasserbüffel, Kühe und/oder Ziegen

Quelle: Eigene Erhebungen 1991/92/93

Zusammenfassend bleibt festzuhalten, daß in den von mir untersuchten Familien verschiedene Formen der Arbeitsteilung bei der Tierproduktion existieren und eine eindeutige geschlechtsspezifische Trennung nicht erkennbar ist. Nur zwei Tätigkeiten, Ställe ausmisten und Dungkuchenformen, stellen zu 100 % Arbeitsfelder von Frauen dar. Melken, Futter häckseln, Füttern, Tränken, Baden und Weiden übernehmen beide Geschlechter gleichermaßen, wobei in *zamindar*-Haushalten und größtenteils auch in den mittleren Betriebsgrößenklassen familienfremde Arbeitskräfte die genannten Tätigkeiten ausführen. Nur in den Betrieben, die weniger als 12,5 Acres bewirtschaften, erledigen Frauen und Männer der Familie alle mit der Tierhaltung verbundenen Aufgaben (vgl. Tab. 16, Übersicht 4, S. 122).

3.2.3 Vergleichende Ergebnisse neuerer empirischer Studien

Die Ausführungen über Arbeitsbelastung und Arbeitsteilung bei den von mir untersuchten Familien finden eine Entsprechung in der bereits erwähnten Studie von FREEDMAN/WAI. Das Säubern der Ställe und Plätze sowie das Präparieren von Dungkuchen übernehmen demnach zu 90,7 bzw. 92,9 % Frauen; die *ghee*-Produktion wird vollständig (100 %) und das Eiersammeln zu 87 % von Frauen getätigt. Auch der Verkauf von tierischen Produkten innerhalb des Dorfes übernehmen zu 92,4 % Frauen, womit ihre Bedeutung für diesen Produktionsteil deutlich wird. Ausgeglichener stellt sich das Verhältnis bei den Aufgaben Füttern, Tränken, Melken und Pflegen der Tiere dar, die von Männern und Frauen jeweils zur Hälfte ausgeführt werden. Als rein männliches Arbeitsfeld sind lediglich das Weiden der Tiere und das Vermarkten von Produkten an Händler (87,0 bzw. 86,7 %) zu werten (vgl. Tab. 17).

FREEDMAN/WAI (1988:44) kommen darüber hinaus zu dem Ergebnis, daß 80 % der Frauen die aus dem Verkauf tierischer Produkte erzielten Einkommen selbständig verwalten. Sie tragen damit durchschnittlich 13 % zum gesamten Haushaltsbudget bei.

Tab. 17: Arbeitsteilung auf Haushaltsebene bei Aktivitäten in der Tierproduktion
(Anteil der Frauen (%) auf die Frage: "Wer führt Tätigkeiten aus?")

Art der Tätigkeit	Familie		Angestellte	
	Männer	Frauen	Männer	Frauen
Bau und Reparatur von Ställen	17,1	1,3	81,1	0,4
Reinigung der Ställe	8,4	90,7	0,8	
Baden der Büffel	49,1	50,0	0,9	
Weiden	87,0	11,2	1,8	
Tränken	55,4	43,8	0,8	
Futterschneiden	46,7	52,2	0,8	
Melken	32,2	67,4	0,4	
Ghee-Herstellung		100,0		
Sammeln der Eier	13,0	87,0		
Dungkuchen kneten	6,2	92,9	0,9	
Pflege gebärender Tiere	52,4	47,2	0,4	
Pflege kranker Tiere	75,5	24,0	0,4	
Produktvermarktung außerhalb des Dorfes	86,7	12,7	0,6	
Produktvermarktung innerhalb des Dorfes	5,8	94,2		

Quelle: Übersetzt nach FREEDMAN/WAI (1988:31)

Zu interessanten Schlußfolgerungen über das tägliche Zeitbudget von Frauen gelangen ANWAR/ BILQUEES (1976), die in Jhor Sayal, einem Dorf in der Nähe von Lyallpur, die täglichen Aktivitäten von Frauen untersuchten. Frauen verwenden danach 24 % der täglichen Arbeitszeit mit Sammeln, Schneiden und Häckseln von Futter, 11 % benötigen sie für die Pflege der Tiere, und 7 % ihrer Zeit nehmen Melken und Buttern ein. Insgesamt werden so 6,5 Stunden täglich in die Tierhaltung investiert. Leider differenzieren die Autorinnen nicht nach Landbesitzverhältnissen der untersuchten Haushalte, so daß offen bleibt, ob Frauen der jeweiligen Familien oder Angestellte die unterschiedlichen Tätigkeiten durchführen.

Bereits 1974 kam SCHOLZ (286ff.) zu bemerkenswerten Ergebnissen bei seinen sozialgeographischen Forschungen über Nomaden in Beluchistan. Er untersuchte den zeitlichen Arbeitseinsatz von Frauen und Männern einer Bangulzai-Familie während ihrer Wanderung vom Gebirge ins Tiefland und stellte fest, daß die tägliche Arbeitszeit der Frau durchschnittlich 55 % über der des Mannes liegt. Das Tätigkeitsdiagramm zeigt, daß die Frau vor allem für die Zubereitung der Mahlzeiten, Haushaltspflichten und das Be- und Entladen der Kamele verantwortlich ist. SCHOLZ (1974:288) führt weiter aus, daß - trotz Mehrbelastung der Frau - auf der insgesamt elftägigen

Wanderung ihre Kalorienzufuhr immer unter der des Mannes lag. Er erklärt damit die von ihm beobachteten Schwächeanfälle von insgesamt 16 Frauen der Bangulzai-Gruppe.

3.3 Bezahlung der verschiedenen landwirtschaftlichen Tätigkeiten

a) Baumwolle

Die Baumwollernte stellt die wichtigste monetäre Einkommensquelle für Frauen im ländlichen Raum dar. Die Zahlungsmodalitäten veränderten sich in den letzten acht bis zehn Jahren jedoch zuungunsten der Frauen. So erhielten die Pflückerinnen bis Mitte der 80er Jahre von der täglich geernteten Baumwolle 1/10 bis 1/14.[6] Dieser Lohnanteil wurde ihnen täglich von dem Verantwortlichen nach Augenmaß zugeteilt. Die Frauen konnten entweder die Baumwolle horten und zu einem für sie günstigen Zeitpunkt verkaufen (lassen) oder die Baumwolle reinigen lassen und selbst weiterverarbeiten. Seit ungefähr acht bis zehn Jahren wird die in dem Sacktuch gesammelte Baumwolle jeder Pflückerin am Ende eines Arbeitstages abgewogen und die Menge in ein Notizbuch eingetragen. Die Frauen erhalten als Beleg einen Zettel. Eine geübte Pflückerin erntet beim ersten und zweiten Pflückdurchgang zwischen 40-60 kg/Tag; beim dritten Pflücken hingegen zwischen 20-30 kg/Tag, da die Baumwollsträucher nur noch wenige Kapseln tragen. Nach Abschluß der Ernte und des Verkaufs der Baumwolle können die Frauen dann mit ihren Belegen den Lohn einfordern.

Mit der Einführung dieser monetären Entlohnung (für einen Maund Baumwolle werden zwischen 25-30 Rupies bezahlt; 1991/92 entsprach das einem Betrag von 1,90-2,30 DM für 37,5 kg) ist den Frauen die Wahl zwischen Eigennutzung und Verkauf genommen. Lediglich beim dritten und schwierigsten Pflücken greifen die Landbesitzer auf die traditionelle Entlohnung zurück (vgl. Tab. 18). Begründet wird dies mit den erschwerten Arbeitsbedingungen, da die Pflückmengen pro Tag niedriger sind und Frauen dementsprechend länger brauchen, um die durchschnittlichen 40 kg/Tag zu ernten. Die Bezahlung in Naturalien wird als Anreiz betrachtet, um - so die übereinstimmende Einschätzung der Landbesitzer - ausreichend Frauen zu motivieren. Die nach ihren Arbeitsbedingungen befragten Frauen in den Baumwollfeldern (insg. 45) wiesen in erster Linie auf folgende Probleme bei der finanziellen Entlohnung hin:

---

[6] In einer Abschlußarbeit von 1981/82 (Punjab University, Lahore) über den Baumwollanbau in dem südlich von Bahawalpur gelegenen Distrikt Rahimyar Khan beschreibt der Autor, daß Frauen und Kinder anteilig mit der gepflückten Baumwolle entlohnt werden, d. h. die finanzielle Entlohnung noch nicht begonnen hatte (vgl. ARSHAD 1982:42).

- Da die meisten Frauen Analphabetinnen sind, können sie weder das Abwiegen kontrollieren noch die Eintragungen auf ihren Belegen. Die Gefahr des Manipulierens ist somit größer als bei der traditionellen Bezahlung.[7]
- Die Belegzettel sind für die Frauen zunächst wertlos, da sie sie nicht unmittelbar einlösen können. Familien, die dringend Geld benötigen, sind daher auf Kredite der Land- und Ladenbesitzer angewiesen, müssen sich ggf. bis nach der Baumwollvermarktung verschulden. Damit ist auch das Risiko, in Abhängigkeit zu geraten, sofern sie die Kredite nicht vollständig zurückzahlen können, gegeben.

Von den 45 befragten Pflückerinnen, äußerten sich 30, die die frühere, anteilige Entlohnungsform noch kennen, negativ über das neue System.

Tab. 18: Die Entlohnung verschiedener landwirtschaftlicher Tätigkeiten von Frauen

TÄTIGKEITEN	*ENTLOHNUNG (1991/92)*	*BEMERKUNGEN*
	PFLANZENPRODUKTION	
Baumwollernte 1. Pflücken 2. Pflücken 3. Pflücken	 20-25 Rs./Maund 20-25 Rs./Maund 1/14-1/12 der geernteten Baumwolle	 Die meisten Landbesitzer zahlen den Gesamtbetrag erst nach Verkauf der Baumwolle im Januar/Februar
Weizen schneiden	2-3 Maunds/Acre	Abhängig von der Dichte des Weizens
Zuckerrohr schälen	Reste als Viehfutter	
Unkrautjäten Baumwolle, Weizen, Zuckerrohr	 Unkraut darf als Viehfutter verwendet werden	
Futterklee schneiden	Teil des Futters	Anteil abhängig vom Landbesitzer
Reis setzen/ernten	2 Maunds/Acre	
Zwiebeln setzen/ernten	25 Rs./Tag	
Chillipflanzen pflegen und ernten	1/16-1/14 der geernteten Chillis	
	TIERHALTUNG	
Tierställe säubern Dungkuchen kneten Tiere verpflegen	5 Kilogramm Weizen/Tier/ Monat, manchmal Kleidung, Nahrungsmittel	Gilt nur für ausgewachsene Tiere

Quelle: Eigene Erhebungen 1992/93

[7] Meine eigenen Beobachtungen bestätigen diese Vermutung, denn ich habe häufiger Differenzen zwischen den auf den Zetteln notierten Mengen und den auf der Waage angezeigten festgestellt.

b) Weizen

Die Entlohnung für einen Acre geernteten Weizen betrug im Untersuchungszeitraum abhängig von der Wuchsdichte zwischen zwei und drei Maunds (= 74-111 Kilogramm) ungedroschenen Erntegutes. Bis vor einigen Jahren erhielten die Erntehelfer/innen anteilig pro Acre zwischen einem und zwei Maunds (37,7-74 Kilogramm), aber infolge verbesserter Anbaumethoden konnte die Flächenproduktivität gesteigert und die Bezahlung angehoben werden (vgl. Tab. 18). Da für das Dreschen des Weizens und Mahlen des Weizens pro Maund jeweils zwei Kilogramm aufgewendet werden müssen, verbleiben dem Erntearbeiter letztendlich pro Maund Weizen 33,5 Kilogramm für den eigenen Bedarf. Die Frauen bezeichneten die Entlohnung als zufriedenstellend.

c) Sonstige Tätigkeiten

Alle übrigen Tätigkeiten in der Pflanzenproduktion werden mit Ausnahme des marktorientierten Zwiebelanbaus ebenfalls in Naturalien entlohnt. Für das Schneiden und Schälen des Zuckerrohrs dürfen die Arbeiter/innen die anfallenden Pflanzenreste als Viehfutter verwenden. Arbeiten wie z. B. Unkrautjäten bei den verschiedenen Kulturen werden nicht extra entlohnt. Die Frauen dürfen die Unkräuter an ihre Tiere verfüttern. Für das Schneiden und Häckseln von Futter erhalten die Arbeiter/innen einen geringen Anteil des Futters. Für das Setzen und Ernten der Reispflanzen beträgt die Vergütung zwei Maunds ungedroschenen Reis pro Acre. Beim marktorientierten Zwiebelanbau verdienen Frauen in der Untersuchungsregion 25 Rupies pro Tag.[8] Zu den Aufgaben gehört das Setzen der Zwiebelknollen sowie das regelmäßige Unkrautjäten auf den Beeten. Für entsprechende Arbeiten an den Chillisträuchern erhalten Frauen, die diese Arbeiten vornehmlich erledigen, 1/16 bis 1/14 der geernteten Chillischoten.

Die Säuberung von Viehplätzen, Verpflegung der Tiere und das Kneten der Dungkuchen (vgl. Photo 4) werden mit fünf Kilogramm gedroschenem Weizen/Monat je ausgewachsenem Tier bezahlt. Teilweise erhalten die Frauen zu bestimmten Anlässen (*Id-al-Ahra*) zusätzlich Kleidungsstücke oder Nahrungsmittel (vgl. Tab. 18).

---

[8] Marktorientierten Zwiebelanbau betrieben ein Bauer in Lal Kamal sowie mehrere Landbesitzer, die ich auf Fahrten zu den Untersuchungsdörfern „am Wegesrand“ interviewte.

3.4 Auswirkungen von Modernisierungsprozessen in der Landwirtschaft auf die ländliche Bevölkerung

Wie bereits angedeutet (vgl. Kap. 2.2.3), wurden durch die Grüne Revolution und technische Neuerungen Veränderungsprozesse im ländlichen Raum initiiert, deren wichtigste Auswirkungen im folgenden vorgestellt und in ihren Konsequenzen auf die Arbeitsbedingungen von Frauen analysiert und bewertet werden sollen. Zwei aufeinanderfolgende Entwicklungen sind herauszustellen: Seit Beginn der 60er Jahre brachten der Ausbau und die Verbesserung des Kanalsystems eine Produktionssteigerung, da der Anbau von *rabi-* und *kharif-*Früchten möglich wurde. Die darauffolgende Einführung schnellwüchsigerer Weizensorten und einer amerikanischen Baumwollzüchtung, der gleichzeitig propagierte Einsatz von Traktoren und landwirtschaftlichen Geräten sowie die Anwendung anorganischen Düngers steigerte die Flächenproduktivität im Pflanzenbau.[9] In einigen Bereichen stieg dadurch der Bedarf an Arbeitskräften (z. B. Traktorfahrer), in anderen wiederum wurden die bisher manuell ausgeführten Arbeiten maschinell ersetzt und die darin Tätigen „freigesetzt". Veränderungen wirkten sich vor allem auf die Hauptanbaukulturen, Weizen und Baumwolle, aus und brachten folgende Neuerungen: Für die Ernte der ertragreicheren amerikanischen Baumwolle, die seit 1965 vermehrt im Untersuchungsraum angebaut wird, benötigen die Landbesitzer mehr Erntearbeitskräfte als für die lokale punjabische Art (*desi* 64), da die Sträucher vergleichsweise dichter stehen, niedriger in der Wuchshöhe sind und mehr Baumwollkaspeln tragen. Da ausschließlich Frauen in der Ernte beschäftigt sind, bieten sich ihnen vermehrt Einkommensmöglichkeiten.

Im Gegensatz dazu verloren aber auch Frauen und Männer ihre traditionellen Beschäftigungen im Weizenanbau, da der flächendeckende Einsatz von Dreschmaschinen das traditionell mit Tieren besorgte Dreschen überflüssig machte. SHAHEED (1991:60) kommt in einer im Auftrag der FAO durchgeführten Studie zu einer ähnlichen Einschätzung: *„The threshing process seems to have undergone a complete change. Where in the past it was done with oxen which were made to walk on sheaves of wheat with a wooden plank (phalla) tied at the back to remove the husk from the grain, and followed by winnowing, nowadays mechanised threshers have entirely replaced the oxen."* Frauen aus landlosen und Kleinbauern-Familien arbeiteten früher beim Dreschen mit und wurden

[9] Die Anzahl der Schlepper in Pakistan beispielsweise versiebenfachte sich von 1971 (insg. 21.000) bis 1984 (insg. 148.000 Schlepper), und der Einsatz von stickstoff- und phosphathaltigen Düngemitteln verzeichnete ebenfalls einen Anstieg: 1980/81 wurden 483.000 Tonnen Stickstoffdünger aufgebracht, 1985/86 waren es bereits 1.128.000 Tonnen. Der Gebrauch von Phosphat stieg von 227.000 Tonnen (1980/81) auf 350.000 Tonnen 1985/85 (STATISTISCHES BUNDESAMT 1987:36).

dafür - zusammen mit ihren Ehemännern und/oder Brüdern - pro Flächeneinheit in Weizen bezahlt. Alle Befragten (Frauen und Männer) erklärten, daß die Arbeitsmöglichkeiten während der Weizenernte spürbar zurückgegangen sind. Teilweise sind sie sogar gezwungen, Weizen zuzukaufen, um die Ernährung zu sichern. Zwei Gründe sind hierfür zu nennen:

- Der Einsatz von Schnittmaschinen steigt kontinuierlich an, so daß das manuelle Schneiden des Getreides überflüssig wird. Ein arbeitskräfteintensiver Beschäftigungsbereich geht auf diese Weise verloren. Benötigte man bisher zwei Personen, um einen Acre Weizen am Tag zu ernten, so erledigt ein Traktorfahrer mit Schnittmaschine diese Aufgabe in ungefähr zwei Stunden.
- Eine weiterer Grund ist die Arbeitsmigration armer städtischer Bevölkerungsschichten. Zur Erntesaison ziehen sie in die ländlichen Gebiete, um während der Weizenernte den benötigten Getreidevorrat zu erwirtschaften.

Der Gebrauch von Pestiziden im Weizenanbau hat auch zur Folge, daß das Unkrautjäten teilweise überflüssig wird. Dadurch verlieren vor allem ärmere Bevölkerungsgruppen eine indirekte Einkommensquelle durch Futtermittelbeschaffung. Nicht zuletzt entfallen durch die Mechanisierung im Transportwesen Arbeitsplätze für Landarbeiter. Eine Bewertung des Modernisierungsprozesses führt nicht zu einem eindeutigen Ergebnis: Eine größere Flächenproduktivität und damit auch eine erhöhte Nahrungsmittel- wie „cashcrop"-Produktion bedingen den Einsatz von landwirtschaftlichen Maschinen/Geräten und sind positiv einzuschätzen.[10] Wenn aber durch die Mechanisierung wie beispielsweise die Einführung von Schnittmaschinen oder gar Mähdreschern Arbeitsplätze abgebaut werden und ein Großteil der ländlichen Armen ihre wichtigste Einkommensquelle ersatzlos verliert, ohne daß alternative Erwerbsmöglichkeiten geschaffen werden, ist das m. E. negativ zu bewerten. Denn eine zunehmende Verarmung breiter Bevölkerungsschichten scheint dadurch gegeben, und die Gefahr der verstärkten Landflucht wächst.

---

[10] Auf die ökologischen Probleme, die durch intensive Bewässerung und Einsatz von Pestiziden entstehen, kann im Rahmen dieser Arbeit nicht eingegangen werden.

3.5 Fazit oder: Wodurch wird die Teilhabe von Frauen an der landwirtschaftlichen Produktion bestimmt?

Abschließend erfolgt eine Zusammenfassung und Interpretation der wichtigsten Ergebnisse der vorhergehenden Abschnitte. Arbeiten in der Landwirtschaft und Tierhaltung gehören für fast alle Frauen in den Untersuchungsdörfern zur alltäglichen Routine. Der ausschlaggebende Grund für die Partizipation von weiblichen Familienarbeitskräften im familiären Betrieb oder die Aufnahme einer Erwerbstätigkeit als Landarbeiterin liegt in der ökonomischen Notwendigkeit, die sich aus der jeweiligen Haushaltssituation ergibt. Dabei lassen sich nach Größe der landwirtschaftlichen Nutzfläche pro Haushalt folgende Feststellungen treffen (vgl. Übersicht 4):

a) Die "direkten" unmittelbaren landwirtschaftlichen Aktivitäten von Frauen aus Haushalten mit einer Betriebsgröße von mehr als 25 Acres beschränken sich auf das Observieren der Baumwollpflückerinnen, auf Erntearbeiten bei Gemüse und einzelne Aufgaben in der Viehhaltung. Von den insgesamt 37 ausgewiesenen typischen „Frauen"-Arbeiten werden von den Frauen der als wohlhabend geltenden Familien nur drei Tätigkeiten ausgeführt. Melken übernehmen sie beispielsweise nur in Engpaßsituationen (bei Nichtanwesenheit der Diener) oder wenn die Tiere in unmittelbarer räumlicher Nähe zum Wohnhaus der Familien untergebracht sind. Das Ernten des Gemüses erfolgt nach Bedarf durch angestellte Landarbeiter/innen oder Familienmitglieder.

b) Frauen aus der mittleren Betriebsgrößenklasse zwischen 12,5 und 25 Acres führen 11 der 37 identifizierten Tätigkeiten teilweise oder vollständig aus. Dazu gehören eigenverantwortlich: das Pflanzen von Reis, Unkrautjäten, die Baumwoll-, Reis- und Gemüseernte, das Dreschen von Ölpflanzen und Reis, das Ausmisten der Ställe und Viehplätze und das Kneten von Dungkuchen. Die Frage, inwieweit die genannten Arbeiten von weiblichen Familienangehörigen oder Lohnarbeiterinnen ausgeführt werden, hängt vom sozioökonomischen Hintergrund der Familien ab: Ein Haushalt mit 25 Acres Betriebsfläche und einem zusätzlichen festen Einkommen durch Lohnarbeit eines Angehörigen kann auf die Mitarbeit weiblicher Familienarbeitskräfte in Teilbereichen verzichten, während Betriebe, die um 12,5 Acres bewirtschaften und ohne weitere Einkommen sind, auf nahezu alle Familienarbeitskräfte angewiesen sind.

c) Die geschlechtsspezifische Arbeitsverteilung in Betrieben mit weniger als 12,5 Acres und in landlosen Haushalten, deren Mitglieder überwiegend in der Landwirtschaft tätig sind, zeigt, daß weibliche Familienangehörige zum Mitarbeiten gezwungen sind. Sie führen 28 der 37 erfaßten landwirtschaftlichen Tätigkeiten aus. Ausnahmen bilden lediglich die mechanisierten Tätigkeiten wie z. B. Pflügen und Bewässern der Felder sowie die Vermarktung der Erzeugnisse außerhalb der Dörfer. Die in den anderen Betriebsgrößenklassen eher männlich dominierten Aufgaben werden in Betrieben mit weniger als 12,5 Acres und in den landlosen Haushalten häufiger von Frauen und Männern gemeinsam erledigt, wie beispielsweise das Zuckerrohr setzen, ernten und schälen (vgl. Übersicht 4).

Übersicht 4: Geschlechtsspezifische Arbeitsteilung in der Landwirtschaft in Abhängigkeit von der Betriebsgröße

AKTIVITÄTEN	Landbesitzende Haushalte (> 25 Acres)	Landbesitzende- und Pächterhaushalte (12.5-25 Acres)	Kleinbauern-haushalte
Pflügen	□	□ ■	■ □
Eggen	□	□ ■	■ □
Bewässern	□	■ □	■
Säen	□	□ ■	■
Zuckerrohr setzen	□ ○	□ ■	■ ●
Reis pflanzen	○	○ ●	● ■
Düngen	□ ○	□	■ ●
Pestizide spritzen	□	□ ■	■
Unkrautjäten	○ □	○ ●	● ■
ERNTEARBEITEN			
Weizen schneiden	□ ○	○ □ ■ ●	■ ●
bündeln	□ ○	○ □	■ ●
dreschen	□	□ ■	■
Baumwolle pflücken	○ ●	○ ●	● ○
Zuckerrohr schneiden	□ ○	□	■ ●
schälen	□ ○	○ □	■ ●
bündeln	□ ○	□ ○	■ ●
Futterklee schneiden	□ ○	○ □	■ ●
Mais schneiden	□	□ ○	■ ●
schälen	○ □	○	■ ●
Ölpflanzen schneiden	□ ○	□ ○	■ ●
dreschen	○ □	● ○	■ ●
Reis schneiden	○	○ ●	●
dreschen	□ ○	● ○	■ ●
Gemüse ernten	○ ●	● ○	● ■
Tabak pflücken	□	□ ■	■ ●
Obst pflücken	□	□ ■	■
TRANSPORT			
Feld - Hof	□ ○	□ ■	■ ●
Hof/Feld - Markt	■ □	■ □	■
VIEHHALTUNG			
Melken	○ □ ●	○ □ ●	● ■
Futter häckseln	○ □	○ □	● ■
Füttern	○ □	○ □	● ■
Tränken	□ ○	○ □	● ■
Baden/Wässern	□ ○	○ □	● ■
Ställe ausmisten	○	○ ●	●
Dungkuchen herstellen	○	○ ●	●
Weiden	□ ○	□	● ■
VERMARKTUNG (Außerhalb des Dorfes)	■	■	■

Tätigkeiten werden hauptsächlich ausgeführt von:

○ = Weiblicher Lohnarbeitskraft ● = Weiblicher Familienarbeitskraft

□ = Männlicher Lohnarbeitskraft ■ = Männlicher Familienarbeitskraft

Quelle: Eigene Erhebungen 1991/92/93; Gestaltung: C. Alff 1994

Ein weiteres, m. E. interessantes Ergebnis besteht in dem Prestige, das den verschiedenen Tätigkeiten beigemessen wird. So übernehmen Frauen Arbeiten, die eine geringere gesellschaftliche Wertschätzung erfahren. Von den höher bewerteten Tätigkeiten - auch in monetärer Hinsicht - sind sie hingegen ausgeschlossen. Als beispielhaft können das Säubern der Viehställe und Kneten der Dungkuchen, die als unreine Arbeiten gelten, herangezogen werden.[11] Demgegenüber erledigen Männer die mechanisierten Tätigkeiten, die ein höheres Prestige besitzen, selbst wenn vor der Einführung von Maschinen auch die Frauen an diesen Arbeiten beteiligt waren (Bsp. Weizendrusch).

Welches sind nun die Gründe von Frauen, einer Erwerbstätigkeit in der Landwirtschaft nachzugehen?

Neben der reinen Überlebenssicherung ist die von Frauen empfundene Notwendigkeit, Geld für bestimmte Anlässe zu verdienen, Grund für die Aufnahme von Tätigkeiten in der Landwirtschaft. Ist innerhalb der nächsten Jahre beispielsweise eine Hochzeit geplant, muß für die Aussteuer und Feierlichkeiten gespart werden: *„Two or three years before we marry our daughter I start working during the cotton harvest. The money I earn I will save to prepare a little dowry (jaheez). Of course my daughter has to work, too"* (Gespräch mit einer Mutter von vier Töchtern und drei Söhnen, deren Familie 15 Acres Land bewirtschaftet). *„My daughter will marry in one or two years. Since we don't have much money I work for different landowners to save some money for the wedding and all the ceremonies. My daughter also works during wheat and cotton harvest"* (Frau eines landlosen Schusters).

Häufig zwingen auch unerwartete Ausgaben durch Krankheit oder Tod eines Angehörigen Frauen in die Erntearbeit, um Schulden zurückzahlen zu können: *„My husband is too old to work and always sick. I have to earn money to buy medicine for him"* (Frau eines landlosen ehemaligen Bäckers). *„Last year my husband died. When he was alive we did all the work on our land but now I give the land to one sharecropper and I also work for other landowners because the money I get from the contractor is not sufficient"* (Witwe eines Kleinbauern [8 Acres] mit 5 Kindern).

Die Ausführungen machen deutlich, daß eine vertikale, von den Betriebsgrößen abhängige Differenzierung in den landwirtschaftlichen Aktivitäten von Frauen vorherrscht. Mit abnehmender landwirtschaftlicher Nutzfläche pro Haushalt wächst die Arbeitsbelastung und Verantwortung von

---

[11] In den Städten ist das Reinigen der sanitären Anlagen sowie das Putzen meist eine Aufgabe, die von Christen oder Hindus übernommen wird.

weiblichen Familienarbeitskräften in der landwirtschaftlichen Produktion. Da die meisten Arbeiten nicht in den Gehöften oder Häusern durchgeführt werden können, ist die Geschlechtersegregation und die Einhaltung der *purdah*-Vorschriften nur für Frauen größerer landbesitzender Familien möglich.[12] Frauen aus landlosen und Kleinbauernhaushalten mit weniger als 12,5 Acres sowie aus landbesitzenden und Pächterhaushalten zwischen 12,5 und < 25 Acres verlassen ihre Höfe mehrmals täglich zur Erledigung der notwendigen Aufgaben (vgl. auch Kap. 3.9). Doch selbst Frauen aus *zamindar*-Familien unterliegen innerhalb der Dörfer nur bedingt den Vorschriften der Geschlechtersegregation, da das Dorf als eine soziale Einheit betrachtet wird, die ihren Mitgliedern Schutz bietet. Das Beaufsichtigen der Baumwollpflückerinnen beispielsweise fällt in den Verantwortungsbereich von Frauen aus landbesitzenden Haushalten.

Standen die mit der landwirtschaftlichen Produktion verbundenen und größtenteils im „Außenraum" durchzuführenden Tätigkeiten im Vordergrund dieses Kapitels, so werden im folgenden die Aufgaben von Frauen im häuslichen Bereich dokumentiert.

3.6 Die Rolle der Frauen in der Haushaltsökonomie oder: Von der Last des Alltags

Unter den Begriff Haushaltsökonomie fallen alle produktiven und reproduktiven Tätigkeiten von Frauen innerhalb des häuslichen Bereichs. Die getrennte Aufnahme von Aktivitäten, die im Außenraum (Dorfgemarkung) bzw. Innenraum (Gehöfte, Häuser) stattfinden, erwies sich aus methodischen Gründen als sinnvoll.[13] So konnten die verschiedenen Arbeitswelten der Frauen in ihrer speziellen Problematik besser herausgestellt werden. Im ersten Teil des folgenden Kapitels erfolgt eine Beschreibung und die Interpretation der täglichen Arbeitsabläufe von Frauen der unterschiedlichen sozioökonomischen Haushalte. Daran anschließend wird nach der innerfamiliären Arbeitsteilung, den Entscheidungsmustern sowie den Veränderungen der häuslichen Aktivitäten durch Modernisierungsprozesse gefragt. Abschluß des Kapitels bildet die Dokumentation der räumlichen und materiellen Lebensbedingungen unterschiedlich positionierter Haushalte. Die

[12] Nur zwei der insgesamt 26 Tätigkeiten in der Pflanzenproduktion können im Hof, also unter Einhaltung der *purdah*-Regeln durchgeführt werden (manuelles Dreschen von Reis und Ölsaaten), während alle übrigen in der Dorfgemarkung, im Außenraum stattfinden.

[13] So konnte ich die Aktivitäten aller Frauen eines Haushaltes beobachten und diejenigen, die von Arbeiten in der Landwirtschaft zurückkehrten, befragen, was sie in der Zeit getan hatten. Die Aufnahme der Arbeitsabläufe erfolgte in der Wintersaison 1992/93 zur Zeit der Baumwollernte (November bis Januar).

exemplarischen Hof- und Hausgrundrisse (vgl. Karten 7-11, S. 148ff.) geben einen detaillierten Einblick in das tägliche Lebens- und Arbeitsumfeld der Frauen.

3.6.1 Tägliche Arbeitsabläufe von Frauen aus landbesitzenden, Pächter-, Kleinbauern- und landlosen Haushalten

3.6.1.1 Frauen eines *zamindar*-Haushaltes

Exemplarisch für einen *zamindar*-Haushalt ist die in Chak 36 lebende Familie eines der ersten Kolonisten, Haji Yussuf. Mit seiner zweiten Frau Bibi kam er um 1930 in das Dorf und erwarb 50 Acres Land vom damaligen Nawab von Bahawalpur. Das Ehepaar hat vier Söhne und zwei Töchter, die alle verheiratet sind. Zwei der Söhne leben mit ihren Ehefrauen auf dem elterlichen Gehöft im Dorf, die anderen zwei Söhne leben mit ihren Frauen in Bahawalpur.

Die beiden Schwiegertöchter übernehmen morgens ab 5 Uhr die anstehenden Arbeiten wie Buttern, Milch erhitzen, Fegen und Frühstücksvorbereitungen. Bibi hingegen spricht das erste der fünf täglichen Gebete und liest danach im Koran. Zwischen 9 und 10 Uhr verläßt die ältere Schwiegertochter (ST 1), das Haus. Auf ihrem Weg zum *dera* ruft sie Frauen für die Baumwollernte zusammen. Sie bleibt bis gegen 17 Uhr zum Observieren der Pflückerinnen in den Feldern. Die jüngere Schwiegertochter (ST 2) erledigt in dieser Zeit die gesamten Haushaltsarbeiten. Nachdem alle Familienmitglieder gefrühstückt haben, wäscht sie zunächst ab. Anschließend fegt sie die Innenräume des Hauses und räumt auf (vgl. Übersicht 5).

Während des Vormittages beginnt sie mit dem Waschen der Kleidung. Für die Kinder, die mittags aus der Schule nach Hause kommen, bereitet sie gegen 13 Uhr ein Mittagessen vor. Den Nachmittag verbringt sie mit Wäsche waschen, aufhängen und bügeln sowie den Essensvorbereitungen für den Abend. In einer kurzen Pause vollzieht sie das Mittagsgebet. Nach dem Abendessen erledigt sie wiederum den Abwasch, versorgt die Kinder mit einem Glas warmer Büffelmilch und setzt sich schließlich zusammen mit ihrer Schwägerin zum Entkernen der Baumwolle in eines der Wohnzimmer. Bibi nutzt die Zeit nach dem Abendessen für Gespräche mit ihren Söhnen. Sie beteiligt sich - auch insgesamt betrachtet - nur selten an den verschiedenen Aktivitäten im häuslichen Bereich. Den Großteil ihrer täglichen Zeit verbringt sie mit Ruhen und der Ausübung religiöser Pflichten (vgl. Übersicht 5).

Übersicht 5: Beispiel A: Landbesitzer in Chak 36 (50 Acres), insgesamt 15 Familienmitglieder (sechs Erwachsene und neun Kinder [Hofgrundriß, Karte 6])

Zeit	Bibi	ST 1	ST 2
5h		Aufstehen, Buttern Milch erhitzen	Aufstehen, Hof fegen
6h	Aufstehen, Rituelle Waschung, Gebet	Rituelle Waschung Gebet, Teig kneten	Betten machen, Rituelle Waschung, Gebet,
7h	Koranrezitation,	Kinder wecken, Betten wegräumen	Feuerholz holen, Tee vorbereiten,
8h	Tee trinken	Frühstück für die Kinder vorbereiten, Brot backen	Frühstück für die Männer vorbereiten, Brot backen
9h	Frühstück einnehmen	Essen für *dera* packen, Frühstück einnehmen	Kinder versorgen, Frühstück einnehmen
10h	Ruhen/Unterhaltung mit dem Ehemann	Essen für das *dera* einpacken Frauen zum Baumwollpflücken zusammenrufen	Abwasch, Haus fegen, im Haus aufräumen, fegen, bügeln
11h	Handarbeiten/Ruhen	Baumwollpflückerinnen observieren	Wäsche waschen, Reis reinigen, Gemüse
12h	Anweisungen zum Kochen geben	Baumwollpflückerinnen observieren	putzen, Wäsche aufhängen
13h	Rituelle Waschung, Gebet	Mittagspause	Essensvorbereitungen Kinder versorgen
14h	Essen, Ruhen, Nähen	Baumwollpflückerinnen observieren	Abwaschen, Tee zubereiten, Wäsche aufhängen
15h	Rituelle Waschung, Gebet		Rituelle Waschung, Gebet
16h	Besuch der Tochter, Gespräche		Essensvorbereitungen für den Abend
17h	Mithilfe bei den Essensvorbereitungen	Gang vom *dera* nach Hause, Körperpflege,	Brotteig kneten, Rituelle Waschung, Gebet
18h	Gespräch mit dem Sohn	Rituelle Waschung, Gebet	Essensvorbereitungen
19h	Verteilung des Essens an die Familienmitglieder	Brot backen, Kinder versorgen	Feuer anzünden Brot backen
20h	Abendessen	Abendessen Rituelle Waschung Gebet	Abendessen Abwasch, Rituelle Waschung, Gebet
21h	Rituelle Waschung, Gebet		Aufräumen, Milch erhitzen
	Gespräche mit Söhnen Ruhen	Baumwolle entkernen (im Haus), Gespräche mit Schwägerin	Baumwolle entkernen Kinder mit Milch versorgen
22h	Schlafen	Aufräumen, Schlafen	Aufräumen, Schlafen

Bibi = Ehefrau des Haushaltsvorstandes; ST = Schwiegertochter

Quelle: Eigene Erhebungen 1992

3.6.1.2 Frauen eines Pächterhaushaltes

Exemplarisch für die Arbeitsbedingungen und -abläufe in Pächterhaushalten (Geldpacht) steht die Familie von Khusi Mohamad in Siraj Pur. Mit drei seiner insgesamt fünf verheirateten Söhne bewirtschaftet er drei *murabah* Land (75 Acres), das er von einem *zamindar* aus Ahmedpur East gepachtet hat. Neben den verheirateten Söhnen wohnt die - in Trennung von ihrem Ehemann lebende - zweitjüngste Tochter mit ihren zwei Söhnen wieder bei den Eltern. Der älteste Sohn führt mit seiner Ehefrau und fünf Kindern seit fünf Jahren einen separaten Haushalt auf dem Grundstück des Vaters. Diese Familie wurde bei dem Tagesablaufschema nicht berücksichtigt (vgl. Karte 8). Der zweitälteste Sohn lebt mit seiner Familie in Uchh Sharif und betreibt ein Geschäft für landwirtschaftliche Geräte und Ersatzteile.

Der Tag beginnt für Bibi, der Ehefrau des Haushaltsvorstandes, bereits um 4 Uhr. Sie übernimmt das manuelle Buttern als erste Aufgabe des Tages. Die drei Schwiegertöchter bereiten ab 5 Uhr das Frühstück vor (vgl. Photo 5, S. 230ff.), währenddessen die Tochter den gesamten Hof fegt. Bibi, als Älteste, verteilt ab 7 Uhr das Frühstück an die Familienmitglieder, die i. d. R. alle gemeinsam essen. Gegen 9 Uhr verläßt sie den Hof, um mit den Erntearbeiterinnen Baumwolle zu pflücken. Dort bleibt sie bis zum späten Nachmittag.

Die Schwiegertöchter erledigen während des Vormittages anstehende Haushaltsarbeiten wie Wäsche waschen, Wohnräume reinigen etc. Das Säubern der Viehplätze und das Formen der Dungkuchen übernehmen die jüngste Schwiegertochter und die Tochter von Bibi. Einen größeren Teil der täglichen Arbeitszeit widmen die Frauen den überwiegend noch nicht schulpflichtigen Kindern. Das Alter der Kinder geben sie auch als Grund an, nicht bei der Baumwollernte helfen zu können. Die Vorbereitungen für das Abendessen beginnen ab ungefähr 15 Uhr.

Auch die Tochter von Bibi, die innerhalb der Familie aufgrund ihrer angeblichen Geisteskrankheit eine Außenseiterrolle einnimmt, beschäftigt sich überwiegend mit ihren Kindern. Lediglich das Hoffegen, Dungkuchen formen und der Abwasch gehören zu den Aufgaben, die sie für den Haushalt erledigt.

Bibi kehrt gegen 17 Uhr vom Baumwollpflücken zurück, und während die Männer das Abwiegen übernehmen, schmeckt sie das Essen ab und nimmt letzte „Handgriffe" vor. Nach dem - wiederum gemeinschaftlichen - Abendessen bringen die Schwiegertöchter ihre Kinder zu Bett, stellen die Betten für die Männer in den Hof und ziehen sich gewöhnlich in ihre Wohnräume zurück (vgl. Übersicht 6).

Übersicht 6: Beispiel B: Pächter in Siraj Pur (75 Acres), insgesamt 21 Familienmitglieder (neun Erwachsene und zwölf Kinder [Hofgrundriß Karte 7])

Zeit	Bibi	ST 1	ST 2	ST 3	Tochter
4h	Aufstehen, Buttern				
	(manuell)				
5h	Teewasser auf-	Aufstehen	Aufstehen	Aufstehen	Aufstehen
	setzen	Brotteig kneten	Ofen feuern	Milchbehälter	Hof fegen
6h	Frühstück vor-	Aufräumen	Betten machen	auswaschen	
	bereiten	Brot backen	Brot backen		Betten machen
7h	Frühstück verteilen	Kinder ver-	Kinder ver-	Kinder ver-	Kinder versorgen
		sorgen	sorgen	sorgen	
8h	Frühstück	Frühstück	Frühstück	Frühstück	Frühstück
	Essen für Feld-		Abwasch		Abwasch
9h	arbeit packen	Viehplätze	Kinder	Viehplätze	
	ab 9h Baumwolle	säubern	waschen,	säubern	Dungkuchen
10h	pflücken,	Kinder waschen,	anziehen	Kinder	formen
	Arbeiterinnen	anziehen		anziehen	Kinder
11h	beaufsichtigen	Wäsche am Ka-	Wäsche am	Zimmer	versorgen
		nal waschen	Kanal	aufräumen	Wäsche
12h	Baumwolle	Mittagessen	waschen		waschen,
	pflücken	für Kinder	Kinder	Kinder ver-	Wäsche
13h	Baumwolle	zubereiten	verpflegen	sorgen	aufhängen
	pflücken	Mittagspause	Ruhen	Mittagspause	Beschäftigung
14h	Mittagspause	Gemüse schnei-	Nähen,	Wäsche ab-	mit Kindern
	Baumwolle	den, putzen	Handarbeiten	nehmen,	Ruhen
15h	pflücken	Essensvorberei-		bügeln	
16h	Baumwolle	tungen, Brotteig	Feuerholz	Körperpflege	Hof fegen
	pflücken	kneten	holen		
17h	Gang nach Hause	Kinder ver-	Milch erhitzen		Kinder
		sorgen	Ruhen	Kinder ver-	versorgen
18h	Brot backen	Brot backen	Brot backen	sorgen	
19h	Essen verteilen	Abendessen	Abendessen	Abendessen	Abendessen
	Abendessen	Gespräche	Kinder ver-		
20h	Tee kochen	Betten machen	pflegen	Abwasch	Abwasch
	Betten machen	Gespräche	Betten		
21h	Gespräche mit		machen	Gespräche	Ruhen
	Söhnen und				
	Schwiegertöchtern				
22h	Schlafen	Schlafen	Schlafen	Schlafen	Schlafen

Bibi = Ehefrau des Haushaltsvorstandes; ST= Schwiegertochter

Quelle: Eigene Erhebungen 1992

3.6.1.3 Frauen eines Kleinbauernhaushaltes

Für die Vielzahl von kleinbäuerlichen Haushalten im Untersuchungsgebiet wurde eine in Siraj Pur ansässige Großfamilie als Beispiel gewählt, die vier Acres Ackerland besitzt und bewirtschaftet. Das Ehepaar lebt mit den drei verheirateten Söhnen und den zehn Enkelkindern in einem kleinen Gehöft (vgl. Karte 9) auf der östlichen Gemarkungsseite des Abbasia Link Kanals.

Gegen 5 Uhr morgens beginnen die Ehefrau des Haushaltsvorstandes und die älteste Schwiegertochter mit dem manuellen Buttern. Kurze Zeit später werden die Kinder geweckt. Die jüngste Schwiegertochter fegt den Hof, während die anderen drei Frauen mit den Frühstücksvorbereitungen beschäftigt sind. Zwischen Frühstück und dem Aufbruch in die Baumwollfelder verpflegen die Frauen noch die Wasserbüffel, Kühe und Ziegen. Danach verlassen die drei Schwiegertöchter das Gehöft, um Baumwolle zu pflücken. Die Mittagspause verbringen sie in den Feldern. Die Schwiegertöchter nehmen ihre Kinder, die - wie im Pächterhaushalt von Khusi Mohamad - erst zwischen einem und fünf Jahren alt sind, mit zu den Baumwollfeldern. Dort werden sie von älteren Geschwistern oder anderen Kindern beaufsichtigt. Wenn sie zwischen 15 und 16 Uhr nach Hause kommen, bleibt ihnen keine Zeit, um auszuruhen. Zwei der Frauen verlassen den Hof sofort wieder zum Futter schneiden, während wiederum die jüngste Schwiegertochter die Viehplätze säubert und anschließend Dungkuchen knetet. Sobald die anderen zwei Frauen mit dem Viehfutter zurückkommen, wird es von ihnen gehäckselt, und anschließend werden die Tiere damit versorgt.

Die Ehefrau des Haushaltsvorstandes hat während des Vormittags Wäsche am Kanal gewaschen. Über die Mittagsstunden kümmert sie sich um die zu Hause gebliebenen Kinder und ruht ein wenig. Am Nachmittag flechtet sie - für den eigenen Bedarf - *charpoi*-Seile. Die Vorbereitungen für das Abendessen beginnen gegen 16 Uhr.

Zwischen 18 und 19 Uhr nehmen die Familien - getrennt voneinander - das Abendessen ein. Den Abwasch übernehmen meistens zwei der Schwiegertöchter gemeinsam, während die dritte die Betten für die Männer im Hof vorbereitet. Die Schwägerinnen „plaudern" noch ein wenig miteinander, bevor gegen 21 Uhr alle schlafen gehen (vgl. Übersicht 7).

Übersicht 7: Beispiel C: Kleinbauer in Siraj Pur (4 Acres), insgesamt 18 Familienmitglieder (acht Erwachsene und zehn Kinder) [Hofgrundriß Karte 8])

Zeit	Bibi	ST1	ST2	ST3
5h	Aufstehen, Buttern	Aufstehen, Buttern		
	(manuell)	(manuell)	Aufstehen, Kinder	Aufstehen
6h	Brotteig kneten, Was-	Kinder wecken,	wecken, waschen,	Hof fegen
	ser, Feuerholz holen	waschen,	anziehen, Brotteig	Aufräumen
7h	Brot backen, Tee	Brot backen	kneten, Brot backen	Brot backen
	kochen, Essen auf-	Geschirr waschen	Essen aufwärmen,	Tee kochen
8h	wärmen, Frühstück	Kinder füttern, Früh-	Frühstück, Kinder	Frühstück
	Aufräumen	stück, Abwasch	füttern, Abwasch	Kinder verpflegen
9h	Betten wegräumen	Tiere verpflegen	Futter häckseln	Tiere verpflegen
10h	Wäsche waschen	Baumwolle pflücken	Baumwolle pflücken	Baumwolle pflücken
11h	Wäsche aufhängen	Baumwolle pflücken	Baumwolle pflücken	Baumwolle pflücken
12h	Ruhen	Baumwolle pflücken	Baumwolle pflücken	Baumwolle pflücken
13h	Mittagessen	Mittagspause	Mittagspause	Mittagspause
	Kinder versorgen	Baumwolle pflücken	Baumwolle pflücken	Baumwolle pflücken
14h	Ruhen	Baumwolle pflücken	Baumwolle pflücken	Baumwolle pflücken
15h	*charpoi*-Seile flechten	Baumwolle pflücken	Baumwolle pflücken	Baumwolle pflücken
		Futterschneiden	Futter schneiden	Viehplätze säubern
16h	Gemüse schneiden,	Futter häckseln	Futter häckseln	Dungkuchen formen
	putzen	Tiere füttern,	Wasser holen	Tiere füttern,
		melken	Tiere füttern	tränken
17h	Brotteig kneten	Milch erhitzen	Feuerholz holen	Essen vorbereiten
		Brotteig kneten	Essen vorbereiten	Brot backen
18h	Brot backen	Brot backen	Kinder versorgen	Kinder versorgen
		Kinder versorgen	Betten machen	
19h	Abendessen	Abendessen	Abendessen	Abendessen
20h	Gespräch mit	Abwaschen	Betten machen	Abwaschen
	Söhnen	Aufräumen	Gespräch mit	Gespräch mit
			Schwägerin	Schwägerin
21h	Schlafen	Schlafen	Schlafen	Schlafen

Bibi = Ehefrau des Haushaltsvorstandes; ST= Schwiegertochter

Quelle: Eigene Erhebungen 1992

3.6.1.4 Frauen eines landlosen Haushaltes

Ein abschließendes Beispiel bildet die Tagesablaufstudie eines landlosen Haushaltes mit vier Familienmitgliedern. Bibi, eine Witwe, lebt mit ihren zwei Töchtern und ihrem behinderten Sohn auf dem Grundstück eines *zamindar* in Chak 36. Die ältere ihrer Töchter ist verheiratet und lebt mit ihrem Mann bei der Mutter. Die Arbeitsmuster sind vergleichbar mit denen der Frauen des Kleinbauernhaushaltes: Die drei Frauen beginnen um 5 Uhr morgens mit dem Versorgen der Tiere, wobei die Töchter zum Kanal gehen müssen, um das für den Vormittag benötigte Wasser zu holen.

Übersicht 8: Beispiel D: Landlose in Chak 36, insgesamt vier Familienmitglieder
(Witwe mit zwei Töchtern und einem behinderten Sohn)

	Bibi	Tochter 1	Tochter 2
5h	Aufstehen, Wasserbüffel und Ziegen füttern,	Wasser holen Zimmer und Hof fegen	Wasser holen, Brotteig kneten, Brot backen
6h	tränken, Wasserbüffelkuh melken	Feuerholz holen, Tee zubereiten, Brot backen	Essensreste aufwärmen Ab 7 Uhr Tätigkeit als
7h	Tee trinken, Frühstück Futter schneiden, nach	Tee trinken, Frühstück Aufräumen, Abwasch	„servant" bei *zamindar*-Familie: Abwaschen
8h	Hause tragen	Viehplätze säubern	Aufräumen, Toilette und Waschraum reinigen
9h	Sohn versorgen	Wasser holen, Essen einpacken	Hof fegen Wäsche waschen
10h	Baumwolle pflücken	Baumwolle pflücken	Gemüse und Reis putzen
11h	Baumwolle pflücken	Baumwolle pflücken	Viehplätze säubern Dungkuchen formen
12h	Baumwolle pflücken	Baumwolle pflücken	Futter schneiden
13h	Mittagspause im Feld	Mittagspause im Feld	Zu Hause den Bruder versorgen, Fortsetzung
14h	Baumwolle pflücken	Baumwolle pflücken	der „servant"-Tätigkeit in *zamindar*-Familie:
15h	Baumwolle pflücken	Baumwolle pflücken	Essensvorbereitungen
16h	Baumwolle pflücken	Baumwolle pflücken	Brotteig kneten
17h	Gang nach Hause Einkaufen im Gemüseladen	Gang nach Hause, Wasser holen, Wasserbüffel und	Feuerholz holen Ofen feuern
18h	Gemüse putzen und schneiden, Essen zubereiten	Ziegen tränken, Futter häckseln, Tiere füttern	Brot backen Aufräumen, Fegen
19h	Brotteig kneten, Brot backen, Abendessen	Brot backen Abendessen	Abendessen, Abwaschen Aufräumen
20h	Sohn versorgen Ruhen, Gespräch mit der Nachbarin	Wasserbüffelkuh melken Abwaschen, Aufräumen Hof fegen	Gang nach Hause Gespräch mit der Schwester
21h		Betten rausstellen	
22h	Schlafen	Schlafen	Schlafen

Bibi = Haushaltsvorstand

Quelle: Eigene Erhebungen 1992

Bibi ist für das Melken der Wasserbüffelkuh und das Futterschneiden in den frühen Morgenstunden zuständig, während die ältere Tochter aufräumt, die Viehplätze säubert und das Essen für den bevorstehenden Tag in den Baumwollfeldern einpackt. Die jüngere Tochter geht bereits gegen 7 Uhr zum Hause eines Landbesitzers, um dort im Haushalt zu helfen. Sie bleibt i. d. R. den ganzen Tag und unterbricht ihre Tätigkeit lediglich während der Mittagszeit, um den behinderten Bruder zu versorgen. Ihre Mutter und ältere Schwester pflücken ab ca. 10 Uhr Baumwolle und kehren in den Nachmittagsstunden zurück, um die Tiere zu versorgen und das Abendessen vorzubereiten. Die jüngere Tochter erhält ihr Abendessen gewöhnlich in der landbesitzenden Familie und kommt erst gegen 20 Uhr nach Hause (vgl. Übersicht 8). Sofern sie nicht als „servant" arbeitet, begleitet sie ihre Mutter und Schwester zum Baumwollpflücken.

Die dargestellten Aktivitäten und Arbeitsmuster der verschiedenen Frauen lassen sich nicht auf das ganze Jahr übertragen, gelten aber für die landwirtschaftlichen Spitzenzeiten der Baumwoll- und Weizenernte. Während dieser Zeit arbeiten Frauen der ärmeren Haushalte fast täglich in den Feldern. Die Pflichten im Haushalt und die Versorgung der Tiere werden in den frühen Morgen- und Abendstunden erledigt. Zwischen den Ernteperioden übernehmen Frauen der kleinbäuerlichen und landlosen Familien andere Tätigkeiten in der Landwirtschaft oder Aufgaben im Dienstleistungsbereich.

3.6.2 Saisonale Tätigkeiten von Frauen im häuslichen Bereich

Zu den saisonalen Aktivitäten in der Nahrungsmittelzubereitung gehört das Einlegen von Chillis, Mangos, Limonen und Karotten für Pickles (*ajar*). Das Obst und Gemüse wird gewaschen, zerkleinert und dann in Öl, Essig und Kräuter eingelegt, um es zu konservieren. Pickles stellen ein wichtiges Grundnahrungsmittel in ärmeren Haushalten dar. Zusammen mit Fladenbrot werden sie häufig als Frühstück und Mahlzeit während der Feldarbeit verzehrt. In den Landbesitzerfamilien sind sie eher eine zusätzliche Beilage zu anderen Gerichten. Zur Zeit der Maisernte mahlen Frauen der wohlhabenderen Familien Mais im traditionellen Handmahlstein. Daraus werden dann die Maisfladenbrote (*makai roti*) gebacken, die als besondere Delikatesse geschätzt sind. Im Fastenmonat *ramadan* verarbeiten Frauen in ähnlicher Weise Linsen zu Mehl, das die Grundsubstanz für die Herstellung von gefüllten Teigtaschen (*pokhora*) darstellt.

Zu den weiteren saisonalen Tätigkeiten in den Haushalten zählen das Ausbessern der mit Lehm verputzten Hauswände, Fußböden (innen und außen), Öfen und Vorratsbehälter. In landbesitzenden Haushalten werden alle 5-6 Monate die Fußböden neu mit einem Lehm-Streu-Gemisch bestrichen, um eine ebene Fläche zu erhalten. Die Arbeit führen Frauen aus dem Dorf aus, die dafür Weizen, Reis oder in seltenen Fällen Geld erhalten. Die Lehmöfen (*chula*) erneuern oder bessern die Frauen einer Familie gewöhnlich selbst aus. Lediglich die großen Öfen (*tandoor*), in denen vorzugsweise im Sommer Fladenbrot gebacken wird, stellen Spezialistinnen auftragsgemäß her (vgl. Photo 6, S. 230).

Frauen fast aller Haushalte nutzen die arbeitsextensiven Monate des Jahres für die Herstellung und Reparatur der traditionellen Bekleidung (*shalwar kammeez*) sowie von Steppdecken und Kissenbezügen. Frauen größerer landbesitzender Haushalte benutzen dazu meistens Nähmaschinen (in wenigen Familien gibt es sogar elektrische), während Frauen aus ökonomisch schlechter gestellten Familien nur selten über diese arbeitserleichternden Geräte verfügen.[14]

Zu den besonderen saisonalen Arbeitsbelastungen von Frauen gehören der Fastenmonat *ramadan*, die daran anschließenden religiösen Feste (*Id-al-ahra & Id-al-bakra*) und größere Familienfeierlichkeiten wie Hochzeiten. Fasten bedeutet den Verzicht auf Nahrungsmittel und Wasser zwischen Sonnenauf- und -untergang. Ausgenommen davon sind Kinder (bis ca. 12 Jahre), Schwangere, Kranke und Reisende. Für die Frauen bringt der Fastenmonat größere Anstrengungen in der täglichen Hausarbeit. Sie müssen zwischen zwei und drei Uhr nachts aufstehen, um das Frühstück für die gesamte Familie vorzubereiten. In den landbesitzenden Familien der Dörfer gibt es i. d. R. mit Butter, Gemüse oder Kartoffeln gefüllte Fladenbrote (*prattha*) und Reste des vorhergegangenen reichhaltigen Abendessens zum Frühstück. Ärmere Familien essen ebenfalls die Reste mit frischem Fladenbrot. Nach dem ersten Morgengebet, das den Fastentag einleitet, schlafen die Frauen noch zwei bis drei Stunden, bis die Kinder geweckt werden müssen.

Dann beginnt für die Frauen der Kleinbauernhaushalte und der landlosen Familien der normale Arbeitsalltag (vgl. Kap. 3.2.1). Sie versorgen die Tiere, schneiden das Futter, arbeiten in anderen landbesitzenden Haushalten als 'servant' und übernehmen anstehende landwirtschaftliche Aufgaben wie beispielsweise das Unkrautjäten in den frisch eingesäten Weizenfeldern (vgl. Übersicht 9). Lediglich Frauen wohlhabender Familien können sich Ruhepausen während der Mittagsstunden

---

[14] Auf den ersten Blick erscheint dieses Ergebnis merkwürdig, da Nähmaschinen in fast jeder Aussteuer enthalten sind. Auf Nachfragen in betreffenden Haushalten konnte festgestellt werden, daß ehemals vorhandene Nähmaschinen teilweise in finanziellen Notsituationen verkauft oder einer Tochter für die Aussteuer weitergegeben wurden.

Übersicht 9: Arbeitsalltag von Frauen aus verschiedenen Haushalten im Fastenmonat *ramadan* (März/April 1992)

	Haushalt A	Haushalt B	Haushalt C	Haushalt D
	Älteste Schwiegertochter	*Älteste Schwiegertochter*	*Ehefrau des Haushaltsvorstandes*	*Ehefrau des Haushaltsvorstandes*
2h	Aufstehen			
	Brotteig kneten	Aufstehen	Aufstehen, Wasser	Aufstehen, Brotteig
	prattha formen	Buttern	holen, Brotteig	kneten
		Brotteig kneten	kneten	Feuerholz holen
		Brot backen	Feuerholz holen	Tee kochen, Essen
3h	Tee kochen, *prattha*	Tee kochen, Essen	Brot backen	erhitzen, Brot backen
	backen, Essen erhitzen	erhitzen	Essen erhitzen	
	Frühstück	Frühstück	Frühstück	Frühstück
4h	Rituelle Waschung	Rituelle Waschung	Rituelle Waschung	Rituelle Waschung
	Morgengebet	Morgengebet	Morgengebet	Morgengebet
5h	Koranrezitation	Koranrezitation	Schlafen	Koranrezitation
6h	Schlafen	Schlafen	Schlafen	Schlafen
7h	Schlafen, Kinder	Schlafen	Aufstehen	Aufstehen
	wecken	Abwaschen	Kinder wecken,	Gebet
	Gebet	Gebet	verpflegen	Abwaschen
8h	Buttern, Milch er-	Aufstehen, Büffel	Arbeit im *zamindar*	Hof fegen
9h	hitzen, Abwaschen	melken, Milch er-	Haushalt: Tiere ver-	
	Kinder verpflegen	hitzen, Koranrezi-	pflegen, Futter	Futter häckseln
10h	Aufräumen	tation	schneiden, häckseln	Wasser holen
11h	Wäsche waschen	Koranrezitation	Viehställe säubern	Tiere füttern
12h	Ruhen	Ruhen	Dungkuchen formen	Ställe säubern
13h	Ruhen, Kinder	Gespräch mit Ehe-	Ruhen	Unkrautjäten auf
14h	verpflegen, *pokhora-*	mann, Kinder	Wäsche waschen,	Weizenfeldern
15h	Mehl mahlen	verpflegen, Reis	aufhängen, Brotteig	Wasser holen
16h	Gemüse, Reis	waschen, Gemüse	kneten, Gemüse und	Brotteig kneten
17h	waschen, Fleisch	schneiden	Kartoffeln zubereiten	Curry zubereiten
	säubern			
	Rituelle Waschung	Rituelle Waschung	Brot backen	Brot backen
	Gebet	Gebet	Rituelle Waschung	Rituelle Waschung
	Essen zubereiten	Essen zubereiten	Gebet	Gebet
18h	Abendessen	Brot backen	Kinder verpflegen	Abendessen
	Gebet	Abendessen	Abendessen	Tiere füttern
	Abendessen	Kinder verpflegen	Abwasch	
19h	Abwasch	Abwasch, Aufräu-	Tiere füttern	Aufräumen
20h	Aufräumen	men, Tee trinken	Abwasch, Aufräu-	Schlafen
	Gespräch mit	Gespräche mit	men, Schlafen	
	Schwägerin	Familienmitgliedern		
	Milch servieren	Schlafen		
21h	Schlafen			

Quelle: Eigene Erhebungen 1992

leisten. Hervorzuheben ist, daß die Vorbereitungen für das Essen nach Sonnenuntergang bereits ab ca. 15 Uhr beginnen, denn während des *ramadan* legen wohlhabende Familien Wert auf die Zubereitung besonderer Speisen, um für das stundenlange Fasten entschädigt zu werden. So frittieren die zwei Schwiegertöchter im Haushalt von Haji Yussuf täglich frische Teigtaschen (*pokhora*), die als Vorspeise mit einer Sauce aus Yoghurt und Kräutern dienen. Das Hauptgericht besteht gewöhnlich aus Fleisch, Reis und manchmal zusätzlich Gemüse. In den anderen drei Haushalten hingegen gibt es die alltäglichen Gerichte, die etwas reichhaltiger ausfallen. Das abendliche Fastenbrechen hat im landbesitzenden Haushalt eine wichtige Bedeutung - im Gegensatz zu anderen Abendessen kommen beide Söhne vom *dera* in das elterliche Gehöft und nehmen am Essen teil.

Den letzten Tag des *ramadan* erwarten alle mit Freude, und die Vorbereitungen für das kleine Eidfest (*Id-ul-fitr*) beginnen bereits Wochen zuvor. Die Frauen fertigen neue Kleidung (*shalwar kameez*) für ihre Familie an, kaufen neue Armreifen und stellen Haarbänder (*paranda*) her. In der Nacht, in der der neue Mond gesichtet wird, folgt das kleine Eidfest. Der Verlauf dieses Festes kann an einem beobachteten Beispiel in der landbesitzenden Familie von Haji Yussuf (Haushalt A) dargestellt werden.

Der Tag vor dem kleinen Eidfest:

Während des Nachmittags und frühen Abends reisen die zwei Söhne mit ihren Familien aus Bahawalpur nach Chak 36, und auch Sherifas Tochter aus Yazman erscheint mit ihren sechs Kindern gegen 15 Uhr. Alle Zimmer des Hauses sind belegt. Ab ca. 17.30 Uhr beginnen die Frauen mit den Essensvorbereitungen auf drei verschiedenen Herdstellen im Hof: Teigtaschen (pokhora), Fladenbrote (roti) und ein Kartoffel-Gemüsecurry werden zubereitet. Die anwesenden Frauen beteiligen sich entweder an der Kinderpflege oder beim Kochen. Die jüngste Schwiegertochter fegt derweil den Innenhof und reinigt die Schlafräume.

Nachdem der Geistliche von der Moschee das Ende des Fastentages verkündet hat, essen die Familienmitglieder nach Geschlechtern getrennt bei den Öfen. Die Frauen bedienen die Männer, bevor sie sich selbst etwas zu essen nehmen. Zwischendurch beten die Erwachsenen und älteren Kinder. Zur Feier des Tages bekommen Frauen und Kinder Buttermilch (lassi) mit Sprite, während die Männer Pepsi aus der Kühltruhe trinken. Nachdem die Aufräum- und Abwascharbeiten von insgesamt 25 Personen beendet sind, treffen sich die meisten im Fernsehraum, um ein beliebtes Drama zu schauen. Bei den Werbeblöcken singen die Kinder begeistert mit, was darauf hindeutet, daß sie des öfteren vor dem Fernseher sitzen. Anschließend tragen sich die Frauen und Kinder gegenseitig Henna (mehndi) auf Hand- und Fußflächen auf. Die Ausgelassenheit der Frauen und Kinder bei dieser Zeremonie deutet auf die festliche und erwartungsfrohe Stimmung hin. Zwischendurch gibt es gekühlte Buttermilch zu trinken und Süßes zu naschen. Die Männer sitzen in einem separaten Zimmer und unterhalten sich über geschäftliche Angelegenheiten. Die Frauen halten sich im Wohnzimmer auf, tauschen Neuigkeiten aus und reden über Familienbelange. Trotz des anstrengenden Arbeitstages, der vor allem die Frauen erwartet, bleiben die meisten Familienmitglieder bis Mitternacht wach und genießen die Vorfreude auf den kommenden Festtag.

Kleines Eidfest:
Der jüngste Sohn von Sherifa weckt alle Familienmitglieder zum Morgengebet gegen 5 Uhr. Die Männer gehen in die Dorfmoschee, und die Frauen beten im Hof. Danach beginnen sie mit den Frühstücksvorbereitungen. Das traditionelle Gericht zum ersten Frühstück nach ramadan stellen süße Nudeln (sawian) und süßer Reis dar. Bereits zu dieser Zeit holen die Frauen das Fleisch aus der Gefriertruhe, buttern und fegen den Hof. Während die Frauen ihr alltägliches Arbeitspensum leisten, gehen die Männer nach dem Frühstück nochmals in die Moschee zum Beten. Während dieser Zeit waschen die Mütter ihre Kinder, ölen und flechten ihnen die Haare und ziehen ihnen die neuen shalwar kameez an. Danach nehmen auch die Frauen ein Bad, waschen sich die Haare und ziehen sich ebenfalls ihre neue Kleidung an. Der festliche Anlaß wird noch dadurch betont, daß die Frauen ihren Goldschmuck aus den Truhen holen, um ihn anzulegen (vgl. Photo 9). Die Männer sind inzwischen mit einem Geländewagen davongefahren. Gegen 8.30 Uhr brechen die Frauen mitsamt Kindern auf und gehen zu einem bestimmten Haus im Dorf. Unterwegs schließen sich noch andere Frauen aus den umliegenden Höfen an. In dem großen Hof eines Landbesitzers versammeln sich viele Dorffrauen - unabhängig von Schicht und Kaste -, um ein gemeinsames Eid-Gebet zu sprechen. Nach dem Gebet besuchen die Frauen der Sherifa-Familie zwei im Dorf wohnende verwandte Familien. Es sind bereits viele Hindu-Frauen unterwegs, um an den Hoftoren nach Essen zu fragen, denn zur Tradition des Eid-Festes gehört, Almosen an die Armen zu geben. Nach den zwei Besuchen kehren alle zum Haus zurück (ca. 11h), wo die Frauen sofort mit den Essensvorbereitungen (Ziegenfleischcurry) beginnen. Am Nachmittag fahren Frauen und Kinder zu dem ca. einen Kilometer entfernten Obstgarten eines Verwandten. Dort spazieren die Frauen umher, unterhalten sich und essen Früchte eines Obstbaumes. Sie scheinen diesen kleinen Ausflug ungeheuer zu genießen, denn es wird viel gelacht. Danach besuchen Sherifa und die ältere Schwiegertochter Nasira entferntere Verwandte, die in einem kleinen Dorf (Chak 41/DNB, ca. 15 Kilometer von Chak 36) leben. Sherifa unterhält sich angeregt mit den anwesenden Frauen über familiäre Dinge. Obwohl sie nur 15 Kilometer voneinander entfernt wohnen, sehen sich die beiden Familien nur ein- bis zweimal im Jahr. Nach zwei Stunden kehren Sherifa und Nasira nach Chak 36 zurück. Im Hof haben die anderen Frauen inzwischen erste Essensvorbereitungen für den Abend getroffen, während die Kinder gemeinsam mit den Männern vor dem Fernseher sitzen und ein Kricketmatch schauen. Der Tag endet mit einem gemeinsamen Abendessen.

Feldnotizen 4/1992

Die Feierlichkeiten zum Ende des Fastenmonats weisen in den beobachteten Familien große Gemeinsamkeiten auf: In Milch gekochte süße Nudeln (*sawian*) oder süßer Reis sind das traditionelle erste Frühstück nach Beendigung des Fastenmonats. Bis vor ungefähr zehn Jahren produzierten Frauen die Nudeln manuell, eine Tätigkeit, die heute nur noch in sehr armen oder traditionsbewußten Haushalten durchgeführt wird. Nach dem Frühstück versammeln sich die Männer in der Moschee zum Gebet und die Frauen gehen in ein zuvor ausgewähltes Haus, um dort ihr Eid-Gebet zu sprechen.

Das Verteilen von Geschenken innerhalb der Familie, insbesondere in wohlhabenden Haushalten, stellt eine neue Erscheinung dar. Gewöhnlicherweise handelt es sich dabei um

Kleidung, Stoffe, Schuhe, Kosmetika und Schmuck. Die landlosen und Kleinbauernfamilien können sich i. d. R. weder neue Kleidung (*shalwar kamez*) noch ein besonderes Essen leisten.

Das große Eid-Fest verläuft in ähnlicher Weise wie das kleine Eid-Fest. Beim großen Eid-Fest, *Id-ul-Bakr*, das am 10. Tag des islamischen Monats Haj stattfindet, sind wohlhabendere Familien verpflichtet, ein oder mehrere Tiere als Opfergabe zu schlachten. Das Schlachtopfer (*qurbani*) wird in drei Portionen geteilt. Ein Drittel verbleibt im Haushalt, ein Drittel erhält die Verwandtschaft, und das letzte Drittel bekommen arme Familien aus dem Dorf. Dabei suchen die Frauen der ärmeren Haushalte zuerst die Haushalte auf, für die sie entweder arbeiten oder mit deren Mitgliedern sie weitläufig verwandt sind.

Alle Aufgaben, die mit der Vorbereitung und Durchführung der Festivitäten zusammenhängen - mit Ausnahme der Tierschlachtung - übernehmen die Frauen in den Familien. Männer aus *zamindar-* wie auch aus Kleinbauern- und landlosen Haushalten beteiligen sich kaum an den geschilderten Aktivitäten. Selbständig bereiten Männer gewöhnlich nur die Wasserpfeife (*huqah*) vor. In einer für die FAO angefertigten Studie über das Zeitbudget ländlicher Familien in Pakistan kommen die Autorinnen zu dem Ergebnis, daß *„men spend an extraordinary amount of time (6.1 hours) on themselves preparing their huqqah (hubble bubble), manicuring hands and feet and other toiletteries.“* (SHIRKAT GAH 1991:46)

3.6.3 Die innerfamiliäre Arbeitsteilung und Partizipation an Entscheidungen in den verschiedenen Familien

Die innerfamiliäre Teilung der häuslichen Arbeit stellt ein wichtiges Element in der für das ländliche Pakistan typischen Großfamilie dar (vgl. Abb. 18, S. 139). Als exemplarisch für die täglichen Arbeitsbelastungen und die Aufgabenverteilung in den unterschiedlichen sozio-ökonomischen Haushalten gelten die im vorherigen Abschnitt vorgestellten Tagesablaufstudien. Um die innerfamiliäre Arbeitsteilung zwischen verschiedenen Frauen eines Haushalts zu analysieren, werden im folgenden die Aufgabenverteilung von jeweils zwei Frauen eines landbesitzenden (50 Acres) und eines landlosen Haushalts miteinander verglichen. Ausgewählt wurden dafür zum einen die familienältesten Frauen (i. d. R. die Ehefrau des Haushaltsvorstandes) und zum anderen eine der jüngeren Schwiegertöchter oder Töchter. Zusätzlich fließen Beobachtungen aus den anderen Einzelfallstudien (Pächter- und Kleinbauernhaushalt) in die Analyse ein. Ein zweiter wichtiger Punkt zum Abschluß dieses Kapitels bildet die Frage nach den Entscheidungsmustern innerhalb der untersuchten Haushalte. Ebenfalls auf Grundlage der Einzelfallstudien und der 105 durchgeführten Leitfadeninterviews mit Frauen wird versucht, typische Entscheidungsmuster herauszuarbeiten.

3.6.3.1 Die Arbeitsbelastung und innerfamiliäre Arbeitsteilung in ausgewählten Haushalten

a) Frauen des *zamindar*-Haushalts

In der *zamindar*-Familie wurden die Ehefrau des Haushaltsvorstandes und die jüngere der zwei im Haushalt lebenden Schwiegertöchter beobachtet. Diese ist täglich 13 Stunden mit den diversen Haushaltsarbeiten (Putzen, Geschirr abwaschen, Kochen, Aufräumen, Wäsche waschen, Bügeln, etc.) beschäftigt. Ihre Schwiegermutter hilft durchschnittlich vier Stunden im Haushalt. Sie übernimmt jedoch keine Aufräum- oder Putzarbeiten, sondern beschäftigt sich überwiegend mit der Zubereitung der Mahlzeiten. Vergleichsweise intensiv - bis zu vier Stunden täglich - widmet sie sich religiösen Pflichten (Beten und Koranrezitation), für die ihre Schwiegertochter lediglich 1,5 Stunden täglich aufwendet. Signifikant ist auch die Differenz in der für persönliche Belange zur Verfügung stehenden Zeit: Die Familienälteste hat 6,5 Stunden zur eigenen Gestaltung, während die Schwiegertochter lediglich 1,5 Stunden für ihre Bedürfnisse nutzen kann. Auch die Zeit, die sie für ihre drei Kinder (2, 3 und 5 Jahre) erübrigt, beschränkt sich auf die notwendige Versorgung mit Essen, das Anziehen und Waschen (vgl. Abb. 18).

Abb. 18: Tägliche Arbeitsbelastung von Frauen in landbesitzenden und landlosen Haushalten

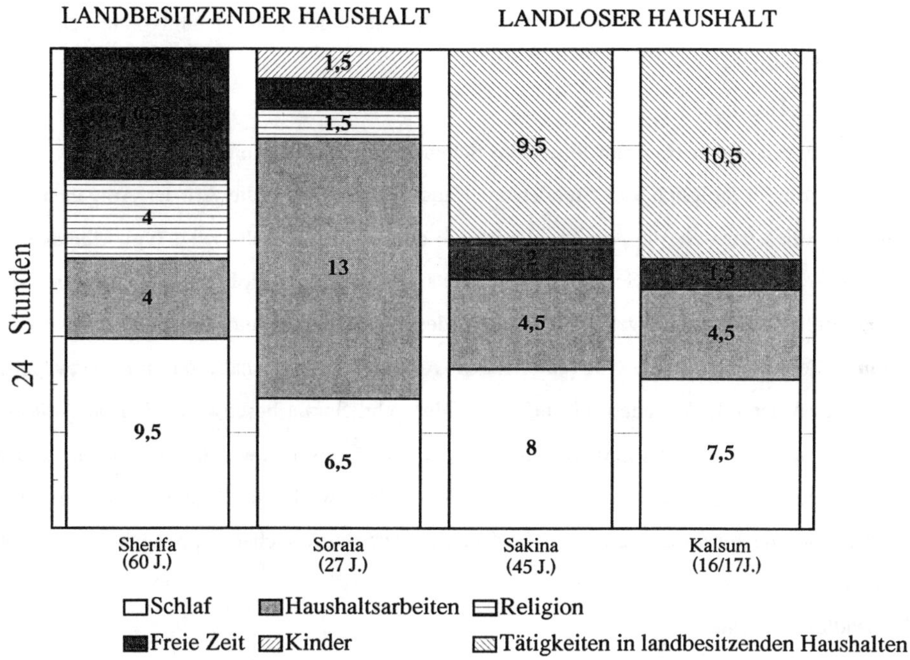

Quelle: Eigene Erhebungen 1991/92, Entwurf u. Gestaltung: C. Alff 1994

b) Frauen eines landlosen Haushalts

Bei den beobachteten Frauen eines landlosen Haushalts handelt es sich um die Ehefrau des Haushaltsvorstandes und deren noch unverheiratete Tochter. Hervorstechendes Merkmal beider Frauen stellt der Zeitaufwand für die außerhäuslichen Belastungen dar. Die Mutter ist durchschnittlich 9,5 Stunden täglich als Landarbeiterin mit unterschiedlichen landwirtschaftlichen Tätigkeiten beschäftigt. Ihre Tochter arbeitet als 'servant' bei einer *zamindar*-Familie im Dorf und verbringt dort durchschnittlich 10,5 Stunden mit den anfallenden Aufgaben. Für die Erledigung der eigenen Haushaltspflichten benötigen beide Frauen 4,5 Stunden täglich. Zeit für persönliche

Belange bleibt ihnen dabei nur wenig (vgl. Abb. 18). Interessant ist, daß beide Frauen kaum Zeit für die Ausübung religiöser Pflichten aufwenden, da sie - wie sie auf Nachfragen erklärten - nur zu besonderen Anlässen (wie beispielsweise beim Eid-Fest) beten und aus dem Koran rezitieren.

Neben der täglichen Dauer der verschiedenen Arbeiten ist vor allem die Arbeitsverteilung nach Art der Tätigkeiten von Interesse. Die Art der Tätigkeiten, die Frauen ausführen, läßt - wie noch zu zeigen ist - Rückschlüsse auf ihre Position innerhalb der Familie und damit auch auf ihre Entscheidungsautorität zu.

a) *zamindar*-Haushalt

Im landbesitzenden Haushalt leistet die Schwiegertochter 13 Stunden Hausarbeit, während ihre Schwiegermutter lediglich vier Stunden im Haushalt hilft. Auch die Art der Aufgaben stellt sich unterschiedlich dar, wie die Arbeitsablaufstudie desselben Haushalts zeigt (vgl. Übersicht 5). Die jüngere Schwiegertochter (Soraia) fegt morgens den gesamten Hof und anschließend daran das Haus. Sie ist auch zuständig für das Säubern des Waschraumes und der Toilette. In der Zeit der Baumwollernte erledigt sie alle anfallenden Arbeiten im Haushalt, da ihre Schwägerin zum Observieren der Pflückerinnen mit auf die Felder geht. Soraia beschwerte sich über diese - ihrer Meinung nach - ungerechte Arbeitsverteilung. Denn die Aufgaben, die sie täglich im Haushalt leistet, sind anstrengender als die Mithilfe bei der Baumwollernte. Zudem sei die Arbeit in den Feldern mit anderen Frauen aus dem Dorf viel abwechslungsreicher, da Neuigkeiten ausgetauscht werden.

b) Landloser Haushalt

Im landlosen Haushalt arbeiten Mutter und Tochter jeweils 4,5 Stunden täglich im häuslichen Bereich (vgl. Abb. 18). Doch die als unangenehm empfundenen Arbeiten wie Fegen, Viehplätze reinigen und Dungkuchenformen sowie Abwaschen etc. werden von der Tochter erledigt. Ihre Mutter kümmert sich in erster Linie um die Essenzubereitung und Versorgung der im Hof gehaltenen Tiere.

Diese Form der innerfamiliären Arbeitsteilung zwischen den Frauen wurde in allen Einzelfallstudien beobachtet. Zu den Tätigkeiten, die nach Aussagen der befragten Frauen eher zu den als angenehm empfundenen Pflichten zählen, gehören die Essenszubereitung, die Herstellung von Butter und *ghee* sowie das Beaufsichtigen der Baumwollpflückerinnen. In den verschiedenen Haushalten übernehmen entweder die Töchter oder die jeweils jüngsten Schwiegertöchter die als unangenehm und anstrengend eingeschätzten Reinigungsarbeiten. Sehr deutlich kommt diese Form der Arbeitsverteilung dann zum Ausdruck, wenn nicht im Haus lebende Familienangehörige zu Besuch kommen. Im Fall des *zamindar*-Haushalts beispielsweise kam der jüngste Sohn mit seiner Familie aus Bahawalpur anläßlich einer Hochzeitsfeier für mehrere Tage zu Besuch. Seine Frau übernahm während der Zeit ihrer Anwesenheit das Fegen des Hofes und die Reinigung des Wasch- und Toilettenraumes. Gleiches konnte auch im Pächterhaushalt (B) beobachtet werden. Immer wenn die jüngste Tochter mit ihren Kindern für einige Tage ihre Eltern besuchte, war sie zuständig für das Säubern der Viehplätze, das Formen der Dungkuchen und Fegen des gesamten Hofes.

Wie in Kap. 3.8 noch ausführlich erläutert wird, übernehmen die heranwachsenden Töchter sukzessive zunächst die als beschwerlich geltenden Aufgaben und entlasten so ihre Mütter bei den täglichen Pflichten.

3.6.3.2 Entscheidungsmuster innerhalb der verschiedenen Haushalte

An die zuvor erläuterten Ergebnisse über den zeitlichen Umfang und die Art der zu leistenden Arbeit innerhalb ländlicher Haushalte schließt direkt die Frage nach den Entscheidungsbefugnissen der Frauen aus den unterschiedlichen Familien an. Wer delegiert die häuslichen Arbeiten, und wer entscheidet über die Anschaffung materieller Güter? Die Frage nach der Entscheidungsautorität bei familiären Belangen, wie beispielsweise Auswahl des Ehepartners, wird in Kap. 3.8 behandelt.

a) *zamindar*-Haushalt

Im Fall der *zamindar*-Familie besitzt die Ehefrau des Haushaltsvorstandes in allen Haushaltsangelegenheiten Entscheidungsautorität. Sie delegiert die täglich zu erledigenden Arbeiten und entscheidet, welche Speisen zubereitet werden sollen. Manchmal unterstützt sie ihre Schwiegertöchter auch beim Kochen, aber i. d. R. erteilt sie lediglich Anweisungen. Äußert eine ihrer Schwiegertöchter den Wunsch, die Eltern zu besuchen, benötigt sie die Erlaubnis des Ehemannes und der Schwiegermutter. Im Falle der Abwesenheit der Familienältesten geht die Autorität an die ältere der beiden im Haus lebenden Schwiegertöchter über. Sie entscheidet dann über die Speisenzusammensetzung und delegiert anfallende Arbeiten.

Angelegenheiten, die nicht unmittelbar die Haushaltsführung betreffen oder die mit der Anschaffung materieller Güter zusammenhängen, werden in der *zamindar*-Familie von den Männern diskutiert und entschieden. Zwar verfügt die Ehefrau des Haushaltsvorstandes über Mitspracherechte, insbesondere bei Anschaffungen, die den Haushalt betreffen, jedoch treffen die Männer die endgültige Entscheidung. Dies hängt vor allem mit der Verfügungsgewalt über Geld zusammen: Frauen der *zamindar*-Familien besitzen i. d. R. nur kleinere Summen eigenes Geld, welches sie beispielsweise für den Kauf von Armreifen oder Stoffen verwenden.[15] Die Anschaffung kostspieliger Haushaltsgeräte (Waschmaschine, Kühlschrank, elektrische Buttermaschine usw.) liegt in der Verantwortung der Männer. Sie sind diejenigen, die den Kauf und Transport organisieren.

b) Kleinbauern- und landlose Haushalte

In den sozioökonomisch schwächeren Haushalten liegt die Entscheidungsautorität über weibliche Aufgabenfelder i. d. R. auch bei der Mutter oder der Schwiegermutter, die aber - wie die Fallbeispiele zeigen - häufig selbst mitarbeiten müssen. Im Kleinbauern- und landlosen Haushalt delegieren die familienältesten Frauen die als unangenehm empfundenen Arbeiten an jüngere weibliche Familienmitglieder. Ähnlich wie in der *zamindar*-Familie verlaufen die Entscheidungen über Besuche von Familienangehörigen. Die betreffenden Frauen holen sich zunächst die Zustimmung ihres Ehemannes und fragen dann die Schwiegermutter um Erlaubnis.

Anders stellt sich die Situation bei der Anschaffung von Haushaltsutensilien dar. Hier genießen Frauen der sozioökonomisch schwächeren Haushalte größere Entscheidungsbefugnis als Frauen aus landbesitzenden Familien. Auch dies hängt eng mit der Verfügung über finanzielle Mittel zusammen: Die Beobachtungen und Befragungen stützen die These der größeren Entscheidungspartizipation von Frauen, die einen in monetären Einheiten quantifizierbaren Beitrag zum Haushaltseinkommen liefern. Von 73 Baumwollpflückerinnen gaben 70 an, daß sie das erzielte Einkommen selbst verwalten und nach ihrem Ermessen ausgeben können. Ähnliches gilt für Frauen, die Milch oder *ghee* produzieren und innerhalb des Dorfes verkaufen, in der Ziegelei arbeiten oder als Händlerin tätig sind. Sie verfügen über die von ihnen erwirtschafteten Ressourcen und entscheiden über deren Verwendung. Dieses Ergebnis bestätigt die Annahme, daß Frauen, die einen Beitrag zum Haushaltseinkommen in Form von Geld oder Naturalien leisten, größere Entscheidungsautorität innerhalb der Familie genießen als Frauen, die überwiegend ihren Haushaltspflichten nachkommen.

---

[15] Das Geld stammt aus dem Verkauf tierischer Produkte, der Übernahme von Näharbeiten oder aus Geldgeschenken im Rahmen von Feierlichkeiten.

3.6.3.3 Fazit

Die Entscheidungsbefugnis bzw. die Partizipation an Entscheidungsfindungsprozessen ist ein relevantes Merkmal für die Position von Frauen innerhalb der Familie. Das Senioritätsprinzip, welches in allen Haushalten - auch den ärmeren - beobachtet wurde, läßt sich auf kulturelle Wertvorstellungen zurückführen: Ältere Menschen gelten als Autoritätspersonen, ihnen ist Respekt und Gehorsam zu zollen. Von Kindern wird erwartet, daß sie ihren Eltern ohne Widerspruch gehorchen. Mit zunehmendem Alter und der - möglichst erfolgreichen - Erfüllung ihrer ihnen von der Gesellschaft zugedachten Pflichten gewinnen auch Frauen an Status und Entscheidungsbefugnis. Sie festigen ihre Position innerhalb der Familie vor allem durch die Geburt von Söhnen.[16] Sind bei Fragen der Haushaltsführung die jeweils familienältesten Frauen verantwortlich, so werden Familienangelegenheiten (Näheres dazu s. Kap. 3.8) und finanzielle Belange in landbesitzenden Haushalten von Männern entschieden. Lediglich in ärmeren Familien, in denen Frauen Einkommen erwirtschaften, lassen sich bei der Verfügungsgewalt über finanzielle Mittel Unterschiede feststellen. Es bedarf m. E. intensiverer soziologischer Untersuchungen, um auch die subtilen Einflußnahmen von Frauen auf Entscheidungsprozesse zu analysieren.[17]

3.6.4 Veränderungen der häuslichen Aktivitäten durch Modernisierungsprozesse

Die im Rahmen infrastruktureller Verbesserungen und technischer Neuerungen im ländlichen Raum durchgeführten Maßnahmen - vor allem in den Bereichen Elektrizitäts- und Wasserversorgung sowie im Straßenbau - zeigen auch auf die Lebens- und Arbeitsbedingungen von Frauen unterschiedliche Auswirkungen, die im folgenden erläutert werden.

3.6.4.1 Elektrizitätsversorgung

Der Anschluß der Dörfer an die öffentliche Stromversorgung kann als die technische Neuerung bezeichnet werden, die wesentliche positive Auswirkungen auf die Arbeitsbelastung von Frauen hat. Denn durch die Elektrifizierung vieler Häuser können Frauen arbeitserleichternde

---

[16] Ältere Frauen wiesen mich bei Gesprächen häufig stolz darauf hin, daß die Schwiegertöchter für die meisten Arbeiten im Haushalt verantwortlich sind.

[17] Für solche Fragestellungen sind m. E. vor allem pakistanische Wissenschaftlerinnen gefordert, die durch eine gemeinsame Sprache und ähnlichen soziokulturellen Hintergrund Vorteile bei empirischen Forschungen hätten.

Haushaltsgeräte nutzen, so daß die zuvor manuell ausgeführten und teilweise sehr zeitintensiven Arbeiten entfallen. Ein erstes Beispiel stellt die Verwendung des elektrischen Buttergeräts dar: Für sieben bis acht Liter Milch benötigt eine Person 1 bis 1,5 Stunden manuelle Arbeit, während dieselbe Menge in 20-30 Minuten mit der Buttermaschine automatisch verarbeitet wird. Alle befragten Frauen in den Untersuchungsdörfern, deren Familien ein solches Gerät besitzen (insgesamt 65), äußerten ihre Zufriedenheit über diese Form der Arbeitserleichterung. Frauen der wohlhabenderen Familien aus Siraj Pur, die noch nicht über Elektrizität verfügen, äußerten ihr Bedauern, daß sie solch ein Gerät nicht nutzen können. Uneinigkeit hingegen besteht jedoch - das sei hier nur am Rande angeführt - über die Qualität der elektrisch erzeugten Butter: Vor allem die Älteren vertreten die Überzeugung, daß manuell gewonnene Butter einen intensiveren Geschmack habe und außerdem von derselben Menge Milch mehr Butter erzeugt werden könne als mit dem elektrischen Gerät.

Zu den weiteren arbeitserleichternden Haushaltsgeräten gehören Kühlschrank, Tiefkühltruhe und Waschmaschine. So können bereits gekochte Speisen im Kühlschrank oder in einer Tiefkühltruhe mehrere Tage aufbewahrt und bei Bedarf aufgewärmt werden, so daß die Zubereitung neuer Speisen teilweise entfällt. Auch der Zeitaufwand für das Waschen von Kleidung etc. verringert sich um ca. 2/3, da nur noch das Spülen der Wäsche manuell erfolgt. In den Untersuchungsdörfern besitzen ausschließlich die *zamindar*-Haushalte solche kostspieligen Haushaltsgeräte.

Die mittlerweile in fast jedem Dorf elektrisch betriebenen Getreidemühlen ersetzen den traditionell in allen Haushalten vorhandenen Handmahlstein, mit dem das täglich notwendige Getreide mühsam und langwierig gemahlen wurde. Seit ca. zehn Jahren bringen die Haushalte das Korn zur Mühle, um es dort mahlen zu lassen. In Chak 36 existieren zwei von Privatleuten betriebene Mühlen, die für das Mahlen von einem Maund Weizen zwei Kilogramm als Lohn erhalten. Der Handmahlstein wird nur noch zu besonderen Anlässen (z. B. *Id-ul-Bakr,* Hochzeit) von wohlhabenderen Haushalten genutzt, um Linsen oder Mais zu mahlen. Das so gewonnene Mehl wird für die Zubereitung spezieller Speisen verwendet (Maisfladenbrote, Teigtaschen).

Daß Frauen durch den Anschluß an die Stromversorgung elektrisches Licht zur Verfügung steht, mag zunächst banal klingen. Doch führt dies zur Verbesserung der häuslichen Arbeitsbedingungen der Frauen, da sie in den frühen Morgenstunden und abends nicht bei Dunkelheit ihre Pflichten erfüllen müssen.

3.6.4.2 Wasserversorgung

Eine elementare Verbesserung der Lebensqualität und auch Arbeitserleichterung stellen die in fast jedem Haushalt installierten Handpumpen dar. Der Wassertransport mit Tonkrügen vom Gemeinschaftsbrunnen oder Kanal zählt zu den körperlich anstrengendsten Aufgaben, wenn man bedenkt, daß für einen im ländlichen Punjab durchschnittlichen 8-Personen-Haushalt mit Tierhaltung ca. 100-150 Liter Wasser täglich für die Versorgung erforderlich sind. Frauen, denen Handpumpen zur Verfügung stehen, empfinden es als große Erleichterung, daß sie den täglichen Wasserbedarf im Hof decken können. Zum Waschen oder Spülen der Kleidung gehen dennoch viele Frauen an die größeren Bewässerungskanäle, da die natürliche Strömung die Arbeit erleichtert. In sehr wohlhabenden Familien werden - wie bereits erläutert - vermehrt Waschmaschinen eingesetzt.[18] Besondere Probleme bestehen für die Frauen, denen keine Handpumpe zur Verfügung steht. Sie sind einer noch größeren Arbeitsbelastung ausgesetzt, da sie weitere Wege zurücklegen müssen und zudem einen erhöhtem Gesundheitsrisiko ausgesetzt sind, wenn sie das Kanalwasser auch als Trinkwasser verwenden müssen. In Siraj Pur beziehen fünf arme Landarbeiterhaushalte ihr Brauch- und Trinkwasser aus den anliegenden Bewässerungskanälen. Auch in Chak 36 gibt es insgesamt zehn Haushalte ohne eigene Handpumpe. Aufgrund der geringeren Distanz zu Nachbarhaushalten wird dies als weniger problematisch eingeschätzt, denn zumindest die Versorgung mit Trinkwasser kann durch die Benutzung von Pumpen der Nachbarn gedeckt werden.

Interessant in diesem Zusammenhang sind die Aussagen vieler älterer Frauen (zwischen 50 und 60 Jahre alt) aus den Untersuchungsdörfern, die übereinstimmend die Meinung vertreten, daß zu ihrer Zeit die täglichen Arbeiten viel anstrengender und zeitaufwendiger waren. Diese Aussage deckt sich mit den Schilderungen älterer Frauen, die mit ihren Familien aus den nördlichen Regenfeldbaugebieten kamen, über die ersten Jahre der Inwertsetzung des Landes.

3.6.4.3 Straßenbau

Neben der Anbindung an die öffentliche Stromversorgung führt auch der Ausbau der Verkehrswege im ländlichen Raum zu direkten Verbesserungen in den Lebens- und Arbeits-

---

[18] Zu einem in diesem Zusammenhang ebenfalls interessanten Ergebnis kommt KIEPERT (1987:145). Die Autorin fand in einer sozialgeographischen Untersuchung in einem Dorf in der Nähe Bahawalpurs heraus, daß durch die Modernisierung ländlicher Haushalte traditionelle Arbeitsplätze, wie beispielsweise der des Wäschers bzw. der Wäscherin (*dhobi*), verlorengehen.

bedingungen von Frauen. Der Ausbau einer asphaltierten Straße zwischen dem Kanalkoloniedorf und Yazman (vgl. Karte 3) über das nächstgelegene Zentrum Head Rajka entlang des Dera Nawab Branch Kanals beispielsweise ermöglichte die Einführung öffentlicher Verkehrsmittel in unmittelbarer Nähe zum Dorf (Fußweg bis zu maximal einem Kilometer). Zuvor mußten Frauen die drei Kilometer bis Head Rajka zu Fuß zurücklegen. Dort befinden sich ein Krankenhaus, eine Apotheke sowie mehrere Ärzte, die im Notfall innerhalb einer halben Stunde erreichbar sind. Demgegenüber müssen Frauen, die in Siraj Pur und Lal Kamal leben, zunächst fünf Kilometer auf sandigen Wegen zur nächsten Hauptstraße gehen, um von dort mit dem Bus oder einem Kleintransporter nach Uchh Sharif oder Chani Goth bzw. Lodhran oder Bahawalpur zu gelangen. Der dafür erforderliche Zeitaufwand beträgt in allen Fällen zwischen 1,5 und 2 Stunden. Die schlechte verkehrsmäßige Anbindung der Untersuchungsdörfer Lal Kamal und Siraj Pur läßt sich in erster Linie auf fehlende befestigte Straßen zurückführen. Die in den beiden Dörfern befragten 26 Frauen nannten als eines ihrer dringlichsten Probleme - neben der mangelnden schulischen Infrastruktur - das Fehlen öffentlicher Verkehrsmittel, um im Notfall einen Arzt oder ein Krankenhaus aufsuchen zu können.

3.6.4.4 Fazit

Die Modernisierung (Elektrifizierung, Straßenausbau, Trinkwasserversorgung) der ländlichen Haushalte hat allgemein zu einer Verbesserung der Lebensbedingungen für die Menschen in den Dörfern geführt. Insbesondere Frauen der wohlhabenden Familien profitieren jedoch durch den Einsatz arbeitserleichternder Maschinen und Geräte. Körperlich schwere und langwierige Arbeiten wie das Getreidemahlen werden heute nur noch in Ausnahmefällen manuell durchgeführt. Es stellt sich jedoch abschließend die Frage, ob die Arbeitsentlastung in Teilbereichen der häuslichen Ökonomie zu einer Vergrößerung der Handlungsräume von Frauen geführt hat, d. h. ob Frauen beispielsweise mehr Zeit für ihre Bedürfnisse aufwenden können oder ob statt dessen andere zusätzliche Tätigkeiten ausgeführt werden müssen. Ältere Frauen der *zamindar*-Haushalte sind ausnahmslos der Überzeugung, daß sie in ihrer Jugend viel härter arbeiten mußten. Bedenkt man die Situation in der Landwirtschaft zu jener Zeit (es gab so gut wie keine Traktoren, geschweige denn Sä- und Dreschmaschinen) und die allgemeinen infrastrukturellen Rahmenbedingungen (keine Elektrizität, kaum öffentlicher Nahverkehr), so lassen die Beobachtungen die Schlußfolgerung zu, daß die Frauen der wohlhabenden Haushalte heute weniger hart körperlich arbeiten müssen, aber sicherlich zeitlich ähnlich eingespannt sind wie ihre Mütter und Großmütter. Frauen der kleinbäuerlichen und landlosen Haushalte hingegen müssen aufgrund der ökonomischen Situation ihrer Familien schwere körperliche Arbeiten in der Landwirtschaft verrichten. Auch im häuslichen Bereich profitieren sie selten von arbeitserleichternden Geräten, da deren Anschaffung zu kostspielig ist. Lediglich das tägliche Getreidemahlen und Wasserholen entfällt für die allermeisten Frauen durch technische Neuerungen.

3.6.5 Die räumlichen Lebens- und Arbeitsbedingungen von Frauen (Beschreibung und Vergleich der Haus- und Hofgrundrisse)

Der Beschreibung und Interpretation der von Frauen geleisteten Tätigkeiten im häuslichen Bereich folgt nun die Dokumentation ihrer räumlichen Lebens- und Arbeitsbedingungen. Die detaillierte Kartierung der Grundrisse und deren Beschreibung soll zunächst die Lebenswelten der Frauen veranschaulichen, die Räume, in denen sie einen Großteil ihrer täglichen Zeit verbringen. Die Aufnahme von wichtigen Gebrauchsgegenständen und Arbeitsgeräten in den sozioökonomisch unterschiedlich positionierten Familien verdeutlichen schließlich die Differenzen in der materiellen Ausstattung der Haushalt. Diese Ausstattung wiederum hat direkte Auswirkungen auf die Arbeitsbelastung von Frauen, wie bereits in Kap. 3.2.1 teilweise erläutert wurde. Nach einer allgemeinen Beschreibung der fünf Haus- und Hofgrundrisse sowie ihrer Ausstattung mit den verschiedenen Gebrauchsgegenständen erfolgt abschließend eine Interpretation der Ergebnisse des vorangegangenen Kapitels.

3.6.5.1 Gehöft einer *zamindar*-Familie (Karte 7)

Die landbesitzende Familie (Haushalt A) im Kanalkoloniedorf verfügt über ein aus gebrannten Ziegeln (*pacca*) errichtetes Haus, welches materiellen Wohlstand sowohl in der Einrichtung als auch in der Ausstattung mit Haushaltsgeräten erkennen läßt. Das einstöckige Haus ist längsgeteilt und bietet neben vier kleineren Räumen, die als Schlafräume der Söhne dienen, zwei große rechteckige Wohnräume, in denen in den Wintermonaten die Kinder und Großeltern schlafen.

Der Innenhof wird durch eine ca. zwei Meter hohe Lehmmauer vom Eingangsbereich abgetrennt, so daß Besuchern zunächst kein Einblick in den Lebensbereich der Familie möglich ist. Im vorderen Bereich befindet sich ein weiterer Raum, der als Empfangszimmer für Gäste dient. Gegenüber dem Gästezimmer, direkt neben dem Eingangstor, sind zwei große Lagerräume.

Karte 7: Gehöft eines Landbesitzers (50 Acres) in Chak 36 (6 Erwachsene, 9 Kinder)

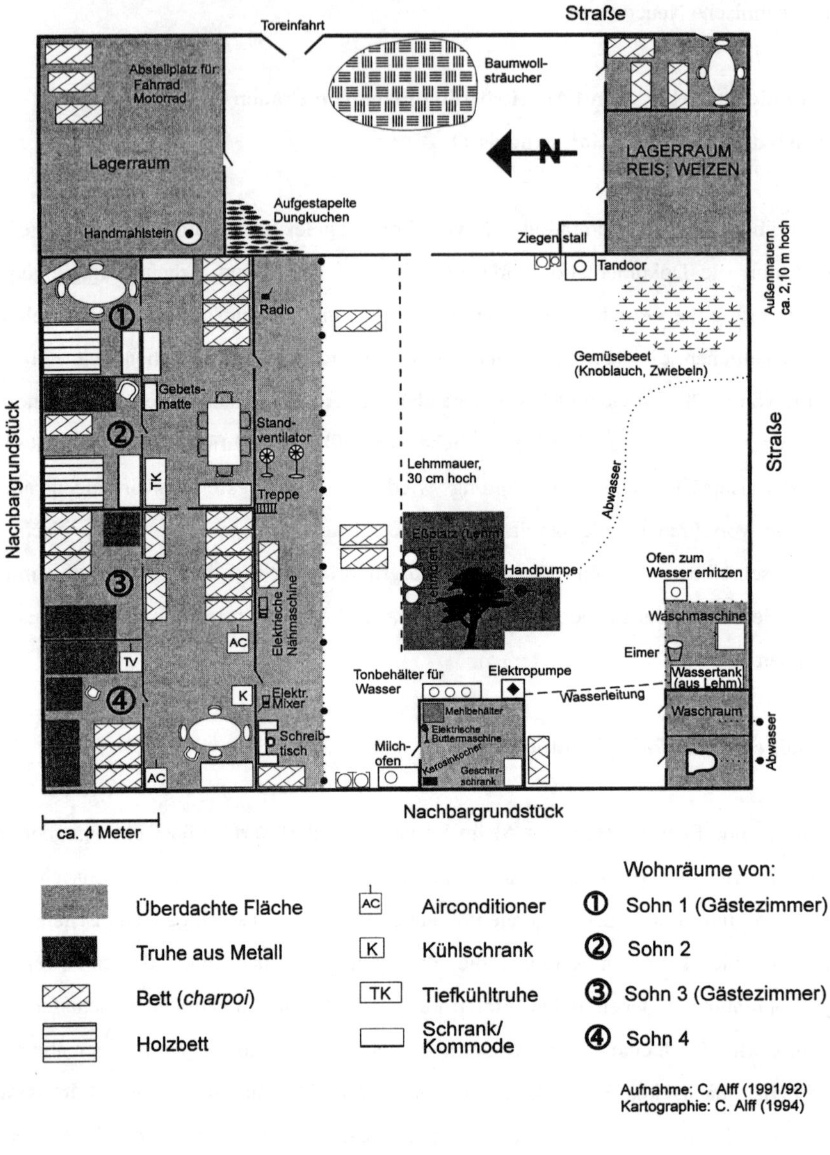

Aufnahme: C. Alff (1991/92)
Kartographie: C. Alff (1994)

Eine separate Küche, die gleichzeitig als Aufbewahrungsraum für Haushaltsgeräte dient, wurde nachträglich im Hof gebaut. Die Frauen benutzen diesen Raum weniger zum Kochen als vielmehr zum Essen in der Mittagshitze und zum Lagern von Küchenutensilien (Gewürze, Geschirr, Mehl, Benzinkocher etc.).

Als charakteristische Beispiele für den Wohlstand der Familie können Tiefkühltruhe, Kühlschrank, Fernseher, Klimaanlage und die Waschmaschine (vgl. Karte 7) gelten.[19] Die Einrichtungsgegenstände sind größtenteils Bestandteile der Aussteuern der zwei im Hause lebenden Schwiegertöchter. Ein interessantes Phänomen ist die Anschaffung „moderner" Sitzmöbel, wie beispielsweise einer Eßtischgarnitur, die nie von den Familienmitgliedern selbst genutzt wird. In seltenen Fällen nehmen Gäste daran Platz.[20] Auch im Empfangs- und Gästeraum steht - neben traditionellen Betten (*charpoi*) - eine moderne Sitzgarnitur.

Vor drei Jahren wurde eine Elektropumpe installiert, um die Wasserversorgung für die Waschmaschine und den Waschplatz sicherzustellen. Der traditionelle Wassertank aus Lehm befindet sich direkt neben dem Waschplatz und kann durch eine provisorische Rohrleitung von der Elektropumpe einfach mit Wasser gefüllt werden. Einen weiteren Ofen aus Lehm am Waschplatz nutzen die Frauen für das Erhitzen von Wasser.[21]

In den zwei großen Lagerräumen werden neben alten Gebrauchsgegenständen (z. B. Handmahlstein, *charpoi*) vor allem landwirtschaftliche Erzeugnisse wie Reis, Weizen und Linsen aufbewahrt und Fahrräder untergestellt. Bei Bedarf, wie beispielsweise der Hochzeit einer Enkelin des Haushaltsvorstandes, zu der ca. 100 Gäste kamen, können diese Lagerräume zu Schlafzimmern umgerüstet werden. Die Tiere werden, mit Ausnahme von zwei Ziegen, im *dera* gehalten.

Der zentrale Arbeits- und Lebensbereich der Frauen ist der Eßplatz mit den angrenzenden Lehmöfen (*chula*), denn wie die Tagesabläufe der verschiedenen Frauen zeigen, wird ein großer Anteil der täglichen Arbeitszeit für das Zubereiten von Essen verwendet (vgl. Karte 7).

---

[19] Selbst auf dem *dera* gibt es einen Farbfernseher, damit die Söhne bei Bedarf auch dort schauen können.

[20] Die beschriebenen Eßtischgarnituren werden weniger wegen ihrer Funktion angeschafft, sondern stellen ein Statussymbol dar. Auch in vielen städtischen Mittelschichtfamilien gehören sie zur Einrichtung, aber auch dort werden sie selten als solche genutzt.

[21] Vor allem in den Wintermonaten heizen Frauen Wasser für die Körperwäsche und zum Haarewaschen auf.

3.6.5.2 Gehöft einer Pächterfamilie (Karte 8)

Das Gehöft der Pächterfamilie (Haushalt B, vgl. Karte 8) liegt als Einzelhof auf der westlichen Gemarkungsseite von Siraj Pur. Es verfügt über eine vergleichbar große Hof- und Hausfläche wie der zuerst vorgestellte *zamindar*-Haushalt.

Das Gehöft ist in die Bereiche Wohnen und Viehhaltung getrennt und wird von einer knapp zwei Meter hohen Lehmmauer begrenzt. Durch zwei Eingangsbereiche kann der Wohnbereich betreten werden: durch einen Empfangs- und Gästeraum, der im vorderen Bereich liegt, sowie durch einen kleinen Seiteneingang im nördlichen Gehöftteil. Die Wohnräume der vier Söhne wurden nebeneinander errichtet und begrenzen den Hof nach Norden. Zwischen dem Gästeraum und den Wohnräumen befindet sich noch ein zusätzlicher Lagerraum für landwirtschaftliche Geräte, Saatgut, Düngemittel etc. Ein weiterer Wohnraum, der von der Ehefrau des Haushaltsvorstandes und ihrer Tochter genutzt wird, wurde an der Lehmmauer, die den Bereich Wohnen und Viehhaltung trennt, gebaut. Alle Räume bestehen aus ungebrannten Lehmziegeln.

Der Eßplatz mit mehreren Lehmöfen und einem alten Getreidespeicher befindet sich unter zwei schattenspendenden Bäumen an der einzigen nicht bebauten Mauerseite. In diesem Bereich ist auch die Handpumpe installiert. Ein kleiner Waschplatz, der durch eine ca. 1,40 bis 1,50 Meter hohe Lehmmauer vor Einsicht geschützt ist, liegt ebenfalls dort.

Der älteste Sohn lebt mit seiner Familie zwar auf dem Hof des Vaters, hat jedoch einen separaten Haushalt im linken Eingangsbereich des Hofes gegründet. Zwei Wohnräume stehen seiner Familie zur Verfügung sowie ein separater Raum, in dem Küchenutensilien aufbewahrt werden. Die Familie hat einen eigenen Kochbereich, lediglich der Waschraum wird auch von ihr genutzt.

Der hintere Teil des Gehöftes ist der Viehhaltung vorbehalten: Neben Ställen für die Wasserbüffel, Kühe, Ziegen und Hühner befindet sich dort eine Art Schuppen, in dem die Häckselmaschine steht. Sie wird durch ein Göpel mittels tierischer Kraft betrieben.

Die Ausstattung der Wohnräume zeigt Ähnlichkeiten zur *zamindar*-Familie. Eine Mischung aus modernen und traditionellen Möbeln kennzeichnet die Einrichtung der einzelnen Wohnräume. Der wesentliche Unterschied besteht darin, daß das Gehöft der Pächterfamilie nicht an die öffentliche Stromversorgung angeschlossen ist. Aus diesem Grund gibt es auch keine arbeitserleichternden Haushaltsgeräte wie eine elektrische Buttermaschine oder Nähmaschine, einen Kühlschrank oder eine Waschmaschine. Gleichfalls fehlen Luxusgegenstände wie Fernseher, Klimaanlage und Standventilator.

Karte 8: Gehöft eines Pächters (75 Acres) in Siraj Pur (11 Erwachsene, 14 Kinder)

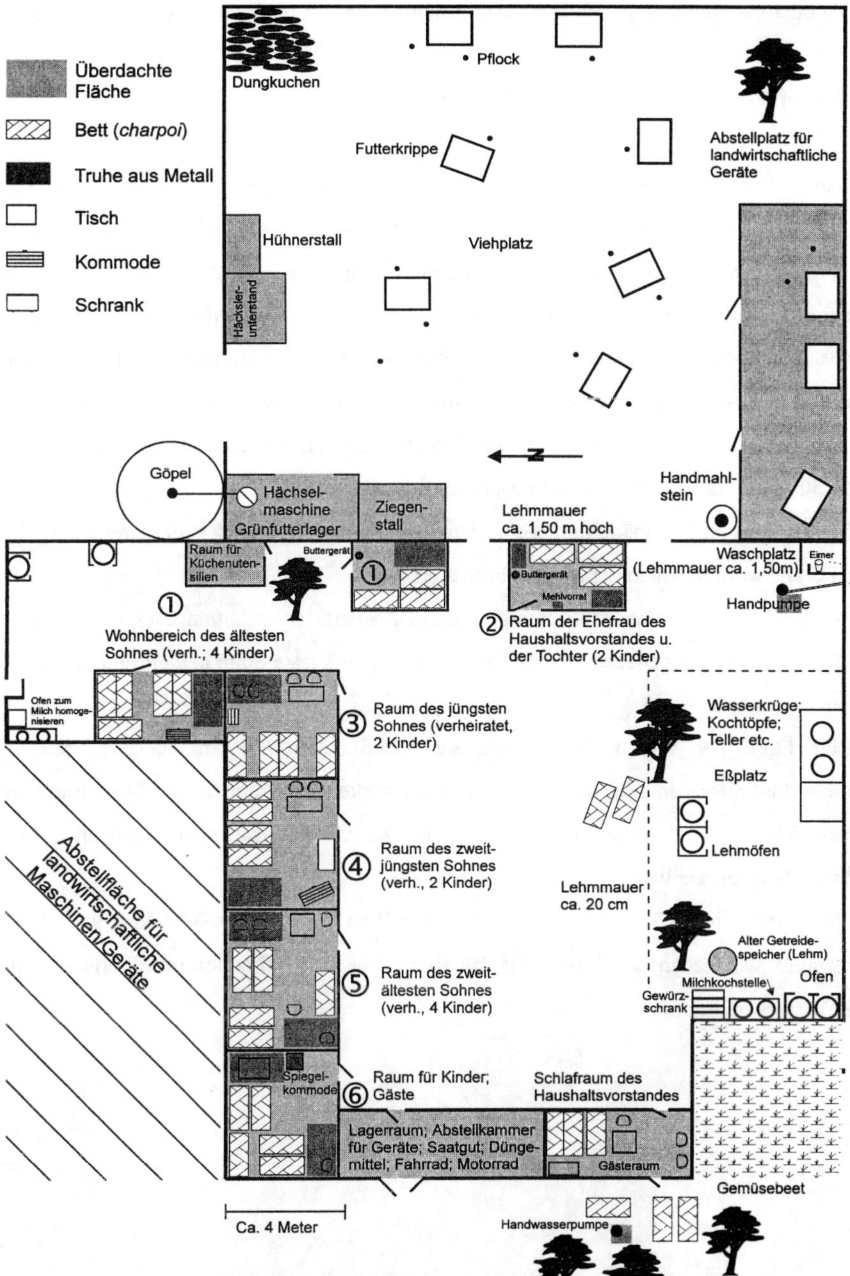

Aufnahme: C. Alff 1991/92
Kartographie: C. Alff 1994

Als problematisch empfindet die Familie, daß sie lediglich Nutzungsrecht über die Gebäude für die Dauer des Pachtvertrages genießt, so daß größere Investitionen (wie z. B. die Installation von Elektrizität oder der Neubau eines Wasch- und Toilettenraumes) nicht vorgenommen werden.

3.6.5.3 Gehöft einer Kleinbauernfamilie (Karte 9)

Der Hof- und Hausgrundriß aus Siraj Pur (Haushalt C) ist exemplarisch für die Lebensverhältnisse von Kleinbauern (Landeigentum: 4 Acres). Das Gehöft liegt relativ zentral auf der östlichen Seite des Abbasia Link Kanals in einer Gruppe von anderen Höfen. Das traditionelle *sahal*-Haus dient als Wohnraum für die Familienältesten. Daneben wurden nach und nach drei Räume aus Lehmziegeln für die verheirateten Söhne errichtet. Im Hofbereich gibt es weder eine abgetrennte Waschecke noch eine Toilette. Im linken Eingangsbereich liegt ein zusätzlicher Raum, der den Männern als Treffpunkt dient und als Gästezimmer genutzt wird. Der gesamte Hof ist von einer ca. 1,50 Meter hohen Lehmmauer umschlossen (vgl. Karte 9).

Wie in den meisten kleinbäuerlichen und landlosen Haushalten findet die Tierhaltung im Hof statt; zwei Ställe wurden neben dem Gästezimmer errichtet.

Die Familie ist in zwei Haushalte untergliedert, die separat wirtschaften. Der zweitälteste Sohn (Sohn 2) hat eine eigene Kochecke, während der jüngste und älteste Sohn gemeinsam mit den Eltern einen Haushalt bilden.

Die Einrichtung der Wohnräume besteht aus traditionellen Möbeln. Mehrere *charpoi* und Metalltruhen dominieren in den ansonsten eher karg wirkenden Räumen. Moderne Einrichtungsgegenstände fehlen völlig. Auch gibt es keine Elektrizität. Beide Haushalte benutzen aus diesem Grund manuelle Buttergeräte.

Auch das Futter für die Tiere wird mit einer manuell zu betreibenden Maschine gehäckselt; die Geräte befinden sich neben den Ställen für das Vieh. Eine im Hofbereich installierte Handpumpe dient der Wasserversorgung.

Karte 9: Gehöft eines Kleinbauern (4 Acres) in Siraj Pur (8 Erwachsene, 5 Kinder)

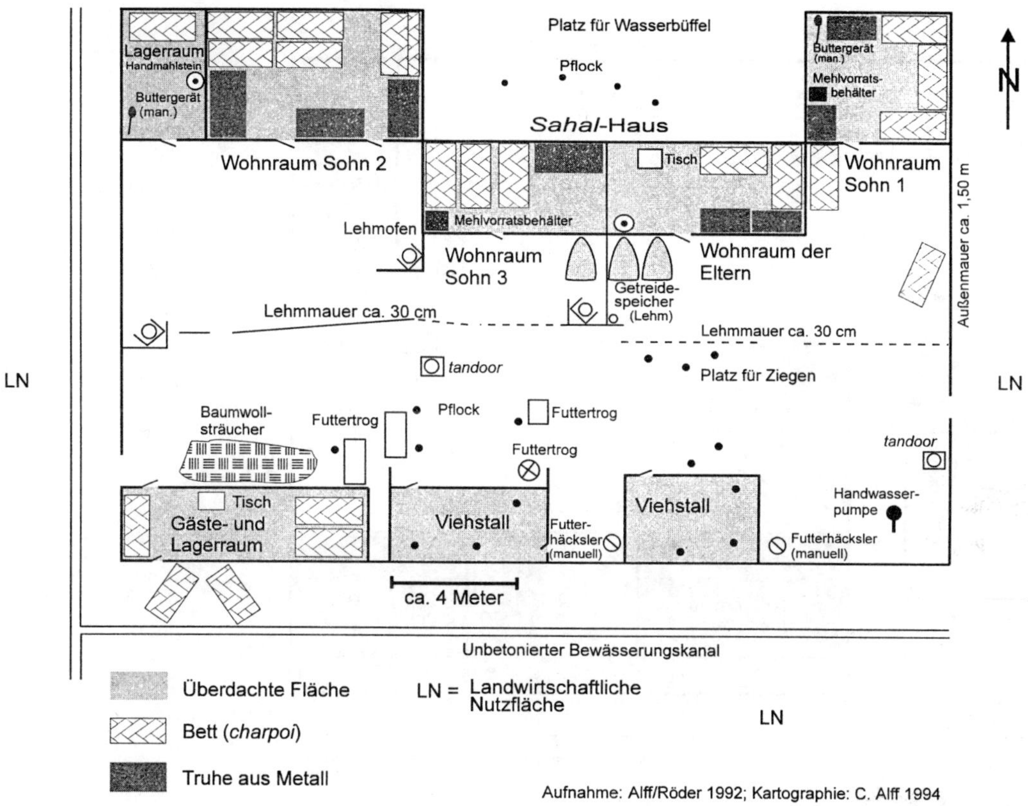

3.6.5.4 Gehöft einer Landarbeiterfamilie (Karte 10)

Zwei abschließende Hofgrundrisse dokumentieren die Lebenswelten landloser Familien. Zunächst wird der Hof einer in Chak 36 lebenden Landarbeiterfamilie vorgestellt. Die landlose Familie darf das Gehöft eines in Bahawalpur ansässigen Landbesitzers nutzen. Das gesamte Grundstück wird von einer ca. 1,70 Meter hohen Lehmmauer begrenzt. Die Wohnräume sind aus ungebrannten Lehmziegeln (*katcha*) gebaut. Es gibt zwei separate Wohnräume sowie einen Gästeraum, der im Eingangsbereich des Hofes liegt. Zwischen dem Wohnraum der Eltern und dem des Sohnes befindet sich ein Stall und Lagerraum. Weitere Lagerräume für Brennmaterial und Futter hat man in der Nähe der Viehplätze errichtet (vgl. Karte 10).

Karte 10: Gehöft eines Landarbeiters in Chak 36 (2 Erwachsene, 4 Kinder)

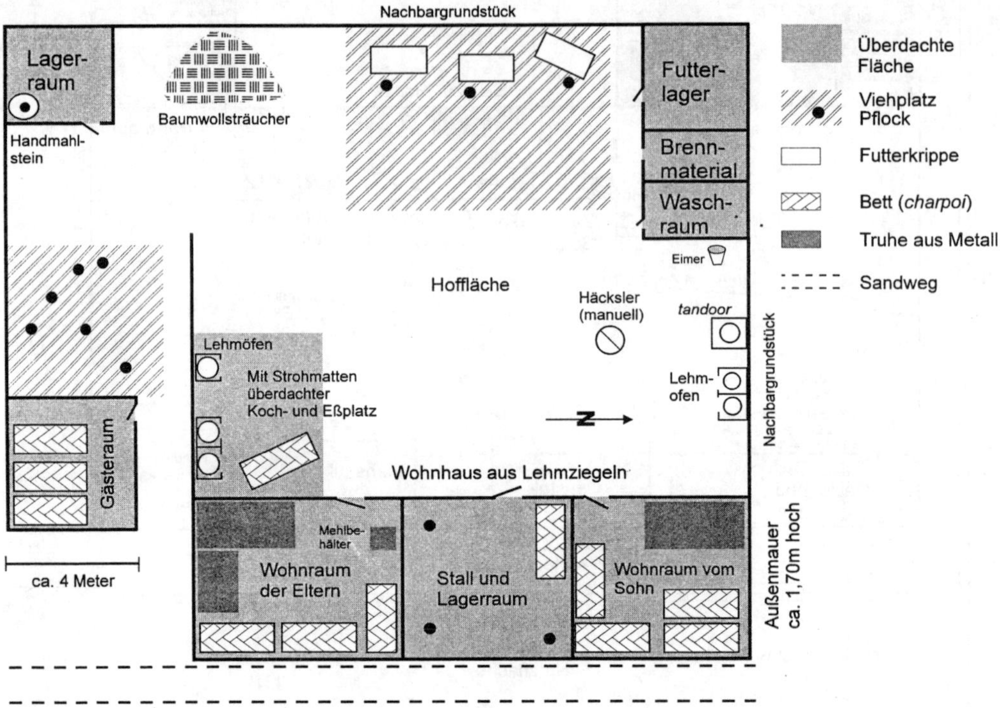

Aufnahme: C. Alff 1991/92; Kartographie: C. Alff (1993)

Ein mit Strohmatten überdachter Platz dient der Familie als Koch- und Eßplatz im Sommer. Zwei zusätzliche Lehmöfen werden vornehmlich in der kühleren Jahreszeit genutzt. Die Ausstattung der Wohnräume ist sehr einfach. Als Einrichtungsgegenstände stehen lediglich traditionelle Betten (*charpoi*) und Metalltruhen zum Lagern der Kleidung und Decken zur Verfügung. Arbeitserleichternde Haushaltsgeräte oder gar Radio oder Fernseher gibt es, obwohl Elektrizität vorhanden ist, nicht. Licht ist der einzige „Luxus" in den Wohnräumen der Eltern und des verheirateten Sohnes.

Im Gegensatz zu den bisher beschriebenen Grundrissen hat der Landarbeiterhaushalt keine eigene Handwasserpumpe im Hof. Die Frauen müssen deshalb das benötigte Wasser in Tonkrügen von einem der Nachbargrundstücke (ca. 50-60 Meter) transportieren.

3.6.5.5 Gehöft einer Landarbeiterfamilie (Karte 11)

Ein letztes Beispiel zeigt den allein stehenden Hof eines Landarbeiters, der mit seiner Frau und acht Kindern in einem *sahal*-Haus im nördlichen Dünenbereich von Siraj Pur lebt. Als Landarbeiter hat er Nutzungsrechte für das Haus, solange er für den Landbesitzer tätig ist. Das alte, traditionelle Haus ist der einzige Wohnraum, der seiner Familie zur Verfügung steht. Das Dach des Hauses ist reparaturbedürftig, kann aber aus finanziellen Gründen nicht instandgesetzt werden. Rechts neben dem Haus ist ein mit Strohmatten überdachter Viehunterstand.

Im Gegensatz zu allen bisher dokumentierten Grundrissen wird das Grundstück nicht durch eine hohe Mauer begrenzt; lediglich eine niedrige, ca. 50 Zentimeter niedrige Lehmmauer dient als eine Art Hofbegrenzung. Die Kochgelegenheiten befinden sich an der linken Mauerseite. Die offene Hofseite wird zum Anpflocken des Viehs genutzt.

Die Ausstattung des Wohnraumes besteht aus einigen *charpoi* und zwei Metalltruhen, in denen Kleidung, Decken und der Mehlvorrat aufbewahrt werden. Der einzige Wertgegenstand ist ein altes Fahrrad, welches der Ehemann zum Einkaufen benutzt. Elektrizität ist nicht vorhanden.

Karte 11: Gehöft eines Landarbeiters in Siraj Pur (2 Erwachsene, 8 Kinder)

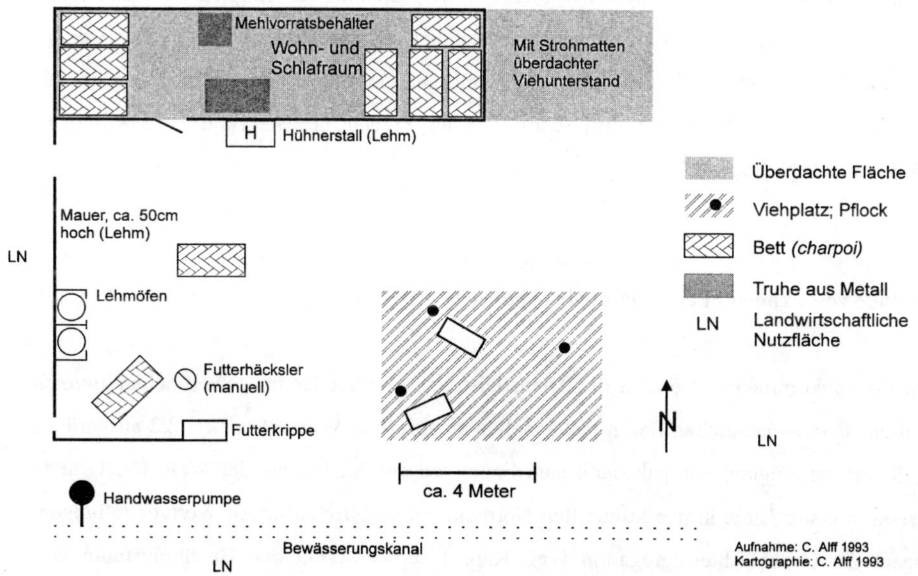

3.6.5.6 Interpretation der Ergebnisse

Die in den Karten 7 bis 11 abgebildeten Wohnverhältnisse können als durchaus typisch für die jeweiligen Haushalte bezeichnet werden. Wohlhabende landbesitzende Haushalte verfügen i. d. R. über ein aus gebrannten Ziegeln errichtetes Wohnhaus mit mehreren Räumen, teilweise sogar zweistöckig. Ihre Gehöfte begrenzen bis zu zwei Meter hohe Mauern, so daß Einblicke Fremder nicht möglich sind. Kleinbauern- und landlose Familien hingegen leben in weitaus beengteren Verhältnissen. Typisch ist auch, daß sie - im Gegensatz zu den *zamindar*-Familien - in den Höfen die Tiere halten. Ein sichtbares Zeichen für Armut stellen beschädigte oder fehlende Hofbegrenzungen dar.

Auch die Ausstattung der Räumlichkeiten bietet Hinweise auf die sozioökonomische Position der Familien. Moderne Einrichtungsgegenstände und Luxusgüter wie Farbfernseher und Waschmaschinen gehören zum Mobiliar landbesitzender Familien ebenso wie die traditionellen Betten und Aussteuertruhen. Weniger wohlhabende Familien dagegen sind lediglich mit traditionellen Möbeln ausgestattet, und Luxusgüter fehlen völlig. Eine Gemeinsamkeit aller Wohnräume - seien es die von landlosen Familien, Kleinbauern oder Landbesitzern - besteht in der dekorativen Zurschaustellung von Gebrauchsgegenständen wie beispielsweise Tassen, Tellern, Schüsseln, Messing- oder Stahleimern und Töpfen. Diese sind Bestandteile der Aussteuern und werden in Lehmregalen in den Zimmern aufgestellt. Unterschiedlich ist lediglich die Anzahl und Qualität der Gegenstände. Neben Einrichtungsgegenständen und Haushaltsgeräten gibt es weitere Indikatoren für den sozioökonomischen Status von Familien, wie z. B. die Anzahl und Qualität der Kleidungsstücke und Schuhe sowie der Schmuck, den Frauen besitzen und zu bestimmten Zeremonien tragen (vgl. Kap. 3.8).

3.7 Die Rolle von Frauen in außerlandwirtschaftlichen Bereichen

Frauen, die Einkommen in Berufen des Dienstleistungssektors oder im gewerblichen Bereich erwirtschaften, sind im ländlichen Raum bisher selten anzutreffen. Wie in Kap. 1.2.2.2 ausgeführt, zählt die Erwerbsbeteiligung von pakistanischen Frauen zu den niedrigsten der Welt. Die Gründe hierfür liegen in erster Linie in den kulturellen Normen und gesellschaftlichen Wertvorstellungen. Das Konzept der Geschlechtersegregation (vgl. Kap. 1.2) beschränkt den Handlungsraum von

Frauen, und sie gehen Erwerbstätigkeiten im außerlandwirtschaftlichen Bereich nur unter bestimmten Bedingungen nach. Im folgenden werden ausgewählte Frauen aus den Untersuchungsdörfern, die ihren Lebensunterhalt mit außerlandwirtschaftlichen Beschäftigungen verdienen, vorgestellt. Damit soll aufgezeigt werden, unter welchen Voraussetzungen Frauen Tätigkeiten ausführen, die eigentlich Männern vorbehalten sind (Bsp. Ziegelei-Arbeiterin, Topf- und Armreifenhändlerin), bzw. welche Rahmenbedigungen gegeben sein müssen, damit Frauen außerlandwirtschaftlicher Erwerbstätigkeit (Bsp. Lehrerin) nachgehen dürfen.

3.7.1 Yameena, die Armreifen-Verkäuferin

Die Frau eines ehemaligen Wasserträgers (Kaste: Johan) handelt seit zwei Jahren mit Armreifen in ihrem Haus in Chak 36. Die Idee stammt von einer Tante aus Ahmedpur East, damit die Familie das unzureichende Einkommen aus der Mithilfe in der Weizen- und Baumwollernte sowie den Erträgen aus einem Obstgarten (sharecropping) aufbessern kann. Der Ehemann begleitet seine Frau zum Basar nach Ahmedpur East und kauft mit ihr die traditionellen Glasarmreifen ein. Vor allem zu den beiden Eid-Festen und zu Hochzeiten sind Armreifen begehrte Ware, da Frauen und Kinder neue tragen möchten. Die Frau kauft für ca. 2000 Rupies Armreifen ein, bei deren Verkauf sie bis zu 20 % Gewinn erzielt. Da sie im Dorf lebt und nicht hauptberuflich ihrer Beschäftigung nachgehen muß, besucht sie entweder die Frauen, die sie rufen, oder die Frauen kommen in ihr Haus, um sich die Armreifen anzusehen (vgl. Photo 7, S. 230ff.). Höhere Profite erzielen die fliegenden Händlerinnen, die vermehrt in den Wochen vor den Eid-Festen von Dorf zu Dorf ziehen und ihre Waren anbieten. Exemplarisch für hauptberuflich tätige Händlerinnen sind zwei Armreifenverkäuferinnen, die aus Nachbardörfern kommen und zwischen 1000 und 2000 Rupies monatlich verdienen. Beide Frauen arbeiten unabhängig von ihren Ehemännern, die in ihren Dörfern als Landarbeiter/Tagelöhner beschäftigt sind. Als Grund für die Verkaufstätigkeit werden vor allem die besseren Verdienstmöglichkeiten angegeben. Als Landarbeiterinnen erhalten sie für die meisten Tätigkeiten lediglich Naturalien, während sie beim Armreifenhandel Bargeld verdienen. Nur in der Baumwoll- und Weizensaison arbeiten beide Frauen vorrangig in der Weizen- und Baumwollernte. Auf die Frage, warum ihre Ehemänner keine Einwände gegen die Händlerinnentätigkeit haben, antworteten beide Frauen, daß die finanzielle Situation im Haushalt so schwierig sei, daß alle Möglichkeiten, Geld zu verdienen, ausgeschöpft werden.

3.7.2 Nur Bibi, die Topf-Händlerin

In einem Nachbardorf von Chak 36 lebt eine Frau, die als fliegende Händlerin ihren Lebensunterhalt durch den An- und Verkauf von Blechgeschirr aufbessert. Sie kauft neue Töpfe, Becher, Teller, Eimer und sonstige Haushaltswaren bei einem Händler in Ahmedpur East und bietet ihre Waren in den Dörfern am Dera Nawab Kanal zum Tausch bzw. Kauf an (vgl. Photo 8, S. 233). Alte, kaputte oder zerbeulte Blechutensilien nimmt sie in Zahlung und verkauft sie an einen Händler in Ahmedpur East weiter. Diese Tätigkeit ist ähnlich wie bei der Armreifenverkäuferin eine Beschäftigung, die überwiegend zwischen den Erntezeiten (Baumwolle-Weizen) ausgeübt wird und einer Aufbesserung des Bargeldeinkommens dient. Der monatliche Verdienst liegt ihrer Einschätzung nach bei durchschnittlich 200 Rupies. Die Händlerin begründet ihre außergewöhnliche Tätigkeit mit dem zusätzlichen Bargeldbedarf für die Familie. Der Verdienst aus der Baumwollernte ist unzureichend für die Versorgung der Schwiegereltern, die zum Arbeiten zu alt sind, sowie der Kinder. Außergewöhnlich ist die Arbeit deshalb, weil im Untersuchungsraum sonst lediglich Männer als fliegende Topfhändler angetroffen wurden.

3.7.3 Hanifa, die lohnabhängige Ziegelei-Arbeiterin

Die Arbeiten in einer *battha* (Ziegelei) gehören zu den physisch anstrengendsten Tätigkeiten im Bausektor. Der Anteil weiblicher Arbeitskräfte in den *batthas* ist daher traditionsgemäß gering, jedoch in den letzten Jahren im Untersuchungsgebiet leicht angestiegen (insgesamt unter 30 % Anteil von Frauen an den Gesamtarbeitskräften einer *battha*).[22]

Hanifa arbeitet seit vielen Jahren gemeinsam mit ihrem Ehemann in der am Dorfrand von Chak 36 gelegenen *battha*. Als Arbeitsteam sind sie für das Formen und Stapeln von Lehmziegeln verantwortlich. Pro 1000 Stück erhalten sie 70 Rupies (1992 = ca. 5,- DM).

Der Arbeitstag in den Sommermonaten beginnt für Hanifa gegen vier Uhr morgens mit dem Backen von Broten, das als Verpflegung bei der Arbeit dient. In den kühleren Wintermonaten verschiebt sich der Arbeitsbeginn um etwa eine Stunde. Gegen fünf Uhr brechen die beiden zur *battha* auf. Hanifa ist dort für das Anmischen des Lehms mit Wasser verantwortlich, und ihr

---

[22] Mündliche Auskunft von Mohamad Hanif, dem *battha*-Besitzer in Chak 36. Weitere sieben *battha*-Betreiber im Untersuchungsgebiet wurden hinsichtlich des Frauenanteils befragt. Die Autorinnen der Studie „Women in the Construction Industry“ kommen zu dem Resultat, daß von hochgerechnet 121025 Arbeitern in den 2455 pakistanischen Ziegeleien 48900 Frauen sind. Dieses entspricht einem Anteil von 40,4 % an den Gesamtarbeitskräften (ASR 1989:6).

Ehemann preßt das Gemisch in eine Form und schichtet die gefertigten Ziegel auf. Gegen 7.30 Uhr legen beide eine kurze Frühstückspause ein und verzehren *roti* mit Pickles. Abhängig von der Jahreszeit arbeiten Hanifa und ihr Mann bis in die Nachmittagsstunden, um möglichst 1000 bis 1500 Ziegel zu formen. Da nicht jeden Tag Arbeitskräftebedarf in der Ziegelei besteht, kann es vorkommen, daß die beiden morgens zur *battha* gehen, aber ohne Arbeitsangebot wieder nach Hause geschickt werden. In der Baumwollerntezeit pflückt Hanifa lieber Baumwolle, da sie einerseits die Erntetätigkeit der schweren *battha*-Arbeit vorzieht und andererseits die Baumwolle, die sie beim dritten Pflücken erhält, zur Herstellung von Steppdecken benötigt. Vor allem in den heißen Sommermonaten empfindet Hanifa die *battha*-Arbeit als unerträglich. Doch handelt es sich dabei um den Zeitraum, in dem es sonst keine alternativen Erwerbsmöglichkeiten gibt.

3.7.4 Aisha, die Lehrerin

Eine in Chak 36 lebende verheiratete Frau (Tochter eines der größten Landbesitzer) arbeitet in der dörflichen Sekundarschule als Lehrerin. Sie absolvierte nach dem Besuch dieser Schule eine Lehrerausbildung in Ahmedpur East und erhielt kurz darauf die Stelle in der Dorfschule. Zum Zeitpunkt ihrer Anstellung war sie noch nicht verheiratet, und ihre Eltern befürworteten die Tätigkeit. Als sie verheiratet wurde, stellte sich die Frage, ob ihr Ehemann der Berufstätigkeit seiner Frau zustimmen würde, obwohl ökonomisch keine Notwendigkeit dafür besteht. Zur Freude der Frau hat ihr Ehemann keine Einwände gegen ihre weitere Berufstätigkeit. Auch über ihr Gehalt von 1400 Rupies monatlich darf sie weiterhin eigenständig verfügen. Sie wendet es für Einrichtungs- und Dekorationsgegenstände für den Schlafraum im Haus ihrer Schwiegereltern sowie Kosmetika und Schmuck auf. Später möchte sie das Geld für die Aussteuer ihrer Kinder sparen.

Die Familie befürwortet die Tätigkeit von Aisha auch deshalb, weil sie als Lehrerin innerhalb des Dorfes ein höheres Ansehen genießt. Durch die vermehrte Öffentlichkeitsarbeit in bezug auf Bildung und Ausbildung von Kindern gewann der Beruf des Lehrers in der pakistanischen Gesellschaft immer mehr an Prestige. Dies führte - auch im ländlichen Raum - in den letzten Jahren zu einer Einstellungsänderung hinsichtlich der Tätigkeit von Frauen. Dabei spielt vor allem die Entfernung zum Arbeitsplatz die ausschlagebende Rolle: Befindet sich die Schule im heimatlichen Dorf, unterliegen Frauen kaum Beschränkungen. Muß ein längerer Weg zur Arbeit zurückgelegt werden, entscheiden Faktoren wie Erreichbarkeit des Arbeitsplatzes mit öffentlichen Verkehrsmitteln, Einstellungen bezüglich der Berufstätigkeit von Töchtern sowie natürlich die ökonomische Situation der jeweiligen Familie über die Erwerbstätigkeit.

3.7.5 Fazit

Erwerbstätige Frauen im außerlandwirtschaftlichen Bereich können in folgende zwei Kategorien unterschieden werden:

1. Frauen mit Schulbildung und evt. Zusatzqualifikation, die in abgesicherten und mit höherem Prestige besetzten festen Beschäftigungsverhältnissen (formeller Sektor) arbeiten, und
2. Frauen, die aufgrund ökonomischer Zwänge in ungesicherten, mit wenig Prestige besetzten Arbeitsverhältnissen stehen (informeller Sektor[23]), wobei deren Ausübung meist keine formale Bildung zur Voraussetzung hat.

Die Tätigkeiten von Frauen in formellen Beschäftigungsverhältnissen im ländlichen Raum beschränken sich auf einige wenige Bereiche. Der von allen 105 befragten Frauen in den Untersuchungsdörfern am höchsten bewertete Arbeitsplatz ist eine Anstellung als Lehrerin. Auf die Frage, welche Art der Beschäftigung sich Frauen für ihre Töchter vorstellen könnten, befürworteten ebenfalls 100 der 105 interviewten Frauen die Arbeit als Lehrerin. Berufe im medizinischen Bereich hingegen erfahren keine besondere Wertschätzung, da Frauen in diesem Feld häufig mit fremden Männern in Kontakt kommen.[24]

Vor allem das geringe bzw. mangelhafte Angebot angemessener Arbeitsplätze sowie die dazu notwendigen Qualifikationen verhindern die Erwerbstätigkeit von Frauen im formellen Beschäftigungssektor.

Im informellen Bereich hingegen suchen sich Frauen unterschiedliche Erwerbsmöglichkeiten, um ihre Existenz und die ihrer Familien abzusichern. Die meisten dieser Tätigkeiten werden - vor allem, wenn Frauen sie ausführen - gesellschaftlich geringgeschätzt. Arbeiten in der *battha,* im Straßen- oder Hausbau gelten als „dreckige" Tätigkeiten (ähnlich wie das Säubern von Viehplätzen

---

[23] Unter informellen Tätigkeiten werden hier alle nicht durch feste Arbeitsverträge abgesicherten Beschäftigungsverhältnisse verstanden.

[24] Andere Möglichkeiten, im formellen Sektor zu arbeiten, bestehen im Bankwesen und industriell-gewerblichen Bereich. In den Untersuchungsdörfern wurden jedoch keine Frauen angetroffen, die über Erfahrungen auf diesem Gebiet verfügen. In der Untersuchungsregion existieren viele Baumwollentkernungsfabriken, die zwar nur saisonal arbeiten, aber dennoch vielen für fünf Monate befristete Arbeitsverträge bieten. Frauen werden dort i. d. R. jedoch nicht beschäftigt, wie Gespräche mit verschiedenen Produktionsleitern verdeutlichten.

und Kneten von Dungkuchen). Auch selbständige Händlerintätigkeiten gehören zu den Aktivitäten, die mit geringem Prestige besetzt sind. Denn diese Frauen bewegen sich relativ uneingeschränkt in verschiedenen Dörfern, in denen sie darüber hinaus mit fremden Männern in Kontakt kommen.

Verallgemeinernd ist festzustellen: Je ärmer Haushalte sind, desto akzeptabler werden Beschäftigungen für Frauen, die gewöhnlich Männer ausführen (z. B. Ziegeleiarbeit, Straßen- und Hausbau, Händlertätigkeit). Diese Handlungsoptionen müssen jedoch als „Sachzwang" betrachtet werden, da die betreffenden Frauen keinesfalls aus freien Stücken der schweren Arbeit in einer *battha* nachgehen, sondern weil sich ihnen keine alternativen Erwerbsmöglichkeiten bieten. Sobald Haushalte eine bestimmte Einkommensgrenze überschreiten, die Frauenarbeit zumindest teilweise überflüssig macht, werden zuerst die mit wenig Prestige besetzten Arbeiten aufgegeben (vgl. Kap. 3.6).

3.8 Frauen in der Familie und ihren sozialen Funktionen

3.8.1 Frauen in der Familie oder: Eine ganz 'normale' Biographie

In der Literatur besteht Einigkeit darüber, daß die Familie und die Rolle, die der Frau in ihr zugeschrieben wird, nach wie vor das tragende Element im Sozialgefüge der arabisch-islamischen Länder bilden (MERNISSI 1989, MINAI 1989). Frauen gelten als Schlüssel zum Erhalt der traditionellen Familieneinheit und als Trägerinnen der Familienehre. WEINER (1976:o. S.) ist darüber hinaus der Überzeugung, daß sich der gesellschaftliche Status von Frauen in ihrer Rolle und Position innerhalb ihrer Familien/Haushalte manifestiert: „*Women's status can only be understood in terms of following dimensions: the social organization of power, the ideological and institutional means of controlling women's sexuality and the sexual division of labour in the society. From this perspective, the family/household becomes the logical focus for analysis, as it is the arena where these three areas intersect. Far from being simply 'the domain of women', the family/household in the Middle East is the socio-economic unit and the arena where the public/private differentiation dissolves.*"

Ausgehend von der Beschreibung eines als „typisch" geltenden Lebenszyklus einer im ländlichen Raum aufwachsenden muslimischen Frau wird der Frage nach den sozialen Organisationsformen und Handlungsräumen von Frauen innerhalb der Familie nachgegangen. Der Lebenszyklus läßt sich in die fünf verschiedenen Phasen einteilen, die nachfolgend dargestellt werden.

3.8.1.1 Von der Geburt bis zur Pubertät

Die Geburt eines Mädchens wird im Gegensatz zur Geburt eines Jungen mit verhaltener Freude bis hin zur deutlichen Enttäuschung aufgenommen (vgl. NIJJAR 1972, MINAI 1989, MERNISSI 1989, HAFEEZ 1993). MUMTAZ/SHAHEED (1987:23) drücken es drastischer aus, wenn sie konstatieren: „ *...the birth of a girl, which is greeted with guilt or despair on the part of the mother, shame or anger on the part of the father, and the general concern and commiseration of the entire circle of friends and family.*" Die Freude über die Geburt eines Jungen findet Ausdruck in der Schlachtung von mindestens zwei Tieren, während für Mädchen lediglich - wenn überhaupt - ein Tier geschlachtet und das Fleisch in der Verwandtschaft und an Freunde verteilt wird. Auch in der

Bezahlung der traditionellen Hebamme (*dai*) drückt sich die Bedeutung von weiblichen und männlichen Säuglingen aus: Für erstere erhält die Geburtshelferin zwischen 25 und 100 Rupies, für letztere jeweils das Doppelte. Auch die Menge *gur* und Weizen, die sie erhält, ist für Jungen doppelte so hoch wie für Mädchen.[25] Studien haben gezeigt, daß Mütter ihre Jungen zudem länger stillen als Mädchen (MINAI 1991:104f.), obwohl im Koran eine längere Stillzeit für Mädchen gefordert ist, da sie als schwächer gelten. Die Beobachtungen während der Feldforschungen in vier Familien bestätigen die erhöhte Aufmerksamkeit, die Jungen zuteil wird, was sich nicht nur in der Ernährung und Kleidung niederschlägt, sondern auch in menschlicher Zuwendung. So bekamen die Jungen in allen Familien (Einzelfallstudien) unmittelbar nach den Männern das Essen serviert, darüber hinaus erhielten die Zwei- bis Fünfjährigen spezielle Nahrung in Form von gekochten Eiern, Obst und von Zeit zu Zeit Naschereien. Meine Beobachtungen bestätigen, daß sich Mädchen selbständiger und verantwortlicher verhalten (müssen) als Jungen derselben Altersgruppe. Wie in Kapitel 3.2.1 erläutert, führt die selektive Diskriminierung zu höheren Sterblichkeitsraten bei den Mädchen. HAFEEZ faßt die Form der sozialen Diskriminierung folgendermaßen zusammen: *„As the girl children in Pakistan grow older they slip into death due to neglect, discrimination in diet, delay in medical treatment, poor habits of eating, lack of exercise and exposure to fresh air, drudgery, early marriage and unsafe motherhood. "* (HAFEEZ 1993:11)

Die Diskriminierung von Mädchen hat eine lange Tradition und resultiert m. E. letztendlich aus der bis in das 19. Jh. hinein üblichen Mädchentötung, deren verschiedene Formen von NIJJAR (1972) in seinem Werk „Panjab under the Later Mughals" aufgezeigt werden (s. Kasten 1).

Kasten 1: Zur Tötung weiblicher Säuglinge

Die Tötung weiblicher Säuglinge stellt im indischen Subkontinent, trotz des im Koran in Sure 16 ausgesprochenen Verbotes, eine der krassesten Formen der Diskriminierung von Frauen dar, die - subtiler als vor 150 Jahren - bis heute andauert. NIJJAR (1972) beschreibt in seinem Werk „Panjab under the Later Mughals (1707-1759)" die Geschichte, Kultur und Ökonomie der verschiedenen Bevölkerungsgruppen im Punjab. Die Geburt eines Mädchens wird als „ungünstig" eingestuft und *„the very silence with which a female child was received in every house was indicative of great disappointment"*(1972:260). Kindestötung wurde in den meisten Regionen Nordindiens praktiziert. *„The crime was quite common in Uttar Pradesh, Panjab, Rajasthan and Gujrat. "* (ebd.)

Various ways of killing girls:

1. As soon as the female child was born opium was administered. Some time a pill made out of 'bhang' and tobacco was placed on the roof of the infant's mouth where it became softened with the saliva and went into the body of the child causing her death.

---

[25] ASCHENBRENNER (1967:26), die ihre Feldforschungen 1965 in Dörfern des nördlichen Punjab durchgeführt hat, schreibt, daß die *dai* für das Durchschneiden der Nabelschnur bei einem Jungen zwei Rupies und bei einem Mädchen eine Rupie erhielt. ANWAR und BILQUEES ermittelten in ihrer 1976 erschienenen Studie „The Attitudes, Environment and Activities of Rural Women: A Case Study of Jhok Sayal", daß die *dai* zehn Rupies für die Geburt eines Jungen und 5 Rupies für die eines Mädchens bekam.

2. In some cases the naval string of the new born girl was placed on its mouth which caused suffocation as a result of which it expired.
3. Amongst the Rajputs it was a common practice that a mother's breast was smeared with the preparation of 'dhatura' (Mudar plant) plant or the poppy. The infant drank the milk along with the poison. While in Panjab juice of 'akk' plant (Calatropis gigantea) was given to the child with her first nourishment.
4. Another method of killing the child was that a big hole was dug in the ground and it was filled with milk, the child was placed in it thus causing death by drowning.
5. In the Panjab the infant was put into 'Gharas' or water-pots, and buried in the ground. Some time the mother used to starve the child in order to put an end to the innocent life. Panjab had still another way of putting to death the newly born girl. The baby was buried with a little 'ghur' (a sort of brown sugar) in her mouth and twisted cotton placed in her hand. This couplet was recited as she was laid down: Eat Gur, spin your cotton, Don't come, send brother instead. (NIJJAR 1972:270ff.)
Greueltaten wie oben beschriebene sind heute abgelöst durch subtilere Formen der weiblichen Kindestötung. Diskriminierung der Mädchen bei der Ernährung und Gesundheitsversorgung sind die auch in Teilen Pakistans übliche Form der Tötung auf Raten. Alarmierend ist der Anstieg der pränatalen Tötungen aufgrund von Ultraschalluntersuchungen bei Föten (vgl. S. 45). Neueste Berichte aus Rajasthan bestätigen jedoch die alte Form des Tötens in armen Familien, indem weibliche Säuglinge lebendig vergraben werden (BUMILLER 1991).

Auch MARTIUS-v. HARDER (1978:93) stellte in ihrer Studie über Frauen im ländlichen Bangladesh fest, daß Frauen einem kranken Sohn mehr Aufmerksamkeit und Fürsorge entgegenbringen als einer kranken Tochter, da ihr eigenes Ansehen in der Familie direkt mit der Existenz des Sohnes verknüpft ist. TOMFORT (1991:44ff.) kommt aufgrund ihrer Feldforschungen in der NWFP zu der Überzeugung, daß Jungen bereits im Kleinkindalter wie „kleine Prinzen" behandelt werden und ihnen deshalb von Beginn an ein Gefühl des Besonderen vermittelt wird. Die Gründe für die Präferenz von Söhnen sind vielschichtig:

- Söhne gelten als Ernährer der Familie und kümmern sich um ihre Eltern im Alter,
- Söhne führen den Stammbaum weiter, während Mädchen das elterliche Haus verlassen und einen anderen Namen annehmen und damit in eine andere Familie eintreten,
- Mädchen müssen spätestens mit dem Eintritt in die Pubertät „überwacht" werden, um die Familienehre (*izzat*) zu schützen, und
- Mädchen müssen verheiratet werden, was hohe materielle Aufwendungen für die Aussteuer (*jaheez*) voraussetzt.

Mütter tragen die Jungen noch auf der Hüfte, wenn die Mädchen bereits kleinere Hausarbeiten erledigen. Auffällig ist die frühe Hinführung der Mädchen zu Säuglingspflege und Arbeiten im Haushalt sowie - abhängig vom sozioökonomischen Status - Mithilfe in der Landwirtschaft. In den beobachteten Familien gibt es eindeutige Unterschiede in den Aktivitäten der Töchter. Während sie in landbesitzenden Familien hauptsächlich im Haushalt für Aufgaben wie Fegen, Abwaschen,

Gemüse putzen und Fürsorge/Pflege der kleineren Geschwister eingesetzt werden, müssen Mädchen aus sozial schwächeren Familien neben den Pflichten im Haushalt zusätzlich in der Baumwollernte helfen, Unkraut jäten, Wasser holen, Tiere hüten usw. usf. Diese Beobachtungen stimmen auch mit den Ergebnissen von Alphabetisierungsprogrammen überein, in denen die höchsten Abbrecherraten bei Mädchen in ländlichen Gebieten registriert wurden (vgl. Abb. 9, S. 51). Die internalisierte gesellschaftliche Norm favorisiert die Ausbildungsförderung der Jungen und verweist die Mädchen auf den häuslichen Bereich. Männer sind die späteren Ernährer der Familie, und viele Eltern erhoffen sich von der Schulausbildung ihres Sohnes (oder ihrer Söhne), daß diese später einen besser bezahlten Posten erhalten. Jungen, auch wenn sie sozial schwächeren Familien angehören und in der Landwirtschaft mithelfen müssen, können sich größere Freiräume bewahren als Mädchen aus diesen Familien. Sie gehen zur Schule, verbringen mehr Zeit außerhalb des häuslichen Hofes, erledigen kleinere Einkäufe (und lernen dabei, mit Geld umzugehen), übermitteln Nachrichten und servieren männlichen Gästen Tee und Essen. MINAI (1991:105) zufolge werden Mädchen in armen Familien vom ersten Augenblick an als Wirtschaftskräfte eingesetzt, um das Überleben zu sichern. In den Untersuchungsdörfern machte sich dies in der Zeit der Baumwollernte bemerkbar. Auf den Feldern waren viele Mädchen zwischen vier und zwölf Jahren zu beobachten, die ihren Müttern beim Pflücken halfen. Die Befragungsergebnisse in allen drei Dörfen zeigen zudem, daß - wenn die Mittel knapp sind - dem Schulbesuch von Jungen immer der Vorzug eingeräumt wird (vgl. auch TOMFORT 1991:45, HAFEEZ 1993, SHAHEED/MUMTAZ 1990).

3.8.1.2 Von der Pubertät bis zur Verheiratung

Bei Eintritt in die Pubertät (ab Einsetzen der ersten Menstruation) ändert sich das Leben für die Mädchen insofern, als daß sie von nun an als erwachsen (und damit heiratsfähig) gelten. Die Freiheiten der jungen Mädchen werden - abhängig vom Familienstatus - mehr oder weniger stark eingeschränkt, da fortan die Ehre der gesamten Familie verletzbar ist. Töchter, die eingeschult wurden, müssen teilweise später aus religiösen Gründen die Ausbildung abbrechen, da größerer Wert auf die Einhaltung der *purdah*-Vorschriften gelegt wird (vgl. ZAFAR 1991).

Mädchen aus sozioökonomisch schwächeren Haushalten, die bereits während ihrer Kindheit in der Landwirtschaft mitgeholfen haben, führen die anfallenden Arbeiten auch weiterhin außerhalb des Hofes durch, achten jedoch verstärkt auf angemessene Bekleidung (d. h. sie verwenden entweder eine *dupatta* oder hüllen sich in einen *tschador*, wenn sie vom Hof gehen) und dezentes

Verhalten. Sie verlassen kaum (nur in Ausnahmesituationen) das Haus allein, sondern gehen gemeinsam mit Geschwistern oder Verwandten zur Feldarbeit, zum Verwandtenbesuch oder zu Besorgungen im nahegelegenen Basar (vgl. TOMFORT 1991, MINAI 1991). Mädchen aus allen Schichten werden von frühester Kindheit an auf ihre spätere Rolle als Ehefrau und Mutter vorbereitet. MUMTAZ/SHAHEED (1987) sind der Meinung, daß junge Mädchen ihrer Verheiratung erwartungsfroh entgegenschauen, da sie keine anderen Träume haben (können) und unverheiratete Frauen gesellschaftlich stigmatisiert werden. ZAFAR (1991:261) drückt es folgendermaßen aus: „*The social stereotype of a twenty years old girl glorifies a woman who is sacrificing, obedient, hard working and submissive. She forfeits all her rights, comforts and necessities for the sake of the family, restricts all her movements within the sanctioned boundaries laid down by her parents or husband and believes herself to be secondary to men.*"

Die bis zu ihrer Hochzeit verbleibende Zeit im Elternhaus verbringen die jungen Mädchen mit dem Erlernen der verschiedenen Hausfrauentätigkeiten, damit sie in der Familie der Schwiegereltern bestehen können. Gehören die Mädchen ärmeren Familien an, so verdienen sie sich Teile der Aussteuer durch die Mithilfe bei der Baumwoll- und Weizenernte.

In den untersuchten *zamindar*-Familien zeigt sich ein anderes Bild. Aisha, die älteste Tochter der landbesitzenden Familie aus Chak 36, die während des Untersuchungszeitraums zwischen 12 und 14 Jahre alt war, half ihrer Mutter regelmäßig beim Kochen, Putzen sowie bei der Fürsorge für die kleineren Geschwister und Cousins. Nach Beendigung der Grundschule mußte sie auf eine weiterführende Schulausbildung verzichten, um in der Moschee am Koranunterricht teilzunehmen. Ihre Eltern und Großeltern vertreten die Meinung, daß sie zunächst die Rezitation des Korans beherrschen sollte, bevor sie in die im Dorf befindliche Sekundarschule gehen darf. Demgegenüber besucht eine gleichaltrige Cousine, die mit ihren Eltern in Bahawalpur lebt, ein College und erhält den Koranunterricht am Nachmittag. Aisha hingegen darf die nur 800 Meter entfernt liegende Schule in Chak 36 nicht weiter besuchen. Ihre drei Brüder gehen alle in die Sekundarschule im Dorf und werden nachmittags und freitags in der Koranrezitation unterwiesen. Die Entscheidung, Aisha von der Schule zu nehmen, trafen primär die sehr religiösen Großeltern.

In der Pächterfamilie in Siraj Pur stellt sich das Bild anders dar: Da es dort weder eine Grund- noch Sekundarschule für Jungen und Mädchen gibt, müssen die Kinder für den Besuch der Grundschule bis Chak 150 ca. zwei Kilometer laufen. Die nächste Sekundarschule für Jungen und Mädchen befindet sich Uchh Sharif (ca. neun Kilometer entfernt). Samina, die älteste, 16jährige Tochter des Haushalts, hat aus diesen Gründen lediglich fünf Jahre die Grundschule besucht. Ihr ca.

zwei bis drei Jahre jüngerer Bruder hingegen lebt während der Woche in Uchh Sharif bei seinem Onkel väterlicherseits, um dort die Sekundarschule besuchen zu können. Nach Auskunft der Großeltern *„können die Mädchen nicht in Uchh bei ihren Verwandten leben und die höhere Schule besuchen, da dies zuviel Verantwortung bedeuten würde"* (Persönliches Gespräch mit den Großeltern 1992).

Ausbildung wird mittlerweile von nahezu allen Familien als Voraussetzung für bessere Zukunftschancen angesehen, doch entsprechend der kulturellen Normen fördern Eltern im ländlichen Raum vorzugsweise ihre Söhne. Bei den meisten Gesprächen mit Frauen aus den Untersuchungsdörfern wurde die Diskrepanz zwischen „Wunsch" und „Wirklichkeit" bezüglich der Ausbildung ihrer Kinder erkennbar: Wären die infrastrukturellen und finanziellen Mittel vorhanden, würden die meisten Mütter ihre Kinder, Söhne und Töchter, zur Schule schicken. Da es weder in Lal Kamal noch in Siraj Pur eine Mädchenschule gibt, werden die Töchter ausnahmslos von Bildung ausgeschlossen. Doch auch wenn Mädchenschulen zur Verfügung stehen, wie in Chak 36, bedeutet das nicht automatisch, daß alle Mädchen diese besuchen, da die damit verbundenen Kosten von landlosen, Kleinbauern- und sharecropper- Familien häufig nicht aufzubringen sind.[26]

3.8.1.3 Von der Eheschließung bis zur Geburt des ersten Sohnes

Ehe und Mutterschaft stellen für pakistanische Frauen die einzigen von der Gesellschaft akzeptierten Lebensformen dar. Heiraten arrangieren in ländlichen wie städtischen Regionen i. d. R. die Eltern und Großeltern.[27] Dabei hat die Eheschließung die Funktion einer möglichst vorteilhaften Verbindung zwischen zwei Familien (TOMFORT 1991:47). MINAI (1991:163) bezeichnet die Ehe als ein Band zwischen zwei Großfamilien. Bevorzugt werden gradlinige Verwandtschaftsehen väterlicherseits, d. h. es werden möglichst die Tochter und ein Cousin väterlicherseits (Sohn der Schwester oder des Bruders des Vaters) verheiratet, zweite Priorität genießt der Cousin mütterlicherseits, und erst nachfolgend erfolgt eine Eheschließung mit Verwandten zweiten Grades.[28] Heiratsarrangements vorzugsweise innerhalb der nächsten Verwandtschaft werden damit begründet, daß

- der Besitz in einer Lineage verbleibt,

---

[26] Der Besuch von staatlichen Primarschulen ist kostenlos, d. h. es muß kein Schulgeld gezahlt werden. Doch die Anschaffung von Schulheften, -büchern und den obligatorischen Uniformen ist für viele Haushalte nicht finanzierbar.

[27] Liebesheiraten sind - nicht zuletzt durch die Vielzahl indischer Liebesfilme - zwar bekannt, doch nur in seltenen Fällen kommt es in der Realität zu Eheschließungen aus Liebe.

[28] Eheschließungen innerhalb der nächsten Verwandtschaft sind im Gegensatz dazu im Hinduismus untersagt.

- die Vereinbarungen über das Hochzeitsarrangement und die Entscheidungen über Brautgeld (*haq mehr*) und Aussteuer (*jaheez*) wesentlich einfacher zwischen Verwandten zu regeln sind,
- weniger Streitigkeiten und Mißgunst zwischen den Eheleuten auftritt und selbst wenn, diese unkomplizierter gelöst werden können und
- eine allgemeine Festigung der familiären Bande erfolgt.

Die Auswahl des Ehemanns erfolgt bereits während der Jugendzeit der Tochter, wenn die Eltern potentieller Kandidaten zu Familien- und religiösen Festen zusammentreffen. Die Söhne erhalten in jüngerer Zeit vermehrt von den Eltern Informationen über die zukünftige Ehefrau, währenddessen Töchter nur selten über die Auswahl des Ehemannes in Kenntnis gesetzt werden. Noch bis vor wenigen Jahren war es überhaupt nicht üblich, die Kinder über Entscheidungen hinsichtlich ihrer bevorstehenden Hochzeit zu informieren. Die Befragungsergebnisse lassen jedoch einen schrittweisen Wandel dieser Tradition erkennen, da vermehrt die Söhne in den Entscheidungsprozeß über die Wahl der Ehefrau einbezogen werden.[29] Von insgesamt 145 befragten Familien in den Untersuchungsdörfern informierten lediglich zehn ihre Tochter über die Auswahl des Bräutigams. Demgegenüber bekundeten immerhin knapp die Hälfte, daß sie den Sohn fragen und sogar seine Meinung bei der Brautauswahl berücksichtigen würden.

TOMFORT (1991:47), die eine pathanische Dorfgesellschaft in der NWFP untersucht hat, kommt zu einem ähnlichen Resultat: *„Söhne können ihren Wunsch nach einer bestimmten Frau mit Druck auf die Familie durchsetzen.“*

Von Interesse im Hinblick auf die geschlechtsspezifische Entscheidungsautorität sind Ergebnisse mehrerer Autoren/innen, die bei der Auswahl der Braut bzw. des Bräutigams den Müttern die einflußreichere Position zuschreiben. Die muslimischen Frauen der die heiligen Stätten bewachenden Männer (Pirzada) in Delhi, die JEFFERY in ihrer Studie „Frogs in a Well“ beschreibt, sind bei dem wichtigen Auswahlprozeß des *„matchmaking“* (1979:171) die Akteurinnen. Durch die Möglichkeit, die potentiellen Mädchen/Frauen zu treffen und Informationen im Netzwerk der freundschaftlichen Beziehungen einzuholen, nehmen die Mütter eine wichtige soziale Funktion ein. Bei den offiziellen Verhandlungen über Aussteuer, Morgengabe und Verlauf der Zeremonien bleiben sie jedoch im Hintergrund. MERNISSI (1989:134ff.) spricht für die marokkanische Gesellschaft gar von der *„Macht der Mutter bei der Verlobung des Sohnes“*, da nur sie die für eine

[29] KERSTAN/BERNINGHAUSEN (1991:233f.) kommen für Java/Indonesien zu der Erkenntnis, daß die *„extrem rechtlose Position der Frau bei der Wahl ihres Lebenspartners und über den Zeitpunkt der Eheschließung heutzutage in einem Änderungsprozeß begriffen (ist).“*

Heirat wichtigen Informationen über die Zukünftige einholen kann. Im Hammam, dem türkischen Bad, können sich, MERNISSI (1989:134ff.) zufolge, die Frauen treffen und erfahren dabei auch *„intimste Informationen"*.[30]

Über die Macht der Mütter bei der Auswahl von Ehepartnern in den Untersuchungsdörfern konnten keine Erkenntnisse gewonnen werden. Auch lassen sich keine eindeutigen Entscheidungsmuster identifizieren: In allen befragten Familien beraten i. d. R. zunächst die familienältesten Männer gemeinsam über potentielle Kandidatinnen und ziehen dann die Ehefrau des Haushaltsvorstandes zu Rate. Die endgültige Entscheidung wird jedoch von den Männern gefällt. Eindeutige schichtspezifische Differenzen lassen sich bezüglich des Heiratsalters der Mädchen feststellen. Die sozial schwächeren Familien (Landlose- und Kleinbauernhaushalte) im Untersuchungsgebiet empfinden für ihre Töchter frühe Hochzeiten im Alter zwischen 13 und 16/17 Jahren als erstrebenswert. Als Gründe werden kulturelle Normen angeführt (z. B. daß Mädchen als erwachsen gelten, sobald die Menstruation eingesetzt hat) und die Auffassung, daß Töchter eine wirtschaftliche Belastung für die Familien darstellen. Dieses überrascht, wenn man die unverhältnismäßig höhere finanzielle Bürde der zu erbringenden Aussteuer erwägt. Erst die in den letzten Jahren gestiegenen Ansprüche der Bräutigameltern scheinen zu einer Verzögerung von Hochzeiten zu führen, da die Mitgift oft nicht finanziert werden kann. Das gesetzliche Heiratsalter von 18 Jahren hat im ländlichen Punjab keine Bedeutung, da der Geistliche (*kazi*), der die Eheschließung vertraglich vollzieht, kein Interesse am Alter der Braut hat.[31]

Liebesheiraten im europäischen Verständnis sind vielen Dorfbewohnerinnen aus indischen Videos/Kinofilmen und Erzählungen bekannt. Viele ländliche Frauen und Männer kennen zudem Beispiele für Liebesheiraten aus ihrer eigenen weitläufigen Verwandtschaft. Das führt zumindest bei der jüngeren Generation zu Träumen bezüglich der eigenen Eheschließung und damit vielleicht auch zum Nachdenken über die alten Traditionen.

Die Heirat betrachten alle Frauen als markanten Schnittpunkt in ihrem Leben. Zwei wesentliche Gründe sind dafür zu nennen:

---

[30] SHARMA (1980:150) kommt zu ähnlichen Schlußfolgerungen für Einwohner/innen von Dörfern im Nordwesten Indiens. *„Women there play an important role in matchmaking because they serve as connecting links between their conjugal and natal families in separate villages."*

[31] Es wurde berichtet, daß bei sehr jungen Mädchen „Schmiergelder" an den zuständigen *kazi* gezahlt würden und das Alter im Ehevertrag dementsprechend manipuliert würde.

- In den allermeisten Fällen verläßt die Frau das elterliche Haus und lebt fortan mit ihrem Ehemann und dessen Eltern.[32]
- Die Rolle und Aufgaben der jungen Frau ändern sich schlagartig, denn von ihrem Verhalten hängt zu einem großen Maß ihre Aufnahme in die neue Familie ab.

Vom Zeitpunkt der Eheschließung an ist die junge Frau verantwortlich für das „Wohlbefinden" ihres Mannes, muß sich in einer ihr zunächst fremden sozialen Umwelt einleben und darf auf keinen Fall negativ auffallen, da atypisches Verhalten auf ihre Familie zurückfällt. Obwohl sie seit ihrer Kindheit auf die diversen Aufgaben vorbereitet wurde, bedeutet die neue Umgebung den Verlust emotionaler Sicherheit. Abhängig von der Konstellation des neuen Haushaltes ergeben sich Schwierigkeiten für die junge Ehefrau. Ist sie eine enge Verwandte (beispielsweise eine Nichte väter- oder mütterlicherseits) ihrer Schwiegerelternfamilie („in-laws"), wird sie weniger Probleme mit der Integration haben, da sie ihre Schwiegereltern als Tante und Onkel bereits kennt. Problematischer kann die Situation für Frauen werden, die ihre „in-law"-Familie nur flüchtig oder gar nicht kennen und mit der Eheschließung zudem in ein fremdes, evtl. weit entferntes Dorf oder eine fremde Stadt übersiedeln müssen. Die räumliche Distanz zwischen den Eltern und Geschwistern sowie die neue Umgebung, in der die Frauen niemanden kennen außer ihren „in-laws", wird von neu verheirateten Frauen oft als Belastung empfunden (vgl. TOMFORT 1991, eigene Gespräche mit jungen Ehefrauen). Heiraten Frauen innerhalb ihrer Dörfer, bleiben somit in der vertrauten Umgebung und haben darüber hinaus häufiger die Möglichkeit, Eltern und Geschwister zu besuchen, dann fällt der Wechsel leichter. Beispielhaft sei dafür Soraia, Tochter eines Landbesitzers, genannt, die innerhalb des eigenen Dorfes an einen Cousin ersten Grades verheiratet wurde, den sie von Kindheit an kennt. Mit der Eheschließung wechselte sie lediglich von einem Gehöft in ein anderes, und sie hat die Möglichkeit, ihre Eltern und Geschwister täglich zu besuchen. Das soziale Umfeld änderte sich für Soraia kaum, nur ihre Aufgaben und Pflichten nahmen zu. In der Literatur zur Stellung der Ehefrauen in ihren neuen Familien wird häufig von der Konkurrenz zwischen der Schwiegermutter und der Ehefrau um die Sympathie/Anerkennung des Sohnes bzw. Ehemannes gesprochen (vgl. MARTIUS- v. HARDER 1978, TOMFORT 1991, LINDHOLM 1982, MINAI 1991, MERNISSI 1989).

---

[32] Nur in Ausnahmefällen bleiben Töchter mit ihren Männern im Haus der Eltern, z. B. wenn es keine Söhne gibt, die den Eltern im Alter zur Seite stehen.

MERNISSI bezeichnet das enge Mutter-Sohn-Verhältnis als möglichen Schlüssel zum Verständnis der Dynamik einer traditionellen muslimischen Ehe. Ausgehend von Ergebnissen in der Psychoanalyse, daß die Mutterbindung als entscheidend angesehen wird für die Fähigkeit eines männlichen Individuums, heterosexuelle Beziehungen einzugehen, gelangt MERNISSI (1989:133) zu dem Schluß, daß in Gesellschaften mit starken Mutter-Sohn-Verbindungen die ehelichen Beziehungen eher schwach ausgeprägt sind: „*...die Beziehung zwischen den Ehepartnern (ist) in den islamischen Gesellschaften nicht nur relativ unverbindlich und die Liebe zur Ehefrau alles andere als leidenschaftlich, sondern darüber hinaus scheint die einzige Frau, die der Mann lieben darf, ohne sich lächerlich zu machen, seine Mutter zu sein...* “. Diese sehr kritische Einschätzung der Ehe in islamischen Gesellschaften beinhaltet m. E. einen realistischen Sachverhalt. Tatsächlich scheinen Gefühle der Zuneigung zwischen den Ehepartnern weniger bedeutend für die Beziehung zu sein als das generelle Einverständnis beider Familien über die zu gründende Gemeinschaft.[33] Für die landbesitzende Familie von Haji Yussuf in Chak 36, die Pächterfamilie von Khusi Mohamad und den Kleinbauernhaushalt aus Siraj Pur bestätigen Beobachtungen und Gespräche diese Annahme. Die Ehemänner verbringen die meiste Zeit außer Haus, und wenn sie nach Hause kommen, unterhalten sie sich miteinander bzw. mit den Eltern über die Geschehnisse des Tages, nicht mit der Ehefrau. Besonders ausgeprägt ist dieses Verhalten in der *zamindar*-Familie: Die Ehemänner von Nasira und Soraia schlafen i. d. R. lediglich ein- bis zweimal in der Woche auf dem elterlichen Gehöft im Dorf. Die restlichen Tage verbringen sie auf dem *dera* und kommen unregelmäßig zum Essen oder Kleidungwechseln ins Dorf. Sofern sie sich im Haus aufhalten, führen die Männer eher Gespräche mit ihren Eltern als mit den Ehefrauen.

TOMFORT (1991:49) schreibt zum Sohn-Mutter-Verhältnis, daß die Söhne, die sich gefühlsmäßig zwischen der engen Mutterbindung und Sympathie für die Ehefrau hin- und hergerissen fühlen, aus der „*spannungsgeladenen familiären Atmosphäre*“ in die äußere Männerwelt flüchten. M. E. ist diese Interpretation nicht korrekt, denn Männer verbringen häufig den größeren Teil ihrer Zeit außerhalb des elterlichen Hauses, unabhängig davon, ob sie verheiratet sind oder nicht. Wichtiger für das Verhältnis zwischen den Jungverheirateten ist die Frage, inwieweit sie eine Privatsphäre aufbauen können, d. h. Rückzugsmöglichkeiten haben, um wenigstens zeitweise ungestört sein zu können. Ein eigener Raum mit einer verschließbaren Tür ist jedoch keine Selbstverständlichkeit. In ärmeren Familien stehen den Familienmitgliedern oft nur zwei bis drei

[33] Wie bereits an anderer Stelle angemerkt, verändern sich diese Werte jedoch langsam, und in Familien der urbanen Oberschicht heiraten Frauen und Männer vermehrt aufgrund gegenseitiger Zuneigung.

Räume, die in den Wintermonaten zusammen genutzt werden müssen, zur Verfügung. Ein weiterer Faktor, der entscheidend auf die Integration der Braut in die neue Familie einwirkt, ist die Existenz anderer Schwiegertöchter. Kommt eine Braut als jüngste in eine neue Familie, so ist ihr Status zunächst gering. Wie die empirischen Untersuchungen zeigen, werden der jüngsten Schwiegertochter die als lästig oder schwer empfundenen Arbeiten im Haushalt und der Landwirtschaft zugewiesen (Reinigungsarbeiten, Ställe ausmisten, Dungkuchen formen). Interessanterweise sind dies auch die ersten Tätigkeiten, die Mütter ihren heranwachsenden Töchtern übertragen. Die mit höherem Prestige verbundenen Arbeiten wie das Zubereiten und Verteilen der Speisen, Herstellen von *ghee*, Näh- und Handarbeiten werden von den älteren Frauen im Haushalt übernommen. Diese Form der innerfamiliären Arbeitsteilung konnte in allen Einzelfallstudien beobachtet werden (vgl. Kap. 3.6.3.1).

Ein wichtiges Ereignis stellt die Geburt des ersten Kindes dar, die von der gesamten Familie mit Spannung erwartet wird. In der Untersuchungsregion sowie allgemein in weiten Teilen Pakistans ist es Tradition, daß Frauen einige Wochen vor der Geburt ihres ersten Kindes in die elterliche Familie zurückkehren. Dort gebären die meisten Frauen mit Unterstützung einer aus dem Dorf stammenden Hebamme (*dai*) ihr erstes Kind. Ungefähr eine Woche nach der Geburt kommen die Großeltern väterlicherseits, das Kind erhält einen Namen und den ersten Haarschnitt. Die Mutter muß eine 40-tägige Frist einhalten, in der sie das Haus möglichst nicht verlassen sollte, keinen Geschlechtsverkehr haben darf und von sozialen Funktionen ausgeschlossen bleibt, da sie als rituell unrein gilt.[34] Nach Beendigung der Frist nimmt sie ein besonderes Bad, das sie reinigt, und kehrt zum Hause ihres Mannes zurück. Dort verteilt sie Süßigkeiten, um die Geburt des Kindes zu feiern. Ist es ein Sohn, kann die Frau erleichtert aufatmen, denn sie hat ihre wesentliche Aufgabe - einen Erben zu gebären - erfüllt. Auf die Geburt eines Mädchens wird - wie bereits erläutert - verhalten reagiert. Frauen im ländlichen Raum setzen alles daran, einen männlichen Nachkommen zu gebären, denn ihr familiärer Status und die Sicherheit ihrer Ehe hängen entscheidend davon ab: *„If a woman is pregnant, everyone prays that she may be blessed with a male child. The woman herself will hope for a boy, because this will raise her status in the family and in society at large.“* (FARIDA SHAHEED 1992 in einem Gespräch)

Die Bedeutung von Söhnen wird an Fallbeispielen aus den Untersuchungsdörfern deutlich. In Chak 36 und Siraj Pur lebten mehrere Frauen, die zwischen sieben und zwölf Kindern geboren

[34] Frauen aus armen Familien können den Zeitraum von 40 Tagen nicht einhalten, da ihre Arbeitskraft dringend gebraucht wird.

hatten, um den ersehnten ersten oder zweiten Sohn zu bekommen. Schichtunabhängig sagten alle befragten Frauen, daß ein Sohn als Erbe und Verantwortlicher für die Eltern gebraucht würde. Der Wunsch nach einem zweiten Sohn ist aufgrund der hohen Kindersterblichkeit (von je tausend Babies sterben im Durchschnitt 86 bis zum Alter von fünf Jahren) stark ausgeprägt (vgl. MINAI 1991:178). Die Fruchtbarkeitsrate pakistanischer Frauen gehört mit 6,8 Lebendgeburten zu den höchsten der Welt (als Vergleich dazu: Indien 4,4; Bangladesh 5,6 und Sri Lanka 2,9 Kinder/Frau) (vgl. WBCS 1989:52). Söhne bedeuten zudem eine Absicherung gegen Scheidung oder eine Zweitfrau. Tatsächlich lebten in den Dörfern lediglich sieben Männer in Polygynie. Es ist zu vermuten, daß der Rückgang polygamer Ehen auf ökonomischen Schwierigkeiten beruht.[35]

3.8.1.4 Die Verheiratung des ältesten Kindes

Gewöhnlicherweise wird das älteste Kind, unabhängig davon, ob es sich um eine Tochter oder um einen Sohn handelt, zuerst verheiratet. Für Eltern bedeutet dies die Vollendung einer wesentlichen Lebensaufgabe, die von EGLAR (1961:90) als *sadr*[36] bezeichnet wird: *„However the primary responsibility of the couple is to fulfil its parental duty of seeing that its children are married."*

Die Verhandlungen über die Höhe der Aussteuer und Morgengabe sowie über den Ablauf der verschiedenen Zeremonien mit der Familie der Braut führen im wesentlichen die familienältesten Männer. Eine punjabische Hochzeit ist in drei große Abschnitte (*mehndi*[37], *nikah*[38] und *valima*[39]) unterteilt, die nach einem bestimmten Muster verlaufen und bei denen den Familienmitgliedern unterschiedliche Funktionen zukommen. KHANUM (1987:26) bezeichnet Hochzeiten als integralen Bestandteil der punjabischen Kultur.*„The wedding is a complex period of practises as an integral part of the Punjabi culture, which have contimed for generations. People strictly adhere to them due to pressure from the biradri to which they belong."* Hochzeitsfeiern stellen darüber hinaus günstige Gelegenheiten dar, entferntere Verwandte zu treffen, Vereinbarungen bezüglich

---

[35] Zuverlässige Statistiken über die Anzahl von pakistanischen Männern, die mehr als eine Ehefrau geheiratet haben, existieren nicht. Pakistanische Soziologinnen (SHAHEED, ZAFAR) vertreten die Ansicht, daß die Anzahl der polygamen Ehen landesweit zurückgeht (Persönliche Gespräche 5/1992).

[36] EGLAR übersetzt *sadr* mit „innermost desire" (1961:90).

[37] *Mehndi* ist das punjabische Wort für Henna, und die Feier einen Tag vor der eigentlichen Hochzeit leitet den Abschied der Tochter aus dem elterliche Haus ein.

[38] *Nikah* bedeutet Ehe, und die Zeremonie stellt die eigentliche Hochzeit mit Unterzeichnung des Ehevertrags dar.

[39] *Valima* meint den Einzug der Braut in die Familie des Ehemannes einen Tag nach der Unterzeichnung des Ehevertrages.

anstehender Verlobungen zu schließen, Beziehungen zu pflegen und natürlich für einige Stunden oder Tage „den Alltag zu vergessen". Hochzeitsfeierlichkeiten finden in der kühleren Jahreszeit (zwischen Mitte Oktober und März), aber nicht im Fastenmonat *ramadan*, statt. Unter den Aktivitäten, die den Feierlichkeiten vorausgehen, sind die Schau der Aussteuer (*jaheez*) und die rituelle Reinigung der Braut und des Bräutigams (*maiyyum*) nennenswert. Sie und die daran anschließenden Zeremonien *mehndi, nikah* und *valima* werden im folgenden beschrieben.

3.8.1.4.1 *jaheez*-Schau

Bei der *jaheez*-Schau handelt es sich um die öffentliche Zurschaustellung der Aussteuer, die die Eltern ihrer Tochter finanzieren. Sie findet zwei bis drei Tage vor der ersten eigentlichen Hochzeitszeremonie - *mehndi* - statt. Das Arrangieren der Gegenstände im Haus oder Hof der Brauteltern liegt in der Verantwortung der Frauen, die alle Geschenke auf den traditionellen Betten (*charpoi)* ausbreiten. Hier werden zunächst die Geschenke der elterlichen Familie ausgestellt, und Verwandte, Nachbarinnen kommen im Laufe des Tages, um sie zu begutachten. In landbesitzenden Familien wird jeder Gegenstand mit einem Zettel versehen, auf dem der Name des Empfängers steht, da nicht nur die Tochter Geschenke erhält, sondern auch der Bräutigam, seine Eltern, Großeltern und Geschwister. Von großem Interesse ist der Goldschmuck, dessen Gewicht den Wohlstand und Status einer Familie repräsentiert. Zu einem Hochzeitsset gehören Halskette, Finger- und Ohrringe, der Nasenstecker und die Stirnkette. Ist die Familie sehr wohlhabend, wird sie ihrer Tochter zudem Armreifen schenken. Der Goldschmuck ist neben der Morgengabe oft das einzige Vermögen der Frauen, das sie in Notfällen veräußern können. Gespräche mit älteren Frauen ergaben, daß Goldgeschenke in diesem Umfang bis vor wenigen Jahren lediglich von großen Landbesitzern getätigt wurden. Neben Goldschmuck gehören Einrichtungsgegenstände, Küchen-utensilien, Luxusaccessoires (z. B. Radiorekorder, Fernseher, Motorräder, Fahrräder etc.), Kleidung und Dekorationsstücke zu einer Aussteuer in wohlhabenden Familien.

3.8.1.4.2 *maiyyum*

Maiyyum ist ein punjabisches Wort und bedeutet *„evil spirits, witches and monsters"* (KHANUM 1987:33). Die Reinigungszeremonie, *maiyyum*, findet 15 bis 20 Tage vor der Hochzeit separat im Haus der Braut bzw. des Bräutigams statt. Traditionell durften während der ca. 14-tägigen Dauer

Braut und Bräutigam nicht das Haus verlassen und keine attraktive Kleidung tragen, um Geister und Hexen fernzuhalten. *„Open hair have attraction for ghosts so the bride is not allowed to go outside.“* (KHANUM 1987:34) Die Abgeschlossenheit der Brautleute kann mit einer inneren und äußeren Reinigung verglichen werden und somit einer Vorbereitung auf den Abschied vom Elternhaus. Die Zeremonie wird zwar noch durchgeführt, jedoch beträgt die Dauer der physischen Abgeschlossenheit nicht mehr zwei Wochen, sondern höchstens zwei Tage. Während dieser Zeit ist es nur engsten Familienmitgliedern der Braut gestattet, ihr Essen zu bringen, wobei aber Unterhaltungen vermieden werden sollten.

3.8.1.4.3 *mehndi*

Die *maiyyum*-Zeremonie stellt die Vorbereitung der *mehndi*-Feier dar, zu der die gesamte Familie des Bräutigams traditionell in das Haus der Brauteltern kommt. Die Braut trägt einen gelben *shalwar kameez*, der die Gesichtsfarbe weißer erscheinen läßt,[40] und wartet in einem Raum/Zimmer auf den Beginn der Zeremonie. Währenddessen bereiten die weiblichen Familienmitglieder alles vor: Den Hof und die Räume schmücken sie mit Girlanden und Blumen, den Stuhl, auf dem die Braut sitzt, dekorieren sie phantasievoll mit Jasminblüten. Mädchen und Frauen beginnen mit dem Einüben der Lieder, die am Abend im Wettstreit gegen die Angehörigen der Bräutigamfamilie gesungen werden. Das Erscheinen der Gäste wird mit dem Werfen von Blumen begrüßt. In der Untersuchungsregion ist es die Regel, nur Frauen in den Innenraum zu lassen, während die Männer entweder im Gästehaus oder dem eigens dafür errichteten Zelt Platz nehmen. *Mehndi* ist eine nach bestimmten Regeln ablaufende Zeremonie, mit der der Abschied der Tochter vom Elternhaus eingeleitet wird. Nach dem Eintreffen der Gäste führen Familienmitglieder die Braut, die nun unter einem gelben *tschador* verhüllt ist, hinaus, und sie nimmt auf dem dekorierten Stuhl Platz. Sieben verheiratete Frauen müssen dann mit Öl angerührtes Hennapulver in die geöffneten Hände der verschleierten Braut legen. Daran anschließend nimmt eine Angehörige der Bräutigamfamilie etwas von dieser Mixtur und streicht es in die Haare der Braut. Es sollten in jedem Fall verheiratete Frauen sein, da dies dem jungen Paar Glück bringen soll, wie auch die gesamte *mehndi*-Zeremonie Glück signalisieren soll. Um das Gesicht der Braut für einen kurzen Augenblick sehen zu dürfen, können die Frauen Geld in ihren Schoß legen und dürfen dann kurz

---

[40] Eine helle Gesichtsfarbe ist ein bedeutendes Schönheitsmerkmal, was u. a. dazu führt, daß der Braut vor den verschiedenen Zeremonien Cremes und Puder auf Hals, Gesicht und Hände aufgetragen werden. In Pakistan sind Mittel, die angeblich die Haut aufhellen, in jedem Laden erhältlich.

den *tschador* lüften. Nachdem die Braut in ihr Zimmer zurückgekehrt ist, wird dieselbe Zeremonie anschließend mit dem Bräutigam, der in einen festlichen *shalwar kameez* gekleidet ist, durchgeführt. Sein Kopf ist entweder durch eine Art Girlande verhängt oder durch ein Tuch bedeckt. Um ihn kurz anschauen zu dürfen, müssen die Gäste Geldbeträge an ihn überreichen.

Im Gegensatz zu den fröhlichen, die Feier genießenden Frauen und Männern, sitzt die Braut meist regungslos und keine Emotionen zeigend auf dem Stuhl bzw. im Zimmer: *„...the bride is not supposed to express her feelings and cannot give her opinion about the groom or the in-laws"* (KHANUM 1987:44).

Die Zwiespältigkeit der Gefühle des Mädchens bzw. der jungen Frau ist nachvollziehbar; einerseits ist sie „am Ziel angelangt", andererseits muß sie in Kürze das gewohnte familiäre Umfeld verlassen und sich in einer fremden Familie zurechtfinden. Nach der *mehndi*-Zeremonie beginnen die Mädchen und Frauen mit dem Singwettstreit. Mitglieder der Brautfamilie singen möglichst lauthals und kräftig ein Lied, worauf Gäste der Bräutigamfamilie „antworten" müssen. Ziel des Wettstreits ist, einfallsreiche und witzige Strophen zu traditionellen Liedern zu erfinden. Die männlichen Gäste und Familienangehörige der beiden Familien sitzen den gesamten Abend getrennt von den Frauen und unterhalten sich.

3.8.1.4.4 *nikah*

Nikah bedeutet Ehe, und der *nikahmana* ist der Ehevertrag, der am Tage nach der *mehndi*-Zeremonie vom Bräutigam und der Braut (oder eines Vertreters der Braut) unterzeichnet wird. *Nikah* ist zudem der formelle Teil der Feierlichkeiten, bei der die Familien der Brautleute „offiziell" zusammentreffen. Der Heiratsvertrag, der bereits zuvor von den Verantwortlichen schriftlich aufgesetzt wurde, enthält neben den allgemeinen Daten zu den Personen (Name, Geburtsdatum und -ort, Adresse etc.) Angaben über die Höhe der Morgengabe, Aussteuerutensilien und ggf. Vereinbarungen zu Scheidungsmodalitäten. Der dörfliche Imam ist bei der Unterzeichnung des Vertrags zugegen. Beide Partner müssen in Gegenwart von zwei Zeugen ihr dreimaliges Einverständnis zur Eheschließung geben (durch Kopfnicken oder verbale Bestätigung), wobei es nach islamischem Gesetz erlaubt ist, einen Stellvertreter zu schicken. Den Vertrag müssen anschließend alle Beteiligten durch Unterschrift oder Fingerabdruck unterzeichnen. Sobald beide Parteien den *nikahnama* unterschrieben haben, werden den Gästen Datteln oder andere kleine Süßigkeiten gereicht, um die erfolgreiche Verbindung zu signalisieren. In der Zwischenzeit begutachten die Gäste die im Hof ausgestellte Aussteuer.[41] Jeder Gegenstand wird von je einem Vertreter beider Parteien schriftlich festgehalten, um im Falle einer Scheidung über Rückgaberechte informiert zu sein. Denn nach dem geltenden Gesetz gehört die Aussteuer der Ehefrau.[42] Anschließend werden die Sachen auf einen Lastwagen oder kleinen Transporter geladen und an ihren Bestimmungsort verfrachtet. Die Geschenke der Bräutigamfamilie an die Angehörigen der Braut und die Braut selbst werden separat „vorgestellt", wobei der Wert der Geschenke um ein Vielfaches unter dem der Aussteuer liegt.

Die früher übliche Geschlechtertrennung bei der nachfolgenden Feier wird, nicht zuletzt durch den Einfluß der Medien, nach und nach aufgehoben. Die Braut, i. d. R mit einem roten *shalwar kameez* für die *nikah*-Zeremonie bekleidet, sitzt erstmals zusammen mit ihrem Ehemann in der Öffentlichkeit, um die verschiedenen Rituale gemeinsam mit ihm zu vollziehen. Zuvor werden die Bräute in aufwendigen Prozeduren auf die Feierlichkeiten vorbereitet; in Chak 36 bei der Hochzeit der Tochter eines Landbesitzers wurde eine „Beauty Lady" aus Ahmedpur East geholt, die die Braut in vierstündiger Arbeit frisierte und schminkte. Auch das sorgfältige Entfernen der Körperbehaarung gehörte zu ihren Aufgaben.[43] Diese Dienstleistungen kosten zwischen 600 und 1500,- Rs., und lediglich landbesitzende wohlhabende Familien können sie sich leisten. In Chak 36 wurde 1992 bei einer *nikah*-Zeremonie das erste Mal die Geschlechtertrennung aufgehoben, was die älteren Leute teilweise mißbilligten. Traditionell sieht die Frau ihren Ehemann in der Hochzeitsnacht nach der *valima*-Zeremonie zum ersten Mal von Angesicht zu Angesicht. Heutzutage ist jedoch ein verstärkter Trend zu mehr Offenheit feststellbar, und teilweise treffen die Brautleute bereits bei der *mehndi*-Feier kurz zusammen.[44] Ein zentraler Brauch ist das Anbieten von warmer Milch und Süßigkeiten von weiblichen Familienmitgliedern der Braut, die der Bräutigam trinken bzw. essen muß. Dafür ist er verpflichtet, den Schwestern Geld zu geben, womit er die Gastfreundschaft würdigt. Die *nikah*-Feierlichkeiten schließen mit einem Essen für die Gäste ab, an dessen Vielfalt und Qualität der sozioökonomische Status der Familien abzulesen ist. Ärmere

---

[41] Die Zurschaustellung der Aussteuer ist seit 1976 wieder gesetzlich vorgeschrieben, um die aufgewendten Kosten abschätzen zu können (vgl. Kap. 1.2.1.2.4, S. 40). Das Gesetz hat bisher weder im ländlichen noch im städtischen Raum Erfolg gezeigt (vgl. PATEL 1991:116ff.).

[42] Bei Scheidungen ist es jedoch für Frauen sehr schwierig, die gesamten Aussteuergegenstände zurückzuerhalten, da sie nach einer bestimmten Zeit als zum Haushalt des Ehemannes gehörig angesehen werden. Lediglich Schmuck und Kleidung können Frauen ohne größere Schwierigkeiten mitnehmen.

[43] Körperbehaarung gilt im Islam als unrein. Männer bedienen sich in der Regel eines Barbiers, der ca. alle 14 Tage das Enthaaren vornimmt, während Frauen diese Aufgabe alleine zu Hause durchführen. In den Dörfern ist Wachs, das heiß auf die entsprechenden Körperstellen aufgetragen und nach kurzem Anpressen dann mit einem Tuch abgezogen wird, die gängigste Methode.

[44] In liberalen Mittelschicht- und Oberschichtfamilien treffen sich die Brautleute häufig vor der eigentlichen Hochzeitszeremonie, wobei aber darauf geachtet wird, daß dies in Begleitung einer „Anstandsperson" geschieht.

Familien lassen i. d. R. ein Gericht aus Ziegenfleisch und Zwiebeln zubereiten, das mit *roti* gegessen wird, während in mittleren Einkommensschichten Rindfleischgerichte mit Reis und *roti* gereicht werden. Nur landbesitzende, wohlhabendere Familien können verschiedene Speisen wie Hühnerfleisch, Fisch und Gemüse zur Auswahl anbieten. Das Essen findet im ländlichen wie auch städtischen Raum noch überwiegend nach Geschlechtern getrennt statt, wobei die Männer die Speisen zuerst erhalten. Die Braut wird in ihrem Zimmer bedient und hält sich, im Gegensatz zum Bräutigam, nicht bei den Gästen auf. Nach dem Essen verläßt die Braut das elterliche Haus, um mit ihrer neuen Familie zu deren Wohnort zu fahren. Dieser Teil der Zeremonie, *rukhasati* genannt, ist sehr ergreifend, da zu diesem Zeitpunkt die Tochter das elterliche Haus verläßt, um fortan mit ihrer neuen Familie zu leben.

3.8.1.4.5 *valima*

Valima wird am Tag nach der Vertragsunterzeichnung von der Bräutigamfamilie in deren Haus ausgerichtet und gefeiert. Ein nahestehender Onkel oder eine Tante begleiten die Braut in ihr neues Heim. Damit üben sie die Funktion einer Familienbeauftragten aus und erleichtern der jungen Frau den Abschied von zu Hause. Zudem dient eine weibliche Vertrauensperson als Ansprechpartnerin für intime Fragen. „*...and that she is able to ask many private things which she cannot ask her new in-laws.*" (KHANUM 1987:47)

Sobald der Bräutigam mit seiner Frau gemeinsam das Haus der Eltern betreten hat, empfangen sie die Verwandten, die nicht bei der Hochzeit anwesend sein konnten. Da jetzt die Eheleute formal als verheiratet gelten, nehmen sie zusammen am Festessen teil. Die Hochzeitsnacht findet nach der *valima*-Feier statt.

Zur Tradition einer punjabischen Hochzeit gehört am Tag nach *valima* die erneute Rückkehr (*muklawa*) der Braut in das elterliche Haus, in dem sie einige Tage bleiben kann, bevor sie von ihrem Ehemann und anderen Verwandten abgeholt wird, um in die neue Familie überzusiedeln. Mit diesem Vorgehen wird der endgültige Abschied der Tochter hinausgezögert. Sie erhält so die Gelegenheit, sich in Ruhe von ihrer Mutter und ihren Geschwistern zu verabschieden. Gleiches gilt für den Brauch des sogenannten *satwainda*, der heutzutage nur noch bei geringer räumlicher Distanz zwischen den Familien existiert: Das frischverheiratete Paar besucht am siebten Tag nach der Hochzeit (*nikah*) zusammen die Familie der Frau. Dieser Besuch gilt als erster gemeinsamer des

Ehepaares, bei dem die weiblichen Familienmitglieder den Ehemann mit besonderem Augenmerk bedienen und umsorgen.

Eine besondere Form der Ehevermittlung und -schließung stellt der bei den Seraiki im gesamten Untersuchungsgebiet übliche *watta satta*-Brauch dar, dem in seltenen Fällen auch ärmere punjabische Familien zuneigen und der nachfolgend erläutert wird.

3.8.1.4.6 *watta satta*

Watta satta ist eine bei den Seraiki des Untersuchungsgebiets übliche Form des Heiratsarrangements zwischen den Familien und bezeichnet den reziproken Austausch von Söhnen und Töchtern zum Zwecke ihrer Verheiratung. Ein Sohn der Familie A wird mit einer Tochter der Familie B verheiratet, die wiederum für einen ihrer Söhne eine Tochter der Familie A im Austausch verlangt. Dies bedeutet nicht, daß die Eheschließungen gleichzeitig erfolgen (müssen), aber die Grundbedingung ist, daß ein „gleichwertiger" Austausch stattfindet. Als Begründungen für diese Vorgehensweise werden angegeben, daß

- das gesamte Hochzeitsarrangement vereinfacht wird, da zwei Eheverbindungen gleichzeitig hergestellt werden, und
- die Form der Eheschließung eine relative Sicherheit für eine gute Behandlung der Töchter bietet.

Letzteres Argument bedarf einer Erläuterung: So wie die Schwiegertochter der Familie A behandelt wird, verhält sich Familie B zur Tochter von Familie A, so daß beide Familien über eine Art „Druckmittel" verfügen. Sollte also beispielsweise die Tochter der Familie A von ihren Schwiegereltern (Familie B) schlecht behandelt werden, dann könnte Familie A ebenso mit der Tochter von Familie B verfahren: *„The system of watta satta is based on the hostage theory: each family wants to bring in a girl from the family to which its own girl has gone, so that if one girl is in trouble then the other should suffer the same fate."* (RAPE 1990:47)

Obwohl dieses Argument auf den ersten Blick stichhaltig und vielleicht positiv erscheinen mag, birgt das *watta satta* -Arrangement vor allem negative Elemente. Wenn beispielsweise die Ehe eines Paares zerbricht und die Frau zu ihren Eltern zurückkehrt, muß der Logik von *watta satta* zufolge auch die andere Verbindung beendet werden.[45] Eine weitere Kritik setzt an den

[45] Tatsächlich gab es in den Untersuchungsdörfern drei Fälle, bei denen die Ehefrauen aufgrund der Trennung von Bruder und Schwägerin in das Haus ihrer Eltern zurückkehrten, obwohl sie nach eigenen Aussagen zufrieden mit ihrem Eheleben waren.

Rahmenbedingungen des Austausches an: Hat eine Familie entweder nur Söhne oder Töchter, kann sie keine Austauschpartner zur Verfügung stellen, und die Verheiratung der Kinder ist in Frage gestellt. Oder aber es kommt zu Eheschließungen, bei denen ein immenser Altersunterschied zwischen den Partnern besteht, da teilweise bereits Säuglinge als zukünftige Ehepartner „versprochen" werden. In drei Fällen kam es in Lal Kamal und Siraj Pur zu absurd anmutenden Eheversprechen: Die jeweils noch in den Kinderschuhen steckenden Söhne aus drei Familien wurden an die zwischen zehn und 20 Jahre älteren Töchter aus drei anderen Familien versprochen.[46] Das Risiko von Scheidung oder Polygynie steigt natürlich in entsprechendem Maße.[47]

Eine landlose Seraiki Frau schildert ihre Erlebnisse mit *watta satta*:

> *My husband is 10 years younger than me because of wattasatta. I came to my husband's home when he was 11 years old. After three years he came to my bed but nothing happened during the first time. My grandfather signed the wedding contract without informing me. My sister was thirteen when she married a man who was only nine years old.* (Persönliches Gespräch, März 1993)

Positiv erscheinen die *watta satta*-Vereinbarungen lediglich im Hinblick auf die Aussteuern, da traditionell geringe Mengen ausgehandelt werden. Dies könnte damit zusammenhängen, daß es sich fast ausschließlich um Seraiki handelt, die zu Zeiten der Moghulherrschaft nicht vom Hinduismus zum Islam konvertierten, sondern bereits Muslime waren und somit den *jaheez*-Brauch nicht kannten. Die Durchdringung der ländlichen Gesellschaften mit modernen Einflüssen sowie die immer größer werdenden Aussteuern punjabischer Familien lassen jedoch annehmen, daß vermehrt Aussteuerforderungen auch an Brauteltern bei *watta satta*-Hochzeiten gestellt werden. Die verschiedenen Dimensionen von *jaheez* und ihre Auswirkungen auf die Handlungsspielräume von Frauen sind Gegenstand der folgenden Ausführungen.

3.8.2 Die soziale Relevanz der Aussteuer (*jaheez*) in den Untersuchungsdörfern

Die Aussteuer (*jaheez*) ist eine aus dem Hinduismus kommende Verpflichtung der Brauteltern, ihren Töchtern eine angemessene Ausstattung (Haushaltsgegenstände, Kleidung) zu finanzieren. Dabei ist zu beachten, daß Frauen im Hinduismus im Gegensatz zum Islam nicht erbberechtigt sind, was zur Entstehung dieses Brauches beigetragen haben könnte. MANDELBAUM (1988) geht von

[46] Ähnliche Beispiele sind nachzulesen bei: RAPE 1990, HAFEEZ 1993.

[47] So berichtete eine Frau, die einen 14 Jahre jüngeren Mann heiraten mußte, daß er eine zweite, jüngere Frau ehelichen möchte, die ihm weitere Kinder gebären kann.

der Annahme aus, daß die Muslime des indischen Subkontinents den Brauch der Aussteuer aus Statusgründen von den Hindus übernommen haben. Der Koran erwähnt weder Aussteuer noch Brautpreis (*walwar*) explizit, empfiehlt den Brauteltern jedoch, ihren Töchtern beim Verlassen des elterlichen Hauses einige Haushaltsgegenstände und Kleidung für die Gründung des neuen Hausstandes mitzugeben. *„A lavish dowry is usually termed as un-Islamic, while a simple one is considered a legitimate part of a Muslim marriage. Actually this custom is totally foreign to the teachings of Islam so much so that there is no word for it in Arabic, nor are details available in the authentic Islamic literature.“* (SHEHAB 1986:57)

Eine weitere Variante bei Ehevereinbarungen stellt der in einigen Regionen Pakistans heute noch zu zahlende Brautpreis (*walwar*) dar, der den Eltern den Verlust der weiblichen Arbeitskraft kompensieren soll und teilweise zur Finanzierung einer kleinen Aussteuer genutzt wird.[48] MIES (1988:206) ist der Auffassung, daß der „nominale Brautpreis“ in Gesellschaften zu finden ist, in denen Frauenarbeit als produktiv gilt. Das Aussteuersystem ist dagegen eine einseitige Wertschätzung an den Bräutigam und seine Familie. Die rein ökonomische Bewertung der Ehefrau zeigt sich in den sogenannten Mitgiftmorden in Indien (vgl. BUMILLER 1991), von denen vereinzelt auch in Pakistan berichtet wird. Diese drei sehr unterschiedlichen Elemente haben sich in Pakistan - wiederum regionalspezifisch - vermischt, wobei die hinduistische Variante der exorbitanten Mitgift dominiert. Der Brautpreis existiert zwar noch, doch wird er mehr und mehr zugunsten des Aussteuersystems verdrängt bzw. wird das Geld einzig zur Beschaffung der Mitgift verwendet. Damit verliert auch die Wertschätzung der Tochter als Arbeitskraft an Bedeutung, und Töchter werden, wenn der Brautpreis völlig abgeschafft ist, als finanzielle Bürde empfunden. *„The bride's parents often have to give dowries they can ill afford for the sake of show and prestige.“* (PATEL 1991:117)

Die ursprüngliche islamische Form einer nur notwendige Gegenstände umfassenden „Gabe“ und der Verzicht auf große Feierlichkeiten läßt sich nur noch bei sehr religiösen Familien finden. Die Aussteuer spielt eine wichtige Rolle im Leben der Frauen, da sie Heiratschancen positiv wie negativ beeinflussen kann. Der Status einer Familie kann am Umfang der Mitgift und an der Ausstattung der Hochzeitsfeierlichkeiten gemessen werden (vgl. HAFEEZ 1993:24f.). Am Beispiel von drei Hochzeiten, die in Familien mit unterschiedlichem sozioökonomischen Hintergrund stattfanden, werden zunächst die finanzielle Belastung der Haushalte erläutert und daran anschließend

---

[48] Der Brautpreis wird bei Stämmen in Beluchistan, der NWFP sowie in den Tribal Areas den Eltern der Braut gezahlt, die damit teilweise die Aussteuer ihrer Töchter finanzieren, aber auch einen Teilbetrag für sich behalten können. (vgl. TOMFORT 1991, HAFEEZ 1993, RAPE 1990, ZAFAR 1991)

Wahrnehmungen und Bewertungen von Frauen und Männern aus den Untersuchungsdörfern zum Thema *jaheez* wiedergegeben.

Bei den untersuchten Fallbeispielen handelt es sich (A) um einen landbesitzenden, (B) um einen Bäcker- und (C) um einen landlosen Haushalt. In Übersicht 10 sind die Art der Geschenke sowie das geschätzte Kostenvolumen der Feierlichkeiten insgesamt aufgeführt. Dabei lassen sich zwischen den drei Beispielfamilien deutliche Unterschiede im Umfang der Mitgift erkennen: Während die Tochter der landbesitzenden Familie nicht nur wertvollen Goldschmuck erhält (Wert ca. 40.000 Rupies), sondern zudem Einrichtungsgegenstände und Haushaltsgeräte im Wert von mehreren zehntausend Rupies, orientiert sich die Aussteuer der Tochter einer landlosen Familie am Notwendigen. Sie kann sich weder Goldschmuck noch modernes Mobiliar leisten. Die Haushaltsgegenstände reduzieren sich auf das täglich benötigte Kochgeschirr. Eine Zwischenstellung nimmt die Aussteuer der Tochter des Bäckerhaushalts ein, deren Goldschmuck immerhin 15.000 Rupies gekostet hat. Moderne Sitzmöbel gehören ebenso zur Mitgift wie einige elektrische Haushaltsgeräte. Die dokumentierten Geschenke umfassen lediglich Teile der elterlichen Aussteuer und nicht die der Bräutigameltern. Zudem sind nur die Gegenstände aufgelistet, die die Frau als ihre Aussteuer erhält. Nicht aufgenommen wurden die Geschenke an den Bräutigam und seine Familie.[49]

In den aufgeführten Kosten sind die Ausgaben für die Bewirtung der Gäste enthalten, die abhängig von der Größe der Hochzeitsgesellschaft und den gebotenen Speisen Dimensionen bis zu mehreren hunderttausend Rupies erreichen können. Im Fall A kostete die Zubereitung des Essens am Tage der *nikah*-Zeremonie 15.000 Rupies, Familie B zahlte 5.000 Rupies und Familie C ca. 2.000 Rupies für das Essen.[50] Laut Dowry and Bridal Gifts Restriction Act von 1976 darf der Betrag für die Aussteuer 5000 Rupies nicht überschreiten.[51] Gleiches gilt für die Geschenke der Bräutigamfamilie an die Familie der Braut. Ausgenommen von diesen Werten sind die Morgengabe (*haq mehr*) und die Geldbeträge, die die Gäste bei den verschiedenen Zeremonien direkt an die Brautleute überreichen. Die meisten Frauen und Männer kennen das Gesetz, aber mit dem Argument, daß 5.000 Rupies bei weitem nicht ausreichen, eine anständige Aussteuer zusammenzustellen, hält sich keine Familie an die vorgegebenen Höchstbeträge.

---

[49] So ist es durchaus üblich, daß der Bräutigam, der die Tochter eines Landbesitzers heiratet, ein Moped oder gar einen Wagen erhält. In den hier dokumentierten Fällen bekam der Bräutigam A eine goldene Uhr, B ebenfalls eine goldene Uhr und C einige Kleidungsstücke.

[50] Befragungen bei der Hochzeit einer Tochter aus einer städtischen Oberschichtfamilie in Multan ergaben, daß für die Bewirtung von 550 geladenen Gästen 45.000 Rupies bezahlt wurden.

[51] Dieser Betrag erscheint „lächerlich", wenn man bedenkt, daß allein der *shalwar kamez*, der von der Braut bei der *nikah*-Zeremonie getragen wird, zwischen 3.000 und 30.000 Rupies kostet.

Übersicht 10: Umfang der Aussteuern in drei unterschiedlichen ländlichen Familien

FALL A: Tochter einer landbesitzenden Familie	FALL B: Tochter einer Bäckerfamilie	FALL C: Tochter einer landlosen Familie
	Schmuck	
1 Schmuckset (Gold) bestehend aus: Halskette, Stirnkette, Nasenring, 3 Fingerringe, 1 Paar Ohrringe, 2 Armreifen Wert ca. 40.000 Rupies	Schmuckset (Gold) bestehend aus: Halskette, 2 Fingerringe, Nasenring, 1 Paar Ohrringe Wert ca. 15.000 Rupies	1 Paar silberne Ohrringe, 1 silberner Fingerring, 1 silberner Nasenring Wert ca. 1.200 Rupies
	Möbel und Einrichtungsgegenstände	
1 Doppelbett (Holz), 1 Couch (Holz), 2 Sessel (Holz), Schminktisch (Holz), 2 Beistelltische (Holz), 2 Tische (Holz), 4 Stühle (Holz), 1 Fernsehtisch (Holz), 4 *charpoi,* 3 traditionelle Schemel, 1 Farbfernseher, 1 Radiorekorder, 1 Kühlschrank, 1 Waschmaschine, 1 elektr. Nähmaschine, 2 Standventilatoren, 4 Metalltruhen	2 Einzelbetten (Holz), 2 Sessel (Holz), 1 Tisch (Holz), 1 Stahlschrank, 1 Schminktisch, 1 Beistelltisch (Holz), 4 *charpoi,* 2 traditionelle Schemel, 1 Radio 1 manuelle Nähmaschine, 1 Standventilator, 2 Metalltruhen	1 Einzelbett (Holz), 2 *charpoi,* 1 Tisch (Holz), 2 traditionelle Schemel, 1 Metalltruhe
	Haushaltsgegenstände	
1 elektr. Mixer, 1 elektr. Saftmaschine, 2 Thermoskannen, 2 Geschirrservices, Tischdecken, diverse Töpfe, Pfannen, Gläser, Besteck, Eimer, Schalen	1 elektr. Mixer, 1 elektr. Buttergerät, 2 Thermoskannen, 1 Geschirrservice, Töpfe, Pfannen, Gläser, Schalen, Eimer, Kelle	Geschirr, Teller, Tassen, Töpfe, Eimer
	Gebrauchsgegenstände	
Handtücher, Bettwäsche, 10 Kissen mit Kissenbezügen, 4 Steppdecken, Gebetsteppich, Koran	Handtücher, Bettwäsche, 4 Kissen mit Kissenbezügen, 2 Steppdecken, Gebetsteppich, Koran	Handtücher, Bettwäsche, 2 Kissen mit Kissenbezügen, 1 Steppdecke, Gebetsteppich, Koran
	Kleidung & Kosmetik	
30 *shalwar kameez,* 12 Paar Schuhe, 5 Haarbänder, Bürste, Kamm, 2 Kosmetiksets, Parfüm	12 *shalwar kammez,* 4 Paar Schuhe, Haarbänder, Bürste, Kamm, 1 Schminkset, Seife	6 *shalwar kameez,* 2 Paar Schuhe, Bürste Haarbänder, Seife
	Sonstiges	
Dekorationsgegenstände (z. B. Bilder, Keramikfiguren, künstliche Blumen, Holztiere etc.)	Diverse Dekorationsgegenstände	
	UNGEFÄHRE KOSTEN INSGESAMT	
150.000-160.000 Rupies	70.000-80.000 Rupies	7000-8000 Rupies

Quelle: Eigene Erhebungen 1991/92

Obwohl die meisten Dorfbewohner und Dorfbewohnerinnen die Meinung vertreten, daß der *jaheez*-Brauch eine Belastung für die Familien darstellt, und viele wußten, daß der Brauch aus dem Hinduismus kommt und nicht originär islamischen Ursprungs ist, wird *jaheez* als sozialer Zwang angesehen, dem sich keine Familie entziehen kann (vgl. Zitate in Kasten 2 und 3).

Kasten 2: Meinungen und Äußerungen ausgewählter Dorfbewohner und -bewohnerinnen zur Aussteuer

Landbesitzer (Arain), der nach USA auswandert, über Heirat etc.:
„Although women have the right to take part of land, people don't like it and mostly they don't give their daughters their legal share of property. Jaheez is a burden for poor and middle income families. The tradition of dowry is part of the Hindu culture, it is not our tradition."

Ehefrau eines Kleinstbauern (Seraiki) in Siraj Pur (4 Acres Land) zum Thema *jaheez*:
„Dowry is due to influence of Punjabi people; in former times Seraiki people gave only one suit, one stone mill, pots and a carpet for prayer."

Ehefrau eines Tagelöhners (Seraiki), der in Karachi arbeitet, zu *jaheez*:
„Dowry tradition is coming from the Punjabi people."

Frau eines Ladenbesitzers, Rajput, zum Thema *jaheez*:
„I will spend more money for the dowry of my daughter, approx. 60.000 Rupies. It is a big burden but we have to continue this tradition due to people. The husband of my eldest daughter is very angry because he didn't get a motorbike for marriage. Dowry is a kind of competition between families in the village. If one gives 8 suits you must give 10 suits. A show off of wealth in the village. All items of the dowry are listed down and one paper is given to the in-law family and one remains in the family. In case of divorce we know what we have presented."

Feldbuchnotizen 1992/93

Ein weiterer Grund, eine Mitgift zusammenzustellen, liegt in der Verpflichtung gegenüber der Tochter begründet, die das Elternhaus verläßt und auf diesem Wege ihr Erbe erhält. Die Aussteuer wird häufig als Kompensation für das Erbteil betrachtet. Vor allem wenn es sich um landbesitzende Familien handelt und die Töchter nicht den ihnen zustehenden Anteil am Land erhalten, fällt die Aussteuer sehr großzügig aus, um auch die Bräutigamfamilie zu entschädigen (vgl. Kasten 3).

Kasten 3: Meinungen und Äußerungen ausgewählter Dorfbewohnerinnen zur Aussteuer

Ehefrau eines Landbesitzers, Arain (4 Söhne, 2 Töchter, alle verheiratet):
„We give jaheez to our daughters and the land is divided to our sons. It is the only thing we can give the girls when they leave the home."

Ehefrau eines Landbesitzers, Arain (mehrere Töchter und Söhne):
„The girls get jaheez as a part of their inheritance because what can they do with land? Land is for our sons."

Eine landlose Frau, Seraiki:
„We have sold our plot, which we got from the government in Head Rajka (10.000 Rupies) because we had to make a dowry for the daughter."

Witwe eines Landbesitzers, Arain (14 acres), über *jaheez*:
„The duty of dowry is a big burden but we would also take a loan to arrange a good dowry. The family in law would criticize our daughter when there is no big dowry. If we would marry our daughters into another caste relatives would feel insulted."

Ehefrau eines Schusters, Rajput:
„Dowry is a burden and not our religious duty. But for our eldest daughter we spend 12.000 Rupies, for the second girl 17.000 Rupies and the wedding of our son was about 22.000 Rupies We spend it for the lunch and presents. For all dowries we had to take loans."

Frau eines Landarbeiters, Seraiki, zur *jaheez*-Tradition:
„We weep when a daughter is born."

Frau eines religiösen Lehrers (*maulvi*) zu *jaheez*:
„It is the right of the daughter to take part of the property of the father's family."

Frau eines 'servant' zum selben Thema:
„For the dowry of my first daughter I saved the money from the cotton picking. If we do not give things like gold or animals the in-law-family will not respect my daughter."

Feldbuchnotizen 1991/92

Die Zitate zeigen einhellig die Problematik, die mit dem Brauch der Aussteuer zusammenhängt. Einerseits sehen die Frauen und Männer die finanzielle Belastung, die die Mitgift verursacht, und andererseits empfinden sie einen sozialen und gesellschaftlichen Druck, den Töchtern eine angemessene Aussteuer zu ermöglichen. In Gesprächen äußerten Frauen die Befürchtung, daß sie ihre Töchter nicht verheiraten könnten, wenn sie nicht eine großzügige Mitgift finanzieren. In manchen Fällen verkaufen Familien sogar Land oder nehmen Kredite auf, um eine ausreichend große Aussteuer zusammenstellen zu können. Frauen und Männer der wohlhabenderen Familien vertreten die Meinung, daß die Aussteuer den Töchtern als Erbteil zusteht. Für sie bedeutet eine großzügige Mitgift weniger ein finanzielles Problem, vielmehr ist es eine Frage des Status innerhalb des Dorfes.

3.8.3 Fazit

In den vorangegangenen Abschnitten standen die Rolle von Frauen in ihren Familien sowie die verschiedenen Phasen im Lebenszyklus einer Frau im Mittelpunkt. Dabei konnte deutlich gemacht werden, daß es trotz der Unterschiede im sozioökonomischen Status, der ethnischen Herkunft und

Bildung große Gemeinsamkeiten im Verhalten der Frauen gibt, die darauf hindeuten, daß die Sozialisation hinsichtlich der „weiblichen Lebensperspektiven" gleich verläuft: Ehe und Mutterschaft stellen die einzige von der Gesellschaft akzeptierte Lebensform dar. Mädchen übernehmen bereits in der frühen Kindheit leichtere Haushaltspflichten und lernen, sich um die jüngeren Geschwister zu kümmern. Unterschiede bestehen dabei jedoch zwischen Mädchen aus armen landlosen und Kleinbauernhaushalten und denjenigen aus wohlhabenden *zamindar*-Haushalten. Während letztere eher spielerisch an die zukünftigen Pflichten als Ehefrau und Mutter herangeführt werden, gehören Aufgaben im Haushalt neben der Übernahme landwirtschaftlicher Tätigkeiten zum täglichen Arbeitspensum junger Mädchen der armen Familien.

In allen untersuchten Familien obliegt die Wahl des Bräutigams den Eltern. Meistens kennen die Mädchen die von den Familien ausgewählten Männer bereits aus ihrer Kindheit, denn Ehen werden vorzugsweise innerhalb der nächsten Verwandtschaft geschlossen. Alle Frauen (auch die der urbanen Mittelschichtsfamilien) äußerten die Überzeugung, daß die Eltern über den Ehepartner entscheiden müssen, da sie ihre Töchter am besten kennen: *„They can decide more successfully, because they know me better."* Oder: *„How can I choose a husband, I do not know any men and my parents know what's best for me."* (Gespräche mit Frauen aus den Untersuchungsdörfern 1992)

Frauen haben also weder die Wahl über die von ihnen gewünschte Lebensform, noch können sie den Ehepartner oder Wohnort mitbestimmen. Von den Frauen wird erwartet, daß sie sich passiv den Wünschen und Vorgaben der Eltern anpassen. So ist es kaum denkbar, daß sich Töchter gegen die Entscheidung ihrer Eltern auflehnen, da dies als von der Norm abweichendes Verhalten gelten würde.[52] Jedoch können für Frauen und Männer positiv zu wertende Veränderungen bei Hochzeitsarrangements konstatiert werden.[53] Das Heiratsalter ist in den letzten Jahrzehnten kontinuierlich gestiegen, so daß die meisten Mädchen erst einige Jahre nach Einsetzen der Menstruation verheiratet werden. Dies wiederum hat Bedeutung für die Handlungsoptionen von Frauen hinsichtlich ihrer Schul- oder Berufsausbildung. Auch beeinflußt das höhere Heiratsalter die Zahl der Kinder und die Gesundheit von Müttern und Kindern positiv. Ein weiteres Indiz für die langsame Abkehr von alten Traditionen in ländlichen Gemeinschaften stellt m. E. die langsame Aufhebung der Geschlechtersegregation bei bestimmten Zeremonien (*mehndi, nikah*) dar.

---

[52] Geschichten über vorgetäuschte Entführungen von Mädchen und Frauen, um diese dann zu heiraten, stammen eher aus indischen Liebesfilmen als aus der Wirklichkeit.

[53] Es wurden zwei Hochzeiten in landbesitzenden, zwei in landlosen Familien und eine in einem Pächterhaushalt beobachet. Darüber hinaus hatte ich die Gelegenheit, Hochzeitsfeierlichkeiten der oberen Mittelschicht im städtischen Raum zu besuchen und auch dort mit den Anwesenden Gespräche zu führen.

Dennoch verfügen Frauen im ländlichen Raum - verallgemeinernd gefaßt - über geringere Partizipationsmöglichkeiten bei Entscheidungen über ihren Lebensweg als Männer. Männer haben Handlungsoptionen hinsichtlich der eigenen Lebensgestaltung und auch Mitspracherechte bei der Wahl des Lebenspartners. Zudem können sie, bedingt durch die Rechtsprechung, ihre Ehefrau verstoßen oder eine zweite Frau heiraten, sofern sie die Wahl der Eltern mißbilligen. Frauen haben diese Option nicht.

Wie weiter gezeigt wurde, sichern Frauen ihre Position innerhalb der Familie durch die Geburt von Söhnen und erhöhen dadurch ihren Status. Durch die Verheiratung der Söhne gelangen sie selbst in die angestrebte Position der Schwiegermutter und können Arbeiten delegieren. Solange die gesellschaftlich normierten Wertvorstellungen Frauen in erster Linie als Ehefrau und Mutter idealisieren und Söhne eine Sicherheit bedeuten, werden Frauen alles daran setzen, Söhne zu gebären und großzuziehen. Der Stellenwert von Söhnen erhöht sich auch durch die gestiegenen Ansprüche an die Aussteuer, die Töchter als finanzielle Bürde erscheinen lassen (vgl. 3.8.2). Das Selbstwertgefühl und Selbstbewußtsein von Mädchen und Frauen, die bereits während der Kindheit weniger Zuneigung erhalten, mehr arbeiten und früher Verantwortung tragen müssen, die teilweise von der Schule genommen und denen keine eigenständigen Entscheidungen zugebilligt werden, leidet m. E. weitaus stärker als das der Jungen und dementsprechend die Fähigkeit, sich innerhalb der Familie und Gesellschaft Freiräume zu schaffen.

3.9 Die Bewegungsfreiheiten von Frauen aus unterschiedlichen Haushalten in der Öffentlichkeit

Das Konzept der Geschlechtertrennung wirkt, wie im Exkurs (vgl. Kap. 1.2) erläutert, auf unterschiedlichen Ebenen (Familie, Gesellschaft, private - öffentliche Sphäre). In diesem Kapitel wird der Frage nachgegangen, in welchem Ausmaß die Bewegungsfreiheit von Frauen in der Öffentlichkeit, d. h. ihre räumliche Mobilität, vom *purdah*-Konzept beeinflußt wird. Auf Grundlage verschiedener Einzelfallstudien werden Aktivitäten, die im „Außenraum“ stattfinden, nach ihrer Verortung, Häufigkeit und Dauer untersucht. Von besonderem Interesse dabei ist die Frage, welche Unterschiede in der Mobilität zwischen den Frauen eines Haushalts bestehen und welche Gründe dafür verantwortlich sind. Weiterhin soll die Frage nach den Differenzen in der Mobilität zwischen

Frauen aus den unterschiedlich positionierten Haushalten (*zamindar*-, Kleinbauern- und landlose Familien) geklärt werden.

Darauf aufbauend und ausgehend von den in Kap. 1.1.1 formulierten Überlegungen zu den Aktionsräumen von Frauen wird abschließend ein Modell der räumlichen Mobilität von Frauen entwickelt.

3.9.1 Die räumliche Mobilität von Frauen aus *zamindar*-Haushalten

Am Beispiel eines landbesitzenden Haushalts aus Chak 36 werden die Bewegungsmöglichkeiten von unterschiedlichen Frauen der Familie untersucht. Neben der Auswertung der teilnehmenden Beobachtung fließen mündliche Informationen der Frauen in die Beschreibung der Mobilitätsmuster ein. Im *zamindar*-Haushalt wurden dazu drei Frauen unterschiedlichen Alters und unterschiedlicher Stellung innerhalb der Familie über einen Zeitraum von mehreren Monaten beobachtet und befragt: die ca. 60jährige Ehefrau des Haushaltsvorstandes (Sherifa), ihre älteste Schwiegertochter (Nasira, ca. 38-40 Jahre alt) und die 14jährige Enkelin (Shaheen), Tochter von Nasira.

Aufgrund der positiven wirtschaftlichen Lage der Familie arbeitet keine der Frauen in der landwirtschaftlichen Produktion mit. Sherifa, die in den späten 30er Jahren in das Kanalkoloniedorf kam, erzählt jedoch, daß sie in den ersten Jahren nach der Dorfgründung an allen Aufgaben der Pflanzen- und Tierproduktion teilnahm. Erst seit ungefähr 20 Jahren könne „sie es sich leisten, zu Hause zu bleiben“. Aus Interesse geht sie jedoch regelmäßig im Abstand von zwei Wochen zum 1,5 Kilometer entfernten *dera*, um die dort lebende Landarbeiterfamilie zu besuchen. Relativ häufig besucht sie auch ihre, im Gehöft gegenüber ihres eigenen Hauses lebende, Tochter. Für solche Besuche - auch wenn sie dafür nur die Straße überqueren muß - hüllt sich Sherifa in einen großen *tschador*.

Alle zwei bis drei Monate fährt Sherifa nach Bahawalpur, um ihre zwei - dort mit den Familien lebenden - Söhnen einen Besuch abzustatten. I. d. R. wird sie von einem Sohn aus Bahawalpur abgeholt oder auch wieder zurück in das Dorf begleitet. Über die Dauer der Besuche entscheidet sie allein. Meistens verbringt sie ein bis zwei Wochen in Bahawalpur. Den Aufenthalt in der Stadt nutzt sie auch für Einkäufe im dortigen Basar.

Nasira, die älteste der vier Schwiegertöchter hat bis zu ihrer Heirat mit ihrer Familie in der Nähe von Yazman gelebt. Sie erzählt, daß sie regelmäßig bei der Baumwollernte half und auch beim Schneiden des Weizens auf den Feldern ihres Vaters. Auch als sie vor ca. 20 Jahren nach Chak 36 kam, half sie in den ersten Jahren noch bei der Baumwollernte. Nachdem sie jedoch ihre ersten drei Kinder geboren hatte, schränkte sie diese Tätigkeit ein. Heute nimmt sie bei der Baumwollernte die Rolle der die Pflückerinnen beobachtenden *zamindar*-Frau ein. Während dieser Zeit verläßt sie das Haus fast täglich und geht mit den anderen Frauen zum *dera* ihrer Familie. In den übrigen Monaten jedoch geht sie nur in Ausnahmefällen zum *dera*.

Durchschnittlich alle zwei Monate fährt sie mit ihrem ältesten Sohn oder Ehemann nach Head Rajka, um Einkäufe zu tätigen. Für solche Unternehmungen benutzt sie - wie ihre Schwiegermutter - einen *tschador*. Für die zwei- bis dreimal im Jahr stattfindenen, mehrere Tage dauernden Besuche ihrer Eltern in Yazman benötigt sie das Einverständnis ihrer Schwiegermutter und das ihres Ehemannes. Auch sie wird entweder von ihrem ältesten Sohn oder von ihrem Ehemann gebracht und wieder abgeholt.

Besuche ihrer Schwägerinnen in Bahawalpur finden nur zu besonderen Anlässen statt (Geburt eines Kindes, Eid-Fest) und werden gemeinsam mit anderen Familienmitgliedern unternommen. In den letzten fünf Jahren war Nasira durchschnittlich zweimal im Jahr in Bahawalpur, während ihre Schwägerinnen mindestens vier- bis fünfmal jährlich mit ihren Ehemännern und Kindern in das Kanalkoloniedorf kommen.

Interessant sind die Veränderungen in den Bewegungsmöglichkeiten der ältesten Tochter von Nasira im Untersuchungszeitraum. 1991 besuchte Shaheen, damals zwischen elf und zwölf Jahre alt, die dörfliche Grundschule für Mädchen. Nach der Schule erledigte sie ihre Hausaufgaben und kümmerte sich dann um ihre jüngeren Geschwister und Cousins. Ihrer Bewegungsmöglichkeit im Dorf waren keine Grenzen gesetzt und auch gemeinsame „Ausflüge" mit den anderen Kindern der Familie zum *dera* des Großvaters wurden unternommen. Dies änderte sich schlagartig, als Shaheen in die Pubertät kam.[54] Sie konnte das begonnene Schuljahr noch beenden, wurde dann aber aus der Schule genommen und stattdessen in die dörfliche Moschee zum Koranunterricht geschickt. Ihre Großeltern und Eltern sind der Auffassung, daß Shaheen zunächst die Rezitation des Korans beherrschen soll, bevor der Schulbesuch weitergeführt werden kann. Mit Beginn des Unterrichts in der Moschee veränderten sich auch die Kleidung und die Aktionsräume des Mädchens. Mit einem *tschador* bekleidet, verläßt sie das Haus nur noch, um zur Moschee zu gehen. Sobald sie wieder im Haus ist, hilft sie ihrer Mutter bei den Haushaltspflichten. „Ausflüge" zum *dera* oder Besuche von Verwandten innerhalb des Dorfes unternimmt sie nicht mehr. Diese Einschränkungen in den

[54] Die Pubertät beginnt i. d. R. mit dem Einsetzen der ersten Menstruation.

Aktionsräumen bestätigen die in Kap. 3.7 getroffenen Aussagen über die Verhaltensänderungen von Mädchen bei Erreichen der Pubertät.

Die hier dargestellten Aktionsräume von Frauen unterschiedlichen Alters und Stellung innerhalb eines *zamindar*-Haushaltes gelten - mit geringfügigen Abweichungen - auch für die anderen landbesitzenden Haushalte in den drei Untersuchungsdörfern.

3.9.2 Die räumliche Mobilität von Frauen aus Kleinbauern- und Pächterhaushalten (12,5-25 Acres)

Die Frage nach den Bewegungsmöglichkeiten von Frauen aus Pächter- und kleinbäuerlichen Haushalten ist weitaus schwieriger zu beantworten als für Frauen der *zamindar*-Familien. Beispielhaft werden zunächst die Aktionsräume von drei Frauen eines Pächterhaushalts (75 Acres) aus Siraj Pur und daran anschließend die Bewegungsmöglichkeiten von zwei Frauen eines Kleinbauernhaushalts aus Lal Kamal dargestellt. In der Pächterfamilie wurden die ca. 60jährige Ehefrau des Haushaltsvorstands (Bibi) und ihre jüngste, noch kinderlose Schwiegertochter (Rashida) beobachtet und befragt.

In der Zeit der Baumwollernte geht Bibi jeden Tag in die Felder, die im näheren Umkreis des Hofes liegen, um beim Pflücken zu helfen. Obwohl aus wirtschaftlichen Erwägungen die Mitarbeit nicht erforderlich ist, kann sie sich nicht vorstellen, den ganzen Tag im Haus zu bleiben. *„Since my childhood I am working in agriculture, why should I stop it now in old age? As long as I feel strong enough I pick cotton in my fields“* (Bibi, Januar 1992). In der übrigen Zeit verläßt sie den Hof zudem täglich, um Gemüse zu ernten oder Futterklee zu schneiden. Meistens geht sie alleine, da ihre Schwiegertöchter mit den Kindern beschäftigt sind.

Auch Fahrten zu ihrem Sohn, der mit seiner Familie in Uchh Sharif lebt, unternimmt sie selbständig und ohne Begleitung männlicher Familienangehöriger. Da ihr Sohn jedoch motorisiert ist, besucht sie ihn i. d. R. nur ein- bis zweimal im Jahr nach Uchh Sharif, wenn zusätzlich andere Angelegenheiten in der Stadt zu erledigen sind.

Rashida, ca. 20jährig, lebt seit nunmehr drei Jahren in der Familie von Bibi. Die jüngste, noch kinderlose Schwiegertochter, hilft lediglich bei Baumwollernte auf den Feldern ihrer Schwiegereltern. In der übrigen Zeit verläßt sie das Gehöft höchstens zwei- bis dreimal in der Woche, um die Wäsche am 100 Meter entfernten Bewässerungskanal zu waschen.

In den zurückliegenden drei Jahren besuchte sie - gemeinsam mit ihrem Ehemann - zweimal ihre Eltern, die in einem Dorf in der Nähe Multans leben. Einkäufe, die über den täglichen Bedarf hinausgehen, tätigen ihr Ehemann oder ihre Schwiegermutter. Sie selbst hat den Basar von Uchh Sharif erst einmal besucht. Rashida bemängelt die schlechten öffentlichen Verkehrsverbindungen, die einen regelmäßigen Besuch des Basars unmöglich machen. Im selben Atemzug erwähnt sie auch die tägliche Arbeitslast im Haushalt, die solchen „Unternehmungen" ebenfalls entgegenstünden.

Für einen Kleinbauernhaushalt (4 Acres) aus Lal Kamal wurden die ca. 32jährige Frau (Akhbar) des Haushaltsvorstandes und ihre 15jährige, unverheiratete Tochter (Saida) beobachtet und befragt.

Akhbar arbeitet in der Weizen- und Baumwollsaison täglich in den eigenen Feldern, die in der Gemarkung von Lal Kamal liegen. Innerhalb des Dorfes unterliegt sie keinen Beschränkungen in ihrer individuellen Bewegungsfreiheit. Um zusätzliches Einkommen zu erwirtschaften, betreiben sie und ihr Ehemann darüber hinaus einen kleinen Lebensmittelladen im Dorf. Die notwendigen Waren kauft jedoch ihr Mann zweimal monatlich in Bahawalpur ein. Akhbar begleitet ihn manchmal, fährt aber nie allein nach Bahawalpur. Ihr Ehemann ist der Ansicht, daß sie sich in der Stadt nicht zurechtfinden würde.

Auch die Tochter von Akhbar hilft während der Baumwoll- und Weizenernte regelmäßig auf den eigenen Feldern. Sobald diese abgeerntet sind, arbeitet sie gemeinsam mit ihren Eltern noch auf Feldern anderer Landbesitzer. Ansonsten ist Saida aber haupsächlich für die Haushaltsarbeiten und die Verpflegung der im Hof gehaltenen Tiere zuständig. Besuche von Verwandten innerhalb des Dorfes unternimmt sie nur zu bestimmten Anlässen, beispielsweise bei der Hochzeit einer Cousine. In Bahawalpur war sie bisher erst einmal in ihrem Leben in Begleitung ihrer Eltern. Saida erzählt, daß sie gerne häufiger einen größeren Basar besuchen würde, um Utensilien für ihre Aussteuer auszusuchen, aber der Vater verbietet es ihr.

3.9.3 Die räumliche Mobilität von Frauen aus landlosen Haushalten

Für die Bewegungsmöglichkeiten in der Öffentlichkeit von Frauen aus landlosen Haushalte stehen exemplarisch zwei Frauen eines landlosen Haushalts aus Chak 36. Sheila, 40jährig, Ehefrau des Haushaltsvorstands und ihre ca. 20jährige, verheiratete Tochter (Parveen). Parveen lebt mit ihrem Mann und einer kleinen Tochter bei ihren Eltern, da der einzige Sohn von Sheila bei einem

Unfall getötet wurde. Parveen und ihr Ehemann sind zurück zu ihren Eltern gezogen, um sich im Alter um sie kümmern zu können.

Sheila verläßt täglich mehrere Male das Haus. Morgens geht sie in die nahegelegenen Futtergrasfelder eines Landbesitzers, um Futter für die im Hof gehaltenen Tiere zu schneiden. Daran anschließend arbeitet sie - abhängig von der landwirtschaftlichen Saison - in der Baumwoll-, Weizen- und Zuckerrohrernte oder jätet Unkraut. Findet sie keine Beschäftigung im landwirtschaftlichen Bereich, versucht sie, in der am Rande des Dorfes gelegenen Ziegelei als Tagelöhnerin Beschäftigung zu finden. Sheila verbringt täglich durchschnittlich zwischen fünf bis sieben Stunden außerhalb ihres Hofes.

Um Einkäufe zu erledigen, fährt Sheila alle zwei Wochen allein nach Head Rajka oder Yazman. Sie benötigt dafür weder die Erlaubnis ihres Ehemannes noch ihres Schwiegersohns. Nach Bahawalpur oder Ahmedpur East fährt sie nur bei dringenden Angelegenheiten; von Januar bis Mai 1992 war sie dreimal in Bahawalpur, um ihre kranke Schwester zu besuchen. Sheila bleibt i. d. R. zwei bis drei Tage in der Stadt, bevor sie nach Chak 36 zurückkehrt. Auf die Frage, ob sie schon immer allein nach Bahawalpur oder Yazman gefahren ist, antwortet Sheila, daß sie erst seit der Rückkehr ihrer Tochter für längere Zeit vom Hof wegbleiben kann. Da ihr Mann sehr alt und arbeitsunfähig ist, benötigt sie eine Person, die die Tiere versorgt. Aber nach Yazman fährt sie seit ihrer Jugendzeit.

Auch die Parveen verbringt täglich zwischen vier und fünf Stunden außerhalb des Hofes. Sie arbeitet seit ihrer Kindheit - wie ihre Mutter - bei verschiedenen Landbesitzern im Dorf. Auch in der Familie ihrer Mannes, in der für sie zwei Jahre nach ihrer Hochzeit lebte, half sie täglich bei den anfallenden landwirtschaftlichen Aufgaben.

Nach Head Rajka, Yazman oder Bahawalpur fährt sie sehr selten, da ihre Mutter alle Besorgungen erledigt. Wegen Komplikationen in ihrer ersten Schwangerschaft fuhr sie 1991 in Begleitung ihrer Mutter einmal nach Yazman in die dortige Gesundheitsstation. Regelmäßig, d. h. drei- bis viermal im Jahr besucht sie jedoch, gemeinsam mit ihrem Ehemann, die Schwiegereltern, die in einem Dorf in der Nähe von Uchh Sharif leben. Solche Besuche dauern i. d. R. zwischen einer und zwei Wochen.

Die Spannbreite der individuellen Mobilität von den zuvor vorgestellten Frauen ist groß. Dennoch lassen sich Gemeinsamkeiten identifizieren, die im folgenden vorgestellt werden.

3.9.4 Die räumliche Mobilität von Frauen - Ein Modell

Zunächst wird das zuvor in den Einzelfallbeispielen dargestellte Mobilitätsverhalten der unterschiedlichen Frauen generalisierend zusammengefaßt. Darauf aufbauend veranschaulicht ein Modell idealtypisch die räumliche Mobilität von Frauen in der Untersuchungsregion. Die Darstellung der unterschiedlichen Aktionsräume in Form eines Modells geschieht auch in der Absicht, die Grenzen in den Bewegungsmöglichkeiten für Frauen in der Öffentlichkeit aufzuzeigen. Denn individuelle Mobilität stellt eine wichtige Voraussetzung für die Teilnahme an gesellschaftlichen Entwicklungsprozessen dar.

a) Bewegungsmöglichkeiten von Frauen aus *zamindar*-Familien innerhalb der Dörfer und Dorfgemarkungen

Landbesitzende Haushalte können aufgrund ihrer ökonomischen Position weitestgehend auf die Mitarbeit von weiblichen Familienmitgliedern in der Landwirtschaft verzichten (vgl. Kap. 3.1). Dies gilt für jüngere und ältere Frauen gleichermaßen. Frauen der *zamindar*-Haushalte verlassen den Hof, um beispielsweise Essen zum *dera* zu bringen oder um Wäsche am Kanal auszuwaschen. Meistens werden sie dabei von anderen weiblichen Familienmitgliedern begleitet. Verlassen Frauen der Landbesitzer ihre Höfe verschleiern sie sich i. d. R. mit einem *tschador*. Das Tragen von den in den Städten noch häufiger sichtbaren Ganzkörperschleiern (*burqa*) ist in den Dörfern selten. Frauen können so innerhalb der Dörfer und jeweiligen Dorfgemarkung *purdah* einhalten, was aber nicht im Sinne physischer Abgeschlossenheit von Frauen verstanden werden muß, wie z. B. bei den von JEFFREY (1979) beschriebenen Frauen der Schreinwächter (*pirzada*) in Delhi.[55]

Unterschiede in der Mobilität bestehen zwischen älteren und jüngeren (unverheirateten und verheirateten) Frauen insofern, da unverheiratete junge Mädchen landbesitzender Familien bestimmte Verhaltensmaßregeln einhalten müssen, weil ihre Jungfräulichkeit bis zu einer Verheiratung bewahrt werden muß. Die Ehre der gesamten Familie steht auf dem Spiel, sollte ein unverheiratetes Mädchen z. B. auf dem Weg zur Schule mit fremden Jungen in Kontakt kommen. Die Verhaltensregeln werden strikter, und Mädchen müssen vermehrt darauf achten, sich korrekt zu kleiden, die Haare auch im Hof bedeckt zu halten und nicht mehr ohne Begleitung das elterliche Haus zu verlassen.

---

[55] In den Untersuchungsdörfern befolgen lediglich die Frauen der religiösen Lehrer (*maulvi*) und Geistlichen (*mullah*) diese strikten Regeln.

Verheiratete Frauen aus *zamindar*-Haushalten verfügen hingegen über größere Mobilität, vor allem, wenn sie bereits Kinder geboren haben. Sie sind diejenigen, die die anfallenden außerhäuslichen Aufgaben übernehmen.

Ältere Frauen, die ihr *sadr* (vgl. S. 172) erfüllt haben, unterliegen im Grunde keinen Einschränkungen in ihrer Mobilität innerhalb des Dorfes und der Gemarkung. Diese vermeintliche Freizügigkeit wird von ihnen jedoch nur zu bestimmten Anlässen genutzt. Sie verlassen ihre Höfe beispielsweise, um innerhalb des Dorfes Besuche zu machen; dabei achten auch sie auf angemessene Bekleidung (*tschador*). Wie in Kap. 3.6.3 erläutert, haben ältere Frauen eine starke Position innerhalb der Familie, die sie auch dazu nutzen, Arbeiten an andere Familienmitglieder zu delegieren. Besorgungen erledigen daher die Söhne oder Enkel und die wenigen außerhäuslichen Hausarbeiten müssen die Schwiegertöchter übernehmen. Nicht das Gehöft verlassen zu müssen, ist gleichbedeutend mit hohem Prestige, weil die Familie auf die Mitarbeit der weiblichen Familienmitglieder verzichten kann.

b) Bewegungsmöglichkeiten von Frauen außerhalb der Dörfer/Dorfgemarkung

Frauen der *zamindar*-Haushalte, unabhängig vom Alter und ihrer Stellung innerhalb der Familie, unternehmen nie ohne familiäre Begleitung Besuche oder führen Erledigungen außerhalb der Dörfer durch. Dabei spielt die Entfernung zum jeweiligen Zielort keine wesentliche Rolle. Für die drei Untersuchungsdörfer lassen sich folgende, für die landbesitzenden Haushalte zutreffenden Beobachtungen machen:

- Einkäufe, die über den täglichen Bedarf hinausgehen, werden i. d. R. in den verschiedenen kleineren Zentren im näheren Umkreis der Dörfer erledigt[56]. Sofern nicht sowieso die männlichen Familienangehörigen solche Angelegenheiten übernehmen, fahren Frauen in Begleitung eines erwachsenen Sohnes oder des Ehemannes mit dem Bus zum Basar.
- Für Fahrten zu weiter entfernt liegenden Zielen wie Bahawalpur, Ahmedpur East oder Multan, mieten Frauen landbesitzender Haushalte i. d. R. einen Wagen, sofern kein eigenes Fahrzeug vorhanden ist. Die Nutzung öffentlicher Verkehrsmittel wird, wenn möglich, für längere

[56] Frauen des Kanalkoloniedorfs fahren bei Bedarf in das drei Kilometer entfernte Head Rajka, Frauen aus Siraj Pur entweder in das sechs Kilometer südlich gelegene Chani Goth oder nach Uchh Sharif (7 bzw. 9 Kilometer) und Frauen aus Lal Kamal nutzen entweder die Basare von Bahawalpur oder Lodhran (beide ca. 10 Kilometer vom Dorf entfernt).

Strecken vermieden.[57] Auch bei diesen Fahrten werden sie immer von einem erwachsenen männlichen Familienangehörigen begleitet.

c) Bewegungsmöglichkeiten von Frauen innerhalb der Gehöfte

Innerhalb der Gehöfte halten Frauen bestimmte *purdah*-Regeln ein, die sich auch räumlich niederschlagen. Eine deutliche Abgrenzung von Frauengemächern (*zenana*) wie in Häusern und Gehöften arabischer Länder, z. B. Saudi-Arabien, Yemen (vgl. NIPPA 1991) ist im ländlichen Punjab nicht ausgeprägt. Es gibt jedoch Bereiche in den Gehöften, die Frauen nur in Ausnahmefällen betreten, da sie den Männern vorbehalten sind. Als Beispiel dafür gilt das Gästehaus bzw. der Gästeraum (vgl. Karten 7-11): Als Treffpunkt und Aufenthaltsort für die männlichen Familienmitglieder betreten Frauen ihn lediglich zum Saubermachen. Die Bewirtung von männlichen Gästen erfolgt entweder durch Töchter, die noch nicht die Pubertät erreicht haben oder durch Söhne. Alle anderen Räumlichkeiten sind für Frauen und Männer gleichermaßen zugänglich.

a) Bewegungsmöglichkeiten von Frauen aus Kleinbauern- und Pächterhaushalten innerhalb der Dörfer/Dorfgemarkung

Frauen der Kleinbauern- und Pächterhaushalte (< 25 Acres) unterliegen innerhalb der Dorfgemarkung und in den Dörfern kaum Beschränkungen in ihrer Bewegungsfreiheit. Wie in Kap. 3 gezeigt wurde, beteiligen sie sich an den meisten landwirtschaftlichen Arbeiten, die außerhalb der Gehöfte stattfinden. Sie müssen also täglich ihre Höfe verlassen, um entweder zu den eigenen Feldern zu gelangen oder um bei landbesitzenden Familien zu arbeiten. Im Gegensatz zu den Frauen der *zamindar*-Familien tragen sie nur selten einen *tschador*, sondern meistens nur ein größeres Tuch, das Kopf und Schultern bedeckt, nicht jedoch den ganzen Körper verhüllt. Unterschiede zwischen jüngeren, unverheirateten und älteren, verheirateten Frauen sind nicht so stark ausgeprägt wie bei den Frauen aus *zamindar*-Haushalten. Unverheiratete junge Frauen übernehmen außerhäusliche Aufgaben ebenso wie die verheirateten Frauen. Jedoch gehen sie möglichst in Begleitung anderer weiblicher Familienmitglieder oder auch Nachbarinnen zu den jeweiligen Arbeitsplätzen. Auch ältere Frauen müssen i. d. R. täglich außerhäuslichen Pflichten nachkommen.

[57] Trotz separater Frauensitze in Bussen und Pick-ups ist den meisten Frauen die Fahrt in den öffentlichen Verkehrsmitteln zu beschwerlich und mühsam, da diese ständig überfüllt sind.

b) Bewegungsmöglichkeiten von Frauen außerhalb der Dörfer und Dorfgemarkungen

Sofern Einkäufe, beispielsweise für die Zusammenstellung einer Aussteuer getätigt werden müssen, nutzen Frauen der Kleinbauern- und Pächterhaushalte Sammeltaxis (pick-ups) oder Busse, um in die nächstgelegenen Zentren zu gelangen. Ältere, verheiratete Frauen unterliegen dabei keinen Restriktionen, sie können bei Bedarf alleine fahren. Sofern jüngere, unverheiratetete Frauen hingegen weiter entfernt liegende Basare aufsuchen möchten, wird erwartet, daß sie in Begleitung von Familienangehörigen fahren.

c) Bewegungsmöglichkeiten innerhalb der Gehöfte

Vergleichbar mit den Ergebnissen der Frauen aus *zamindar*-Haushalten, unterliegen die Frauen der kleinbäuerlichen und Pächterhaushalte kaum Beschränkungen innerhalb ihrer Höfe. Wie die Haus- und Hofgrundrisse zeigten, zwingen die materiellen Verhältnisse Frauen und Männer ärmerer Familien häufig, auf kleinstem Raum zusammenzuleben. Sofern ein separater Gästeraum zur Verfügung steht, ist er männlichen Besuchern vorbehalten.

a) Bewegungsmöglichkeiten von Frauen aus landlosen Haushalte innerhalb der Dörfer und Dorfgemarkungen

Alte und junge Frauen der landlosen Haushalte, unabhängig von ihrem Familienstatus, unterliegen keinen Restriktionen in ihrer Mobilität innerhalb der Dörfer und Gemarkungen. Die ökonomische Situation zwingt ältere weibliche Haushaltsmitglieder ebenso wie auch unverheiratete junge Mädchen außerhalb der Häuser Beschäftigungen nachzugehen. Wie in Kap. 3.6 gezeigt wurde, bringen landlose Frauen i. d. R. mehr Zeit für die Erledigung landwirtschaftlicher Aufgaben als für häusliche Angelegenheiten auf.

b) Bewegungsmöglichkeiten außerhalb der Dörfer und Dorfgemarkungen

Frauen der landlosen Haushalte - unabhängig vom Alter und Status innerhalb ihrer Familie - und das läßt sich verallgemeinernd feststellen, unterliegen keinen Beschränkungen in der Mobilität. Fahrten in die größeren Zentren der Region führen sie alleine durch. Einige Frauen gehen sogar einem eigenen Geschäft nach und müssen daher regelmäßig Einkäufe in Bahawalpur, Ahmedpur East oder Multan erledigen (vgl. Kap. 3.7). Der Grund für das hohe Maß an individueller Mobilität liegt eindeutig in der ökonomischen Situation der Haushalte begründet. Die betreffenden Frauen müssen zum Familieneinkommen beitragen, um das Überleben abzusichern, so daß das *purdah*-Konzept in den Hintergrund rückt. Auch können die Frauen nicht von anderen erwachsenen

Familienmitgliedern begleitet werden, da sich die Fahrtkosten dann verdoppeln würden und somit eine weitere finanzielle Belastung wären.

c) Bewegungsmöglichkeiten innerhalb der Gehöfte

Die meisten landlosen Haushalte verfügen lediglich über einen oder zwei Wohnräume, die von beiden Geschlechtern gleichberechtigt genutzt werden.

Für die Untersuchungsdörfer konnten einige wesentliche Unterschiede in der Mobilität von Frauen festgestellt werden. Besonders auffällig sind die Differenzen zwischen Frauen der *zamindar*- und landlosen Haushalte. Während Frauen der ärmsten Schichten über ein hohes Maß an individueller Mobilität verfügen, unterliegen Frauen der landbesitzenden Haushalte eindeutigen Beschränkungen in ihren Bewegungsmöglichkeiten in der Öffentlichkeit. Die Handlungsräume von Frauen korrelieren also in erster Linie mit der ökonomischen Situation der jeweiligen Haushalte: Je wohlhabender eine Familie ist, desto strikter können die kulturellen Wertvorstellungen des *purdah*-Konzepts eingehalten werden. Frauen haben keine oder nur wenige außerhäusliche Pflichten zu erfüllen bzw. sie können sich teilweise sogar Angestellte leisten, die solche Aufgaben übernehmen. Arme Frauen hingegen müssen täglich aus ökonomischen Gründen außerhalb ihrer Gehöfte Arbeiten nachgehen. Weniger eindeutig lassen sich die Bewegungsmöglichkeiten von Frauen der mittleren Besitzgrößenklassen definieren. Sie verfügen über eine größere Mobilität als Frauen der *zamindar*-Haushalte, da auch sie Arbeiten außerhalb der Höfe auführen, jedoch sind ihre Bewegungsmöglichkeiten in der Öffentlichkeit eingeschränkter als die landloser Frauen. Für die Frauen der mittleren Besitzgrößenklassen trifft die Aussage über die Einhaltung der Geschlechtersegregation von MANDELBAUM (vgl. S. 30f.) zu, der schreibt, daß im Falle eines ökonomischen Aufstiegs einer Familie die Frauen zunächst von den außerhäuslichen Arbeiten befreit würden.

Einige Verallgemeinerungen lassen sich für Frauen unterschiedlichen Alters und Familienstatus vornehmen:

- Ältere Frauen der *zamindar* wie landlosen und Kleinbauernhaushalt verfügen über größere Bewegungsfreiheit, da von ihnen „keine Gefahr“ mehr ausgeht. Denn sie gelten als sexuell unattraktiv und können deshalb nicht mehr „*fitna*“ (= Chaos) verursachen, indem sie durch ihr Erscheinen in der Öffentlichkeit Männer „verlocken“.
- Unverheiratete junge Frauen unterliegen den größten Restriktionen in ihren Bewegungsfreiheiten. Dabei lassen sich folgende Unterschiede, die auf die spezifische ökonomische

Haushaltssituation zurückzuführen sind, identifizieren: Junge Frauen der *zamindar*-Haushalte verlassen das Gehöft i. d. R. nur in Begleitung männlicher Familienangehöriger und zudem mit einem *tschador* bekleidet. Sofern junge, unverheiratete Frauen der mittleren Besitzgrößenklassen landwirtschaftliche Aufgaben übernehmen, arbeiten sie mit anderen Frauen auf den Feldern zusammen. Frauen der armen landlosen Haushalte, gleich welchen Alters, sind nicht auf die Begleitung von Familienmitgliedern angewiesen. Sie verfügen über größere Bewegungsmöglichkeiten als unverheiratete Frauen der anderen Haushalte.

Abb. 19: Modell räumlicher Mobilität von Frauen

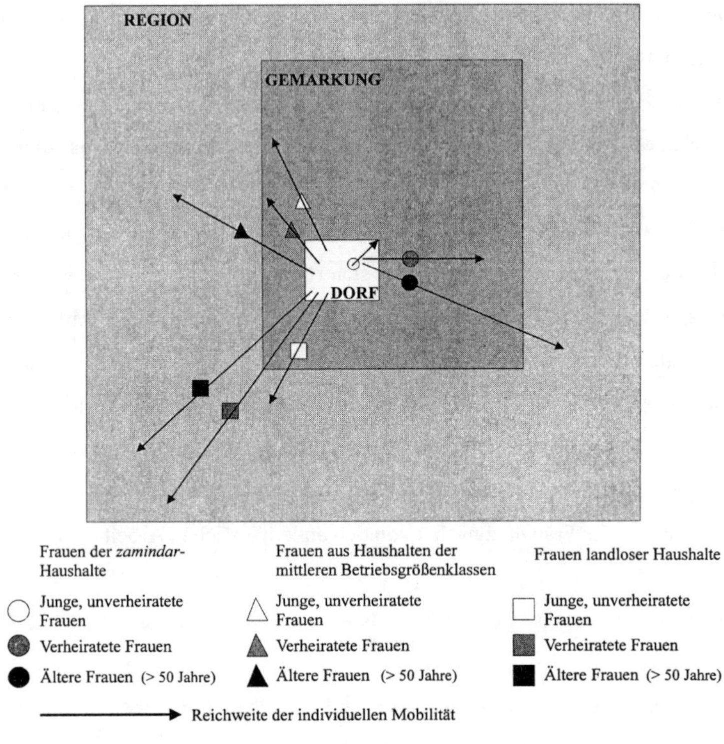

Quelle: Eigene Erhebungen 1991/92
Gestaltung: C: Alff (1995)

Weitere Generalisierungen bezüglich der Einhaltung der *purdah*-Regeln lassen sich nicht vornehmen, da individuelle Faktoren wie Bildung, Familienstand, ökonomische Situation bei unterschiedlichen Frauen in unterschiedlicher Art und Weise zusammenwirken. So hält sich eine verheiratete Frau trotz Sekundarschulausbildung an die *purdah*-Vorschriften, weil sie bei ihren konservativen Schwiegereltern lebt. Eine junge, unverheiratete Frau mit vergleichbarer Bildung hingegen muß die Geschlechtersegregation nicht so strikt einhalten, da ihre Familie aufgrund der Auslandsaufenthalte zweier Söhne liberalere Ansichten vertritt. Ebenso kommt es vor, daß Mädchen trotz ökonomischer Notwendigkeiten *purdah* einhalten, weil die Eltern streng religiös sind.

4 DIE HANDLUNGSSPIELRÄUME LÄNDLICHER FRAUEN IM SÜDLICHEN PUNJAB

Die Analyse der Handlungsspielräume ländlicher Frauen steht im Mittelpunkt des folgenden Kapitels. Mit Hilfe der in Kap. 1.1 (vgl. S. 16) vorgestellten Indikatoren zur Operationalisierung des Konzepts von Handlungsspielräumen wird versucht, die Differenzen und Gemeinsamkeiten zwischen Frauen aus verschiedenen sozioökonomischen Schichten zu identifizieren sowie die Unterschiede im Vergleich zu den Männern herauszuarbeiten. Dabei fließen die empirischen Ergebnisse im Vergleich mit den in Kap. 1.2 vorgestellten gesellschaftlichen und rechtlichen Rahmenbedingungen in die Analyse ein. Besondere Bedeutung besitzt m. E. die Identifizierung der Diskrepanzen zwischen den formell existierenden Handlungsspielräumen von Frauen und den tatsächlich genutzten Aktionsräumen der Dorffrauen. Mögliche Erklärungsmuster für diese Diskrepanzen bilden den Abschluß der jeweiligen Abschnitte.

4.1 Verfügungsgewalt von Frauen über materielle, körperliche und ideelle Ressourcen

Frauen in den Untersuchungsdörfern verfügen i. d. R. nicht über die materiellen Ressourcen Land, Kapital und Arbeitsgeräte. Frauen haben - bis auf eine Ausnahme - keinen Grundbesitz, obwohl sie *de jure* erbberechtigt sind. Wie in Kap. 1.2.1.2.3 gezeigt wurde, verzichten sie auf ihren Erbteil, um die Familie nicht gegen sich aufzubringen. Das Argument, Töchter erhalten ihren Erbanteil mit der Aussteuer, rechtfertigt die Aufteilung des Landes unter den männlichen Familienangehörigen.

Über Kapital in Form von Geld verfügen Frauen rein theoretisch in Form der Morgengabe (*haq mehr*), die - abhängig vom sozioökonomischen Status der Familien - zwischen einigen hundert bis hunderttausend Rupies ausmachen kann. Da die Morgengabe zumeist nur schriftlich im Ehevertrag fixiert ist und Frauen im Falle einer Scheidung diese erst einklagen müssen, besitzen sie also in der Realität selten Bargeld. In den untersuchten Familien verfügen und verwalten die familienältesten Männer das Bargeld, das sie aus dem Verkauf pflanzlicher und tierischer Produkte erzielen.

Der Goldschmuck, den Frauen aus *zamindar*-Familien zur Hochzeit erhalten, stellt immerhin eine kleine materielle Absicherung dar. Denn Schmuck kann, im Gegensatz zu anderen Wertgegenständen, bei einer Trennung ohne Schwierigkeiten mitgenommen werden.

Über Arbeitsgeräte können Frauen teilweise verfügen, wobei hier signifikante Differenzen zwischen den landbesitzenden und kleinbäuerlichen bzw. landlosen Haushalten auftreten. Dies bezieht sich nicht nur auf landwirtschaftliche Maschinen, sondern auch auf Haushaltsgeräte. Besitzen *zamindar*-Familien häufig arbeitserleichternde Haushaltsgeräte, wie Waschmaschinen, elektrische Buttergeräte, Mixer und Nähmaschinen, so müssen Frauen der landlosen und Kleinbauernhaushalte die anfallenden Arbeiten manuell mit einem höheren Zeitaufwand erledigen. Bei Tätigkeiten in der Pflanzen- und Tierproduktion stehen Frauen lediglich einfache Hilfsmittel wie beispielsweise das Schneidemesser (*drahti*) zur Verfügung. Der Transport von Baumwolle, Viehfutter etc. erfolgt meistens zu Fuß, wobei die jeweiligen Lasten auf dem Kopf getragen werden.

Männer hingegen führen die mechanisierten Arbeiten mit landwirtschaftlichen Maschinen und Geräten durch. Auch über die verschiedenen Transportmittel, wie Eselkarren, Traktoren oder Kraftfahrzeuge, üben Männer Verfügungsgewalt aus.

Die Frage nach der Verfügungsgewalt über ihre eigene Arbeitskraft ist schwierig zu beantworten. Generell ist zu konstatieren, daß Frauen aller sozioökonomischen Schichten nur bedingt über den Einsatz ihrer Arbeitskraft entscheiden können. Bedingt insofern, als daß einerseits ökonomische Rahmenbedingungen insbesondere arme Frauen in ungesicherte, meist unterbezahlte Tätigkeiten zwingen, andererseits soziokulturelle Wertvorstellungen die Arbeitskraft von Frauen auf bestimmte Aktivitäten festlegen.

Jedoch wirken bei Frauen aus *zamindar*-Haushalten andere beschränkende Faktoren als bei landlosen und Kleinbauernfrauen. So müssen Frauen der unteren Einkommensschichten fast alle Tätigkeiten in der landwirtschaftlichen Produktion ausführen. Darüber hinaus übernehmen sie Arbeiten im Dienstleistungssektor (z. B. 'servant'-Tätigkeiten), Handel und im produzierenden Gewerbe. Vor allem die körperlich schweren und zudem schlecht bezahlten Arbeiten in den Ziegeleien und im Straßenbau werden jedoch aus ökonomischen Sachzwängen heraus angenommen. Gäbe es alternative Beschäftigungs- und Einkommensmöglichkeiten in der Landwirtschaft, würden Frauen diese vorziehen (vgl. Kap. 3.7). Die regionalen und lokalen ökonomischen Rahmenbedingungen spielen also eine wesentliche Rolle bei der Verfügung über die eigene Arbeitskraft.

Gesellschaftliche Wertvorstellungen über *purdah* spielen hingegen bei Frauen aus *zamindar*-Haushalten die entscheidende Rolle bei der Verfügung über ihre Arbeitskraft. Sie erscheinen auf den ersten Blick 'freier', da sie in materiell abgesicherten Verhältnissen leben. Jedoch ist die Verfügung über ihre Arbeitskraft stärker an die gesellschaftlichen Wertvorstellungen gebunden als bei armen Frauen. Die reproduktiven Aufgaben stehen im Mittelpunkt. Von Frauen aus *zamindar*-Familien wird erwartet, daß sie sich vorrangig um die Kinder und den Haushalt kümmern (vgl.

Abb. 19). Eine neuere Erscheinung stellt das Interesse jüngerer Frauen an formaler Erwerbstätigkeit dar, die mit den gesellschaftlichen Wertvorstellungen konform geht. Dabei wird der Beruf der Lehrerin am meisten geschätzt (vgl. Kap. 3.7.4).

Verfügungsgewalt über den eigenen Körper im Sinne von selbstbestimmter Sexualität und Entscheidung über die Anzahl der gewünschten Kinder wird Frauen nicht zugestanden. Die moralische Verknüpfung der Sexualität mit der Ehe ist für Frauen bindend, während Männern durchaus voreheliche sexuelle Kontakte gestattet sind. Das Gebären von Kindern ist - wie in Kapitel 3.8 dargestellt - eine Verpflichtung, der sich keine Frau entziehen kann. Wenn Frauen die Zahl der Kinder beschränken möchten, benötigen sie die Zustimmung ihres Ehemannes. Nur wenige Frauen in den Untersuchungsdörfern besaßen den Mut, Verhütungsmittel ohne Wissen ihrer Familie anzuwenden. Der Abbruch einer Schwangerschaft ist - außer bei medizinischer Indikation, d. h. wenn das Leben der Mutter gefährdet ist, - per Gesetz verboten. Selbst im Fall einer Schwangerschaft nach Vergewaltigung steht Abtreibung unter Strafe.

Die Handlungsspielräume von Frauen werden weiter beschränkt durch die offizielle Familiengesetzgebung, die Männern Polygamie erlaubt und Frauen die Scheidung lediglich unter bestimmten Bedingungen ermöglicht. Selbst bei körperlicher Gewalt von seiten des Ehemannes ist Trennung oder Scheidung für die meisten ländlichen Frauen aufgrund der verinnerlichten Wertvorstellungen, der ökonomischen Abhängigkeiten und des sozialen Stigmas undenkbar. Männer hingegen brauchen weder soziale Ächtung noch wirtschaftliche Not zu befürchten, wenn sie ihre Frau verstoßen.

Schichtenspezifische Klassifizierungen, ob und inwieweit Frauen über die Produkte und das Äquivalent der eigenen Arbeit selbständig verfügen, lassen sich nicht vornehmen. So dürfen einige Frauen die Baumwolle vermarkten und das Geld behalten, während andere das erhaltene Geld dem Ehemann geben. Frauen aus *zamindar*-Haushalten übernehmen, wie in Kap. 3.1 erläutert wurde, auch landwirtschaftliche Tätigkeiten wie das Observieren der Pflückerinnen. Dafür erhalten sie jeoch keine Entlohnung. Der Handlungsspielraum eines Individuums ergibt sich jedoch aus der Verfügung und Entscheidungsgewalt über das erwirtschaftete Einkommen. Frauen, die zum Lebensunterhalt ihrer Familien beitragen, können häufiger über das von ihnen verdiente Geld selbständig verfügen als Frauen der *zamindar*-Haushalte (vgl. Kap. 3.3, 3.6.4). Im Gegensatz zu den Männern, die Bargeld auch für den Kauf persönlicher konsumtiver Bedürfnisse ausgeben (Zigaretten, Zeitungen, Besuch von Teestuben etc.), verwenden Frauen das Geld in erster Linie zur Befriedigung der Grundbedürfnisse ihrer Familien. Bedeutend ist dabei, daß Frauen Entscheidungen darüber fällen, welche Dinge eingekauft werden, und teilweise zum Basar gehen, um Lebensmittel zu besorgen. Dem gegenüber schicken Frauen der *zamindar*-Haushalte Söhne oder 'servants', um Kleinigkeiten vom Basar einzukaufen. Die Verfügung über Geld in landbesitzenden Haushalten ist insofern eingeschränkt, als daß die jüngeren Frauen ihre Schwiegermütter oder Ehemänner fragen müssen, wenn sie Einkäufe tätigen wollen.

Ein weiteres Indiz für Handlungsspielräume sind die innerfamiliären Entscheidungsmuster, auf die bei der Verwendung von finanziellen Mitteln bereits hingewiesen wurde. Verallgemeinernd läßt sich sagen, daß die Entscheidungsmuster in Haushalten, in denen Frauen zum Lebensunterhalt beitragen, egalitärer sind als in den *zamindar*-Familien. Es ist per se jedoch nicht möglich, von größeren Entscheidungsmöglichkeiten aller Frauen aus Kleinbauern- und landlosen Familien zu sprechen, da die spezifischen Familienstrukturen eine große Rolle spielen (z. B. Alter der Frau, Zahl der Kinder, Familientyp etc.). Genauso wenig kann konstatiert werden, daß Frauen der landbesitzenden Haushalte keinerlei Mitspracherechte bei familiären Angelegenheiten haben. Wichtige Faktoren bilden hier das Alter und die Stellung der Frauen innerhalb der Haushalte. Das Senioritätsprinzip ist in den meisten Familien ausgeprägt. Die bedeutenden Entscheidungen, die Frauen betreffen und die ihren Lebensweg determinieren, wie Auswahl des Ehepartners, Zeitpunkt der Eheschließung, Wahl des Wohnortes, Bildung und Ausbildung der Kinder sowie Ausübung einer Berufstätigkeit, liegen in der Verantwortung der Eltern. Mitspracherechte, beispielsweise bei der Auswahl des Ehepartners, wie sie partiell für Männer gegeben sind, haben Frauen nur in Ausnahmefällen.

Der Zugang zu Bildung ist für Mädchen im ländlichen Punjab erheblich besser einzuschätzen als noch vor wenigen Jahren. Die Anzahl der Grundschulen für Mädchen erhöhte sich von 18.600 (1980/81) auf 31.800 im Jahr 1991/92, die der Sekundarschulen immerhin von 1.400 auf 3.600 im selben Zeitraum (Economic Survey 1993/94: xii, xiii). Faktoren wie Wohlstand, Zeitbudget und auch gesellschaftliche Wertvorstellungen beeinflussen den Schulbesuch von Mädchen und Jungen. Verallgemeinernd läßt sich feststellen, daß Mädchen aus *zamindar*-Haushalten die Grundschule besuchen, sofern sie sich im Dorf befindet. Muß aber eine längere Wegstrecke zurückgelegt werden, um die nächstgelegene Schule zu erreichen, erlauben die Eltern gewöhnlich nur Söhnen dies mit dem Argument, der Weg wäre für Mädchen zu anstrengend und zu gefährlich. Wie in Kapitel 3.8 erläutert, gelten Jungen als spätere Ernährer ihrer Eltern, und ihnen wird auch deshalb der Vorrang beim Schulbesuch eingeräumt. Zum Tragen kommt dies vor allem in sozioökonomisch schwächeren Familien und bei Fragen der höheren Schulbildung. Können ärmere Familien aus finanziellen Gründen oft nur einem Sohn eine höhere Bildung finanzieren, so sind religiöse Gründe oder gesellschaftliche Werte ausschlaggebend, wenn Mädchen aus *zamindar*-Familien die Sekundarschule oder gar das College besuchen möchten. Ein langsamer Wandel scheint sich in solchen Familien abzuzeichnen, in denen bereits andere Frauen in den Genuß von Bildung kamen oder die in einem regelmäßigen Austausch mit städtischen Verwandten stehen. Nichtsdestotrotz besteht eine Kluft zwischen den Zugangsmöglichkeiten für Mädchen und Jungen zu Bildung, die sich in den Bereichen Kultur, Wissenschaft, Religion und Philosophie noch erheblich zu ungunsten von Frauen vergrößert. Für die hier untersuchten ländlichen Frauen gilt, daß sie keine Teilhabe an den genannten ideellen Ressourcen haben. Die Produktion von Kultur, Wissenschaft, Religion und Philosophie bleibt Männern vorbehalten.

4.2 Verfügung über die eigene Person; Wahlmöglichkeiten und persönliche Autonomie von Frauen

Bei der Wahl der Lebensform (vgl. Kap. 3.8.1) sind Frauen im ländlichen Punjab - schichtunabhängig - aufgrund der herrschenden Normen eindeutige Vorgaben gesetzt. Ehe und Mutterschaft stellen die einzig vorstellbare und anerkannte Lebensform dar. Eine Entscheidung dagegen würde soziale Ächtung bedeuten. Ob es sich um Frauen aus *zamindar*- oder landlosen Familien handelt; sie alle streben eine Hochzeit an und sehen in der Geburt von Söhnen ihre wesentliche Aufgabe. Auch von Männern wird erwartet, daß sie eine Familie gründen, doch können sie sich zunächst um ihre Ausbildung oder ihren Beruf kümmern.

Die Wahl des Lebenspartners für Frauen im ländlichen Punjab obliegt gewöhnlich den Eltern. Frauen besitzen keinerlei Mitspracherechte, während Männer mittlerweile meistens über die Entscheidung ihrer Eltern informiert und ihre Wünsche teilweise sogar berücksichtigt werden (vgl. Kap. 3.8.1.4). Differenzen zwischen landbesitzenden, kleinbäuerlichen und landlosen Familien wurden nicht festgestellt. Auch Frauen mit höherer Schulbildung sind von den Entscheidungsprozessen bezüglich ihrer Heirat ausgeschlossen.

Der Handlungsspielraum und die individuellen Entfaltungsmöglichkeiten beim Umgang mit Sexualität sind für Frauen aus allen sozioökonomischen Schichten erheblich beschränkter als für Männer. Die moralische Verknüpfung von Sexualität mit der Ehe ist für Frauen bindend, und der Verlust der Jungfräulichkeit vor der Ehe kann - rein rechtlich betrachtet - mit dem Tode bestraft werden (vgl. Kap. 1.2.1.1). Männern sind durchaus voreheliche sexuelle Kontakte gestattet, und auch bei außerehelichen Beziehungen drohen ihnen weitaus weniger drastische Strafen als Frauen. Gespräche mit Frauen unterschiedlichen Alters in den Untersuchungsdörfern offenbarten zudem, daß nur selten Aufklärung über Sexualität von den Müttern oder Schwestern vorgenommen wird. Dies mag auch ein Grund dafür sein, daß Frauen sich für das Geschlecht ihrer Kinder alleinig zuständig fühlen und so die Geburt von Mädchen als persönliches Versagen wahrnehmen. Junge Männer informieren sich i. d. R. untereinander und haben zudem die Möglichkeit, in Städten mit Prostituierten entsprechende Erfahrungen zu sammeln.

Die Bewegungsmöglichkeiten für Frauen in der Öffentlichkeit hängen vom sozioökonomischen Status und von der Einstellung der jeweiligen Familien ab. Unterschiede bestehen zwischen Frauen aus *zamindar*- und kleinbäuerlichen bzw. landlosen Haushalten. Wie deutlich gemacht wurde, sind ärmere Frauen tagsüber kaum in ihren Bewegungsmöglichkeiten eingeschränkt, Frauen der *zamindar*-Familien unterliegen aus soziokulturellen Gründen durchaus Beschränkungen in ihrer räumlichen Mobilität (vgl. Kap. 3.9). Das Konzept der Geschlechtersegregation übernehmen wohlhabende Familien eher aus Statusgründen als aus religiöser Überzeugung. Denn wie gezeigt wurde, führen auch *zamindar*-Frauen bestimmte landwirtschaftliche Tätigkeiten in der Öffentlichkeit aus. Für Verwandtenbesuche oder Erledigungen in weiter entfernten Basaren benötigen sie die Erlaubnis ihres Ehemannes oder der Schwiegereltern. Um die Anstandsregeln nicht zu verletzen, werden sie i. d. R. von anderen Frauen der Familie, einem älteren Sohn oder Bruder begleitet. Ärmere Frauen hingegen bewegen sich aufgrund ihrer außerhäuslichen Beschäftigungen täglich in der Öffentlichkeit und erledigen auch Besorgungen eigenständig. Nach Einbruch der Dunkelheit verlassen Frauen nur in Ausnahmefällen (z. B. zum Besuch von Feierlichkeiten) und meistens mit anderen Familienmitgliedern zusammen das Haus. Männer unterliegen generell keinen Einschränkungen in ihren Bewegungsmöglichkeiten.

Über die Wahl des Wohnortes bestimmen gewöhnlich weder Frauen noch Männer im ländlichen Punjab. Solange eine Frau unverheiratet ist, lebt sie im Haus ihrer Eltern, um nach der Hochzeit in das Haus ihres Ehemannes und seiner Eltern zu ziehen. Ökonomische Notwendigkeiten und traditionelle Wertvorstellungen erlauben es jungen Ehepaaren kaum, einen eigenen Haushalt zu gründen. Im ländlichen Punjab ist ein Leben als 'Single' völlig ausgeschlossen, und geschiedene Frauen kehren in das Haus ihrer Eltern oder Brüder zurück. Aus individuellen Beweggründen leben junge Ehepaare manchmal bei den Eltern der Frau. Meist ist dies der Fall, wenn bereits verheiratete Söhne aus beruflichen Gründen den Wohnort wechseln mußten oder in der entsprechenden Familie keine Söhne geboren wurden. Die potentiellen Handlungsspielräume von Frauen werden durch diese traditionelle Verhaltensweise eingeschränkt, da ihr Aktionsraum im voraus auf den Wohnort des Ehemannes festgelegt ist. Im Gegensatz zu ihrem Mann wird die Frau kaum die Erlaubnis erhalten, täglich zu einem weiter entfernten Dorf zu pendeln, um dort beispielsweise als Lehrerin zu arbeiten (vgl. Kap. 3.9).

Da die primäre Verpflichtung von Frauen in der Versorgung der Kinder und Führung des Haushaltes besteht, sind sie in der Wahl einer Berufstätigkeit mehr oder weniger eingeschränkt. Die Handlungsoptionen in der Landwirtschaft in bezug auf entlohnte Tätigkeiten sind für Frauen aus kleinbäuerlichen und landlosen Familien weniger vielfältig als für Männer, die die prestigebesetzten und besser bezahlten maschinisierten Arbeiten durchführen und zudem die Produktvermarktung in den Händen haben (vgl. Kap. 3). Normierte Wertvorstellungen und betriebswirtschaftliche Unkenntnis verhindern auch die Übernahme von Tätigkeiten im Handel. Nur wenige Frauen versuchen, sich beispielsweise mit dem Verkauf von Armreifen oder Küchenutensilien alternative Einkommensquellen zu erschließen. Im ländlichen Raum mangelt es zudem an formalen Beschäftigungsmöglichkeiten, so daß Frauen mit höherer Qualifikation kein großes Angebotsspektrum zur Verfügung steht (vgl. Kap. 3.7). Zudem benötigen Frauen die Erlaubnis des Ehemannes oder der Eltern, wenn sie einen Beruf ausüben wollen. Hier schränken dann traditionelle Denkmuster und gesellschaftliche Wertvorstellungen die Handlungsspielräume von Frauen ein.

4.3 Verfügung über andere: Partizipation und Einflußmöglichkeiten im öffentlichen und privaten Bereich

Die Entscheidungsmuster in der Familie variieren zwischen den verschiedenen Haushalten, so daß eine Kategorisierung nach sozioökonomischen Kriterien nicht möglich ist. Es lassen sich jedoch zwei übergreifende Merkmale identifizieren:

- Das Senioritätsprinzip besitzt in allen Familien Gültigkeit, d. h. die älteren Mitglieder verfügen über Entscheidungsgewalt. Das patriarchale System bedingt, daß der familienälteste Mann die Entscheidungen fällt. Frauen partizipieren - abhängig von Alter und Status innerhalb der Familie - an bestimmten Entscheidungen. Kommen interne Familienangelegenheiten wie beispielsweise Hochzeitsvereinbarungen zur Diskussion, so wird i. d. R. die Ehefrau des Haushaltsvorstandes hinzugezogen. Fragen, die die Landwirtschaft betreffen, und betriebswirtschaftliche Dinge liegen in der Verantwortung der Männer.

- Die These, daß Frauen größere Teilhabe an Entscheidungsprozessen haben, wenn sie außerhäuslichen Erwerbstätigkeiten nachgehen, läßt sich - zumindest teilweise - bestätigen. Frauen, die durch Lohnarbeit zum Familieneinkommen beitragen, verfügen über Mitspracherechte nicht nur bei Familienangelegenheiten, sondern auch bei kleineren Anschaffungen und Investitionen.

Partizipationsmöglichkeiten für Frauen im ländlichen Punjab in den Bereichen Politik, Kultur, Wissenschaft und Religion existieren kaum. Wenn auch Pakistan mit Benazir Bhutto für mehrere Jahre eine Frau als Regierungschefin an der Spitze des Staates stand, so bleibt auf der lokalen ländlichen Ebene die Teilnahme an politischen Interessenvertretungen Männern vorbehalten, die i. d. R. aus landbesitzenden Haushalten stammen. Zwar besitzen Frauen das aktive Wahlrecht, aber bisher ließen sich ausschließlich männliche Kandidaten für die Wahlen zum *chairman* bei den auf dörflicher Ebene stattfindenden 'local body elections' aufstellen. Somit ist eine Interessenvertretung für Frauen, insbesondere derjenigen aus den unteren sozialen Schichten kaum möglich, und die Handlungsspielräume von Frauen hinsichtlich einer politischen Vertretung ihrer Belange werden stark eingeschränkt.

4.4 Ein 'persönliches' Fazit

Die Handlungsspielräume ländlicher punjabischer Frauen sind weitaus eingeschränkter als die der Männer. Frauen - selbst die meisten der scheinbar in materiell abgesicherten Verhältnissen lebenden *zamindar*-Frauen - unterliegen einerseits der institutionalisierten Benachteiligung durch die herrschende Gesetzgebung sowie andererseits einer - bedingt durch normierte, kulturell begründete Wertvorstellungen - weitreichenden Benachteiligung in ihren Arbeits- und Lebensbedingungen. Im ländlichen Raum wirken weniger die auf nationaler Ebene verabschiedeten Gesetze als vielmehr die ökonomischen und spezifischen kulturellen Gegebenheiten auf die alltäglichen Lebenswelten von Frauen.

Nicht zu übersehen sind die - wenn auch nur langsam - stattfindenden Verbesserungen der Lebens- und Arbeitsbedingungen im ländlichen Raum durch Ausbau und Modernisierung der technischen und sozialen Infrastruktur. Dieses und die bessere Verkehrsanbindung, die die Kommunikation zwischen den ländlichen und städtischen Räumen zumindest erleichtert, bedingen auch - zu einem gewissen Grad - den sich abzeichnenden Wandel traditioneller Einstellungen und

Verhaltensmuster der ländlichen Bevölkerung. Am Beispiel der Entscheidungen über Ehepartner und bei der Frage des Schulbesuchs wurde dies verdeutlicht.

Aber nicht zu ignorieren sind die gleichfalls sich verschärfenden ökonomischen Rahmenbedingungen, die gerade Frauen sozioökonomisch schwächerer Haushalte den Zugang zu Bildung und Erwerbstätigkeit erschweren. Auch das gesamtgesellschaftliche Klima hat Bedeutung für die Lebens- und Arbeitsbedingungen von Frauen: In der Regierungszeit Zia-ul-Haqs wurde eine Islamisierung der Gesellschaft eingeleitet, deren negative Auswirkungen auf die Position von Frauen nicht zu leugnen ist. Selbst Benazir Bhutto, in die pakistanische Frauen bei ihrem Regierungsantritt große Hoffnungen setzten, versäumte es bisher, der Diskriminierung von Frauen wirksame Maßnahmen entgegenzusetzen.

Dennoch schließe ich mich, aufgrund der Erfahrungen in Pakistan, der Aussage von BUMILLER (1990:289) an, die - für indische Frauen - grundsätzlich optimistisch ist, aber einen langen Zeithorizont bedenkend schreibt: *„I know I will not see a major change in the lives of Indian women in my lifetime, but I am convinced there will be a progress.“* Dies gilt m. E. auch für die pakistanischen Frauen.

LITERATURVERZEICHNIS

ABADAN-UNAT, N. (Hg.) 1985: Die Frau in der türkischen Gesellschaft. Frankfurt.

AFZAL, M.; NASIR, Z. M. 1987: Is Female Labour Force Participation Really Low and Declining in Pakistan? A look at Alternative Data Sources. In: The Pakistan Development Review, Vol. XXVI, No. 4, S. 699-707. Islamabad.

AHMED, A. S. 1988: Pakistan Society. Islam, ethnicity and leadership in South Asia. Oxford.

AHMED, N. o. J.: The Situation of Rural Women in Pakistan. (Unpublished) UNICEF. Islamabad.

AHMAD, N.; S. AHMAD 1990: A Day in the Life of Masi Jheelo. In: DUBE, L.; P. PALWAL (Hg.) 1990: Structures and Strategies: Women, Work and Family. (Women and the Household in Asia, Vol. 3, SAGE Publications). New Dehli, London.

AHMAD, S. 1977: Class and Power in a Punjabi Village. Lahore.

AKHTAR, S. 1967: Geographical Morphology of Punjabi Culture. (Unpublished M. A. Thesis) Department of Geography, University of Punjab. Lahore.

ALAVI, H. A. 1971: The Politics of Dependence: A Village in West Punjab. In: South Asian Review, Volume 4, Number 2, January 1971, S. 111-128.

ALBRECHT, H. 1971: Lebensverhältnisse ländlicher Familien in Westpakistan. (= Sozialökonomische Schriften zur Agrarentwicklung, Bd. 6, Institut für Ausländische Landwirtschaft der Universität Göttingen). Saarbrücken.

ALFF, C. 1992: Nutrition Survey. Report prepared for Pak-German IRDP Mardan. (Unpublished). Mardan.

ALI, K. 1991: Problems of Working Women in the Rural Informal Sector of Multan District. In: South Asian Studies, Vol. 8, No. 1, S. 63-80. Lahore

ALI, M. G. 1968: Introduction of canal systems in Bahawalpur Division, its impact on crop pattern and efficiency of Agriculture. Lahore (University of Punjab).

ALI, P. S. 1986: Status of Women in the Muslim World. Lahore. 2. Auflage.

ALLIATA, V. 1981: Harem. Freiheit hinter dem Schleier. München.

ANDREAE, B. 1984: Intensitätsstufen des Bewässerungsfeldbaus im Peshawar-Becken, Pakistan. In: Erdkunde, Band 38/1984, S. 29-36.

ARSHAD, M. 1982: Cotton production in District Rahimyar Khan. Unpublished M. Sc. Thesis, Department of Geography, University of Punjab. Lahore.

ASCHENBRENNER, J. C.1967: Endogamy and Social Status in a West Punjabi Village. University of Minnesota.

ASCHENBRENNER, J. C. 1993: Women and Families' Economic Organisation in a Punjabi Village, Pakistan. In: RAJU, S.; D. BAGCHI (Hg.) 1993: Women and Work in South Asia. Regional Patterns and Perspectives. S. 224-236. London.

ASIAN PRODUCTIVITY ORGANIZATION (Hg.) 1992: Policies and Programmes for Rural Employment Generation in Asia. Report of an APO Seminar. Tokyo.

ASR (Applied Socio-Economic Research) (Hg.) 1988: Income Generation for Women. Lessons from the Field. Lahore.

ASR (Applied Socio-Economic Research) (Hg.) 1989: Another form of stoning. Women at the Quarries. Lahore.

ASR (Applied Socio-Economic Research) (Hg.) 1989: Building your dreams. Women in the Construction Industry. Lahore.

ASR (Applied Socio-Economic Research) (Hg.) 1989: Solid Foundations. Solid Contributions. Women in the Brick Kiln Industry. Lahore.

AUJ, N. Z. A. 1987: Ancient Bahawalpur. Multan.

BADINTER, E. 1991: Der Schleier verstößt gegen die Menschenrechte. In: EMMA Sonderband KRIEG. S. 76-80.

BADRAN, M.; M. COOKE (Hg.) 1992: Lesebuch der „Neuen Frau“. Araberinnen über sich selbst. Reinbek.

BÄHR, J. 1994: Frauen in der Weltbevölkerung. In: Geographische Rundschau 46 (1994), H. 3, S. 174-180.

BAUMGART, M. 1989: Wie Frauen Frauen sehen. Westliche Forscherinnen bei arabischen Frauen. Frankfurt.

BECK, G. 1982: Der verhaltens- und entscheidungstheoretische Ansatz. Zur Kritik eines modernen Paradigmas in der Geographie. In: SEDLACEK, P. 1982 (Hg.): Kultur/Sozialgeographie. Paderborn. S. 55-89. Paderborn.

BECK, J.; S. DORLÖCHTER 1988: Frauen als „Opfer der Entwicklung“? Unveröffentlichte Diplomarbeit am Institut für Soziologie der FU Berlin. Berlin.

BECK, L; N. KEDDIE (Hg.) 1980: Women in the Muslim World. 3. Auflage. Cambridge.

BENDIAB, A. 1984: Zur Situation der algerischen Frau. In: SSIP Bulletin, 1984/53. Saarbrücken. S. 161-172.

BENERIA, L. (Hg.) 1982: Women and Development: The Sexual Division of Labor in Rural Societies. New York.

BÉLANGER, P. 1993: Basic Education - The Issues facing UNESCO. In: Nord-Süd aktuell, Jg. VII, Nr. 2/1993, S. 225-229.

BENHABIB, S.; J. BUTLER; D. CORNELL; N. FRASER 1994: Der Streit um Differenz. Feminismus und Postmoderne in der Gegenwart. Frankfurt a./M.

BENNHOLDT-THOMSEN, V. 1981: Subsistenzproduktion und erweiterte Reproduktion. Ein Beitrag zur Produktionsweisendiskussion. In: Beiträge zur marxistischen Theorie, Nr.14, S. 30-51.

BENNHOLDT-THOMSEN, V. 1983: Zur Bestimmung der geschlechtlichen Arbeitsteilung im Kapitalismus. In: WERLHOF, C.v.; M. MIES; V. BENNHOLDT-THOMSEN (Hg.) 1983: Frauen, die letzte Kolonie. S. 194-212. Hamburg.

BENNHOLDT-THOMSEN, V. 1988: Überleben in der Wirtschaftskrise und die Würde des Menschen. In: Peripherie 30/31 (1988), S. 132-155.

BERNINGHAUSEN, J.; B. KERSTAN (Hg.) 1984: Die unsichtbare Stärke: Frauenarbeit in der 3. Welt. Saarbrücken. ASA-Studien 3.

BHASIN, K; N. S. KHAN 1986: Some Questions on Feminism and its relevance in South Asia. New Delhi.

BILQUEES, F.; S. HAMID 1988: Employment Situation and Economic Exploitation of Poor Earning Women in Rawalpindi. In: The Pakistan Development Review, 4/1989. Islamabad. S. 791-798.

BOCK, S.; U. HÜNLEIN; H. KLAMP; M. TRESKE (Hg.) 1989: Frauen(t)räume in der Geographie. (= Kasseler Schriften zur Geographie und Planung 52/1989)

BOESCH, H. 1962: Bewässerungsprobleme in West-Pakistan. In: Geographica Helvetica XVII (1962), 17. S. 222-229.

BOSERUP, E. 1970: Women's Role in Economic Development. New York.

BOSERUP, E. 1982: Die ökonomische Rolle der Frau in Afrika, Asien, Lateinamerika. Stuttgart.

BRAUN G.; J. RÖSEL 1993: Kultur und Entwicklung. In: NOHLEN, D.; F. NUSCHELER (Hg.) 1993: Handbuch der Dritten Welt. Band 1, S. 250-268.

BREITBART, M. M. 1984: Feminist Perspectives in Geographic Theory and Methodology. In: Antipode 16 (1984), No. 3, S. 72-74.

BRIJBHUSHAN, J. 1980: Muslim Women. In Purdah and Out of it. Dehli.

BRUCHHAUS, E. M. 1984: Frauen und Entwicklung. In: HAUFF, v. M.; B. PFISTER-GASPARY (Hg.) 1984: Entwicklungspolitik. Saarbrücken. S. 79-89.

BRYDON, L.; S. CHANT 1989: Women in the Third World. Gender Issues in Rural and Urban Areas. Aldershot.

BULBECK, C. 1991: Hearing the difference: First and Third World feminisms. In: Asian Studies Review, Vol. 15, No. 1, July 1991, S. 77-91.

BUMILLER, S. 1990: May you be a mother of a hundred sons. Dehli.

BUNDESMINISTERIUM FÜR JUGEND, FAMILIE, FRAUEN und GESUNDHEIT (Hg.) 1988: „Zukunftsstrategien von Nairobi zur Förderung der Frau." Abschlußdokument der Weltfrauenkonferenz vom 15. Juli 1985 bis 27. Juli 1985 in Nairobi, Kenia. Bonn.

BUNDESMINISTERIUM FÜR WIRTSCHAFTLICHE ZUSAMMENARBEIT (Hg.) o. J.: Förderung von Frauen in Entwicklungsländern. (= Entwicklungspolitik Materialien Nr. 80). Bonn.

BUSCHMANN, K. H. 1988: Pakistan. Reiseführer mit Landeskunde. (= Mai's Reiseführer Nr. 25). Dreieich.

BUTT, P. 1974: Rice Cultivation in District Lahore. (Unpublished M. Sc. Thesis) Department of Geography, University of Punjab. Lahore.

CHAUDHRI, D. P.; A. K. DASGUPTA 1985: Agriculture in the Development Process: a study of the Punjab. Beckenham.

CHAUDHRY, G.; Z. KHAN 1987: Female Labour Force Participation in Rural Pakistan: Some Fundamental Explanations and Policy Implications. In: The Pakistan Development Review, Vol. XXVI, Nr. 4/1987. Islamabad. S. 687-696.

DARLING, M. 1934: Wisdom and Waste in a Punjabi Village. London.

DARLING, M. 1947: The Punjab Peasant in Prosperity and Debt. 4. Auflage. Lahore.

DAS GUPTA, M. 1987: Selective Discrimination against Female Children in Rural Punjab, India. In: Population and Development Review 13 (1987), S. 77-100.

DESHPANDE, S. 1989: Die Last des Schweigens. (= Neue Indische Bibliothek, Bd. 17). Frauenfeld.

DETTMANN, K. 1972: Pakistans Ackerbau - Einige Anmerkungen zu seinen Grundlagen sowie zu den Produktionssteigerungen der letzten Jahre. In: Geographische Rundschau, Jg. 24, H. 8, S. 321-331.

DETTMANN, K. 1978: Die britische Agrarkolonisation im Norden des Industieflandes. (= Mitteilungen der Fränkischen Geographischen Gesellschaft, Bd. 23/24. S. 375-411). Erlangen.

DETTMANN, K. 1981: Agriculture in the Canal Irrigation Region of the Pakistan Punjab - its Historical Background and Current Problems. In: Applied Geography and Development; Vol. 18 (1981). Separate Print. Tübingen.

DETTMANN, K. 1981: Historische Grundlagen und Gegenwartsprobleme des Ackerbaus im Kanalbewässerungsgebiet des Pandschab/Pakistan. In: Frankfurter Beiträge zur Didaktik der Geographie. Bd. 5, S. 197-216. Frankfurt.

DEUTSCHE GESELLSCHAFT FÜR VEREINTE NATIONEN e. V. (Hg.) 1994: Bericht über menschliche Entwicklung 1994. Bonn.

DISTRICT CENSUS REPORT BAHAWALPUR 1961, Parts I-V; Census 61, P. No. 130. Karachi.

DONNER-REICHLE, C. 1990: Welche Rechte für Frauen? Zur Diskussion der Menschenrechte und Entwicklung. In: Nord-Süd aktuell, Jg. IV, Nr. 3/1990, S. 383-385.

DUNCAN, E. 1989: Breaking the Curfew. A Political Journey through Pakistan. London.

EBERHARD, W. 1967: Settlement and Social Change in Asia. Hong Kong.

EGLAR, Z. 1960: A Punjabi Village in Pakistan. New York.

ELWERT, G.; D. WONG 1979: Thesen zum Verhältnis von Subsistenzproduktion in der Dritten Welt. In: Arbeitsgruppe Bielefelder Entwicklungssoziologen (Hg.): Subsistenzproduktion und Akkumulation. S. 255-278. Saarbrücken.

ENDERWITZ, S. o. J.: Die Frau im Islam. Wortlaut eines Vortrags vom 27.4.1984 im Rahmen der Tagung: „Die Frau im Islam zwischen Tradition und Modernisierung." ZONTA INTERNATIONAL in Zusammenarbeit mit der Deutschen Stiftung für Internationale Entwicklung. o. O.

ENGINEER, A. A. 1992: The Rights of Women in Islam. Lahore.

EPSTEIN, T. S.; R. WATTS (Hg.) 1981: The Endless Day: Some Case Material on Asian Rural Women. New York.

EVERS, H. D. 1987: Subsistenzproduktion, Markt und Staat. In: Geographische Rundschau, Jg. 39, 3/1987. Braunschweig. S. 136-140.

FACIO, A. 1995: From basic needs to basic rights. In: Gender and Development Vol. 3, No. 2, June 1995, S. 16-22.

FAWZI El-SOHL, C.; J. MABRO (Hg.) 1994: Muslim Women's Choices. Religious Belief and Social Reality. Providence.

FELMY, S. 1993: Division of Labour and Women's Work in a Mountain Society: Hunza Valley in Pakistan. In: RAJU, S.; D. BAGCHI (Hg.) 1993: Women and Work in South Asia. Regional Patterns and Perspectives. S. 196-208. London.

FISCHER, C. 1989: Familienplanung und Gesundheit. Ein Weg zur Entwicklung durch Selbstbestimmung. In: gtz info 5/1989, S. 12-13.

FÖLSTER, K. 1989: Frauen tragen die Last der Entwicklung. TZ - Fluch oder Segen für Frauen? In: GTZ info 5/1989, S. 8-9.

FREEMAN, D. M.; E. SHINN 1989: Irrigation Organization on the Niazbeg Distributary in Punjab, Pakistan. In: FREEMAN, D. M. (Hg.) 1989: Local Organizations for Social Development. Concepts and Cases of Irrigation Organization. S. 63-132. San Francisco/London.

FREEDMAN, J.; L. WAI 1988: Gender & Development in Barani Areas of Pakistan. University of Ontario. Unveröffentlichtes Manuskript.

FRIEBEN, E.; J. HÄUSSLER 1982: Frauen und Entwicklung. In: Geographie heute 3/1982, H. 14, Nr. 12, S. 6-7.

FRIEDRICHS, J.; H. LÜDTKE 1971: Teilnehmende Beobachtung. Berlin.

GIRTLER, R. 1984: Methoden der qualitativen Sozialforschung. Anleitung zur Feldarbeit. Wien.

GOOD, A. 1991: The Female Bridegroom. A Comparative Study of Life-Crisis Rituals in South India and Sri Lanka. Oxford.

GOVERNMENT OF PAKISTAN FINANCE DIVISION (Hg.) 1992: Economic Survey 1992-93. Islamabad.

GOVERNMENT OF PAKISTAN FINANCE DIVISION (Hg.) 1993: Economic Survey 1993-94. Islamabad.

GOVERNMENT OF PAKISTAN POPULATION CENSUS ORGANISATION (Hg.) 1984: 1981 District Census of Bahawalpur. Islamabad.

GOVERNMENT OF THE PUNJAB HOUSING & PHYSICAL PLANNING DEPARTMENT (Hg.) 1974: Bahawalpur Outline Development Plan. Lahore.

GREF, M. 1989: Frauen in Algerien: Theorie und Realität, aufgezeigt anhand des Code algerien de la famille. Köln.

HÄGERSTRAND, T. 1970: What about people in Regional Science? In: Papers of the Regional Science Association, 24, S. 7-21.

HAERI, S. 1989: Law of Desire: temporary marriage in Shi'i Iran. New York.

HAFEEZ, S. 1993: The Girl Child in Pakistan. Priority Concerns. Islamabad.

HAMID, N.; I. NABI; A. NASIM 1990: Trade, Exchange Rate, and Agricultural Pricing Policies in Pakistan. (= World Bank Comparative Studies). Washinghton, D. C.

HAQUE, I. 1985: Tractor Mechanization: Its Impact on Rural Employment. In: Pakistan Manpower Review, Vol. XI, Nr. 1/1985, S. 45-67. Islamabad.

HARCOURT, W. (Hg.) 1994: Feminist Perspectives on Sustainable Development. London.

HARD, G. 1985: Die Alltagsperspektive in der Geographie. Analyse und Interpretation der Alltagswelt - Lebensweltforschung und ihre Bedeutung für die Geographie. In: Bensberger Protokolle 45, S. 13-77. Bensberg.

HARTMANN, R. 1987: Die Religion des Islam: Eine Einführung. Darmstadt. 2. Auflage.

HASENJÜRGEN, B.; S. PREUSS (Hg.) 1993: Frauenarbeit - Frauenpolitik in Afrika, Asien, Lateinamerika und Osteuropa. Münster.

HÉLIE-LUCAS, M.-A. 1992: Frauen im Zentrum fundamentalistischer Politik. In: beiträge zur feministischen theorie und praxis, Heft 32/92, S. 29-36.

HERBERS, H. 1995: Ernährungssicherung in Nord-Pakistan: Der Beitrag der Frauen. In: Geographische Rundschau (1995), Heft 4, S. 234-239.

HERMS, E. M. 1987: Sozio-ökonomische Determinanten der Fertilität der Landbevölkerung im Nord-Punjab: Fallbeispiel Muradi Janjil. Stuttgart.

HEWITT, F. 1989: Women's Work, Women's Place: The Gendered Life-World of a high Mountain Community in Northern Pakistan. In: Mountain Research and Development. Vol. 9, Nr. 4. S. 335-352.

HODGES, E. 1977: The Role of Village Women in Village-level and Family-level Decision Making and in Agriculture: A Pakistani Punjab Case Study. Prepared for USAID. Islamabad.

IBBETTSON, D.; E. MACLAGAN 1911: A Glossary of the Tribes and Castes of the Punjab and North-West Frontier Province. Vol. I-III. Lahore.

IBRAZ, T. S. 1992: Cultural Perceptions and the Productive Roles of Rural Women in a Punjabi Village. (= Paper for the Eighth Annual General Meeting 7-9-1992), Pakistan Society of Development Economics. Islamabad.

IQBAL, M. Z. 1983: Vocational Training in Pakistan. In: Pakistan Manpower Review, Vol. IX, Nr. 1/1983, S. 1-18. Islamabad.

JACOBI, C. 1984: Frauen als neu-entdeckte Zielgruppe. In: BERNINGHAUSEN, J.; B. KERSTAN (Hg.) 1984: Die unsichtbare Stärke: Frauenarbeit in der 3. Welt. Saarbrücken. ASA-Studien 3. S. 145-162.

JAHANGIR, A.; H. JILANI 1990: The Hudood Ordinances. A Divine Sanction? Lahore.

JAVAID, A. 1981/82: Cotton Production in District Rahimyar Khan. Unpublished M. Sc. Thesis, Department of Geography, University of Punjab. Lahore.

JHAMTANI, H. 1991: Redefining feminism as the women's movement. In: Asian Studies Review, Vol. 15, No. 1, July 1991, S. 96-100.

JEFFERY, P. 1979: Frogs in a Well. Indian Women in Purdah. London.

JOHNSON, B. L. C. 1979: Pakistan. London.

JUNAID, S. 1984: Women and Employment. In: Pakistan Manpower Review, Vol. X, No. 2/1984, S. 38-43.

KANESALINGAM, V. (Hg.) 1989: Women in Development in South Asia. Papers presented at a Regional Seminar on „The Status of Women and their Role in Development in South Asia." New Delhi.

KANTOWSKY, D. 1970: Dorfentwicklung und Dorfdemokratie in Indien. (= Freiburger Studien zu Politik und Gesellschaft überseeischer Länder, Bd. 9).

KAZI, S.; Z. SATHAR 1986: Productive and reproductice choices: report of a pilot survey of urban working women in Karachi. In: The Pakistan Development Review, 25/4. Islamabad. S. 593-606.

KAZI, S. 1989: Some Measures of the Status of Women in the Course of Development in South Asia. In: KANESALINGAM, V. (Hg.) 1989: Women in Development in South Asia. Papers presented at a Regional Seminar on „The Status of Women and their Role in Development in South Asia." S. 19-52. New Dehli.

KERSTAN, B.; J. BERNINGHAUSEN 1991: Emanzipation wohin? Frauen und Selbsthilfe in Java/ Indonesien. (= Kritische und selbstkritische Forschungsberichte zur Dritten Welt, TU Berlin). Berlin

KHAN, F. A. 1991: Birth rate: official figure much below the actual. In: Frontier Post vom 29.5.1991, S. 3.

KHAN, F. K. 1991: A Geography of Pakistan. Karachi.

KHAN, M. A. et al. 1984: A Socio-Economic Study of Rural Areas in Gujranwala District Pakistan. (= Punjab Economic Research Institute, Publication No. 210) Lahore.

KHAN, M. H. 1975: The Economics of the Green Revolution in Pakistan. New York.

KHAN, M. H. 1981: Underdevelopment and Agrarian Structure in Pakistan. Lahore.

KHAN, M. A. (Hg.) 1986: The Constitution of the Islamic Republic of Pakistan. Karachi.

KHAN, N. S. 1985: Women in Pakistan: a new era. London.

KHAN, N. S. 1986: Women`s Involvement in the Industrial Sector in Punjab - Status and Prospects. Lahore.

KHAN, S. A.; F. BILQUEES 1976: The Environment, Attitudes and Activities of Rural Women: A Case Study of a Village in Punjab. In: The Pakistan Development Review, 3/1976. Islamabad. S. 237-271.

KHAN, S. 1991: An Assessment of Changes in the Employment Situation of Pakistani Women in the Informal Sector. In: South Asian Studies, Vol. 8, No. 1, S. 25-44. Lahore.

KHAN, S. R.; S. Z. ALI 1986: Some findings about the unemployed highly educated persons in Pakistan. In: The Pakistan Development Review, 25/4. Islamabad. S. 731-737.

KIEPERT, R. 1987: Basti Dera Izzat. Externe Einflüsse auf eine Dorfwirtschaft im südlichen Punjab (Pakistan). Eine Untersuchung über die Veränderung sozioökonomischer Strukturen. Unveröffentlichte Diplomarbeit im Fachbereich Geowissenschaften, Freie Universität Berlin.

KLEIN, H. G.; R. NESTVOGEL 1984: Frauen in Pakistan. Rahmenbedingungen, Ansätze und Projektvorschläge zur Entwicklung und beruflichen Qualifizierung von Frauen in der Provinz Punjab. GTZ Eschborn.

KLEMP, L. 1993: Frauen im Entwicklungs- und Verelendungsprozeß. In: NOHLEN, D.; F. NUSCHELER (Hg.) 1993: Handbuch der Dritten Welt. Band 1, S. 287-303.

KÖLNER STADT-ANZEIGER vom 21. 6. 1994: Als Mädchen zum Tode verdammt.

KORSON, J. H. 1985: Islamization and social policy in Pakistan: the constitutional crisis and the status of women. In: Asian Survey, 25/6 (1985), S. 589-612. Berkeley.

KREILE, R. 1992: Islamische Fundamentalistinnen - Macht durch Unterwerfung? In: beiträge zur feministischen theorie und praxis, Heft 32/92, S. 19-28.

KREUTZMANN, H. 1989: Hunza - Ländliche Entwicklung im Karakorum. (= Abhandlungen Anthropogeographie, Bd. 44) Berlin.

KRUIJK de, H. 1992: Socio-Economic Regions in Pakistan. (= Paper for the Eighth Annual Meeting 7-9-1992). Pakistan Institute of Development Economics. Islamabad.

LACHENMANN, G. 1992: Frauen als gesellschaftliche Kraft im sozialen Wandel in Afrika (1). In: Peripherie 47/48, 12. Jg., Juli 1992, S. 74-93.

LAMB, C. 1991: Waiting for Allah: Pakistan's struggle for Democracy. New Dehli.

LAMNEK, S. 1988: Qualitative Sozialforschung. Bd. 1: Methodologie. München.

LAMNEK, S. 1989: Qualitative Sozialforschung. Bd. 2: Methoden und Techniken. München.

LATIF, S. M. 1965: The Early History of Multan. Lahore.

LAZO, L. 1993: Einige Überlegungen zum „Empowerment" von Frauen. In: NORD-SÜD aktuell, Jg. VII, Nr. 2/1993. S. 267-278. Hamburg.

LENZ, I. 1983: Was macht die Macht mit den Frauen? Einige Anmerkungen zum „Politischen" in den Reproduktionsverhältnissen. In: Peripherie Nr. 13/1983, S. 26-37. Münster.

LENZ, I. 1992: Frauenarbeit und Frauenpolitik zwischen Subsistenzproduktion und Arbeitsmärkten. In: ROTT, R. (Hg.) 1992: Entwicklungsprozesse und Geschlechterverhältnisse. Saarbrücken. S. 75-91.

LENZ, I. 1993: Neue Nachrichten von Nirgendwo? Zu neuen Perspektiven in der Geschlechterfrage. In: HASENJÜRGEN, B.; S. PREUSS (Hg.) 1993: Frauenarbeit - Frauenpolitik in Afrika, Asien, Lateinamerika und Osteuropa. S. 96-110.

LESSNER, D. 1978: Zur sozialen Lage der Frau in Entwicklungsländern. Eine Fallstudie Algerien. München.

LEVIN, T. 1991: U.S. Feminismus: Schwarz auf Weiß. In: beiträge zur feministischen theorie und praxis. H. 27/1991, S. 59-66.

LINDNER, R. 1984: Ohne Gewähr. Zur Kulturanalyse des Informanten. In: JEGGLE, U. (Hg.): Feldforschung. Qualitative Methoden in der Kulturanalyse. Tübinger Vereinigung für Volkskunde e. V. Schloß, Band 62, S. 59-71. Tübingen.

MÄRKE, E. 1995: Die internationale Frauenbewegung in den 90er Jahren. In: epd-Entwicklungspolitik 14/15/1995 (Juni), S. 19-24.

MANDELBAUM, D. G. 1988: Women's Seclusion and Men's Honor. Sex Roles in North India, Bangladesh, and Pakistan. Tucson.

MARTIUS - v. HARDER, G. 1978: Die Frau im ländlichen Bangladesh. Empirische Studie in vier Dörfern im Comilla-Distrikt. (= Sozialökonomische Schriften zur Agrarentwicklung Nr. 29). Saarbrücken.

MARTIUS - v. HARDER, G. M.; R. M. SCHNEIDER; P. WAGNER 1987: Die wirksamere Einbeziehung von Frauen in Projekte der Entwicklungszusammenarbeit mit islamischen Staaten Nordafrikas. (Forschungsberichte des Bundesministeriums für wirtschaftliche Zusammenarbeit. Bd. 84.) München.

MAY, H,; S. FRITSCH-OPPERMANN (Hg.) 1993: Menschenrechte zwischen Universalisierungsanspruch und kultureller Kontextualisierung. (= Loccumer Protokolle 10/93). Rehburg-Loccum.

Mc DOWELL, L. 1992: Doing Gender: feminism, feminists and research methods in human geography. In: WRIGLEY, N. (Hg.) 1992: Transactions of the Institute of British Geographers. New Series Vol. 17, No. 4, S. 399-416. Southampton.

MEIER, V. 1989: Feldarbeiten einer „anderen Geographie". In: SEDLACEK, P. (Hg.) 1989: Programme und Praxis qualitativer Sozialgeographie. S. 149-158. Oldenburg.

MENON, M. I. 1981: Education of Muslim Women: Tradition versus Modernity. In: KURIAN, G.; R. GHOSH 1981 (Hg.): Women in the Family and the Economy. An International Comparative Survey. S. 107-115. London.

MEYER-HANSCHEN, U. 1994: Aktionsräume von Frauen im touristischen Prostitutionsgewerbe in Bangkok. Unveröffentlichte Diplomarbeit am Fachbereich Geowissenschaften der Freien Universität Berlin.

MIES, M. 1984: Methodische Postulate zur Frauenforschung. In: beiträge zur feministischen theorie und praxis, Heft 11/84, S. 7-25.

MIES, M. 1984: Frauenforschung oder feministische Forschung? In: beiträge zur feministischen theorie und praxis, Heft 11/84, S. 40-60.

MIES, M. 1992: Kapitalistische Entwicklung und Subsistenzproduktion: Landfrauen in Indien. In: WERLHOF, C. v.; M. MIES; V. BENNHOLDT-THOMSEN (Hg.) 1993: Frauen, die letzte Kolonie. S. 87-112. 3. Auflage. Hamburg.

MIES, M.; V. SHIVA 1993: Ecofeminism. London.

MILLER, S. M. 1972: The Participant Observer and „Over-Rapport". In: American Sociological Review, 17/1972.

MINCES, J. 1992: Verschleiert - Frauen im Islam. Reinbek.

MISERIOR Arbeitshefte (Hg.) 1990: Nicht länger ohne uns. Frauen in der Entwicklungsarbeit. Indien und Bangladesh. Aachen.

MÖLLER, S. 1989: Frauenförderung. Eine Aufgabe für alle. In: gtz info 5/1989, S. 10-11.

MOMSEN, J. H.; J. TOWNSEND (Hg.) 1987: Geography of Gender in the Third World. London.

MOSER, C. O. N. 1989: Gender Planning in the Third World: Meeting Practical and Strategic Gender Needs. In: World Development, Vol. 17, No. 11, S. 1799-1825.

MOSER, C. O. N. 1993: Gender Planning and development. Theory, practice and training. London/ New York.

MOTAHARI, A. M. 1982: Stellung der Frau im Islam. (= Islamische Renaissance, Nr.7) Bonn.

MÜLLER-MAHN, H. D. 1989: Die Aulad 'Ali zwischen Stamm und Staat. Entwicklung und sozialer Wandel bei den Beduinen im nordwestlichen Ägypten. (=Abhandlungen Anthropogeographie des Instituts für Geographische Wissenschaften, Bd. 46). Berlin.

MUMTAZ, K; F. SHAHEED 1987: Women of Pakistan. Two Steps Forward, One Step Back? Lahore.

MUMTAZ, K. 1994: The Women not the Womb: Population Policy in Pakistan. In: Development 1994/1, Journal of the Society of International Development, S. 26-30.

NASEEM, S. M. 1981: Underdevelopment, Poverty and Inequality in Pakistan. Lahore.

NAQVI, S. N. H.; M. H. KHAN; M. G. CHAUDHARY (Hg.) 1987: Land Reforms in Pakistan. Islamabad.

NAWAZ, M. S. 1990: The Heart Divided. 2. Auflage. Lahore.

NESTVOGEL, R. 1990: Bildungskonzepte und -maßnahmen für Frauen der „Dritten Welt". In: Nord-Süd aktuell, Jg. IV, Nr. 3/1990, S. 335-343.

NEW INTERNATIONALIST (Hg.) 1986: Frauen - ein Weltbericht. Berlin.

NEWSLETTER HUMAN RIGHTS COMMISSION OF PAKISTAN (Hg.): Women. Vol. III, Nr. 1, January 1992. Lahore.

NIJJAR, B. S. 1972: Panjab under the Later Mughals (1707-1759). Lahore.

NIJJAR, B. S. 1979: Panjab under the Sultans (1000-1526 A. D.). Lahore.

NIJJAR, B. S. 1979: Panjab under the Great Mughals (1526-1707 A. D.). Lahore.

NIPPA, A. 1991: Haus und Familie in arabischen Ländern. Vom Mittelalter bis zur Gegenwart. Darmstadt.

NOHLEN D.; F. NUSCHELER 1993: Handbuch der Dritten Welt. Grundprobleme, Theorien, Strategien. Band 1. Bonn.

OBERMAIER, D. 1993: Frauenförderung in der Entwicklungspolitik. Integration in die Entwicklung oder Antidiskriminierung? (= Dortmunder Beiträge zur Raumplanung, Bd. 61) Dortmund.

ORTNER, S. B. 1993: Verhält sich weiblich zu männlich wie Natur zu Kultur? In: RIPPL, G. (Hg.) 1993: Unbeschreiblich weiblich. Texte zur feministischen Anthropologie. S. 27-54.

PAHNKE, D. 1992: Patriarchaler Fundamentalismus im Islam und Christentum. In: beiträge zur feministischen theorie und praxis, Heft 32/92, S. 9-18.

PAK GERMAN TECHNICAL COOPERATION (Hg.) o. J.: Some brief details about livestock keeping in the Punjab. Lahore.

PAKISTAN MANPOWER INSTITUTE (Hg.) 1983: Employment for Women in Pakistan. Islamabad.

PASTNER, C. McC. 1974: Accommodations to Purdah: The Female Perspective. In: Journal of Marriage and the Family, Vol. 36, Nr. 2, S. 408-414.

PATEL, R. 1991: Socio-Economic Political Status and Women and Law in Pakistan. Karachi.

PFAFFENBACH, C. 1994: Frauen im Qalamun/Syrien. Auswirkungen sozioökonomischer und politischer Transformationen auf die alltägliche Lebenswelt und die räumlichen Handlungsmuster der Frauen in einer ländlichen Region. (= Erlanger Geographische Arbeiten, Sonderband 21). Erlangen.

POLLOCK, C. 1984: Der gebannte Dämon: arabische Frauen zwischen Phantasie und Wirklichkeit. (= Bielefelder Studien zur Entwicklungssoziologie Bd. 25). Saarbrücken.

POPULATION CENSUS OF PAKISTAN 1961: District Census Report Bahawalpur. Karachi.

PRENGEL, A. 1990: Annäherung an eine egalitäre Politik der Differenzgedanken gegen Sexismus und Rassismus. In: beiträge zur feministischen theorie und praxis, Heft 27/90, S. 127-134.

PREUSS, S.; A. SEYFFERTH 1993: Defizite und Alternativen in den Strategien zur Frauenförderung. In: HASENJÜRGEN, B.; S. PREUSS (Hg.) 1993: Frauenarbeit - Frauenpolitik in Afrika, Asien Lateiamerika und Osteuropa. S. 115-131. Münster.

RAHMAN, A. 1993: People's Self-Development. Perspectives on Participatory Action Research. Dhaka.

RAJU, S.; D. BAGCHI (Hg.) 1993: Women and Work in South Asia. Regional Patterns and Perspectives. London.

RAM, K. 1991: „First“ and „Third World“ feminisms: a new perspective? In: Asian Studies Review, Vol. 15, No. 1, July 1991, S. 91-96.

RAMAZANI, N. 1985: Islamization and the women's movement in Pakistan. In: Journal of South Asian and Middle Eastern Studies, 8/1985. Villanova. S. 53-64.

RASHID, A. 1992: Pakistan: The Politics of 'Fundamentalism'. In: SHIRKAT GAH (Hg.) 1992: Special Bulletin on Fundamentalism and Secularism in South Asia. Lahore.

RAYNER, J. 1993. Who is killing baby girls? In: Cosmopolitan 11/1993, S. 16-20.

RAZA, M. R. 1969: Two Pakistani Villages - a study in social stratification. University of the Punjab, Department of Sociology. Lahore.

RICHTER - DRIDI, 1981: Frauenbefreiung in einem islamischen Land - ein Widerspruch? Frankfurt.

RIPPL, G. (Hg.) 1993: Unbeschreiblich weiblich. Texte zur feministischen Anthropologie. Frankfurt/M.

ROBERTS, W.; K. SINGH 1951: A Text Book of Punjab Agriculture. Lahore.

RÖDER, S. 1994: Strukturelle und sozio-ökonomische Auswirkungen von Flutkatastrophen auf die Entwicklungspotentiale Pakistans. Unveröffentlichte Staatsexamensarbeit, Fachbereich Geowissenschaften Freie Universität Berlin.

RÖHM, M. 1990: Frauenförderung - der neue Renner in der Entwicklungszusammenarbeit. In: DED-Brief 1/2/90, S. 50-51.

RÖSSLER, M. 1989: Frauenforschung in der Geographie. In: BOCK, S. et. al. (Hg.) 1989: Frauen(t)räume in der Geographie. Beiträge zur Feministischen Geographie. S. 45-71. (= Kasseler Schriften zur Geographie und Planung 52/1989).

ROTT, R. 1987: Frauen im Entwicklungsprozeß. In: SCHWEFEL, D. (Hg.) 1987: Soziale Wirkungen von Projekten in der Dritten Welt. S. 53 - 81. Baden-Baden.

ROTT, R. (Hg.) 1992: Entwicklungsprozesse und Geschlechterverhältnisse. Saarbrücken.

SAADAWI, N. 1980: Tschador. Frauen im Islam. Bremen.

SAADAWI, N. 1988: The Political Challenges Facing Arab Women at the End of the 20th Century. In: TOUBIA, N. (Hg.) 1988: Women of the Arab World. The Coming Challenge. S. 8-26. London.

SAADAWI, N. 1991a: Den Verstand entschleiern! In: EMMA Sonderband KRIEG. S. 36-38.

SAADAWI, N. 1991b: Im Namen des Propheten. Was wirklich im Koran steht. In: EMMA Sonderband KRIEG. S. 39-41.

SAABAGH, A. 1986: Frauen im Islam. Zum Problem sozialer Modernisierung, am Beispiel besonders Ägyptens. Würzburg.

SABRA, M. 1991: Frauenrecht - Menschenrecht. Zur arabischen Frauenfrage. In: blätter des iz3w, Nr. 172, März/April 1991, S. 26-29.

SANTEN, van J. 1992: Der Autonomieansatz in der niederländischen Entwicklungsdiskussion. Veränderungen der Frauenökonomie bei den Mafa (Nord Kamerun) im Zuge der Islamisierung. In: Peripherie Nr. 47/48 (1992), S. 172-190. Münster.

SATHAR, Z. 1986: Delayed marriage in Pakistan. In: The Pakistan Development Review, 4/1984. S. 535-550. Islamabad.

SATZINGER, H. 1987: Das Dawn-Papier: Morgenrot für die Feminisierung der Entwicklung? In: Peripherie Nr. 25/26 (1987), S. 143-163.

SCHEINHARDT, S. 1983: Frauen, die sterben, ohne daß sie gelebt hätten. Berlin.

SCHEU, H. 1988: Milchflut und Männermacht. Die Rolle der Frauen in der indischen Milchwirtschaft. In: beiträge zur feministischen theorie und praxis, Heft 23/1988. S. 28-39.

SCHIMMEL, A. 1992: Der Islam im indischen Subkontinent. Darmstadt.

SCHMIDT, G. 1976: Vermarktungssysteme für landwirtschaftliche Produkte in Pakistan - eine empirische Untersuchung ihrer Leistungsfähigkeit im Punjab. (= Sozialökonomische Schriften zur Agrarentwicklung, Heft 14). Saarbrücken.

SCHNEIDER, R. M. 1989: Frauenförderung in der ländlichen Entwicklung: ein Orientierungsrahmen. (Schriftenreihe der GTZ, Nr. 212). Eschborn.

SCHOLZ, F. 1974: Belutschistan (Pakistan). Eine sozialgeographische Studie des Wandels in einem Nomadenland seit Beginn der Kolonialzeit. (= Göttinger Geographische Abhandlungen 63). Göttingen.

SCHOLZ, F. 1981: Pakistan - Modell eines Entwicklungslandes? In: Geoökodynamik, Bd. 2, S. 37-78.

SCHOLZ, F.; G. KREBS (Hg.) 1983: Pakistan. Bericht über eine Exkursion in ein islamisches Entwicklungsland. Institut für Anthropogeographie, Angewandte Geographie und Kartographie der FU Berlin. Berlin.

SCHOLZ, F. (Hg.) 1985: Entwicklungsländer. Beiträge der Geographie zur Entwicklungsforschung. Darmstadt.

SCHOLZ, F. 1985: Irrigation in Pakistan: An Analysis of the Significance of the most recently available statistics. In: Applied Geography and Development (1985), Vol. 26, S. 98-118.

SCHOLZ, F. 1993: Hilfe zur Selbsthilfe. Wirkungsvolle Ansätze zur Armutsbekämpfung. In: Geographische Rundschau, Jg. 45, 5 (1993), S. 284-289.

SCHOLZ, F. 1994: Funktion und Dynamik von Wochenmärkten im Süden Frankreichs: Uzès (Gard) als Beispiel. Ein Beitrag zur qualitativen Sozialgeographie. In: Die Erde, Heft 1/1994, S. 15-33.

SCHÜRINGS, H.; I. SCHIMPF-HERKEN; A. F. GÖRTZ 1988: Frauenförderung und Frauenforderungen. Zur Mitarbeit des Deutschen Entwicklungsdienstes; Band III in Asien und in arabischen Ländern. Berlin.

SCHULTZ, D. 1990: Unterschiede zwischen Frauen - ein kritischer Blick auf den Umgang mit „den Anderen" in der feministischen Forschung weißer Frauen. In: beiträge zur feministischen theorie und praxis, Heft 27/90, S. 45-57.

SEAGER, J.; A. OLSON 1986: Der Frauenatlas. Frankfurt a. M.

SELIER, F. J. M.; S. MEHTAB; S. KARIM (Hg.) 1986: Migration in Pakistan: theory and facts. Lahore.

SELIER, F. J. M. 1988: Rural-Urban Migration in Pakistan. The Case of Karachi. Lahore.

SHAH, K. 1983: Labour Legislation Concerning Women Workers in Pakistan. In: Pakistan Manpower Review, Vol. IX, Nr. 1/1983, S. 47-49. Islamabad.

SHAH, K. 1985: Women's Participation in the Labour Force and its Implications. In: Pakistan Manpower Review, Vol. XI, Nr. 1/1985, S. 31-44. Islamabad.

SHAH, N. M. 1986: Changes in Female Roles in Pakistan: Are the Volume and Pace adequate? In: The Pakistan Development Review, Vol. XXV, Nr.3/1986, S. 339-363. Islamabad.

SHAH, N. 1995: Prisoners of Gender. In: Newsline 7/1995, S. 25-34.

SHAHEED, F.; K. MUMTAZ 1990: Women`s Economic Participation in Pakistan: A Status Report. (Unpublished). Lahore.

SHAHEED, F.; K. MUMTAZ 1992: Islamization and Women: the Experience of Pakistan. In: SHIRKAT GAH (Hg.) 1992: Special Bulletin on Fundamentalism and Secularism in South Asia. Lahore.

SHAHEED, F.; S. PREUSS 1993: Frauenpolitik und kulturelle Identität in Pakistan. In: HASENJÜRGEN, B.; S. PREUSS (Hg.) 1993: Frauenarbeit - Frauenpolitik in Afrika, Asien, Lateinamerika und Osteuropa. S. 56-63. Münster.

SHAUKAT, S. 1985: The Role of Women in Rural Development in Three selected Villages of Peshawar Division. Institute of Development Studies NWFP, Agricultural University Peshawar. Publication No. 169.

SHAW, I. 1989: Pakistan Handbook.Hong Kong.

SHIRKAT GAH (Hg.) 1991: FAO Pilot Projects on Time Use Surveys. Testing New Techniques for Elaborating a Database on rural Women. Case Study Pakistan. (Unpublished). Lahore.

SIDHWA, B. 1983: The Pakistani Bride. New Delhi.

SIEBERT, U. 1989: Pakistans Frauen: Aufbruch aus Parda und Patriarchat. In: Südasien Büro (Hg.) 1989: Pakistan Dokumentation. S. 79-85. Wuppertal.

SIMORGH WOMEN`S RESOURCE & PUBLICATION CENTRE 1986: Die Suche - eine alternative Perspektive für Frauen in Pakistan. In: beiträge zur feministischen theorie und praxis, Heft 18/86, S. 124-126.

SIMORGH WOMEN`S RESOURCE & PUBLICATION CENTRE (Hg.) 1990: Rape in Pakistan. Lahore.

SKRIVER, A. 1994: Die fatale Verlockung. In: Zeit-Punkte 4/1994, S. 43-45.

SPATE, O. H. K. 1967: India and Pakistan. A General and Regional Geography. London.

STATISTISCHES BUNDESAMT (Hg.) 1987: Länderbericht Pakistan. Wiesbaden.

STATISTISCHES BUNDESAMT (Hg.) 1990: Länderbericht Pakistan. Wiesbaden.

STATISTISCHES BUNDESAMT (Hg.) 1993: Länderbericht Pakistan. Wiesbaden.

STATISTISCHES BUNDESAMT (Hg.) 1993: Zahlenkompaß 1993. Wiesbaden.

STATISTISCHES BUNDESAMT (Hg.) 1995: Länderbericht Pakistan. Wiesbaden.

STROMQUIST, N. P. 1993: Praktische und theoretische Grundlagen für „Empowerment" von Frauen. In: NORD-SÜD aktuell, Jg. VII, Nr. 2/1993. S. 259-266. Hamburg.

SUBBA, S. 1989: Social Attitudes and the Status of Women's Education in Nepal: Programmes, Problems and Perspectives. In: KANESALINGAM, V. (Hg.) 1989: Women in Development in South Asia. Papers presented at a Regional Seminar on „The Status of Women and their Role in Development in South Asia." S. 206-217. New Dehli.

SUPERINTENDENT GOVERNMENT OF PAKISTAN (Hg.) 1935: Sutlej Valley Project. Lahore.

TAYLOR, D. 1986: Frauen - eine kritische Bestandsaufnahme. In: New Internationalist (Hg.) 1986: Frauen - ein Weltbericht. Berlin.

TEKÜLVE, M. 1985: Frauen in Indien. Unveröffentlichte Diplomarbeit, Fachbereich Geographie der Universität Göttingen.

TEKÜLVE, M. 1993: Die Sichtbarwerdung der Frauen. In: Geographische Rundschau 5 (1993), Jg. 45, S. 308-312.

THIEL, S. 1995: Paschtunwali - Stammesgesetz, Ehren- und Moralkodex der Paschtunen. In: Südasien 1-2/1995, S. 78-82.

TIMM, K.; S. AALAMI 1976: Die muslimische Frau zwischen Tradition und Fortschritt. Berlin.

TOMFORT, E. 1991: Frauenförderung im ländlichen Nordpakistan. (= Diskussionspapiere der Universität Göttingen, Nr. 8). Göttingen.

TOTH, J. 1991: Pride, Purdah, or Paychecks: What Maintains the Gender Division of Labor in Rural Egypt? In: Middle Eastern Studies 23/1991, S. 213-236.

TOUBIA, N. 1988: Women of the Arab World. The Coming Challenge. London.

TZSCHASCHEL, S. 1986: Geographische Forschung auf der Individualebene. Darstellung und Kritik der Mikrogeographie. (= Münchner Geographische Hefte, Nr. 55). München.

ULLMANN, L. (Hg.) 1991: Der Koran. Das heilige Buch des Islam. München.

UNDP (Hg.) 1992: Human Development Report 1992. New York.

UNESCO (Hg.) 1984: Social Science Research and Women in the Arab World. Paris.

UNFPA (Hg.) 1989: Weltbevölkerungsbericht. New York.

UNFPA (Hg.) 1994: The State of World Population, 1994. O. O.

UNICEF (Hg.) 1990: Structural Issues in Women's Development in Pakistan. By Amera Saeed. Islamabad.

VON LUCK, C. 1995: Wenn es ein Mädchen wird, muß es sterben. In: ALLEGRA 7/1995, S. 22-28.

WADIA, D. N. 1953: Geology of India. London.

WALLACE, B. J. et. al. 1987: The Invisible Resource. Women and Work in Rural Bangladesh. Colorado.

WALTER, H.; W. LIETH 1964: Klimadiagramm-Atlas. Jena.

WALTHER, W. 1980: Die Frau im Islam. Stuttgart.

WEISS, A. M. 1985: Women's Position in Pakistan: socioculturel effects of Islamization. In: Asian Survey, 1985/8. S. 863-880. Berkeley.

WEISS, A. M. 1991: Culture, Class, and Development in Pakistan. The Emergence of an Industrial Bourgeoisie in Punjab. Lahore.

WICHTERICH, C. 1986: Stree Shakti. Frauen in Indien: Von der Stärke der Schwachen. Göttingen.

WICHTERICH, C. 1987: Paradigmenwechsel: Von der „Integration in die Entwicklung" zur „Feminisierung der Entwicklung". In: PERIPHERIE Nr. 25/26 (1987), S. 122-142.

WICHTERICH, C. 1988: Überlebenspragmatikerinnen - ein Bein in der Subsistenz-, das andere in der Warenproduktion. Erfahrungen mit Stammesfrauen in Indien. In: beiträge zur feministischen theorie und praxis, Heft 23/1988, S. 8-20.

WICHTERICH, C. 1990: Ganz nah und ganz fern. Bilder-Begegnungen-Bedenkzeit. In: beiträge zur feministischen theorie und praxis, Heft 27/90, S. 9-20.

WICHTERICH, C. 1992: Identitätspolitik: Religion, Geschlecht und Identitätssuche am Beispiel Indiens. In: beiträge zur feministischen theorie und praxis, Heft 32/92, S. 47-57.

WICHTERICH, C. 1992: Moral, Macht, Markt. Frauengruppen in Kenia. In: PERIPHERIE Nr. 47/48 (1992), S. 7-21. Berlin.

WICHTERICH, C. 1994: Das ferne Ziel: die Kleinfamilie. In: Zeitpunkte Nr. 4/1994, S. 62-63.

WICHTERICH, C. 1994a: Empowerment. Vom Widerspruch zum Widerstand der Frauen. In: epd-Entwicklungspolitik 14/94 (Juni), S. 33-36.

WICHTERICH, C. (Hg.) 1994b: Menschen nach Maß. Bevölkerungspolitik in Nord und Süd. Göttingen.

WICHTERICH, C. 1995: Rollback auf dem langen Marsch nach Peking. In: epd-Entwicklungspolitik 9/95 (Mai), S. 18-21.

WIENOLD, H. 1994: Zählen und Erzählen. Empirische Sozialforschung auf dem Dorfe. In: PERIPHERIE 53/54 (1994), S. 7-25.

WHITE, S. C. 1992: Arguing with the Crocodile. Gender and Class in Bangladesh. London.

WOMEN'S DIVISION (Hg.) 1982: Women in Agriculture Sector in Sind. Islamabad.

WORLD BANK (Hg.) 1989: Women in Pakistan. An Economic and Social Strategy. World Bank Country Study. Washington.

WORLD BANK (Hg.) 1991: World Development Report 1991. New York.

WORLD BANK (Hg.) 1992: World Development Report 1992. New York.

YASMEEN, S. 1991: Hearing the difference: Pakistani feminism. In. Asian Studies Review, Vol. 15, No. 1, July 1991, S. 108-110.

ZAFAR, F. 1985: The Colonisation Process and Population Changes in the Punjab during British Rule. In: Die Erde 116, 1985, S. 329-340.

ZAFAR, F. 1991: Finding our Way. Readings on women in Pakistan. Lahore.

ZAKARIA, F. 1988: The Standpoint of Contemporary Muslim Fundamentalists. In: TOUBIA, N. (Hg.) 1988: Women of the Arab World. The Coming Challenge. S. 27-35. London.

ZAMAN, K. et al. 1988: Socio Economic Change in Punjab Villages. (= Punjab Economic Research Institute, Publication No. 247) Lahore.

ZIA, S. 1991: The Legal Status of Women in Pakistan. In: ZAFAR, F. 1991: Finding our Way. Readings on women in Pakistan. S. 26-60. Lahore.

ZIMMERMANN, J. 1992: Gewalt gegen Frauen in Pakistan. In: Südasien 6/92. S. 59-67.

ZIMMERMANN, J. 1993: Sportartikelindustrie in Pakistan. In: Geographische Rundschau 11/1993, S.658-664.

ZINGEL, W. P. 1989: Das Militär in Pakistan: Garant oder Bedrohung nationaler Einheit und wirtschaftlicher Entwicklung? In: STEINWEG, R. (Hg.) 1989: Militärregime und Entwicklungspolitik. S. 235-257. Frankfurt.

ZINGEL, W. P.: Pakistan. In: NOHLEN, D.; F. NUSCHELER (Hg.) 1994: Handbuch der Dritten Welt, Bd. 7: Südasien und Südostasien. S. 302-335. Bonn.

Photos

Photo 1: Traditionelles *sahal*-Haus und „moderne" Wohnbauten im Untersuchungsgebiet

Photo 2: Frauen bei der Weizenernte

Photo 3: Traditionelles Dreschen von Getreide

Photo 4: Frauen beim Dungkuchen kneten

Photo 5: Frauen beim *roti* backen

Photo 6: Landlose Frau bei der Anfertigung eines *tandoor*

Photo 7: Armreifen-Verkäuferin in Chak 36 bei der Arbeit

Photo 8: Topf-Händlerin in Siraj Pur auf dem Weg zum nächsten Gehöft

ABHANDLUNGEN DES GEOGRAPHISCHEN INSTITUTS DER FREIEN UNIVERSITÄT BERLIN

Band 1: Schröder, K. 1953: Die Stauanlagen der mittleren Vereinigten Staaten. Ein Beitrag zur Wirtschafts- und Kulturgeographie der USA, 96 S. mit 4 Karten, broschiert, DM 12,-.

Band 2: Quelle, O. 1953: Portugiesische Manuskriptatlanten. 12 S. mit 25 Tafeln und 1 Kartenskizze (vergriffen).

Band 3: Jensch, G. 1957: Das Ländliche Jahr in deutschen Agrarlandschaften, 115 S. mit 13 Figuren und Diagrammen, broschiert, DM 19,5O.

Band 4: Jensch, O. 1957: Glazialmorphologische Untersuchungen in Ostengland. Ein Beitrag zum Problem der letzten Vereisung im Nordseeraum. 86 S., mit Bildern und Karten, broschiert, DM 2O,-.

Band 5: Geomorphologische Abhandlungen. Otto Maull zum 70. Geburtstag gewidmet. Besorgt von E. Fels, H. Overbeck und J.H. Schultze 1957. 72 S. mit Abbildungen und Karten, broschiert, DM 16,-.

Band 6: Boesler, K.-A. 196O: Die städtischen Funktionen. Ein Beitrag zur allgemeinen Stadtgeographie aufgrund empirischer Untersuchungen in Thüringen. 80 S. mit Tabellen und Karten (vergriffen).

Seit 1963 wird die Reihe fortgesetzt unter dem Titel

ABHANDLUNGEN DES 1. GEOGRAPHISCHEN INSTITUTS DER FREIEN UNIVERSITÄT BERLIN

Band 7: Schultze, J.H. 1963: Der Ost-Sudan. Entwicklungsland zwischen Wüste und Regenwald. 173 S. mit Figuren, Karten und Abbildungen (vergriffen).

Band 8: Hecklau, H. 1964: Die Gliederung der Kulturlandschaft im Gebiet von Schriesheim/Bergstraße. Ein Beitrag zur Methodik der Kulturlandschaftsordnung. 151 S. mit 16 Abbildungen und 3 Karten, broschiert, DM 3O,-.

Band 9: Müller, E. 1965: Berlin-Zehlendorf. Versuch einer Kulturlandschaftsgliederung. 144 S. mit 8 Abbildungen und 3 Karten, broschiert, DM 3O,-.

Band 1O: Werner 1966: Zur Geometrie von Verkehrsnetzen. Die Beziehung zwischen räumlicher Netzgestaltung und Wirtschaftlichkeit. 136 S. mit 44 Figuren (vergriffen).

Band 11: Wiek, K.D. 1967: Kurfürstendamm und Champs-Elysées. Geographischer Vergleich zweier Weltstraßen-Gebiete. 134 S. mit 9 Fotos, 8 Kartenbeilagen, broschiert, DM 3O,-.

Band 12: Boesler, K.-A. 1969: Kulturlandschaftswandel durch raumwirksame Staatstätigkeit. 245 S. mit 1O Fotos, zahlreichen Darstellungen und Beilagen, broschiert, DM 6O,-.

Band 13: Boesler, K.A. u. A. Kühn (Hrsg.) 1970: Aktuelle Probleme geographischer Forschung. Festschrift anläßlich des 65. Geburtstages von Joachim Heinrich Schultze. 549 S. mit 43 Fotos und 66 Figuren, davon 4 auf 2 Beilagen, broschiert, DM 6O,-.

Band 14: Richter, D. 1969: Geographische Strukturwandlungen in der Weltstadt Berlin. Untersucht am Profilband Potsdamer Platz-Innsbrucker Platz. 229 S. mit 26 Bildern und 4 Karten, broschiert, DM 19,-.

Band 15: Vetter, F. 1970: Netztheoretische Studien zum niedersächsischen Eisenbahnnetz. Ein Beitrag zur angewandten Verkehrsgeographie. 5O S. mit 14 Tabellen und 4O Figuren (vergriffen).

Band 16: Aust, B. 1970: Stadtgeographie ausgewählter Sekundärzentren in Berlin (West). IX und 151 S. mit 32 Bildern, 13 Figuren, 2O Tabellen und 7 Karten (vergriffen).

Band 17: Hasselmann, K.-H. 1976: Untersuchungen zur Struktur der Kulturlandschaft von Busoga (Uganda). IX und 294 S. mit 32 Bildern, 83 Figuren und 76 Tabellen, broschiert, DM 39,5O.

Band 18: Mielke, J. H. 1971: Die kulturlandschaftliche Entwicklung des Grunewaldgebietes. 348 S. mit 32 Bildern, 18 Abbildungen und 9 Tabellen, broschiert, DM 3O,-.

Band 19: Herold, D. 1972: Die weltweite Vergroßstädterung. Ihre Ursachen und Folgen aus der Sicht der Politischen Geographie. IV und 368 S. mit 14 Tabellen und 5 Abbildungen, broschiert, DM 19,-.

Band 2O: Festschrift für Georg Jensch aus Anlaß seines 65. Geburtstages, 1974: XXVII und 437 S. mit Abbildungen und Karten, broschiert, DM 32,-.

Band 21: Fichtner, V, 1977: Die anthropogen bedingte Umwandlung des Reliefs durch Trümmeraufschüttungen in Berlin (West) seit 1945. VII und 169 S., broschiert, DM 22,-.

Band 22: Zach, W.-D. 1975: Zum Problem synthetischer und komplexer Karten. Ein Beitrag zur Methodik der thematischen Kartographie. VI und 121 S., broschiert, DM 19,-.

Die Reihe wird fortgesetzt unter dem Titel:

ABHANDLUNGEN DES GEOGRAPHISCHEN INSTITUTS - ANTHROPOGEOGRAPHIE

Band 23: Becker, CH. 1976: Die strukturelle Eignung des Landes Hessen für den Erholungsverkehr. Ein Modell zur Bewertung von Räumen für die Erholung. 153 S., broschiert, DM 29,5O.

Band 24: Arbeiten zur Angewandten Geographie und Raumplanung. Arthur Kühn gewidmet. 1976: 167 S., broschiert, DM 22,-.

Band 25: Vollmar, R. 1976: Regionalplanung in den USA. Das Appalachian Regional Development Program am Beispiel von Ost-Kentucky. X und 196 S., broschiert, DM 18,-.

Band 26: Jenz, H. 1977: Der Friedhof als stadtgeographisches Problem der Millionenstadt Berlin - dargestellt unter Berücksichtigung der Friedhofsgründungen seit dem 2. Weltkrieg. VII und 182 S., broschiert, DM 18,-.

Band 27: Tank, H. 1979: Entwicklung der Wirtschaftsstruktur einer traditionellen Sozialgruppe. Das Beispiel der Old Order Amish in Ohio, Indiana und Pennsylvania, USA. 17O S., broschiert, DM 2O,-.

Band 28: Wapler, G. 1979: Die zentralörtliche Funktion der Stadt Perugia. 132 S., broschiert, DM 2O,-.

Band 29: Schultz, H.-D. 198O: Die deutschsprachige Geographie von 18OO bis 197o. Ein Beitrag zur Geschichte ihrer Methodologie. 488 S., broschiert, DM 32,-.

Band 3O: Grupp, M. 1981: Entwicklung und sozio-ökonomische Bedeutung der holzverarbeitenden Industrie im Südosten der Vereinigten Staaten von Amerika. XII und 188 S. mit Anhang, broschiert, DM 28,-.

Band 31: Ramakers, G. 1981: Géographie physique des plantes, géographie physique des animaux und géographie physique de l'homme et de la femme bei Jean-Louis Soulavie. Ein Beitrag zur Problem- und Ideengeschichte der Geographie im achtzehnten Jahrhundert. II und 205 S. mit 8 Abbildungen, broschiert, DM 28,-.

Band 32: Asche, H. 1981: Mobile Lebensformgruppen Südost-Arabiens im Wandel. Die Küstenprovinz Al Bàtinah im erdölfördernden Sultanat Oman. XII und 344 S. mit 20 Tabellen, 36 Karten und 20 Fotos, broschiert, DM 36,- (zur Zeit vergriffen).

Band 33: Scholz, F. u. J. Janzen (Hrsg.) 1982: Nomadismus - ein Entwicklungsproblem? Beiträge zu einem Nomadismus-Symposium, veranstaltet in der Gesellschaft für Erdkunde zu Berlin. VIII und 250 S. mit 6 Fotos und 25 Karten und Diagrammen (zur Zeit vergriffen).

Band 34: Voll, D. 1983: Von der Wohnlaube zum Hochhaus. Eine geographische Untersuchung über die Entstehung und die Struktur des Märkischen Viertels in Ber lin (West) bis 1976. VII und 237 S. mit 76 Abbildungen, broschiert, DM 32,-.

Band 35: El Mangouri, H.A. 1983: The mechanization of Agriculture as a Factor Influencing Population Mobility in the Developing Countries: Experiences in the Democratic Republic of the Sudan (Auswirkungen der Mechanisierung der Landwirtschaft auf die Bevölkerungsmobilität in Entwicklungsländern: Fallbeispiel - Die Republik Sudan). VI und 288 S. mit 8 Abbildungen, 2 Karten und 49 Tabellen, broschiert, DM 34,-.

Band 36: Kluczka, G. (Hrsg.): Aktuelle Probleme der räumlichen Planung. Beiträge der Geographie zu ihrer Lösung. Ca. 150 S. (entfällt).

Band 37: Kühn, G. 1984: Instrumentelle Möglichkeiten des Staates zur Steuerung der Raumentwicklung - dargestellt am Beispiel des Bundeslandes Hessen. XIV und 250 Seiten mit zahlreichen Abbildungen, Karten und Tabellen, broschiert, DM 36,-.

Band 38: Hinz, H.-M. 1985: Sozio-ökonomische Bedingungen und Auswirkungen sowie Raumprobleme des amerikanischen Tourismus unter besonderer Berücksichtigung Floridas. XII und 344 S., broschiert, DM 48,-.

Band 39: Schwedler, H.-U. 1985: Arbeitsmigration und urbaner Wandel. Eine Studie über Arbeitskräftewanderung und räumliche Segregation in orientalischen Städten am Beispiel Kuwaits. VIII und 234 S. mit 54 Abbildungen, broschiert, DM 38,-.

Band 40: Stagl, R. 1986: Auswirkungen der Offenlegungspflicht der plutoniumverarbeitenden Anlage Rocky Flats auf Wahrnehmung und Bodenmarkt im Raum Denver/Boulder (Colorado, USA). XVI und 259 S., broschiert, DM 45,-.

Band 41: Röhl, D. 1987: Die Relevanz und Bewertung von Geofaktoren in der räumlichen Planung mit Beispielen von den Entwicklungsmaßnahmen im Unterelberaum. XIII und 376 S. mit 33 Abbildungen, 2 Karten und 2 Tabellen, broschiert, DM 58,-.

Band 42: Betz, R. 1988: Wanderungen in peripheren ländlichen Räumen Voraussetzungen, Abläufe und Motive. Dargestellt am Beispiel dreier niedersächsischer Nahbereiche. IX und 137 S. mit 19 Abbildungen, 2 Karten, 5 Übersichten und46 Tabellen, broschiert, DM 38,-.

Band 43: Koutcharian, G. 1989: Der Siedlungsraum der Armenier unter dem Einfluß der historisch-politischen Ereignisse seit dem Berliner Kongreß 1878: Eine politisch-geographische Analyse und Dokumentation. 336 S. mit 9 Karten, broschiert, DM 58,-.

Seit April 1989 wird die Reihe fortgesetzt unter dem Titel:

ABHANDLUNGEN - ANTHROPOGEOGRAPHIE

INSTITUT FÜR GEOGRAPHISCHE WISSENSCHAFTEN, FREIE UNIVERSITÄT BERLIN

Band 44: Kreutzmann, H. 1989: Hunza. Ländliche Entwicklung im Karakorum. XIV und 276 S. mit 44 Abbildungen (5 Beilagen), 24 Tabellen und 16 Fotos, broschiert, DM 58,-.

Band 45: Hartleb, P. 1989: Die Messenische Mani. Eine Studie zum Wandel in der Peripherie Griechenlands. XII und 242 S. mit 52 Abbildungen, 14 Tabellen und 24 Fotos, broschiert, DM 54,-.

Band 46: Müller-Mahn, H.-D. 1989: Die Aulad 'Ali zwischen Stamm und Staat. Entwicklung und sozialer Wandel bei den Beduinen im nordwestlichen Ägypten. XII und 270 S. mit 32 Abbildungen, 7 Tabellen und 16 Fotos, broschiert, DM 56,-.

Band 47: Höppl, G. 1990: Standortmerkmale US-amerikanischer High-Technology-Industrien. Eine intraregionale Untersuchung am Fallbeispiel des Colorado Front Range Corridors. X und 234 S. mit 15 Abbildungen und 39 Tabellen, broschiert, DM 52,-

Band 48: Mortuza, S.A. 1992: Rural-urban migration in Bangladesh - causes and effects. XII und 160 S. mit 41 Abbildungen, 20 Tabellen und 10 Fotos, broschiert, DM 39,-.

Band 49: Walz, G. 1992: Nomaden im Nationalstaat. Zur Integration der Nomaden in Kenia. XV und 230 S. mit 10 Abbildungen, 21 Tabellen und 12 Fotos, broschiert, DM 58,-.

Band 50: Scott, J.W. 1992: The Challenge of the Regional City. Political traditions, the planning process and their roles in metropolitan growth management. XVIII und 250 S. mit 19 Abbildungen und 32 Tabellen und 8 Fotos, broschiert, DM 55,-.

Band 51: Baas. S., 1993: Weidepotential und Tragfähigkeit in Zentralsomalia. Ein integriertes Evaluierungskonzept zur Bestimmung des Nutzungspotentials für Weidegebiete mit mobiler Tierhaltung. XXII und 316 S. mit 35 Abb., 11 Karten, 34 Tab., 16 Fotos und 7 Anlagen, broschiert, DM 68,-.

Band 52: Braun, G.O. (ed.), 1994: Managing and Marketing of Urban Development and Urban life. Proceedings of the IGU-Commission on "Urban Development and Urban life" Berlin, August 15th to 20th, 1994. XII und 687 S. mit 140 Figures and 90 Tables, broschiert, DM 129,-.

Band 53: Holl, F.R., 1994: Der Langkawi-Archipel/Nordwest-Malaysia. Regionalentwicklung eines Peripherraumes unter dem Einfluß des Tourismus. XXI und 200 S. mit 14 Abb., 7 Karten, 14 Tab. und 8 Fotos, broschiert, DM 49,-.

Band 54: Lübben, Ch., 1995: Internationaler Tourismus als Faktor der Regionalentwicklung in Indonesien. Untersucht am Beispiel der Insel Lombok. XIV und 186 S. mit 15 Abb., 11 Karten, 15 Tab. und 7 Fotos, broschiert, DM 49,-.

Band 55: Wu Ning, 19997: Ecological Situation of High-Frigid Rangeland and its Sustainability. A Case Study on the Constraints and Approaches in Pastoral Western Sichuan/China. XXIV u. 297 S., 47 Fig. 32 Tab. und 24 Fotos, broschiert, DM 45,-. *Erscheint Ende 1997.*

Band 56: Alff, Ch., 1997: Lebens- und Arbeitsbedingungen von Frauen im ländlichen Punjab/ Pakistan. Empirische Fallstudien aus der Division Bahawalpur. 220 S. mit 19 Abb., 15 Karten, 18 Tab. und 16 Fotos, broschiert, DM 50,-.

SONDERHEFTE

1. Brosche, K.-U. 1978: Beiträge zum rezenten und vorzeitlichen periglazialen Formenschatz auf der Iberischen Halbinsel. V und 287 S., 19 Tabellen und 13 Abbildungen, broschiert, DM 32,-.

2. Vollmar, R. 1986: Regionalpolitik in den USA. Theoretische Grundlagen und politisch-administrative Praxis. XX und 309 S. mit 68 Abbildungen und 37 Tabellen, broschiert, DM 54,-.

3. Krings, Th. 1991: Agrarwissen bäuerlicher Gruppen in Mali/Westafrika. Standortgerechte Elemente in den Landnutzungssystemen der Senoufo, Bwa, Dogon und Somono. XXVI und 308 S. mit 65 Abbildungen, 27 Tabellen und 28 Fotos, broschiert, DM 78,-.